Andreas Wenath, Jahrgang 1962, studierte Sozial- und Politikwissenschaften sowie Geschichte und Philosophie. Während und nach seinem Studium arbeitete er als Musikjournalist und im Medienvertrieb.

Mit dem Gralsthema beschäftigt er sich seit über 10 Jahren. Die Recherchen zu seinem Buch führten ihn unter anderem nach Ägypten und Kreta.

Andreas Wenath

GRALSSTEIN

Der Stein der Weisen

S. 90 = Kelch
S. 155
S, 159

S, 76 X
Deckenmalerei

Verlag
Zeitenwende

Andreas Wenath: Gralsstein
Der Stein der Weisen

© Verlag Zeitenwende
Dresdner Straße 90
01454 Radeberg
www.verlag-zeitenwende.de
buecher@verlag-zeitenwende.de

Umschlaggestaltung: Verlag Zeitenwende
Satz: Verlag Zeitenwende

2. Auflage 2011

ISBN 978-3-934291-50-8

Hinweis des Verlages:
Wie alle Publikationen des Verlages Zeitenwende wurde auch dieses Buch nach den Regeln der sogenannten »alten« Rechtschreibung veröffentlicht.

INHALTSVERZEICHNIS

Vorwort 7

1. Katholische Irrlehren 13

2. Gralssuche 47

3. Die Vesica Piscis, die Blume des Lebens und der Baum des Lebens 66

4. Das göttliche A + O, die Apokalypse, die Kabbala und
   die Grundlagen der Geometrie als Teile des Gralswissens 74

5. Die Herleitung der Gralssymbolik mit Hilfe der Heiligen Geometrie 82

6. Der vermeintliche Gralskelch 92

7. Luzifer und der Gralsstein: das Pyramidion 96

8. Die Vesica Piscis – allgegenwärtig in der Glastonbury Abbey 112

9. Rätsel in und um Wolframs »Parzival« 115

10. Mythologie – Mathematik – Geometrie 145

    10.1. Geometrische Konstruktionen unter
           religiös-mythologischen Gesichtspunkten 146

    10.2. Altägyptische Herleitung des Satzes des Pythagoras
           und des pythagoreischen Zahlentripeldreiecks 3, 4, 5 154

    10.3. Die Transformation der Brüche in ganze Zahlen 161

    10.4. Die Swastika – das urzeitliche Sonnenrad 164

    10.5. Die Herleitung der Urkreiszahl π des Papyrus Rhind
           und der Urkreisformeln 171

    10.6. Die Cheopspyramide, die Kreiszahl π und die Königselle 179

    10.7. Die Herleitung der ganz genauen Kreiszahl π 182

    10.8. Die Zahlen/Längeneinheiten der Cheopspyramide
           und die c-Dur-Ganztonleiter 185

    10.9. Der Papyrus Moskau und die Urgrundlagen der Kugelberechnung ... 194

    10.10. Die Urherleitung der Sonnenzeit, die Gradeinteilung
           des Urkreises und die Urwinkelberechnungen 198

11. Der wahre »Da-Vinci-Code« 208

12. Gralsstein – der Stein der Weisen 218

13. Gralsspekulationen und Gralswahrheiten 224

VORWORT

Alles, was im Zusammenhang mit diesem Buch steht – die Idee dazu, die immer wieder unterbrochenen, mehrjährigen Recherchen und das Niederschreiben –, begann im September 1989, unmittelbar nachdem meine damalige Frau wegen eines Krebsleidens ins Krankenhaus mußte. Damals war ich sehr verzweifelt und in großer Sorge um meine ehemalige Frau und ihren Sohn. Ich befürchtete, daß er möglicherweise seine Mutter verlieren würde. In meiner Verzweiflung und Angst las ich, nachts, wenn er schlief, nach getaner Arbeit und meinen täglichen Besuchen im Krankenhaus, intensiv in der Bibel, hauptsächlich in der Offenbarung des Johannes, und betete. Ich wollte mich wohl damit ablenken und suchte sicher auch Hoffnung und Trost in der Heiligen Schrift. Schon zuvor hatte ich oft und intensiv in der Bibel gelesen – aber diesmal war plötzlich alles völlig anders. Die vertrauten Worte erschienen mir in einem ganz anderen Licht. Vor meinem geistigen Auge entstanden beim Lesen Bilder, Buchstaben und Zahlen, die ich zuerst überhaupt nicht begriff oder deuten konnte. Sie verunsicherten mich derart, daß ich anfing, alles zu notieren, um es analysieren und so auch begreifen zu können.

Einige Zeit später bekam ich überraschend Besuch von meinem Freund und Onkel, dem Historiker Dr. Holger Germann. Ich erzählte ihm, daß ich in der Bibel las, und zeigte ihm, was ich notiert hatte. Holger und ich hatten früher zur gleichen Zeit ein Studium der Sozial- und Politikwissenschaften absolviert, weshalb er mir wegen seiner wissenschaftlichen Ausbildung auch geeignet erschien, hierüber mit ihm zu sprechen. Aber auch er konnte sich zunächst nicht erklären, was die Notizen, die ich ihm zeigte, genau zu bedeuten hatten oder was sie konkret darstellen könnten. Da er schon immer ein Bücherwurm war und ich familiär und beruflich während dieser Zeit sehr eingespannt war, versprach er mir, sich wegen des ihm Gezeigten zu informieren. Wenige Tage später rief er mich dann an und sagte mir, daß meine Notizen mit der Gematrie beziehungsweise der jüdischen Geheimwissenschaft, der Kabbala, die auch als weiße Magie bezeichnet wird, zu tun haben. Ich fragte ihn, was denn Gematrie und Kabbala seien, denn ich hatte niemals zuvor davon gehört oder auch nur irgend etwas darüber gelesen. Er gab mir darüber äußerst verwundert Auskunft, denn auch er fand keine Erklärung, warum ich etwas »wußte«, was ich eigentlich gar nicht wissen konnte.

Nun wurde ich natürlich sehr neugierig, und von da fesselten mich die Gematrie und die Kabbala, die mit dem Gral verbunden ist, bis auf den heutigen Tag. Im Laufe der Jahre entstand die Idee zu diesem Buch, in dem neben dem Gral, dessen kulturelle Wurzeln bis ins alte Ägypten und zum Sonnengott Ra beziehungsweise Re zurückreichen, und den Gralswissenschaften Geometrie, Mathematik und Astronomie, mit denen sich später Leonardo da Vinci beschäftigte, auch die katholische Kirchengeschichte und Falschauslegungen beziehungsweise Verfälschungen der Bibel durch die katholische Kirche näher beleuchtet werden. Im Zuge dieser erhellenden Betrachtungen wird erkennbar und beweisbar, wie und warum große Teile der göttlichen Botschaft durch die katholische Kirche völlig fehlinterpretiert wurden, sich also kirchliche, »christliche«, Lügenlehrsätze herausbildeten, die bis auf den heutigen Tag gültig sind. Es wird gezeigt, worauf sich diese irrigen Dogmen gründen und wie sie sich widerlegen lassen.

Ein überzeugter und praktizierender gottgläubiger und religiöser Mensch war ich schon immer, aber dennoch absolut kein kirchengläubiger Christ. Die christlichen Kirchen, besonders die katholischen, wirkten auf mich schon von Jugendtagen an wegen ihres Pomps, aber besonders auch wegen der vielen sehr fragwürdig und weitreichend fehlinterpretiert gepredigten Inhalte der Heiligen Schriften in Gottesdiensten sehr abstoßend und befremdend. Dazu gehörten hauptsächlich die katholisch-kirchlichen Irrlehren der Jungfrauengeburt, also daß Maria Jesus als Jungfrau zur Welt brachte, die unbefleckte Empfängnis der Anna, der Mutter Marias, die Gleichsetzung Jesu mit Gott oder Jesu angebliche Wiederauferstehung in Fleisch und Blut am dritten Tage nach seiner Kreuzigung, dem Ostermontag. All das sind angeblich unumstößliche, von der römisch-katholischen Kirche als wahr bezeichnete Tatsachen, die sich aber nicht nur durch die Logik der göttlichen Naturgesetze der Biologie und Biogenetik sowie die Aussagen der Bibel selbst und die verborgenen, von der Kirche unterdrückten Bücher der Bibel, die sogenannten Apokryphen, widerlegen lassen, sondern auch und besonders durch die in diesem Buch dargestellte Methodik der Gematrie. Mit der Gematrie können die sogenannten Geisteswanderungen bildhaft dargestellt werden, und zwar am Beispiel der Maria und Jesu angeblicher Wiederauferstehung in Fleisch und Blut und dessen Himmelfahrt. Auch können mit Hilfe der Gematrie und mit biblischen Aussagen, die den Apokryphen gegenübergestellt werden, antichristliche und gotteslästerliche Lügenlehren erkannt werden.

Die Gematrie oder Gematria ist eine uralte, schon bei den Hebräern (Kabbala), Arabern (Djebr), Chinesen (Tschen-pey), Indern (Devangri oder Sanskrit, tantrische Geheimlehre) Griechen und Römern gebrauchte Methode der Zuordnung von Zahlen zu bestimmten Buchstaben. Die Gematrie ermöglicht durch eben diese Zuordnung, daß die über den Sinn von Wörtern hinausgehenden geheimen Zusammenhänge zu anderen Wörtern aufgezeigt werden können. Die Herkunft und Symbolik der Kabbala, deren Wurzeln bis ins uralte Ägypten zurückreichen, werden näher erläutert, und die Gematrie wird bei Wörtern und auch Textaussagen des Neuen Testaments der Bibel, unter anderem der Evangelien und der Apokalypse, angewendet.

Die Gematrie ist neben dem *Notarikon* und *Temurah* eine der klassischen Methoden der Kabbala. In der Gematrie entspricht jeder Buchstabe des Alphabets zugleich auch einer Zahl, zum Beispiel ist der hebräische Buchstabe Jod (') gleich der 10, He (ה) ist gleich der 5 und Aleph (א) ist gleich der 1. Ebenso entspricht im griechischen Alphabet zum Beispiel der Buchstabe Jota (ι) der 10, der Buchstabe Epsilon (ε) der 5 und der Buchstabe Alpha (α) der 1. So lassen sich Zahlen quasi gleichsam als Buchstaben schreiben, ähnlich wie zum Beispiel bei den klassischen römischen Buchstaben (X = 10, V = 5 oder I = 1). Durch die Gematrie läßt sich ein schwer deutbares Wort, beispielsweise aus dem hebräischen Alten Testament, durch ein anderes Wort, das den gleichen Zahlenwert besitzt, ersetzen beziehungsweise gleichsetzen. Sämtliche Wörter mit gleichen Zahlenwerten stehen somit in mystisch-göttlicher Verbindung und können gegenseitig ausgetauscht, ersetzt werden.

Mit der kabbalistischen Methode Notarikon werden aus den Anfangs- oder Endbuchstaben der Wörter eines Satzes oder einer Wortgruppe neue Wörter oder ein neues Wort als Kurzwort gebildet. Aus dem Griechischen läßt sich dafür ein markantes Beispiel anführen: In lateinische Buchstaben umgesetzt entspricht das griechische Wort für Fisch – der Fisch ist eines der wichtigsten Jesus-Symbole – ICHTYS. Es läßt sich aus den Anfangsbuchstaben folgender Wörter beziehungsweise folgender Aussage bilden: IESOUS CHRISTHOS THEOU YIOS SOTER (Jesus Christus, Gottes Sohn, Erlöser).

Mit der kabbalistischen Methode Temurah werden Wörter oder Buchstaben hauptsächlich gedreht und zu anderen, vom Zahlenwert her gleichen Wörtern oder Buchstaben umgeformt. Diese werden auch als Anagramme (Wortspiele, Worträtsel durch Buchstabentausch) bezeichnet. Auch hier läßt sich ein markantes Beispiel für die Drehung und Umformung von Buchstaben anführen. Der hebräische, besonders in der Gebetsanrede für Gott andachtsvoll benutzte Name AB (Vater) lautet gedreht BA. Werden AB und BA zusammengeschrieben, bildet sich der aramäische Name ABBA (Vater). Interessant ist, daß der im Alten Testament gebräuchliche Name JHWH (= Ich bin, der ich bin) auch einer der 72 Gottesnamen in der Kabbala ist. JHWH ist ein sogenanntes Tetragrammaton (»vierbuchstabig«, hergeleitet aus dem Griechischen: »tetra« = vier und »grammatos« = Buchstaben), besteht also aus 4 Buchstaben, enthält aber nur 3 unterschiedliche (JHW), da das H doppelt vorkommt. Daß hier die Zahlen 3 und 4 erscheinen, ist eine, wie noch gezeigt wird, sehr wichtige Tatsache, denn hinsichtlich des Grals, der laut Wolfram von Eschenbach Reinkarnation (Wiedergeburt) und ewiges Leben verheißt, spielen diese Zahlen eine sehr wichtige Rolle.

Als weiteres Beispiel für die Anwendung der Gematrie soll das Wort GEISTESWANDERUNGEN dienen. Ein Schwerpunkt der Kabbala ist die Reinkarnation, also die Seelenwanderung des Menschen, speziell die Wanderungen der göttlichen und fleischbelebenden menschlichen Geistseele, deren Name im Hebräischen »ruach« lautet und dem Heiligen Geist Gottes (Jesus) entspricht. Wenn es Geisteswanderungen wirklich gibt, so müssen sich diese zwischen dem Diesseits und dem Jenseits vollziehen. Deswegen werden die Wörter DIESSEITS und JENSEITS zur nachfolgenden Betrachtung hinzugezogen. Werden die Buchstaben der Wörter GEISTESWANDERUNGEN, DIESSEITS und JENSEITS entsprechend ihren numerischen Ordnungszahlen, beginnend mit A = 1, B = 2, C = 3 usw., gleichgesetzt und addiert, ergibt sich gematrisch folgender, sehr merkwürdiger und zugleich aufschlußreicher Zusammenhang:

G E I S T E S W A N D E R U N G E N
7 + 5 + 9 + 19 + 20 + 5 + 19 + 23 + 1 + 14 + 4 + 5 + 18 + 21 + 14 + 7 + 5 + 14   = 210

D I E S S E I T S   +   J E N S E I T S
4 + 9 + 5 + 19 + 19 + 5 + 9 + 20 + 19   +   10 + 5 + 14 + 19 + 5 + 9 + 20 + 19
109   +   101   = 210

Es ist ersichtlich, daß die Geisteswanderungen tatsächlich mit dem Diesseits und Jenseits verbunden sind, denn die Wörter GEISTESWANDERUNGEN, DIESSEITS und JENSEITS haben den gleichen gemeinsamen Zahlenwert 210. Zur weiteren Veranschaulichung der Voraussetzungen für Geisteswanderungen zwischen dem Diesseits und Jenseits werden noch die Wörter ZEUGUNG und EMPFAENGNIS hinzugezogen. Denn bevor ein aus dem Jenseits kommender Geist in einen Körper im Diesseits gelangen, dort eine Geist-Empfängnis stattfinden kann, bedarf es zunächst der biologischen Zeugung der ersten Zelle eines Körpers.

Z E U G U N G   +   E M P F A E N G N I S
26 + 5 + 21 + 7 + 21 + 14 + 7   +   5 + 13 + 16 + 6 + 1 + 5 + 14 + 7 + 14 + 9 + 19
101   +   109   = 210

Die Wörter ZEUGUNG und EMPFAENGNIS haben zusammengenommen ebenfalls den Zahlenwert 210. Einzeln genommen sind sie gematrisch nicht gleich, also auch nicht austauschbar, weshalb Zeugung und Empfängnis nicht unbedingt eins sind. Deshalb kann eine Empfängnis nicht nur im körperlichen Sinne betrachtet werden, vor allem nicht, wenn es sich um eine Geistempfängnis handelt, um Geisteswanderung. Zur weiteren Veranschaulichung werden noch die in diesem Fall im Kontext zu ZEUGUNG und EMPFAENGNIS stehenden Wörter ZELLE und GEIST hinzugezogen.

Z E L L E   +   G E I S T
26 + 5 + 12 + 12 + 5   +   7 + 5 + 9 + 19 + 20
60   +   60   = 120

Die Wörter ZELLE und GEIST haben addiert den Zahlenwert 120, der umgestellt 210 ergibt. So offenbart sich ein weiterer geheimer gematrischer Zusammenhang: ZELLE/GEIST und ZEUGUNG/EMPFAENGNIS und DIESSEITS/JENSEITS sowie GEISTESWANDERUNGEN entsprechen einander.

Die beiden Wörter DIESSEITS und JENSEITS sind den Wörtern ZEUGUNG und EMPFAENGNIS, jeweils zusammengenommen, gematrisch gleich, der Zahlenwert ist jeweils 210 – ebenso trifft dies auf DIESSEITS/ZEUGUNG und JENSEITS/EMPFAENGNIS zu.

D I E S S E I T S + Z E U G U N G
4 + 9 + 5 + 19 + 19 + 5 + 9 + 20 + 19 + 26 + 5 + 21 + 7 + 21 + 14 + 7

109 + 101 = **210**

(ZELLE)
60

J E N S E I T S + E M P F A E N G N I S
10 + 5 + 14 + 19 + 5 + 9 + 20 + 19 + 5 + 13 + 16 + 6 + 1 + 5 + 14 + 7 + 14 + 9 + 19

101 + 109 = **210**

(GEIST)
60

Der im Diesseits gezeugte Kindskörper, der nach seiner Zeugung zunächst aus nur einer Zelle besteht, die sich dann immer wieder teilt (in der Regel verdoppeln sich die Zellen: 1, 2, 4, 8, 16, 32, 64 ...), empfängt den aus dem Jenseits kommenden Geist. Im übertragenen Sinne wird die Zelle vom Geist belebt, er wandert in sie hinein. Der Geist selber wurde hingegen bereits vor seiner Wanderung hinein in das Fleisch (Präexistenz) von Gott gezeugt, geschaffen. Um die jenseitige göttliche Zeugung des Geistes und seine Wanderungen hinein in die Zelle eines Körpers im Diesseits (geistige Empfängnis) und von dort wieder zurück ins Jenseits, nach dem biologischen Tod der Zelle, zu veranschaulichen, dient folgende Darstellung:

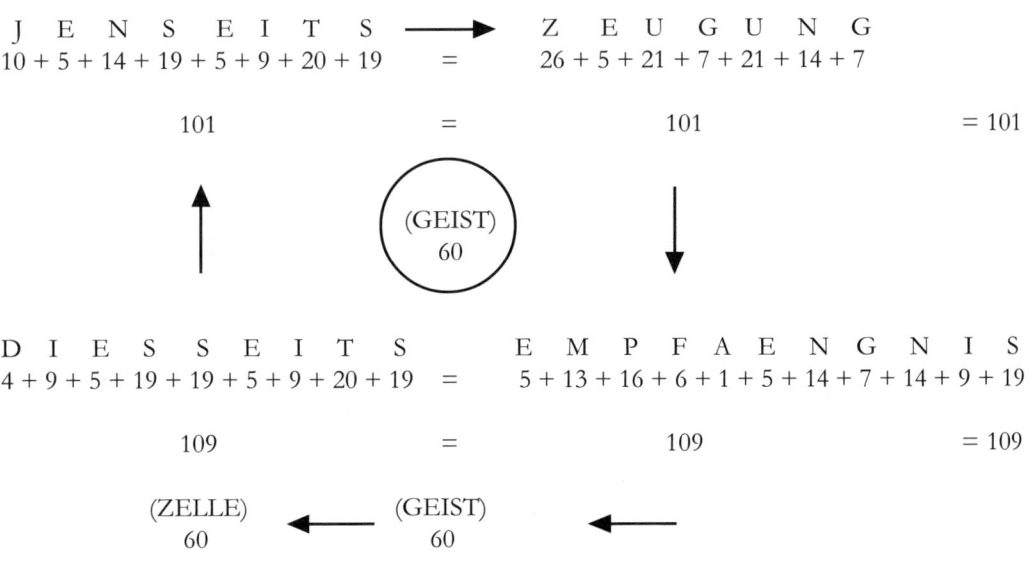

J E N S E I T S ⟶ Z E U G U N G
10 + 5 + 14 + 19 + 5 + 9 + 20 + 19 = 26 + 5 + 21 + 7 + 21 + 14 + 7

101 = 101 = 101

(GEIST)
60

D I E S S E I T S E M P F A E N G N I S
4 + 9 + 5 + 19 + 19 + 5 + 9 + 20 + 19 = 5 + 13 + 16 + 6 + 1 + 5 + 14 + 7 + 14 + 9 + 19

109 = 109 = 109

(ZELLE) ⟵ (GEIST) ⟵
60 60

Die Wörter JENSEITS sowie ZEUGUNG haben je den gematrischen Zahlenwert 101, ebenso haben DIESSEITS sowie EMPFAENGNIS je den Wert 109. GEIST und ZELLE drehen sich aufgrund der Zuordnung zum JENSEITS und DIESSEITS auch gematrisch im Kreis von ZEUGUNG, EMPFAENGNIS und der GEISTESWANDERUNGEN. Es läßt sich erkennen, daß die Zeugung, die Erschaffung des Geistes, im göttlichen Jenseits liegen muß und dieser erst von dort ins Diesseits hinein in eine Zelle wandert (geistige Empfängnis). Mit dem biologischen Tod löst sich der Geist wieder aus der Zelle (dem Körper) und wandert aus dem Diesseits zurück ins Jenseits. Bei der Umkehrung dieses Vorganges inkarniert der aus dem Körper gelöste Geist wieder aus dem Jenseits hinein ins Diesseits und belebt das Fleisch erneut. So schließt sich der Kreis.

Doch zurück zum Kern des Buches: Intensive Aufmerksamkeit erfährt der Bezug des Grals zu Jesu Herkunft, zu seiner Abstammung, seiner Blutlinie, sowie zur Gematrie, Geometrie und Kabbala, vor allem zu deren zentralen Symbolik. Dargestellt wird die Gralsthematik anhand der Arthurlegende, der mittelalterlichen Gralsliteraten Chrétien de Troyes, Robert de Boron und Heliandus, der Tempelritter und der britischen Legende vom biblischen Ratsherren Joseph von Arimathäa. Wolfram von Eschenbachs Gralsepos *»Parzival«* fällt wegen des dort beschriebenen Gralssteines, der Wiedergeburt und ewiges Leben verspricht, eine ganz besondere Rolle zu.

1. KATHOLISCHE IRRLEHREN

Das Leben eines jeden Menschen – auch das der Maria und des Gottessohnes Jesus Christus – setzt die körperliche Zeugung durch einen Mann und eine Frau unabdingbar voraus. Dies ist ein göttliches, vollkommenes Naturgesetz und unumstößlich. Wenn Maria – wie von der Kirche behauptet und gelehrt – doch eine Jungfrauengeburt hatte und auch Maria von ihrer Mutter Anna unbefleckt empfangen wurde, dann hätte Gott seine eigenen vollkommenen Gesetze mißachtet und somit seine Göttlichkeit außer Kraft gesetzt. Er hätte so seine Unvollkommenheit sich selbst und auch der Menschheit gegenüber gezeigt. Dies allein steht doch im Widerspruch zur christlich-religiösen Grundidee von der Vollkommenheit Gottes. Vollkommen sein bedeutet ja nichts anderes, als mustergültig oder meisterhaft zu sein, und meisterhaft vorgebildete göttliche Muster wie die Biologie oder die Biogenetik lassen keinerlei Ausnahmen zu, auch nicht bei der Entstehung eines menschlichen Körpers.

Um die von der Kirche behauptete Jungfrauengeburt der Maria genau beleuchten und dann widerlegen zu können, muß vorab kurz gezeigt werden, was Jungfrau im eigentlichen Wortsinn bedeutet. In Wörterbüchern findet sich zu dem Wort »Jungfrau« der Vermerk »unberührtes Mädchen« sowie zum Wort »berühren« »anfassen (mit der Hand berühren)«. Weiterhin findet sich zu dem Wort »unberührt« »keusch, unschuldig« und zu dem Wort »Schuld« »Verantwortung für Böses, Ursache von Bösem«. Das Wort »unschuldig« wiederum bezeichnet somit unzweifelhaft, ohne Schuld beziehungsweise frei von Schuld zu sein. Das Wort »Jungfrau« bezieht sich also demnach nicht einzig nur auf das rein körperliche Unberührt-Sein (»Unschuld«) eines Mädchens oder einer Frau, sondern besonders auch auf die geistige Unschuld, auf ein geistiges Frei-Sein von Schuld, von Bösem.

Die kirchliche Bedeutung der Jungfrau beziehungsweise des Wortes »Jungfrau« ist zurückzuführen auf die älteste durchgehende Übersetzung des hebräischen Urtextes des Alten Testaments (Tanach), besonders des Buches des Propheten Jesaja (hier im besonderen die Stelle 7,14), ins Griechische. Diese Übersetzung, die Septuaginta LXX, wurde laut des apokryphen Aristeasbriefes und der Legende nach von 70 (eigentlich 72) hellenistischen Juden im ägyptischen Alexandria in vorchristlicher Zeit (zwischen dem 3. und 2. Jh. v. Chr.) in 70 (eigentlich 72) Tagen vorgenommen.[1] Der hebräische Urtext von Jesaja 7,14 enthält das Wort »almáh« (הַעַלְמָה), das in der griechischen Septuaginta LXX-Übersetzung mit »parthénos« (παρθενου) übersetzt wurde, was zum einen Jungfrau bedeutet und zum ande-

---

[1] Die Zahlenangaben 70 und 72 sind auf Quellen zurückzuführen, die unterschiedliche Angaben zur Anzahl der Übersetzer und zur Übersetzungsdauer machen. Die Forschung hat aber gezeigt, daß eher 72 Übersetzer 72 Tage lang tätig waren.

ren als Bezeichnung für jugendlich erscheinende Frauen diente, wie zum Beispiel für die Liebesgöttin Aphrodite, die sicherlich keine Jungfrau im körperlich unberührten Sinne war, sondern eben eine junge Frau. Das hebräische Wort »almáh« bezeichnete zur Zeit der Niederschrift des hebräischen Urtextes des Alten Testaments eine »junge Frau« zwischen ihrer Heiratsreife und der Geburt des ersten Kindes. Darüber hinaus war es damals Brauch, daß eine »junge Frau« vor der Ehe körperlich unberührt zu sein hat. Wie gezeigt werden kann, ist im hebräischen Originaltext des Alten Testaments mit »almáh« nicht »Jungfrau« gemeint, denn das Wort »almáh« sagt über die vorhandene oder nicht vorhandene körperliche Unberührtheit (»Unschuld«) einer »jungen Frau« nichts aus. »Jungfrau« im Sinne von körperlich unberührt bedeutete bei den Hebräern nicht das Wort »almáh«, sondern das Wort »betulah«.[2]

In die lateinische Bibel in der Übersetzung des Gelehrten Hieronymus, die Biblia Vulgata, die 382 n. Chr. im Auftrag des römischen Papstes Damasus begonnen wurde, also 15 Jahre nachdem der Kirchenvater Athanasius in seinem Osterfestbrief die von der Kirche anerkannten biblischen Bücher zusammenstellte, die dem späteren neutestamentarischen kirchlichen Kanon entsprechen, wurde für »parthénos« das lateinische Wort »virgo« (»Jungfrau«) eingebracht. Es wurde also, der Bedeutung des hebräischen Wortes »almáh« widersprechend, das griechische Wort »parthénos« einseitig ins Lateinische übersetzt, die »Jungfrau« im Sinne von körperlich unberührt wurde von Hieronymus in die Biblia Vulgata übernommen. Für die Kirche gilt die körperliche Unberührtheit Marias, die Jungfrau Maria, seitdem als die Wahrheit – im Gegensatz hierzu stehen aber die antiken hebräischen und auch griechischen Wortbedeutungen. Auch von Luther wurde das griechische Wort »parthénos« falsch beziehungsweise einseitig als »Jungfrau« angesehen, wobei er das von Hieronymus eingebrachte lateinische Wort »virgo« natürlich richtig mit »Jungfrau« in die deutsche Sprache übersetzte, so daß auch Luther die »Jungfrau« auf Maria, die Mutter Jesu, übertrug.

Zur Zeit des Hieronymus existierten bereits viele sehr unterschiedliche lateinische Übersetzungen der Bibel, sowohl des Alten als auch des Neuen Testaments, die im Auftrag Roms durch die Biblia Vulgata des Hieronymus »vereinheitlicht« werden sollten. Hieronymus schreibt zu seiner Auftragsarbeit, der Biblia Vulgata, an Papst Damasus[3]: »Du zwingst mich, ein neues Werk aus einem alten zu schaffen, gleichsam als Schiedsrichter zu fungieren über Bibelexemplare, nachdem diese (seit langem) in aller Welt verbreitet sind, und, wo sie voneinander abweichen, zu entscheiden, welche mit dem authentischen griechischen Text übereinstimmen. Es ist ein Unterfangen, das ebenso viel liebevolle Hingabe verlangt, wie es gefährlich und vermessen ist, über die anderen zu urteilen und dabei selbst dem Urteil aller zu unterliegen, in die Sprache eines Greises ändernd einzugreifen und eine bereits alters-

---

[2] Siehe zu »almáh« zum Beispiel Wilhelm Gesenius: »Handwörterbuch Hebräisch zum Alten Testament«. Dieses gehört zum offiziellen Unterrichtsmaterial an Schulen und gibt mit sprachwissenschaftlicher und historischer Sicherheit die hier gezeigte antike Wortbedeutung von »almáh« wieder. Der Theologe und Sprachgelehrte Wilhelm Gesenius (1786-1842) war einer der bedeutendsten Gelehrten der alten Sprachen, besonders des Hebräischen und Griechischen. Auch hat er sämtliche antiken sprachlichen Konkordanzen zur Wortbedeutung von »almáh« nachweisbar analysiert und berücksichtigt.

[3] Vorrede zum Neuen Testament, entnommen aus A. M. Ritter: »Kirchen- und Theologiegeschichte in Quellen«, Bd. 1, Seite 181 f.; im Original bei J. P. Migne: »Patrologiae cursus completus«, series Graeca (MPG) 29, Sp. 525 ff.

graue Welt in die Tage ihrer ersten Kindheit zurückzuversetzen. Wird sich auch nur einer finden, sei er gelehrt oder ungelehrt, der mich nicht, sobald er diesen Band (die Überarbeitung der Evangelien) in die Hand nimmt und feststellt, daß das, was er hier liest, nicht in allem den Geschmack dessen trifft, was er einmal in sich aufgenommen hat, lauthals einen Fälscher und Religionsfrevler schilt, weil ich die Kühnheit besaß, einiges in den alten Büchern zuzufügen, abzuändern oder zu verbessern? Zwei Überlegungen sind es indes, die mich trösten und dieses Odium auf mich nehmen lassen: zum einen, daß du, der an Rang allen anderen überlegene Bischof, mich dies zu tun heißest; zum anderen, daß, wie auch meine Verleumder bestätigen müssen, in differierenden Lesarten schwerlich die Wahrheit anzutreffen ist. Wenn nämlich auf die lateinischen Texte Verlaß sein soll, dann mögen sie bitte sagen: welchen? Gibt es doch beinahe so viele Textformen, wie es Abschriften gibt. Soll aber die zutreffende Textform aus einem Vergleich mehrerer ermittelt werden, warum dann nicht gleich auf das griechische Original zurückgehen und danach all die Fehler verbessern, ob sie nun auf unzuverlässige Übersetzer zurückgehen, ob es sich bei ihnen um Verschlimmbesserungen waghalsiger, aber inkompetenter Textkritiker oder aber einfach um Zusätze und Änderungen unaufmerksamer Abschreiber handelt? ... Ich spreche nun vom Neuen Testament: ... Matthäus, Markus, Lukas, Johannes; sie sind von uns nach dem Vergleich mit griechischen Handschriften – freilich alten! – überarbeitet worden. Um jedoch allzu große Abweichungen von dem lateinischen Wortlaut, wie man ihn aus den Lesungen gewohnt ist, zu vermeiden, haben wir unsere Feder im Zaum gehalten und nur dort verbessert, wo sich Änderungen des Sinns zu ergeben schienen, während wir alles übrige so durchgehen ließen, wie es war.«

Hieronymus gesteht also ein, den alten Büchern, dem Alten Testament, einiges hinzugefügt und einiges abgeändert und verbessert zu haben. Weiter gibt er offen zu, besonders auf das Neue Testament bezogen, eine Bearbeitung mit Orientierung auf den schon damals gewohnten und verbreiteten (falschen?) lateinischen Wortlaut vorgenommen zu haben. Er begründet dies damit, daß so Abweichungen vom bereits damals gebräuchlichen Wortlaut, wie er in den Gemeindelesungen seiner Zeit schon gewohnt war, vermieden werden, da sonst wohl – von der Kirche ungewollte – Verunsicherungen bei den Gläubigen der Gemeinden entstehen würden. Es stellt sich die Frage, ob Hieronymus die Stelle im Buch des Propheten Jesaja (7,14), in der es um die Jungfrau geht und die sich auch im Matthäus-Evangelium (1,23) im Neuen Testament wiederfindet, im Sinne oder gar im Auftrag der Kirche so geschrieben hat, obwohl das Wort »virgo«, also »Jungfrau«, falsch beziehungsweise einseitig aus den Wörtern »almáh« und »parthénos« übersetzt ist. Jedenfalls ist seit Hieronymus' Auftragsarbeit, von Papst Damasus veranlaßt, das Wort »virgo« (»Jungfrau«) in der offiziellen Bibel der römisch-katholischen Kirche unverändert gültig und verbindlich.

Anhand des folgenden Vergleiches der einzelnen Übersetzungen, ausgehend vom hebräischen Urtext, wird deutlich, daß im Alten Testament bei Jesaja 7,14 nicht die Rede von einer Jungfrau ist, sondern von einer jungen Frau, die einen Sohn empfangen und gebären wird. Herangezogen wurde hierfür die Darstellung des Lehrers, Altphilologen und Sprachexperten Hans Zimmermann, der sich wiederum an Wilhelm Gesenius orientiert. Die deutsche Übersetzung richtet sich dabei nach dem hebräischen Urtext und nicht nach der von der Wortbedeutung her falsch beziehungsweise einseitig übersetzten (interpretierten) griechischen Septuaginta LXX und auch nicht nach dem wiederum einseitig übersetzten lateinischen Text der Biblia Vulgata nach Hieronymus.

Jesaja 7,14:
hebräisch

>hinneh hâ°- **al^emâh** hârâh w^e-lädät ben
>w^e- qârâ't sch^emow° immân^wu 'el

griechisch (Septuaginta LXX)

>idou hê **parthénos** en gastri exei kai texetai hyion kai
>kaleseis to onoma autou Emmanouêl

lateinisch (Biblia Vulgata)

>ecce **virgo** concipiet et pariet filium et
>vocabitur nomen eius Emmanuel

deutsch

>Siehe: Die **junge Frau** wird **empfangen** und gebären einen
>Sohn, und wird rufen seinen Namen: Immanuel (In-uns-Gott)

Auch anhand der folgenden Zitate aus dem Neuen Testament wird ersichtlich, daß sich der Übersetzungsfehler von der griechischen Urschrift des Neuen Testaments, hier vor allem die Evangelien nach Matthäus und Lukas, über die lateinische Übersetzung des Hieronymus bis zur deutschen Übersetzung Luthers durchzieht. Es wird deutlich, daß der Übersetzungsfehler in der Septuaginta LXX-Übersetzung des Alten Testaments, die Stelle Jesaja 7,14 betreffend, auf die Formulierung im Neuen Testament (vor allem Matthäus 1,23) entscheidenden Einfluß hat – und somit auch auf die kirchliche Interpretation der Jungfrauengeburt. Vergleiche hier das Griechische und das Deutsche der obigen Gegenüberstellung (Jesaja 7,14) mit der folgenden Übersetzung Luthers (Matthäus 1,22 und 23) im Neuen Testament. Nachfolgende Stellen des Matthäus-Evangeliums (1,22 und 23) stammen zum einen aus dem griechischen Urtext des Neuen Testaments, zum anderen aus der lateinischen Übersetzung des Hieronymus, der Biblia Vulgata, und schließlich aus der deutschen Lutherbibel. Hier sind die Worte »parthénos« (παρθενος), »virgo« und »Jungfraw« besonders interessant.

Matthäus:
griechischer Urtext

1,22 τουτο δε ολον γεγονεν ινα πληρωθη
      το ρεθεν υπο Κυριου δια του προφητου λεγοντε
1,23 ιδου η **παρθενος** εν γαστρι εξει και τεξεται υιον
      και καλεσουσιν το ονομα αυτου Εμμανου Ηλ

lateinisch (Biblia Vulgata)

1,22 hoc autem totum factum est ut adimpler
      quod dictum est a Domino per prophetam dicent
1,23 ecce **virgo** in utero habebit et pariet filium
      et vocabunt nomen eius Emmanu El

deutsch (Luther 1545)

1,22 Das ist aber alles geschehen / Auff das erfüllet würde /
das der HERR durch den Propheten gesagt hat / der da spricht /

1,23 SIHE / EINE **JUNGFRAW** WIRD **SCHWANGER** SEIN /
VND EINEN SON GEBERN /
VND SIE WERDEN SEINEN NAMEN EMANUEL HEISSEN /

Im Gegensatz zum zuvor (Seite 16 oben) gezeigten hebräischen Text und der an Wilhelm Gesenius orientierten deutschen Übersetzung der Jesaja-Stelle 7,14, ist bei dieser Gegenüberstellung im lateinischen Biblia Vulgata-Text des Hieronymus und in der »letzten Hand«-Übersetzung Luthers von 1545 diese Stelle des Alten Testaments, die sich hier im Neuen Testament bei Matthäus 1,23 wiederfindet, die Rede von »Jungfrau« und »schwanger« und nicht, wie es korrekt lauten müßte, von einer »jungen Frau« und »empfangen«. Luther übernahm in seine deutsche Bibelübersetzung »Jungfraw«, also »Jungfrau« – genauso wie Hieronymus vorher ins Lateinische, er übersetzte beziehungsweise interpretierte »parthénos« (παρθενος) falsch beziehungsweise einseitig als »virgo« (»Jungfrau«). Luthers Übersetzung vom Lateinischen ins Deutsche ist zwar richtig (»virgo« = »Jungfrau«), allerdings ist die Bedeutung im hebräischen Urtext des Alten Testaments eine andere, denn dort ist an gleicher Stelle (Jesaja 7,14) die Rede davon, daß eine junge Frau empfangen und gebären wird. Diese Übersetzungsfehler aus der griechischen Übersetzung des Alten Testaments (Septuaginta LXX) übertrugen sich – sicherlich in bewußt gewollter Sinnanlehnung und Vereinheitlichung mit der älteren Septuaginta LXX-Übersetzung (durch die späteren Verfasser/Fälscher zweier Evangelien?) – auch in die spätere griechische Urschrift des Neuen Testaments und somit dann auch in das der lateinischen Biblia Vulgata des Hieronymus sowie weiter in die daraus übersetzte Lutherbibel. Vor allem die im Neuen Testament enthaltenen Evangelien nach Matthäus und Lukas sind davon betroffen. Beide Evangelien stammen nicht von Jesu Jüngern Matthäus oder Lukas selbst, denn diese wurden erst cirka 80 bis 90 n. Chr. verfaßt, weshalb es auch Evangelium *nach* Matthäus beziehungsweise Lukas heißt. Folgende Zitate sind entnommen aus dem griechischen Urtext des Neuen Testaments, der lateinischen Biblia Vulgata nach Hieronymus und der »letzten Hand«-Übersetzung Luthers von 1545.

Lukas:

griechisch

1, 27 προς **παρθενον** εμνηστευμενην ανδρι
ωι ονομα Ιωσηφ εξ οικου Δαυιδ
και το ονομα της **παρθενου** Μαριαμ

1, 31 και ιδου συλλημψηι **εν γαστρι**
και τεξηι υιον
και καλεσεις το ονομα αυτου Ιησουν

1,27 ad **virginem** desponsatam viro
cui nomen erat Ioseph de domo David
et nomen **virginis** Maria

1,31 ecce **concipies** in utero
et paries filium
et vocabis nomen eius Iesum

deutsch (Luther 1545)

1,27 Zu einer **Jungfrawen** / die vertrawet war einem Manne /
mit namen Joseph / vom hause Dauid /
vnd die **Jungfraw** hies Maria.

1,31 Sihe / du wirst **schwanger** werden im Leibe /
vnd einen Son geberen /
des Namen soltu Jhesus heissen.

Die katholische Kirche begründet das Dogma der Jungfrau und der Jungfrauengeburt Marias also auf zwei falsche beziehungsweise fehlinterpretierte Übersetzungen. Zum einen ist es die des hebräischen Wortes »almáh« (junge Frau), das sich im Urtext des Alten Testaments bei Jesaja (7,14) findet, aus dem über das Griechische (parthénos) im Lateinischen »virgo« beziehungsweise »virginum«, »virginis« wurde, die »Jungfrau«, wie es Luther dann aus dem Lateinischen richtig ins Deutsche übersetzte. Luther, der ein großer Bewunderer des Hieronymus war, nahm für seine Übersetzung des Alten und Neuen Testaments hauptsächlich die lateinische Biblia Vulgata des Hieronymus und die griechische Septuaginta LXX als Grundlage. Für die Übersetzung speziell des Neuen Testaments zog er sowohl die Biblia Vulgata als auch den griechischen Urtext des Neuen Testaments mit heran.

Zum anderen stützt sich die katholische Kirche bei ihrem Dogma der Jungfrau und Jungfrauengeburt auf die falsche Wortaussage »schwanger« statt »empfangen«.

Um die Jungfrauengeburt weiter begründen und glaubhaft machen zu können, bezieht sich die katholische Kirche zudem auf den lateinischen Text des Neuen Testaments nach Hieronymus, speziell auf das Matthäus-Evangelium (1,18 bis 1,25) und das Lukas-Evangelium (1,27 und 1,31), wo von Jesu Geburt berichtet wird. Hierzu wird nachfolgend aus der revidierten Bibelübersetzung der Deutschen Bibelgesellschaft von 1984 nach Luther zitiert.

Matthäus 1,18 bis 25:

»Die Geburt Jesu geschah aber so: Als Maria, seine Mutter, dem Josef vertraut war, fand es sich, ehe er sie heimholte, daß sie schwanger war von dem heiligen Geist.
Josef aber, ihr Mann, war fromm und wollte sie nicht in Schande bringen, gedachte aber, sie heimlich zu verlassen.
Als er das noch bedachte, siehe, da erschien ihm der Engel des Herrn im Traum und sprach: Josef, du Sohn Davids, fürchte dich nicht, Maria, deine Frau, zu dir zu nehmen; denn was sie empfangen hat, das ist von dem heiligen Geist.

Und sie wird einen Sohn gebären, dem sollst du den Namen Jesus geben, denn er wird sein Volk retten von ihren Sünden.

Das ist aber alles geschehen, damit erfüllt würde, was der Herr durch den Propheten gesagt hat, der da spricht (Jesaja 7,14):

›Siehe, eine Jungfrau wird schwanger sein und einen Sohn gebären, und sie werden ihm den Namen Immanuel geben.‹ Das heißt übersetzt: Gott mit uns.[4]

Als nun Josef vom Schlaf erwachte, tat er, wie ihm der Engel des Herrn befohlen hatte, und nahm seine Frau zu sich.

Und er berührte sie nicht, bis sie einen Sohn gebar; und er gab ihm den Namen Jesus.«

Lukas 1,27:

»...zu einer Jungfrau, die vertraut war einem Manne mit Namen Josef vom Hause David; und die Jungfrau hieß Maria.«

Lukas 1,31:

»Siehe, du wirst schwanger werden und einen Sohn gebären, und du sollst ihm den Namen Jesus geben.«

Lukas 1,35:

»Der Engel antwortete und sprach zu ihr: Der heilige Geist wird über dich kommen, und die Kraft des Höchsten wird dich überschatten; darum wird auch das Heilige, das geboren wird, Gottes Sohn genannt.«

Die Stellen des Matthäus-Evangeliums (1,22 bis 1,25) und des Lukas-Evangeliums (1,27 und 1,31) lassen klar erkennen, daß sich die falsche Übersetzung beziehungsweise Fehlinterpretationen der Worte aus Jesaja 7,14 bis hinein ins Neue Testament überträgt. Es müßte also auch im Neuen Testament »junge Frau« und »empfangen« anstatt »Jungfrau« und »schwanger« geschrieben stehen. Besonders interessant hierzu ist auch eine Aussage in Matthäus 1,20, die aus der revidierten, aber am hebräischen Wortlaut der Jesaja-Stelle 7,14 orientierten Lutherbibel der Deutschen Bibelgesellschaft von 1984 stammt (anders als bei Luther selbst, der hauptsächlich aus dem Griechischen und Lateinischen ins Deutsche übersetzte):

»... denn was sie empfangen hat, das ist von dem heiligen Geist.«

In der »letzten Hand«-Übersetzung Luthers lautet die Stelle folgendermaßen:

»Denn das in jr geborn ist / das ist von dem heiligen Geist.«

---

[4] Im Gegensatz zu dieser Übersetzung der Deutschen Bibelgesellschaft ist der Wortlaut in Jesaja 7,14 (die Stelle findet sich ja in Matthäus 1,23 wieder) nach Wilhelm Gesenius folgender: Immanuel bedeutet nicht »Gott mit uns«, sondern »Gott in uns«. Ebenso ist dort die Rede von einer jungen Frau, die empfangen wird, und nicht von einer Jungfrau, die schwanger sein wird.

Die beiden unterschiedlichen Übersetzungen der Matthäus-Stelle 1,20 geben nicht wieder, daß Marias Kind Jesus beziehungsweise Immanuel (Gott in uns) vom Heiligen Geist, von Gott körperlich gezeugt wurde. In Wörterbüchern steht erklärend zum Wort »empfangen« unter anderem: »etwas erhalten, entgegennehmen, annehmen, eine Sendung empfangen«. Maria hat sicher vom Heiligen Geist eine »Sendung« empfangen, etwas erhalten, etwas entgegengenommen, etwas angenommen: nämlich Gottes unkörperlichen Heiligen Geist (Immanuel), der Jesu Geist entspricht. Diesen Gedankengang unterstützt auch Luthers Übersetzung, denn bei ihm heißt es: »...das in jr geborn ist / das ist von dem heiligen Geist.« Das Körperliche, das von Maria ins Diesseits Hineingeborene, konnte aber nur *aus* ihr geboren werden und nicht *in* ihr. Hier kann also eindeutig nicht der leibliche Jesus gemeint sein, den Maria angeblich vom Heiligen Geist empfangen, den Gott körperlich gezeugt haben soll, sondern einzig der Geist Jesu beziehungsweise der Heilige Geist Gottes, der schon vor der Geburt in Marias vorhandener Leibesfrucht, in Jesus, »geboren« wurde, also in ihr, in den ungeborenen Kindskörper hinein, und der aus der göttlichen und unkörperlichen Jenseitswelt herauskommend inkarnierte.

Das Wort »Geburt« bedeutet, zieht man Erklärungen in Wörterbüchern heran, unter anderem folgendes: »Ausstoßung der lebensfähigen Leibesfrucht aus dem Mutterleib, Entbindung«. Eine Geburt ist demnach die Ausstoßung des Körpers, der lebensfähigen Leibesfrucht, aus dem Mutterleib hinein in die irdische Welt, das Diesseits. Wenn Luther also »in jr geboren« (Matthäus 1,20) schreibt, kann sich das der sprachlichen Logik nach einzig darauf beziehen, daß Maria den heiligen und unkörperlichen Geist Jesu empfing, daß dieser Geist in ihr »geboren« wurde, aber nicht darauf, daß der körperliche Jesus in ihr »geboren« wurde.

Im Griechischen existiert nur ein Wort (γενναω = gennao), das »gebären, hervorbringen, zeugen« bedeutet und das im viel zitierten Krönungs-Psalm (2,6 und 7) des Alten Testaments im Zusammenhang mit David beziehungsweise indirekt auch mit Jesu Abstammung verwendet wird (»Du bist mein Sohn, heute habe ich dich geboren«), doch besagt dessen Verwendung in den biblischen Text nicht, daß Jesus tatsächlich vom Heiligen Geist im körperlichen Sinne gezeugt wurde. Die junge Frau Maria war, wie weiter bewiesen werden kann, nicht körperlich schwanger vom Heiligen Geist, sondern sie hat lediglich den unkörperlichen Heiligen Geist von Gott empfangen, als sie bereits von einem Mann schwanger war. Auch ist Maria, die laut der Bibel (Johannes 2,12 und 12,47, Lukas 8,19 und Markus 3,31 und 32 sowie 6,3, Matthäus 1,25 und 13,55) noch mehrere Kinder mit Josef hatte, auch keine Jungfrau geblieben, wie es fälschlich von der katholischen Kirche gelehrt wird. Dies bestätigen allein schon die korrekte lateinische Übersetzung des Hieronymus aus dem Griechischen und Luthers deutsche Übersetzung der folgenden Matthäus-Stelle 1,25. Im Lateinischen findet sich »primogenitum« (= Erstgeburt). Ebenso schreibt Luther, daß Maria »jren ersten Son gebar«, und eine Frau, die sogar mehrere Kinder geboren hat, kann keinesfalls eine Jungfrau geblieben sein.

Matthäus 1,25:
griechisch

κ αι ουκ εγινωσκεν αυτην εως [ου] ετεκεν υιον
κ αι εκαλεσεν το ονομα αυτου Ιησουν

lateinisch

et non cognoscebat eam donec peperit filium suum **primogenitum**
et vocavit nomen eius Iesum

deutsch

Vnd erkennet sie nicht / bis sie **jren ersten Son gebar** /
Vnd hies seinen Namen Jhesus.

Wäre Matthäus 1,18 entsprechend der Aussage in Jesaja 7,14 (im hebräischen Urtext) niedergeschrieben worden, würde also »empfangen hatte« anstatt »schwanger war« geschrieben stehen, ergäbe sich eine völlig andere Aussage, ein anderer, rein geistiger Sinn.

Matthäus 1,18:
griechisch

πριν η συνελθειν αυτους
ευρεθη εν γαστρι εχουσα εκ πνευματος αγιου

lateinisch

antequam convenirent
inventa est in utero habens de spiritu sancto

deutsch

ehe er sie heim holet / erfand sichs /
das sie schwanger war von dem heiligen Geist.

Genau wie die Gottheit aus drei Teilen besteht (Vater, Sohn und Heiliger Geist), die eins sind, so besteht auch der Mensch aus drei Teilen (Körper, Seele und Geist), die eins sind. Gezeugt werden kann aber nur der Körper und keinesfalls die unsterbliche Seele und schon gar nicht der Geist. Die rein biologische Zeugung, das Verschmelzen der ersten Zelle eines Menschenkörpers, auch die des Gottessohnes Jesus, der ja auch Mensch war, ist – wie gematrisch dargestellt (siehe Vorwort) – völlig ungleich des Empfangens, der Empfängnis des Geistes. Der Geist ist, laut Wörterbüchern, »das Unkörperliche im Menschen, ursprünglich Hauch, Atem (als Träger des Lebens, Lebensprinzip)«. In den Sach- und Worterklärungen der revidierten Lutherbibel von 1984 ist der Geist Gottes, der Heilige Geist, folgendermaßen erklärt: »*Das hebräische Wort für Geist* (r^wuach, Anmerkung des Autors) *bedeutete ursprünglich ›Wind, Hauch‹. Gemeint ist damit das Lebensprinzip, das Gott seinen Geschöpfen verliehen hat und über das er jederzeit verfügt.*«

Der Geist des Menschen verhält sich bei seinen Wanderungen von Reinkarnation zu Reinkarnation zwischen der körperlichen Diesseits-Welt (Geburt) und der geistigen Jenseits-Welt (Sterben) wie der Atemvorgang (ständiges *Ein*atmen und *Aus*atmen): *ein* und *aus*, *hin* und *her*. Um die Geistempfängnis geht es auch bei den folgenden Auszügen aus Jesaja 11,2 und 3 (Darstellung mit dem hebräischen Text und dem der Septuaginta LXX sowie der Biblia Vulgata nach Hans Zimmermann). Interessant ist, daß zwei (3, ^wu-bijnâh, Bina, und 5, ʷu-gᵉbʷurâh, Gebura) der 10 Sephiroth (= Ziffern) im Baum des Lebens der jüdischen Kabbala auch in der Aufzählung der »ruchowt JHWH« (der lebenatmenden Schöpfergeister Gottes) im Jesaja-Lied enthalten sind – und zwar in Paarsymmetrie (dual) wie beim *Ein-* und *Aus*atmen beziehungsweise beim *Hin* und *Her* des Geistes.

Jesaja 11,2:
hebräisch (1) wᵉ-nâchâh âlâjw rʷuach JHWH
griechisch (2) kai anapausetai ep' auton pneuma tou Theou
lateinisch (3) et requiescet super eum spiritus Domini
deutsch (4) und es ruht auf ihm Geistodem JHWHs

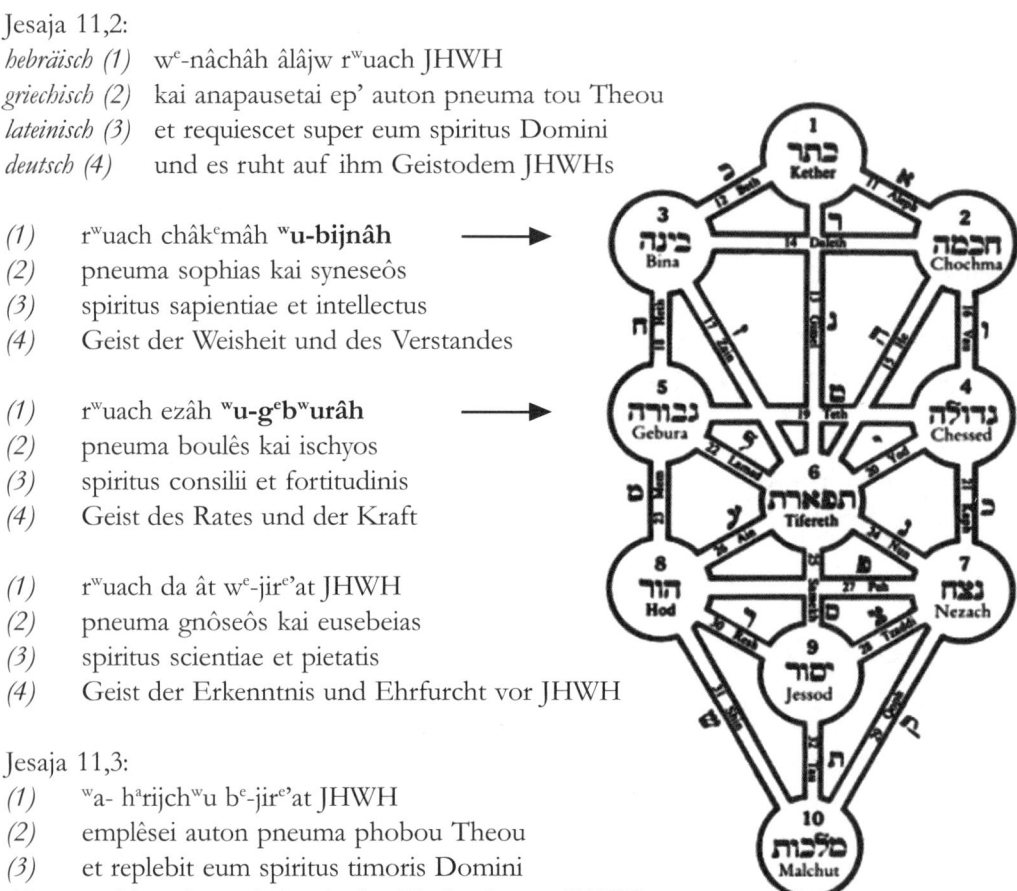

(1) rʷuach châkᵉmâh **ʷu-bijnâh**
(2) pneuma sophias kai syneseôs
(3) spiritus sapientiae et intellectus
(4) Geist der Weisheit und des Verstandes

(1) rʷuach ezâh **ʷu-gᵉbʷurâh**
(2) pneuma boulês kai ischyos
(3) spiritus consilii et fortitudinis
(4) Geist des Rates und der Kraft

(1) rʷuach da ât wᵉ-jirᵉᵒat JHWH
(2) pneuma gnôseôs kai eusebeias
(3) spiritus scientiae et pietatis
(4) Geist der Erkenntnis und Ehrfurcht vor JHWH

Jesaja 11,3:
(1) ʷa- hᵃrijchʷu bᵉ-jirᵉᵒat JHWH
(2) emplêsei auton pneuma phobou Theou
(3) et replebit eum spiritus timoris Domini
(4) und begeistet wird er in der Ehrfurcht vor JHWH

In Jesaja 11,2 und 3 ist vom Geistodem Gottes (JHWH) die Rede, der auf dem Messias ruht, also vom geistigen Atem (Hauch, Wind, Odem) Gottes, der von oben über ihn gekommen ist, auf ihm ruht und ihn in Ehrfurcht vor Gott begeistet. Die neutestamentarischen Schilderungen, besonders im Matthäus-Evangelium, beziehen sich auf die alttestamentarischen Aussagen in Jesaja 11,2 und 3 zum Geist Gottes. In der revidierten evangelischen Bibelausgabe der Deutschen Bibelgesellschaft heißt es in Matthäus 3,16:

> »Und als Jesus getauft war, stieg er alsbald heraus aus dem Wasser. Und siehe, da tat sich der Himmel auf, und er sah den Geist Gottes wie eine Taube herabfahren und über sich kommen.«

Bei Luther heißt es hingegen[5]:

> »VND da Jhesus getaufft war / steig er bald her auff aus dem Wasser /
> Vnd sihe / da thet sich der Himel auff vber jm /
> Vnd Johannes sahe den Geist Gottes / gleich als eine Taube her ab faren /
> vnd vber jn komen.«

Bereits im Urchristentum war die Taube das Symbol für den Heiligen Geist, vor allem weil dieser Vogel sich im Wind, im Hauch, in der Luft, zwischen Himmel und Erde hin und her bewegt, er fliegt, er fährt herab – so wie der Geist Gottes, der ja auch Atem, Hauch, Odem ist, der auf Jesus herabfährt und von diesem bei der Taufe ein zweites Mal empfangen wird (Matthäus 3,16). Durch die Taufe wurde nochmals die bereits im Mutterleib vorhandene Verbindung Jesu zu Gott verstärkt, damit er seine Aufgabe erfüllen konnte. Zunächst also inkarnierte der Geist Gottes bei der geistigen Empfängnis Marias *in* Jesus, und mit der Taufe war der Geist auch *über* ihm sichtbar und wurde von ihm nochmals empfangen. So wurde Jesus also, wie in Jesaja 11,2 und 3 verheißen, nochmals mit dem Geist Gottes begeistet. Fälschlich wird hierzu von der Kirche behauptet, daß sich erst durch die Taufe die eigentliche Geburt Jesu (»Wiedergeburt« im bereits bestehenden Leben durch den Heiligen Geist) und ebenso auch die »Wiedergeburt« der getauften Menschen vollzieht. Die Taufe hat aber mit der Wiedergeburt beziehungsweise der Reinkarnation des Menschengeistes, so wie Jesus selbst sie Nikodemus verkündete und die frühen Christen sie begriffen, nichts zu tun.

Im Johannes-Evangelium heißt es (zitiert aus der revidierten Lutherbibel der Deutschen Bibelgesellschaft, 1984):

3,6-7 »Was vom Fleisch geboren ist, das ist Fleisch; und was vom Geist geboren ist, das ist Geist. Wundere dich nicht, daß ich dir gesagt habe: Ihr müßt von neuem geboren werden.«

3,12 »Glaubt ihr nicht, wenn ich euch von irdischen Dingen sage, wie werdet ihr glauben, wenn ich euch von himmlischen Dingen sage?«

[5] In der originalen Lutherbibel liest sich die Stelle erheblich anders als in der revidierten Übersetzung der Deutschen Bibelgesellschaft von 1984, denn in letzterer scheint es, als ob Jesus den über ihn kommenden Geist Gottes sah. In Luthers Version sah aber Johannes diesen Geist (vergleiche hierzu auch Johannes 1,32). So wird ersichtlich, wie seit Luthers Übersetzung, innerhalb von gut 450 Jahren, der Wortlaut verändert wurde, ähnlich wie beim Neuen Testament, das vom griechischen Urtext bis zur lateinischen Biblia Vulgata des Hieronymus Veränderungen erfuhr.

Selbst Hieronymus spricht in seinen Ausführungen über die Lehren des bedeutendsten Kirchenlehrers Origenes von Alexandrien (185 bis 254 n. Chr., dessen Lehren 300 Jahre nach seinem Tod vom byzantinischen Kaiser Justinian 553 n. Chr. auf dem 5. kirchlichen Konzil von Konstantinopel nach erzwungenem Zusammenwirken mit Papst Vigilius mit dem Bannfluch der Kirche belegt und abgeschafft wurden) von der Präexistenz der menschlichen Seele und davon, daß irdische, menschliche Körper auf die Erde gefallene Seelen sind. In seiner »*Epistulae 16*« schreibt Hieronymus: »*Alle körperlosen und unsichtbaren vernünftigen Geschöpfe gleiten, wenn sie in Nachlässigkeit verfallen, allmählich auf niedere Stufen herab und nehmen Körper an je nach Art der Orte, zu denen sie herabsinken: zum Beispiel erst aus Äther, dann aus Luft, und wenn sie in die Nähe der Erde kommen, umgeben sie sich mit noch dichteren Körpern, um schließlich an menschliches Fleisch gefesselt zu werden... Dabei wechselt der Mensch seinen Körper eben sooft, wie er seinen Wohnsitz beim Abstieg vom Himmel zur Erde wechselt.*«

Hieronymus spricht demnach, ebenso wie Origenes, vom einst urchristlichen Gedanken und der urchristlichen Lehre der Reinkarnation, der Wiedergeburt. Merkwürdig erscheint, daß diese Lehre im Christentum jedoch im Zuge der Kirchengeschichte gänzlich verlorengegangen ist und durch die katholische Kirche ausradiert wurde. Auch schrieb Hieronymus in einem Brief an Demetrius, daß »*die Reinkarnationslehre unter den ersten Christen als geheime, den Laien nicht offenbarte Überlieferung behandelt und nur unter den Auserlesenen erklärt wurde*«.[6]

Wiedergeburt hat also mit dem Taufritus, so wie es die katholische Kirche fälschlich lehrt, überhaupt nichts zu tun. Der Taufritus verdeutlicht lediglich die Zugehörigkeit des getauften Menschen zur Gemeinschaft Jesu, zur Gemeinschaft Gottes. Die Taufe ist jedoch kein Freibrief, um bei bewußter oder gewollter Sündhaftigkeit weiter ungestraft zur Gemeinschaft Gottes und Jesu zu gehören und deren Schutz zu genießen.

Der Heilige Geist ist nicht nur die dritte unkörperliche Person der Dreieinigkeit Gottes, sondern das Heilige Gottes schlechthin. Der Geist ist sein Geist, Gottes »heiliger Träger des Lebens«. Er ist der Lebensträger, den Gott seinen Geschöpfen in der Art des menschlichen Geistes eingehaucht, verliehen hat, wie im 1. Buch Mose (2,7 und 6,3) geschildert wird. Gott beziehungsweise sein Heiliger Geist hat somit (auch) den Menschen Jesus nicht körperlich gezeugt, er hat Maria einzig geistig, eben durch seinen Geistodem »geschwängert«. Die junge Frau Maria hat den Geist Gottes empfangen, nachdem sie bereits, wie nachfolgend dargelegt wird, schwanger mit Jesus war. Der Geist Gottes ist zur mit Jesus schwangeren Maria gesendet und von ihr und ihrer Leibesfrucht, Jesus, empfangen wurden. Der von Jesaja prophezeite Name Immanuel, der »in uns Gott« oder »Gott in uns« bedeutet, ergibt so auch einen Sinn, weil Gottes Heiliger Geist in Jesus und somit auch in Maria war, nachdem Jesus, ihre Leibesfrucht, und eben auch Maria, diesen Geist empfangen hatte.

Jesaja 7,14:
> »Siehe: die junge Frau wird empfangen und gebären einen Sohn, und wird
> rufen seinen Namen: In uns Gott (Immanuel).«

---

[6] Aus Ronald Zürrer: »*Reinkarnation*«, Govinda/Mare-Versand, 2000.

Maria und Jesus, als geistiger Sohn Gottes, sind die prominentesten Beispiele dafür, daß es nicht nur eine körperliche, sondern auch eine geistige Empfängnis gibt. Ihre Geschichte ist auch die Geschichte einer Wanderung des Geistes hinein in einen ungeborenen Kindskörper. Geisteswanderungen betreffen jedoch alle Menschen, denn sie sind für eine Wiedergeburt des Menschengeistes unabdingbar.

Kaiser Konstantin und die 318 Kirchenväter bestanden unter anderem – entgegen den Erklärungen Arianus – beim ersten kirchlichen Konzil von Nizäa (325 n. Chr.) auf die göttliche Herkunft Jesu. In ihrer Erklärung vom 19. Juni 325 n. Chr. heißt es: *»Wir glauben an einen Gott, Vater, Allherrscher, Schöpfer alles Sichtbaren und Unsichtbaren; an einen Herrn Jesus Christus, den Sohn Gottes, geboren aus dem Vater als Einziggeborener, das heißt aus dem Wesen des Vaters, Gott aus Gott, Licht aus Licht, wahrer Gott aus wahrem Gott, geboren, nicht geschaffen, wesensgleich dem Vater ...«*[7] Das heißt, das Konzil bestand auf einen von Gott gezeugten Jesus und auf einer Gleichsetzung Jesu mit Gott. Seitdem wird Jesus von der katholischen Kirche fälschlich als körperlich von Gott gezeugt und als wesensgleich mit Gott angesehen, obwohl er ja körperlicher Mensch und nicht wie Gott nur Geist, nur Licht war. Schon allein deshalb kann er nicht wesensgleich mit Gott gewesen sein. Auch wenn der Heilige Geist, wie vom Engel (Lukas 1,35) verkündet, über Maria kommen sollte, besagt doch das Wort »über«, daß dieser Heilige Geist von oben, eben geistig über sie gekommen sein muß. Jesus selbst sagt (Johannes 8,42), daß Gott selbst ihn gesandt habe. Er berichtet also von seiner geistigen, göttlichen Sendung und nicht von einer göttlichen Zeugung. Warum dachten und denken kirchliche Theologen beim Thema Zeugung und Empfängnis Jesu eigentlich nur körperlich, obwohl Gott doch einzig unkörperlicher Geist und nach dem Johannes-Evangelium »das Wort« ist?

Johannes 4,24:
>»Gott ist Geist, und die ihn anbeten, die müssen ihn im Geist und in der Wahrheit anbeten.«

Johannes 1,1 bis 3:
>»Im Anfang war das Wort, und das Wort war bei Gott, und Gott war das Wort.
>Dasselbe war im Anfang bei Gott.
>Alle Dinge sind durch dasselbe gemacht, und ohne dasselbe ist nichts gemacht, was gemacht ist.«

Bei Johannes 1,14 steht geschrieben:
>»Und das Wort ward Fleisch und wohnte unter uns, und wir sahen seine Herrlichkeit als des eingeborenen Sohnes vom Vater, voller Gnade und Wahrheit.«

---

[7] Zitiert aus Josef Wohlmuth (Hg.): *»Dekrete der ökumenischen Konzilien, Konzilien des ersten Jahrtausends«*, 1973, Seite 5.

Das Wort »eingeborenen« besagt doch, daß der göttliche Heilige Geist Christi ins Fleisch, in einen menschlichen Körper hineingeboren (inkarniert) wurde.

Zu dem Wort »schwanger« steht in Wörterbüchern nicht nur »befruchtet«, sondern auch »erfüllt« (»mit Gedanken schwanger, mit etwas schwanger gehen«) und die Aussage: »geistige Befruchtung«. Maria war wahrlich geistig erfüllt und gedankenbefruchtet vom Heiligen Geist und ging deshalb auch geistig schwanger, sie war geistig befruchtet vom Heiligen Geist Gottes, der von oben, aus dem paradiesischen Jenseits, dem Himmel, dem Reich Gottes, »über« sie kam. Weiterhin steht in Wörterbüchern zum Wort »geistig«: »den Geist betreffend, zu ihm gehörend, auf ihm beruhend; übersinnlich; im Gegensatz zu körperlich-sinnlichen Fähigkeiten«. Also hat eine geistige Befruchtung (geistig erfüllt, schwanger sein) nichts mit körperlich-sinnlichen Fähigkeiten, nichts mit einer körperlichen Zeugung durch Gott beziehungsweise Gottes Heiligen Geist zu tun.

Sehr wohl hat Maria mit ihrer jungen Fraulichkeit, das heißt mit ihren reinen und vom Bösen unbefleckten, unberührten, unschuldigen Gedanken und Empfindungen den Heiligen Geist begrüßend empfangen und in ihrem Leib, als sie bereits körperlich im dritten Monat schwanger war, wie im weiteren durch logische Schlußfolgerungen anhand von Zitaten aus den Evangelien der Bibel und dem apokryphen Protevangelium des Jakobus bewiesen werden kann, aufgenommen. Es findet sich in der Bibel keine Stelle, aus der hervorgeht, daß Jesus vom Heiligen Geist körperlich gezeugt wurde. Nur Körperliches kann nach den vollkommenen biologischen Gesetzen Gottes auch Körperliches zeugen, das heißt, daß auch nur zwei Menschen den Menschen Jesus Christus zeugen konnten. Hieraus läßt sich schließen, daß Jesus zwei Väter gehabt haben muß: nämlich Gott als seinen geistigen Vater und ebenso auch einen irdischen Vater. Da aber Josef aus dem Geschlecht Davids (laut Lukas 1,27 und Matthäus 1,18) zum Zeitpunkt der Engelserscheinung zwar der Vertraute, also der Verlobte Marias, die auch aus dem Geschlecht Davids stammt, nicht aber der biologische Vater Jesu war, stellt sich die bisher offene Frage, wer denn eigentlich sein »richtiger« Vater war. Der Heilige Geist war es jedenfalls nicht.

Aus Lukas 1,32 geht hervor, daß Jesus der Sohn des Höchsten genannt werden wird und daß Gott der Herr ihm den Thron seines (biologischen) Vaters David geben wird. Dieser Hinweis bezieht sich aber nicht direkt auf König David, der ja bereits knapp 1.000 Jahre vor Jesus lebte, sondern auf Jesu Stammbaum, der zurückreicht bis zu König David (was den irdischen Stammbaum Jesu betrifft, so sind Matthäus 1,2 und 1,16, Lukas 3,23 und 3,31 sowie die Offenbarung 22,16 interessant, denn daraus geht hervor, daß er der Sohn Davids war beziehungsweise aus dem alten Geschlecht Davids stammte).

Besonders aufschlußreich bezüglich der angeblichen Jungfrau Maria und der angeblichen körperlichen Zeugung Jesu durch Gott ist das Evangelium nach Lukas 1,26 bis 36 (speziell 1,31) sowie 1,39 und 40 (zitiert aus der revidierten Lutherbibel, 1984):

»Und im sechsten Monat wurde der Engel Gabriel von Gott gesandt in eine Stadt in Galiläa, die heißt Nazareth, zu einer Jungfrau, die vertraut war einem Mann mit Namen Josef vom Hause David; und die Jungfrau hieß Maria.

Und der Engel kam zu ihr hinein und sprach: Sei gegrüßt du Begnadete! Der Herr ist mit dir!

Sie aber erschrak über die Rede und dachte: Welch ein Gruß ist das?

Und der Engel sprach zu ihr: Fürchte dich nicht, Maria, du hast Gnade bei Gott gefunden.

(1,31!) Siehe, du wirst schwanger werden und einen Sohn gebären, und du sollst ihm den Namen Jesus geben.

Der wird groß sein und Sohn des Höchsten genannt werden; und Gott der Herr wird ihm den Thron seines Vaters David geben,

und er wird König sein über das Haus Jakob in Ewigkeit, und sein Reich wird kein Ende haben.

Da sprach Maria zu dem Engel: Wie soll das zugehen, da ich doch von keinem Manne weiß?

Der Engel antwortete und sprach zu ihr: Der heilige Geist wird über dich kommen, und die Kraft des Höchsten wird dich überschatten; darum wird auch das Heilige, das geboren wird, Gottes Sohn genannt werden.

Und siehe, Elisabeth, deine Verwandte, ist auch schwanger mit einem Sohn, in ihrem Alter, und ist jetzt im sechsten Monat, von der man sagt, daß sie unfruchtbar sei.«

Lukas 1,39 und 40:

»Maria aber machte sich auf in diesen Tagen und ging eilends in das Gebirge zu einer Stadt in Juda und kam in das Haus des Zacharias und begrüßte Elisabeth.«

Luther übersetzte die Stelle 1,31 des Lukas-Evangeliums aus dem Griechischen und Lateinischen folgendermaßen:

και ιδου συλλημψηι **εν γαστρι**
και τεξηι υιον
και καλεσεις το ονομα αυτου Ιησουν

ecce **concipies in utero**
et paries filium
et vocabis nomen eius Iesum

SIHE / DU WIRST **SCHWANGER** WERDEN **IM LEIBE** /
VND EINEN SON GEBEREN /
DES NAMEN SOLTU JHESUS HEISSEN.

Anders als in der modernen Bibel der Deutschen Bibelgesellschaft steht in Luthers Übersetzung »schwanger werden im Leibe« – ebenso im griechischen Text (εν γαστρι = en gastri) und im lateinischen der Biblia Vulgata (in utero) – und nicht nur schwanger werden. Eigentlich sollte doch schon das Wort »schwanger« genügen, um auf diesen körperlichen

Zustand hinzuweisen. Warum steht noch der Zusatz »im Leibe« da? Offensichtlich liegt in der modernen, revidierten Lutherbibel nicht nur eine textliche, sondern auch eine inhaltlich sehr bedeutsame Verstümmelung der korrekt übersetzten Stelle Luthers vor. Denn aus den anderen Texten beziehungsweise Übersetzungen kann geschlußfolgert werden, daß eine »unkörperliche«, also eine geistige Schwangerschaft gemeint ist, die mit der Empfängnis des Heiligen Geistes beziehungsweise des Geistes (im Leibe) eintritt. Hierzu muß den weiteren biblischen Schilderungen zur schwangeren Maria, die direkt nach der Engelserscheinung und der Verkündung, daß der Heilige Geist über sie kommen wird, die die mit Johannes dem Täufer schwangere Elisabeth besuchte, vorweggegriffen werden.

Bei Lukas 1,41 und 42 heißt es:
> »Und es begab sich, als Elisabeth den Gruß Marias hörte, hüpfte das Kind in ihrem Leibe. Und Elisabeth wurde vom heiligen Geist erfüllt und rief laut und sprach: Gepriesen bist du unter den Frauen, und gepriesen ist die Frucht deines Leibes!«

Elisabeth empfing im sechsten Schwangerschaftsmonat den Heiligen Geist, der sie erfüllte – ebenso wie auch ihr ungeborenes Kind Johannes in ihrem Leibe somit diesen Geist empfing. Elisabeth war also bereits schwanger, als der Heilige Geist sie geistig schwängerte (erfüllte). Auch pries Elisabeth Marias Leibesfrucht, weshalb vermutet werden kann, daß Maria bereits zu diesem Zeitpunkt sichtbar schwanger war. Dies legt die weiter zu beweisende Vermutung nahe, daß Maria bereits vor der Engelserscheinung schwanger mit Jesus war. In Lukas 1,26 bis 27 und 1,36 wird Maria folgendes vom Engel gesagt (nach Luther):

Lukas 1,26 bis 27:
> »Vnd im sechsten mond / ward der engel Gabriel gesand von Gott
> in eine stad in Galilea / die heisst Nazareth
> Zu einer Jungfrawen / die vertrawet war einem Manne mit namen Joseph /
> vom hause Dauid vnd die Jungfraw hies Maria.«

Mit dem »sechsten mond« (Monat) ist der Juni, der sechste Monat, gemeint. Jesus wurde im Dezember geboren, im gleichen Jahr wie Johannes. Also muß Maria bei der Engelserscheinung im Juni bereits im dritten Monat schwanger gewesen sein. Denn von Juni bis Dezember, also bis zur Geburt Christi, wären es sonst nur sechs Monate Schwangerschaft und nicht neun Monate.

Lukas 1,36:
> Vnd sihe / **Elisabet** deine gefreundte /
> **ist auch schwanger mit einem Son** / in jrem alter /
> **vnd gehet jetzt im sechsten mond** / die im geschrey ist / das sie
> vnfruchtbar sey / …

Da der Engel zu Maria sagte, daß Elisabeth *auch* schwanger ist, läßt sich auch hier schluß-folgern, daß Maria zum Zeitpunkt der Engelserscheinung schwanger war, und zwar im dritten Monat. Um unter anderem diese Tatsachen erschließen zu können, muß das Lukas-Evangelium herangezogen werden, in welchem sowohl die Geistempfängnis der Maria als auch die der Elisabeth beschrieben wird.

Lukas 1,5:
> »Zu der Zeit des Herodes, des Königs von Judäa, lebte ein Priester von der Ordnung Abija, mit Namen Zacharias, und seine Frau war aus dem Geschlecht Aaron und hieß Elisabeth.«

Lukas 1,11 bis 15:
> »Da erschien ihm der Engel des Herrn und stand an der rechten Seite des Räucheraltars. Und als Zacharias ihn sah, erschrak er, und es kam Furcht über ihn.
> Aber der Engel sprach zu ihm: Fürchte dich nicht, Zacharias, denn dein Gebet ist erhört, und deine Frau Elisabeth wird dir einen Sohn gebären, und du sollst ihm den Namen Johannes geben. Und du wirst Freude und Wonne haben, und viele werden sich über seine Geburt freuen. Denn er wird groß sein vor dem Herrn; Wein und starkes Getränk wird er nicht trinken und wird schon von Mutterleib an erfüllt wer-den mit dem heiligen Geist.«

In Lukas 1,17 sagt der Engel Gabriel zu Zacharias über Johannes, der Jesus vorausgehen wird:
> »Und er wird vor ihm hergehen im Geist und in der Kraft Elias … zuzurichten dem Herrn ein Volk, das wohl vorbereitet ist.«

Lukas 1,23 und 24:
> »Und es begab sich, als die Zeit seines Dienstes um war, da ging er heim in sein Haus. Nach diesen Tagen wurde seine Frau Elisabeth schwanger und hielt sich fünf Mona-te verborgen…«

Lukas 1,39 bis 42:
> »Maria aber machte sich auf in diesen Tagen und ging eilends in das Gebirge zu einer Stadt in Juda und kam an das Haus des Zacharias und begrüßte Elisabeth.
> Und es begab sich, als Elisabeth den Gruß Marias hörte, hüpfte das Kind in ihrem Leibe. Und Elisabeth wurde vom heiligen Geist erfüllt und rief laut und sprach: Gepriesen bist du unter den Frauen, und gepriesen ist die Frucht deines Leibes.«

Lukas 1,56:
> »Und Maria blieb etwa drei Monate; danach kehrte sie wieder heim.«

Weil Elisabeth bei der Begrüßung der Maria, die gleich nach der Engelserscheinung mit der Verkündung des Jesuskindes (im sechsten Monat des Jahres, im Juni) zu Elisabeth ging (siehe Lukas 1,26 bis 39 und 1,42), deren bereits schwangeren Leib bemerkt haben muß und ihr eigenes Kind in diesem Moment in ihrem Leib hüpfte, sprach sie zu Maria: »Gepriesen bist du unter den Frauen, und gepriesen ist die Frucht deines Leibes.« Als Elisabeth, im sechsten Monat schwanger, dies sagte, wurde sie vom Heiligen Geist erfüllt – ebenso ihre Leibesfrucht: Johannes.

In Johannes reinkarnierte der vom Heiligen Geist gesendete Geist des Propheten Elias. Um dies zu verdeutlichen sei hier nochmals die Stelle 1,17 aus dem Lukas-Evangelium wiedergegeben: »Und er (Johannes, Anm. d. Autors) wird vor ihm hergehen im Geist und in der Kraft Elias … zuzurichten dem Herrn ein Volk, das wohl vorbereitet ist.« Der Engel Gabriel spricht hier klar vom Geist des alttestamentarischen Propheten Elias[8], der wiedergeboren in Johannes vor Jesus hergehen und JHWH ein »wohl vorbereitetes« Volk zurichten wird. Weiter sagt Jesus über Johannes (Matthäus 17,12 und 13): »Doch ich sage euch: Elia ist schon gekommen, aber sie haben ihn nicht erkannt, sondern haben mit ihm getan, was sie wollten[9] … Da verstanden die Jünger, daß er von Johannes dem Täufer zu ihnen geredet hatte.« Hier bestätigt Jesus, daß Elia (Elias) und Johannes der Täufer eins sind, daß der Geist Elias in Johannes wiedergeboren wurde. Mit dieser Aussage wird auch klar, daß der urchristliche Grundgedanke der Geisteswanderungen in Jesus präsent war und daß er eingeweiht war in die Lehre der Reinkarnation. Denn, so schreibt Hieronymus in seinem Brief an Demetrius, die Reinkarnationslehre war nur für Eingeweihte bestimmt, von denen Jesus einer war, ebenso auch seine Jünger.

Zeitgleich mit Elisabeths geistiger Empfängnis empfing Maria – bereits im dritten Monat schwanger mit Jesus – den Heiligen Geist Gottes. Bei dieser Empfängnis des Heiligen Geistes und der damit verbundenen Inkarnation (Fleischwerdung) Jesu war Maria also keine körperliche Jungfrau, kein körperlich unberührtes Mädchen mehr.

Lukas 1,46 und 47:

>»Und Maria sprach: Meine Seele erhebt den Herrn, / und mein Geist freut sich Gottes, meines Heilandes.«

Dies war der Moment, in dem Maria vom Heiligen Geist geistig schwanger wurde und in dem auch Elisabeth mit dem Geist Elias erfüllt wurde. Maria hat den Heiligen Geist empfangen und sich mit ihrer Seele und ihrem Geist über diese geistige Empfängnis, die ihres Heilands Jesus, gefreut. Es war der Moment göttlicher Inkarnation.

---

[8] Der Prophet Elias lebte bereits um 852 v. Chr. (vergleiche hierzu 1. Könige, Kapitel 17 bis Kapitel 19, Kapitel 21 und Kapitel 22 sowie 2. Könige 1,2-2,18 sowie Maleachi 3,23). Bei Maleachi steht folgendes (3,23): »Siehe, ich will euch senden den Propheten Elia, ehe der große und schreckliche Tag des Herrn kommt.«

[9] Mit der Aussage, sie »haben mit ihm getan, was sie wollten«, meinte Jesus die Enthauptung des Johannes, die Herodes durchführte (siehe hierzu Markus 6,14 bis 27, Lukas 9,7 bis 9 und Matthäus 14,1 bis 12).

Maria blieb laut Lukas-Evangelium (1,56) etwa drei Monate bei Elisabeth, im Juni kam sie bei ihr an und kurz vor der Geburt des Johannes im September kehrte sie wieder heim. Von der katholischen Kirche wird behauptet, daß Johannes im Juni (am 24. Juni, Johannistag) geboren wurde. Die geistige Geburt des Johannes, also die Empfängnis des Geistes Elias, war sehr wohl im Juni – geboren wurde der Mensch Johannes aber im September. Denn der Engel erschien Maria ja im Juni und sagte ihr (Lukas 1,26 und 1,36), daß Elisabeth auch schwanger ist (mit Johannes), und zwar im sechsten Monat. Und da Maria von Juni bis September bei Elisabeth blieb, kann Johannes erst im September geboren worden sein und nicht wie falsch von der katholischen Kirche behauptet und gefeiert im Juni. Demnach muß Johannes etwa im Januar gezeugt worden sein. Jesus wurde etwa im März, höchstwahrscheinlich im Sternkreiszeichen Fische (20. Februar bis 20. März), drei Monate vor Marias Engelserscheinung im Juni, von einem Mann gezeugt, da er ja im Dezember des gleichen Jahres, nur kurze Zeit nach Johannes, geboren wurde. Der Heiland Jesus ist also ein unehelich gezeugtes Kind, da Maria mit ihrem späteren Mann Josef – laut Bibel – zu dieser Zeit noch nicht verheiratet war. Und da Maria bei der Engelserscheinung körperlich schwanger und somit keine Jungfrau mehr war, wurde Jesus nicht vom Heiligen Geist gezeugt.

Jesus wurde kurz nach der Ankunft Marias und Josefs in Bethlehem (vergleiche Lukas 2,4 bis 6) am 24. Dezember oder aber am 6. Januar geboren. Der genaue Geburtstag kann nicht bestimmt werden, weshalb Jesu Geburt heute auch an unterschiedlichen Tagen gefeiert wird. Im Jahr 336 n. Chr. wurde Jesu Geburt auf päpstlichen Beschluß auf den 24. Dezember festgelegt, in Anlehnung an das altrömische Fest des Sonnengottes (Sol Invictus), das am 25. Dezember gefeiert wurde. Die orthodoxen Kirchen (seit kurzem abgesehen von der griechischen) feiern Jesu Geburt – im Gegensatz zur katholischen und evangelischen Kirche – am 6. Januar. Auch weil Jesus am 24. Dezember geboren worden sein soll, feiert die katholische Kirche die Geburt des Johannes am 24. Juni. Da Maria drei Monate bei der bei ihrer Ankunft im sechsten Monat schwangeren Elisabeth blieb, ging die Kirche fälschlich und entgegen den Angaben im Lukas-Evangelium (1,26) davon aus, daß Maria bereits im März bei Elisabeth war, damit es auch mit den neun Monaten Schwangerschaft bis zu Jesu Geburt am 24. Dezember zeitlich paßte. Maria besuchte Elisabeth aber, wie dargestellt, im Juni. Die geistige Geburt des Johannes, die Empfängnis des vom Heiligen Geist gesendeten Geistes Elias (vergleiche Lukas 1,14 und 15, 1,17 sowie 1,41), war sehr wohl im Juni, vielleicht auch am 24. Juni. Die Geburt des Menschen Johannes war aber eindeutig erst im September, kurz nachdem Maria Elisabeth wieder verließ (vergleiche Lukas 1,56 und 1,57), weshalb der Johannistag auch in diesem Monat gefeiert werden müßte.

Rechnet man vom 24. Juni (dem etwaigen Zusammentreffen von Maria und Elisabeth) drei Monate zurück, so kann Mitte März als Zeitpunkt der Zeugung Jesu von Maria und einem Mann angenommen werden. Von Mitte März wiederum bis zum 24. Dezember, dem vermeintlichen Tag der Geburt Jesu, sind es somit rund neun Monate Schwangerschaft der Maria. Also kann Maria unmöglich körperlich schwanger vom Heiligen Geist geworden sein, da sie dies schon bei der Engelserscheinung, als ihr die Empfängnis und Geburt Jesu verkündet wurde, im Juni war. Vom Heiligen Geist empfangen hatte sie aber sehr wohl: nämlich den Heiligen – unkörperlichen – Geist Gottes, der sich, wie auch sein Name Immanuel (= Gott in uns) besagt, in ihrer Leibesfrucht Jesus manifestierte.

Interessant bezüglich der kirchlichen Dogmen der Jungfrauengeburt Marias und auch der unbefleckten Empfängnis der Anna ist das Protevangelium des Jakobus. Dieses wurde um 150 n. Chr. verfaßt und zählt zu den sogenannten Apokryphen[10] (apokryph bedeutet »verborgen«, »geheim«). Das Protevangelium des Jakobus hatte große Bedeutung für die kirchengeschichliche Entwicklung katholischer Lügenlehrsätze, und das, obwohl es nie in den biblischen Kanon der Westkirche Roms, das heißt in die Heilige Schrift, aufgenommen wurde. Im Zuge der Kanonisierung der Bibel wurden die apokryphen Schriften, und hier im besonderen das Protevangelium des Jakobus, von den Kirchenvätern als unecht bezeichnet, weshalb sie nicht deren Bestandteil sind.

Im Protevangelium des Jakobus (4,1 und 10,1) steht zur unbefleckten Empfängnis der Anna, der unfruchtbaren Mutter Marias, folgendes:

4,1   »Und siehe, ein Engel des Herrn trat herzu und sprach zu ihr:
       Anna, Anna! Erhört hat der Herr deine Bitte:
       du sollst empfangen und sollst gebären,
       und dein Same soll in aller Welt genannt werden.«

10,1   »Und es erinnerte sich der Priester an die kleine Maria,
       daß sie aus dem Stamme Davids war und unbefleckt war vor Gott.«[11]

Das Dogma der unbefleckten Empfängnis der Anna, das seit 1854, von Papst Pius XI. veranlaßt, zur offiziellen katholischen Kirchenlehre zählt, begründet sich außer auf diese Stellen im Protevangelium des Jakobus vor allem auf die Erbsündenlehre des bedeutenden Kirchenvaters Augustinus von Hippos (354-389 n. Chr.), der die obigen Aussagen sehr wohl kannte. In der Heiligen Schrift selbst findet sich zur unbefleckten Empfängnis der Anna überhaupt nichts. Es stellt sich die Frage, warum die Kirche die schriftliche Grundlage eines Dogmas, das Protevangelium des Jakobus, verbannte. Die Antwort scheint klar: Das Protevangelium des Jakobus mitsamt den Ausführungen zur unbefleckten Empfängnis der Anna wurde verbannt, weil aus diesem klar hervorgeht, daß Maria bei der Empfängnis des Heiligen Geistes bereits schwanger und demnach keine körperliche Jungfrau mehr war, sondern unberührt im geistigen Sinne. Mit den Aussagen über diese wahrhafte Art des Empfangens im Protevangelium des Jakobus geriet für die Kirche das Dogma der Jungfrau Maria in Gefahr, deshalb wurde es verbannt und somit auch die Ausführungen zur unbefleckten Empfängnis der Anna. Letzteres unter Verschluß zu halten, obwohl es die einzige urschriftliche Hinterlassenschaft zur Begründung dieses Dogmas war, schien der Kirche nicht so schlimm, ebenso wie die Verwerfung der Angaben des Jakobus zur geistigen Emp-

---

[10] Bis heute läßt sich geschichtlich nicht genau klären, warum bestimmte einzelne Schriften von der Kirche als kanonisch, also in die Bibel gehörend, bezeichnet wurden und andere wiederum als apokryph beziehungsweise unecht zensiert und aus den Gemeindelesungen verbannt wurden.
[11] Entnommen aus Erich Weidinger: »*Die Apokryphen. Verborgene Bücher der Bibel*«, Pattloch, 1990, Seiten 434, 438.

fängnis der angeblichen Jungfrau Maria. Nur so konnte das Dogma der Jungfrau aufrechterhalten und weiter forciert werden.

Jakobus schreibt (Protevangelium 11,1 bis 3 als auch unter 12,2 und 3) folgendes:

11,1: »Und sie nahm den Krug und ging hinaus, um Wasser zu schöpfen.
    Und siehe, eine Stimme sprach:
    Sei gegrüßt, du Begnadete!
    Der Herr sei mit dir,
    du Gepriesene unter den Frauen!
    Und sie blickte sich um nach rechts und links, woher diese Stimme wohl käme.
    Und es kam sie ein Zittern an. Da ging sie heim in ihr Haus
    und stellte den Krug ab. Dann nahm sie den Purpur
    und setzte sich auf ihren Sessel und zog ihn zu Fäden.

11,2: Und siehe, ein Engel des Herrn trat vor sie hin und sprach:
    Fürchte dich nicht, Maria!
    Denn du hast Gnade gefunden vor dem Gebieter über alles,
    und du sollst empfangen aus seinem Wort.
    Als sie das aber hörte, bekam sie bei sich Zweifel und sagte:
    Soll ich empfangen vom lebendigen Gott her und gleichwohl gebären, wie jede Frau
    gebiert?

11,3: Und es sprach der Engel des Herrn:
    Nicht so, Maria!
    Denn Kraft des Herrn wird dich überschatten.
    Deswegen wird auch das, was von dir geboren wird, heilig, nämlich Sohn des
    Höchsten genannt werden.
    Und du sollst seinen Namen Jesus nennen;
    denn er wird sein Volk erretten von seinen Sünden.
    Und Maria sprach: Siehe, des Herrn Magd will ich gern sein vor ihm;
    mir geschehe, wie du gesagt hast!«

Aus Jakobus 11,2 geht hervor, daß Maria aus dem Wort Gottes empfangen soll (» ... und du sollst empfangen aus seinem Wort.«), das heißt, sie sollte geistig, den Geist Gottes empfangen. Denn Gott ist das Wort und ist Geist, der Geist, der das Fleisch belebt, es lebendig macht, wie im Johannes-Evangelium (1,2 und 3, 4,24 und 6,63) zu lesen ist. Da Maria die Engelsworte mißverstand, die verkündete Empfängnis im körperlichen Sinne auffaßte, fragte sie auch den Engel: »Soll ich empfangen vom lebendigen Gott her und gleichwohl gebären, wie jede Frau gebiert?« Der Engel antwortete ihr: »Nicht so, Maria! Denn Kraft des Herrn wird dich überschatten. Deswegen wird auch das, was von dir geboren wird, heilig, nämlich Sohn des Höchsten genannt werden.« Maria sollte also nicht körperlich schwanger werden von Gott, sondern einzig geistig, seine Kraft sollte sie überschatten. Sie sollte den Geist Gottes, des Herrn, aus dem himmlischen Jenseits empfangen. Wohl aufgrund dieser eindeutigen Aussagen im apokryphen Protevangelium des Jakobus wurde dieses von der katholischen Westkirche aus der Heiligen Schrift und den Gemeindelesungen verbannt. Es sollte vor der katholischen Christenheit geheimgehalten werden, was tatsächlich geschah: Maria und ihr ungeborenes Kind Jesus empfingen den Heiligen Geist Gottes.

Jakobus 12,2:

>>Maria aber wurde von Freude erfaßt, und sie ging fort zu Elisabeth, ihrer Verwandten. Und sie klopfte an die Türe. Als Elisabeth es hörte, legte sie das Scharlachfarbige, an dem sie gerade arbeitete, eilig fort und lief zur Türe und machte sie auf. Und als sie Maria erblickte, wünschte sie ihr Segen und sprach: Woher kommt mir diese Ehre, daß die Mutter meines Herrn mich besucht? Denn siehe, das Kind in mir hüpfte und wünschte dir Segen.
Maria aber hatte die Geheimnisse längst vergessen, von denen der Erzengel Gabriel ihr gesprochen hatte, und blickte auf zum Himmel und sprach:
Wer bin ich, Herr, daß alle Geschlechter der Erde mir Segen wünschen?<<

Auch dieser Stelle ist zu entnehmen, daß für Elisabeth die Schwangerschaft Marias (die ja, von Freude erfaßt, nach ihrer Engelserscheinung zu Elisabeth ging) sichtbar war, weshalb sie und das Kind in ihrem Leib, Johannes, der reinkarnierte Geist Elias, ihr Segen wünschten.

Jakobus 12,3:

>>Und sie verbrachte drei Monate bei Elisabeth.
Tag um Tag aber wurde ihr Leib stärker,
und Maria fürchtete sich und ging heim in ihr Haus
und verbarg sich vor den Kindern Israels.
Sie war aber sechzehn Jahre, als diese Geheimnisse sich begaben.<<

Als Maria die Elisabeth besuchte, war sie eine 16 Jahre junge schwangere Frau. Während ihres dreimonatigen Aufenthaltes wuchs ihr Leib Tag für Tag, was normal ist zwischen dem dritten und sechsten Schwangerschaftsmonat.

aus Jakobus 13,1:

>>Sie aber war im sechsten Monat, und siehe, da kam Josef von seinen Bauten wieder zurück. Und als er in sein Haus eintrat, mußte er bei ihrem Anblick feststellen, daß sie in anderen Umständen war.<<

Maria kehrte also auch nach den Schilderungen des Jakobus nach einem dreimonatigen Besuch bei Elisabeth nach Hause zurück und war bei ihrer Rückkehr im sechsten Monat schwanger. Vergleicht man diese Angaben mit denen des Lukas-Evangeliums, so kann nochmals verdeutlicht, was auf Seite 31 dieses Buches geschlußfolgert wurde: Maria kehrte im September von ihrem Besuch, schwanger im sechsten Monat, zurück. Demnach muß sie bereits vor der Engelserscheinung im Juni und der Verkündung, daß der Heilige Geist über sie kommen wird, im dritten Monat schwanger mit Jesus gewesen sein.

Wurde wegen der Stellen 12,3 und 13,1 des Protevangeliums des Jakobus dieses von der katholischen Kirche aus der Heiligen Schrift verbannt, weil sie zusammen mit den Aussagen im Lukas-Evangelium (1,26, 27, 35, 36, 39, 56) deutlich machen, daß die vom Heiligen Geist vollzogene körperliche Zeugung Jesu und die Jungfrauengeburt offenkundige Lügen sind? Wie lange will die katholische Kirche eigentlich noch den Lügenlehrsatz der Jungfrauengeburt in ihren sogenannten Gotteshäusern predigen? Dies ist eine Frage, die der angeblich Heilige Vater beantworten sollte, der selbsternannte »Vicarius Christi« (Statthalter Christi) auf Erden, dessen mittlerweile über 2000-jährige Papstlinie sich auf den Jesusverleugner Petrus begründet (siehe zur Verleugnung Jesu Matthäus 26,69 bis 75 sowie Markus 14,68 und 14,72). Wenn er wirklich der Statthalter Christi ist, dann darf der Papst auch nicht zulassen, daß diese nun offenkundige Lüge weiterhin von der Kanzel gepredigt wird. Es sei denn, die katholische Kirche will sich auch in Zukunft, so wie in ihrer blutigen und antichristlichen Vergangenheit (Kreuzzüge, Ermordung der Katharer und Tempelritter, Inquisition, Christianisierung Europas, Amerikas und Lateinamerikas), in der ihr Millionen unschuldiger Menschen im Zeichen des Kreuzes zum Opfer fielen, weiter selbst zum Antichristen machen.

Interessant in bezug auf den Wahrheitsgehalt der von der Kirche verkündeten Lehren ist der Name der Stadt, in der sie seit knapp 1.700 Jahren ihren Sitz hat: Rom, Roma. Das Wort »Roma« ist sprachlich sehr eng verwandt mit dem Wort »Rom'an«, das unter anderem »unglaubhafte Geschichte« bedeutet. Was ist denn nun aus kirchlicher Sicht die Wahrheit? Entweder stimmen die gezeigten Schilderungen aus dem apokryphen Protevangelium des Jakobus (12, 3 und 13,1) nicht und sie wurden zurecht im Zuge der über Jahrhunderte währenden Kanonisierung der Heiligen Schriften (die laut Zeugnis des Hieronymus und des Augustinus bereits um 400 n. Chr. abgeschlossen war) aus dieser sowie aus den Gemeindelesungen beziehungsweise den sogenannten Gottesdiensten und heiligen Messen verbannt. Oder die hier gezeigten Schilderungen nach den Evangelien des Neuen Testaments der Bibel bezüglich der jungen Frau, die – bereits schwanger – geistig empfangen hatte, stimmen nicht. Oder sind es gar die Worte des Propheten Jesaja, die im Alten Testament zu finden sind (hier besonders die Stelle 7,14 mit den Aussagen »junge Frau« und »empfangen«), die nicht stimmen? Oder gibt es gar zwei Wahrheiten? Hierzu sollte die katholische Kirche, derzeit vertreten durch Papst Benedikt XVI. alias Joseph Ratzinger, im Interesse der weltweiten Christenheit und im Sinne der wahrheitsgemäßen Aufklärung ganz genau Stellung beziehen.

Auf dem kirchlichen Konzil von Ephesus, das 431 n. Chr. in der Marienkirche stattfand, beziehungsweise in der christologischen Einigungsformel vom April 433 n. Chr. wurde die angeblich heilige Jungfrau Maria als Gottesgebärerin bestätigt. Nestorius, ein syrischer Bischof, der um 451 n. Chr. starb, lehnte genau diese Bezeichnung Marias entschieden ab. Er erklärte und belegte ausdrücklich, daß Maria zwar Jesu Mutter, nicht aber die Mutter Gottes, also keine Gottesgebärerin sei. In Nestorius' Abwesenheit wurde dessen zweiter Brief an Kyrill zur Eröffnung des Konzils von Ephesus am 22. Juni 431 n. Chr. vorgelesen und vom Konzil abgelehnt. Nestorius schrieb folgendes: »*Überall in der göttlichen Schrift, wann immer sie die Heilsökonomie des Herrn erwähnt, wird uns Geburt und Leiden nicht der Gottheit, sondern der Menschheit Christi überliefert, so daß die heilige Jungfrau mit einem genaueren Titel Christusgebärerin, nicht Gottesgebärerin genannt werden müßte. Höre dazu auch, was die Evangelien ausrufen: ›Buch der Abstammung Jesu Christi, des Sohnes Davids, des Sohnes Abrahams.‹ Offensichtlich war aber der göttliche Logos nicht Sohn Davids. Vernimm auch noch, wenn Du willst, ein anderes Zeugnis. ›Jakob aber zeugte Josef, den Mann Mariens, aus der geboren wurde Jesus, der Christus genannt wird.‹ Beachte noch eine andere Stelle, die uns deutlich bezeugt: ›Mit der Geburt Jesu Christi war es so: ›Maria, seine Mutter, war mit Josef verlobt; da zeigte sich, daß sie schwanger war vom Heiligen Geist.‹ Wer könnte wohl annehmen, die Gottheit des Einziggeborenen sei eine Schöpfung des Geistes? Wozu muß man auch noch folgende Worte zitieren? ›Die Mutter Jesu war dort.‹ Und wiederum: ›Mit Maria, der Mutter Jesu‹ … Ferner: ›Das in ihr Gezeugte ist vom Heiligen Geist.‹ Dann: ›Nimm das Kind und seine Mutter und flieh nach Ägypten.‹ Weiter: ›(Das Evangelium) von seinem Sohn, der dem Fleisch nach aus dem Samen Davids stammt.‹ Ferner über das Leiden: ›Gott sandte seinen Sohn in der Gestalt des Fleisches der Sünde und um der Sünde Willen und verurteilte die Sünde am Fleisch.‹ Dann: ›Christus starb für unsere Sünden.‹ Weiter: ›Da Christus im Fleisch gelitten hat …‹ Schließlich: ›Das ist‹ – nicht meine Gottheit, sondern – ›mein Leib, der für euch gebrochen wird.‹ Noch Tausende anderer Stellen beschwören das Menschengeschlecht, doch nicht die Gottheit des Sohnes für neu entstanden oder körperlich leidensfähig zu halten, sondern das mit der Natur der Gottheit verbundene Fleisch. Deshalb nennt sich Christus sowohl Herr als auch Sohn Davids, wenn er sagt: ›Was denkt ihr über den Christus? Wessen Sohn er ist?‹ Sie sagen ihm: ›Der Sohn Davids.‹ Jesus antwortete und sagte zu ihnen: ›Wie kann ihn dann David im Geiste Herr nennen, wenn er sagt: Der Herr sprach zu meinem Herrn: Setze dich mir zur rechten?‹ Denn ganz und gar David ist er dem Fleische nach, der Gottheit nach aber Herr. Es ist also gut und entspricht den evangelischen Überlieferungen zu bekennen, daß der Leib Tempel der Gottheit des Sohnes ist, / und zwar Tempel, der vereint ist in einer vollendeten und göttlichen Verbindung, so daß sich die Natur der Gottheit das, was diesem Tempel (des Leibes) zugehört, aneignet…«*[12]

Diesem Auszug aus Nestorius' Brief können noch zwei Stellen hinzugefügt werden, eine aus dem Lukas-Evangelium (1,31), wo der Erzengel Gabriel zu Maria über Jesus spricht: »… und Gott der Herr wird ihm den Thron seines Vaters David geben …«, und eine aus der Offenbarung (22,16), wo Jesus von sich selbst spricht: »Ich, Jesus, habe meinen Engel gesandt, euch dies zu bezeugen für die Gemeinden. Ich bin die Wurzel und das Geschlecht Davids, der helle Morgenstern.«

Die Feststellungen, daß Jesus irdischen Geschlechts war, was in der Bibel verbürgt ist und von Nestorius angeführt wurde, und daß die einzig richtige Bezeichnung der Maria »Christusgebärerin« sein muß, wurden auf dem Konzil von Ephesus von der katholischen Kirche verurteilt, verworfen und mit dem Bannfluch (Anathem) belegt. Nestorius wurde als Bischof entlassen – und das wahre Wesen der Kirche offenbarte sich: sie hielt und hält nichts von der Wahrheit und eliminiert die, die sie aussprechen. Denn das, was Nestorius

---

[12] Zitiert aus »*Dekrete der ökumenischen Konzilien. Konzilien des ersten Jahrtausends*«, Herausgeber Josef Wohlmuth, Hubert Jedin, Ferdinand Schöningh, 3. Auflage, 1973, Seiten 47 ff.

schrieb, stimmt: Jesus ist der fleischliche Sohn von Maria und einem Mann, der aus dem Geschlecht Davids stammt – und er ist der geistige Sohn Gottes, und dieser »wird ihm den Thron seines Vaters David geben«. Jesus ist demnach – das verkündete er ja selbst – nicht wesensgleich mit Gott, denn er stammt aus dem Geschlecht Davids, seine geistige Wurzel ist jedoch Gottes (siehe hierzu Matthäus 22,41 bis 46). Jesus ist der helle Morgenstern, der Träger des Geistes Gottes und nicht Gott selbst. Deshalb ist Maria auch nicht die Gottesmutter oder Gottesgebärerin, sondern einzig die Christusgebärerin. Wenn Maria die Gottesmutter wäre, dann hätte sie ja, was unmöglich ist, Gott selbst geboren. Maria gebar Jesus Christus, den geistigen Sohn Gottes, den Heiligen Geist Gottes im Menschen Jesus, also nur zwei Teile der Dreieinigkeit Gottes (Sohn und Geist). Der geistige Gott-Vater selbst bleibt vom Sohn und Geist getrennt, unabhängig existierend.

Mit dem Glaubensbekenntnis des 3. Konzils von Konstantinopel (680-681 n. Chr.) wurde von den »heiligen Kirchenvätern« auch folgendes erklärt[13]: »*Indem sie nun den fünf heiligen und ökumenischen Synoden und den heiligen auserwählten Vätern folgt und in Übereinstimmung mit ihnen entscheidet, bekennt sie unseren Herrn Jesus Christus, unseren wahren Gott, den einen der heiligen, wesensgleichen und lebenspendenden Dreiheit: vollkommen in der Gottheit und vollkommen derselbe in der Menschheit, wahrhaft Gott und wahrhaft Mensch derselbe, aus Vernunftseele und Leib; wesensgleich dem Vater der Gottheit nach, wesensgleich uns derselbe der Menschheit nach, in allem uns gleich außer der Sünde, er, vor Weltzeiten zwar aus dem Vater geboren der Gottheit nach, in den letzten Tagen aber derselbe für uns und um unseres Heiles willen aus Heiligem Geist und Maria der Jungfrau, die wirklich und in Wahrheit Gottesmutter ist, geboren der Menschheit nach; ein und derselbe Christus, Sohn, Herr, Einziggeborener, in zwei Naturen unvermischt, unverändert, ungetrennt und ungeteilt zu erkennen, in keiner Weise unter Aufhebung des Unterschieds der Naturen aufgrund der Einigung, sondern vielmehr unter Wahrung / der Eigentümlichkeit jeder der beiden Naturen und im Zusammenkommen zu einer Person und einer Hypostase; nicht in zwei Personen geteilt oder getrennt, sondern ein und derselbe einziggeborene Sohn, göttliche Logos, Herr Jesus Christus, wie die Propheten von Anfang an über ihn lehrten, er selbst, Jesus Christus, uns gelehrt hat, und wie es uns im Symbol der heiligen Väter überliefert ist.*« ... »*Denn wie sein Fleisch Fleisch des göttlichen Logos genannt wird und ist, so wird auch der göttliche Wille seines Fleisches der dem göttlichen Logos eigene genannt, und er ist es auch, wie er selbst sagt: ›Ich bin vom Himmel herabgekommen, nicht um meinen Willen zu tun, sondern den Willen des Vaters, der mich gesandt hat.‹*«

Daß Jesu Worte verdreht wurden, daß aus Wahrheit Lüge wurde, ist nach den vorigen Ausführungen offensichtlich. So sprach beispielsweise der Prophet Jesaja – im Gegensatz zu dem, was in den »Glaubensbekenntnissen der heiligen Väter« überliefert ist – von einer jungen Frau, die empfangen wird. Auch bezeugen Jesu eigene Worte, daß er sehr wohl einen eigenen Willen hatte (entgegen der Kirche, die lehrt, daß Jesus gleich Gott und er seines Willens ist), den er dem väterlichen Willen als Gottes geistiger Sohn im Fleisch unterordnete. Also kann Jesu Wille durchaus auch eigenständig sein und ist durch Jesu gewollter

---

[13] Zitiert aus *»Dekrete der ökumenischen Konzilien. Konzilien des ersten Jahrtausends«*, Herausgeber Josef Wohlmuth, Hubert Jedin, Ferdinand Schöningh, 3. Auflage, 1973, Seiten 127 f.

irdischer Fügung gleich dem Gotteswillen. Auch dem Markus-Evangelium ist zu entnehmen, daß Jesus einen eigenen Willen hat, den er aber Gott unterordnet. Es ist die Stelle 14,36, in der Jesus unmittelbar vor seiner Gefangennahme und anschließenden Kreuzigung zu seinem geistigen Vater, zu Gott, spricht und ihn in altprophetischer Tradition mit »Abba« anredet: »Abba, mein Vater, alles ist dir möglich; nimm diesen Kelch von mir; doch nicht, was ich will, sondern was du willst.«

In der vergreisten katholischen Kirche gelten wegen der Konzilien und ihren Beschlußfassungen sowie den antichristlichen Bannflüchen bis auf den heutigen Tag unter anderem folgende dogmatische Lügenlehrsätze:

- Maria ist die wahre Gottesmutter,
- Maria hat Jesus jungfräulich vom Heiligen Geist empfangen,
- Maria ist bei und nach der Geburt Jesu Jungfrau geblieben,
- Maria blieb in ihrem Leben ohne Sünde,
- Maria wurde empfangen, ohne in die Erbsünde verstrickt gewesen zu sein,
- Maria ist mit Leib und Seele im Himmel aufgenommen worden.

Das eine oder andere kirchliche Dogma wurde hier bereits in Frage gestellt und hat sich als kirchliche Irrlehre erwiesen. Zusammenfassend wird nachfolgend (noch einmal) auf alle sechs Punkte eingegangen:

- Maria ist nicht die Gottesmutter. Denn sie hat nicht Gott geboren, was absolut unmöglich ist, sondern den geistigen Sohn Gottes, den Heiligen Geist Gottes in Jesus; beide, der geistige Sohn und der Heilige Geist, sind zusammen mit dem Vater eins in der Dreieinigkeit Gottes. Im Johannes-Evangelium (10,30 und 38) sind passend dazu Jesu Worte wiedergegeben: »Ich und der Vater sind eins … das der Vater in mir ist und ich in ihm.« Mit »Vater« meint Jesus den Heiligen Geist des Vaters, der eins ist mit Jesu Geist. Aus seiner Äußerung »… das der Vater in mir ist und ich in ihm«, läßt sich schließen, daß der Vater sich nicht nur in Jesus (als des Vaters Geist und Sohn), sondern auch außerhalb Jesu befinden muß, denn sonst wäre Jesus (Geist) ja nicht im Vater, nicht in ihm. Also kann Jesus nicht die Dreieinigkeit, nicht Gott selbst sein. Denn die Dreieinigkeit des Vaters, des Gottes, ist Vater, Sohn und Heiliger Geist.

  Maria hat Jesus mit einem Mann gezeugt und erst nach der körperlichen Zeugung den Heiligen Geist Gottes empfangen, als nur zwei und nicht drei Teile der Dreieinigkeit Gottes: den geistigen Sohn und den Heiligen Geist. Jesus ist eindeutig nicht wesensgleich mit Gott, denn nur das Wesen des Gottvaters ist dreieinig (Vater, Sohn, Geist) und nicht zweieinig (Sohn, Geist).

- Maria hat Jesus nicht jungfräulich vom Heiligen Geist empfangen. Denn sie war bei der geistigen Empfängnis, als sie vom Heiligen Geist den Geist Jesu empfing, bereits im dritten Monat schwanger. Sie war eine 16 Jahre junge schwangere Frau und keinesfalls eine Jungfrau (Jesaja 7,14).

- Maria ist sicher nicht bei und nach Jesu Geburt eine Jungfrau gewesen beziehungsweise geblieben. Sie war weder vor der Empfängnis des Heiligen Geistes noch nach Jesu Geburt, ihrem ersten Sohn (Matthäus 1,25), eine körperliche Jungfrau, sondern sie war eine junge Frau, die noch mehrere Kinder mit Josef hatte. Dies erschließt sich aus dem Neuen Testament (Matthäus 12,47 und 13,55, Lukas 8,19, Markus 3,31 bis 32 und 6,3 sowie Johannes 2,12) und auch aus der Historie. Selbst eine Frau, die nur ein Kind gebiert und deren Kind als Erstgeburt bezeichnet wird, kann keinesfalls eine Jungfrau im körperlichen Sinne geblieben sein. Es stellt sich die Frage: Lügen die Evangelisten oder lügt die katholische Kirche?

- Maria blieb in ihrem Leben nicht ohne Sünde, denn sie hat von ihrer Schwangerschaft im dritten Monat abgelenkt, als sie den Engel fragte (Lukas 1,34): »Wie soll das zugehen, da ich doch von keinem Manne weiß?« Sie bediente sich aus Angst einer von Gott verziehenen Notlüge – sie sündigte.

- Ebenso wurde Maria nicht geboren, ohne in die Erbsünde verstrickt gewesen zu sein, denn alle Menschen der Diesseits-Welt (außer Jesus selbst, dem der Heilige Geist Gottes innewohnte) sind seit Adams und Evas Sündenfall in die Erbsünde verstrickt (vergleiche 1. Mose 2,17 und 3, Vertreibung aus dem Paradies). Dieser Sündenfall, das Fallen *her*aus aus der himmlischen, geistigen, paradiesischen Jenseits-Welt *hin*ein in die irdische, körperliche Diesseits-Welt wegen der Mißachtung des Gottesgebotes, bedeutete für Adam und Eva beziehungsweise die aus ihnen folgende Menschheit, fortan nicht mehr als Geist an sich, sondern als Geist in einem irdischen Körper leben und somit auch den irdischen Tod kosten zu müssen.
  Anna, Marias Mutter, hat Maria mit ihrem Mann Joachim gezeugt (siehe das apokryphe Protevangelium des Jakobus, Joachims Heimkehr zu Anna, 2 bis 4) – ebenso wie Maria Jesus mit einem Mann zeugte. Auch hierzu gehört, kirchlich gesprochen, ein Fleck, schon deshalb war Maria in die Körperlichkeit und somit in die Erbsünde verstrickt und wurde nicht unbefleckt empfangen.
  Jesus sollte den Menschen mit seinen Lehren den Weg zeigen, sich aus dieser Erbsünde (Römer 6,23) zu befreien, um nach dem irdischen Tod geistig wieder *her*ein, das heißt zurück in die himmlische, paradiesische Jenseits-Welt Gottes zu wandern – um nach dem Abbüßen der Erbsünde im Diesseits nicht mehr auf der Erde wiedergeboren und körperlich sterben zu müssen. Das heißt auch, durch Vermeidung weiterer Sünden im Diesseits nicht wieder ins Diesseits *hin*ein wiedergeboren werden zu müssen, um diese erneuten Sünden wiederum dort abzubüßen.

- Maria ist nicht mit Leib und Seele im Himmel aufgenommen worden, sondern lediglich ihre Seele und ihr Geist – genau wie nur die Geist-Seele ihres Sohnes und Gottessohnes Jesus wieder in den Himmel zurückkehren konnte, denn ein Leib kann nach dem Tod nicht auferstehen und in den Himmel aufsteigen, dies kann nur die unsterbliche Geist-Seele.

Die junge Frau Maria war jungfräulich rein – im geistigen Sinn, sie war unberührt vom Bösen. Und nur weil sie geistig unschuldig war, konnte auch der Heilige Geist Gottes in ihrer Leibesfrucht, in Jesus, inkarnieren, aus dem paradiesischen Jenseits kommend ins irdische Diesseits hineingeboren werden. Dieser rein geistige Vorgang, die Inkarnation des Heiligen Geistes, läßt sich anhand der Vesica Piscis und mit Hilfe der Gematrie bildhaft darstellen. Die Vesica Piscis, die Fischblase, aus der sich das urchristliche Jesus-Symbol, der Fisch, konstruieren läßt und die, wie noch gezeigt wird, einen engen Bezug zum Gral hat, ist das ovale, augenförmige Gebilde in der Mitte der zwei sich überschneidenden Kreise.

Der Kreis ist in nahezu allen alten Kulturen und Religionen das Symbol für Einheit, Vollkommenheit, Ewigkeit, Geschlossenheit – also für göttliche Attribute. Der geschlossene Kreis hat nur einen Anfang und ein Ende, wenn in seinem Umfang ein Punkt bestimmt wird. In Analogie hierzu spricht Gott in der Offenbarung (21,6): »Ich bin das A und das O, der Anfang und das Ende...« In den allgemeinen Sprachgebrauch übertragen bezeichnet sich Gott hier als eine »runde Sache«, als Kreis (das Symbol Gottes!), denn sprachlich bezeichnen das A und das O den gesamten Umfang einer Sache. Im gematrischen Sinne weist Gott auf die Kreiszahl π hin. Denn gematrisch ist A = 1 und O = 15. Daraus folgt, daß A + O = 16 = P ist. Der sechzehnte lateinische Buchstabe im Alphabet ist P, er entspricht dem sechzehnten Buchstaben im griechischen Alphabet: π. Das ist die transzendente und göttliche Kreiszahl, deren uralte und ursprüngliche Herleitung (die im Buch noch gezeigt wird) untrennbar verbunden ist mit zwei sich in ihrem Mittelpunkt schneidenden Kreisen (die die Vesica Piscis bilden) – und dem Gral. So findet sich hier eine direkter Bezug des A und O (im griechischen Urtext der Offenbarung α und Ω) zum Kreis und zu Gott. Gott ist der Anfang und das Ende, das A und O; er bestimmt, das ist seinem Hinweis in der Offenbarung des Johannes bezüglich des jüngsten Gerichts zu entnehmen, den Anfangs- und Endpunkt des Kreises, der den Anfang und das Ende des gottbestimmten Lebens symbolisiert.

Für die folgende gematrische Betrachtung werden die Wörter DER WEG, DIE WAHRHEIT und DAS LEBEN aus der Jesus-Aussage im Johannes-Evangelium (14,6) herangezogen: »Ich bin DER WEG und DIE WAHRHEIT und DAS LEBEN; niemand kommt zum Vater denn durch mich.« Im Gegensatz zu den anderen Wörtern, die in die gematrische Betrachtung mit einbezogen werden, werden bei diesen die Artikel aus folgendem Grund mit einbezogen: Jesus sagt, daß man nur durch ihn zum Vater kommt, es gibt nur die eine Möglichkeit, deshalb sagt er auch der Weg, die Wahrheit und das Leben. Dieser Weg Jesu – die Inkarnation und Rückwanderung des Heiligen Geistes – in das Leben (HIN), ins Diesseits, und nach dem Tod zurück zu seinem Vater Abba (HER), ins paradiesische Jenseits, ist ein Kreis[14]. Somit werden in die gematrische Betrachtung auch die Worte HIN + HER und KREIS einbezogen. Werden die Buchstaben der nachstehenden Wörter in ihre Zahlenwerte umgewandelt (A = 1, B = 2, C = 3 usw.) und addiert, wird ersichtlich, welche im gematrischen Sinne – und nicht nur in diesem – miteinander verbunden sind:

---

[14] In diesem Zusammenhang ist auch der Landkreis, aus dem Jesus stammt, interessant: Galiläa (eine ehemalige Provinz Palästinas). In »Galiläa« steckt das hebräische Wort »galil«, das Kreis bedeutet.

KREIS	$= 11 + 18 + 5 + 9 + 19$		$= 62$
GOTT	$= 7 + 15 + 20 + 20$		$= 62$
SIGNAL	$= 19 + 9 + 7 + 14 + 1 + 12$		$= 62$
EMPFANG	$= 5 + 13 + 16 + 6 + 1 + 14 + 7$		$= 62$
MENSCH	$= 13 + 5 + 14 + 19 + 3 + 8$		$= 62$
DER WEG	$= 4 + 5 + 18 + 23 + 5 + 7$		$= 62$
DAS LEBEN	$= 4 + 1 + 19 + 12 + 5 + 2 + 5 + 14$		$= 62$
HIN + HER	$= 8 + 9 + 14 + 8 + 5 + 18$		$= 62$
HEILIGER GEIST	$= 8 + 5 + 9 + 12 + 9 + 7 + 5 + 18 + 7 + 5 + 9 + 19 + 20$		$= 133$
PARADIESHIMMEL	$= 16 + 1 + 18 + 1 + 4 + 9 + 5 + 19 + 8 + 9 + 13 + 13 + 5 + 12$		$= 133$

Die Wörter KREIS, GOTT, MENSCH und auch SIGNAL (lateinisch/französisch: »Ruf, Startzeichen«) sowie EMPFANG stehen nicht nur in einem geistigen, religiösen und geometrischen Zusammenhang zum geistigen EMPFANG(EN), zur EMPFAENGNIS der jungen Frau Maria und Jesus (GOTT, MENSCH), sondern auch in einem aufgrund der gemeinsamen Zahlenwerte (62) dieser Worte gematrischen und mathematischen Gesamtzusammenhang. Ruf, also SIGNAL, wiederum bedeutet laut Wörterbüchern unter anderem »sehr lautes Wort« »Berufung (in ein Amt)«, »Befehl«, was bezogen auf Marias geistiges Empfangen aus dem Wort, aus Gott selbst, bedeutungsvoll ist.

Daß *der* Weg und *das* Leben tatsächlich als *die* Wahrheit existieren, zeigt der religiösgeistige Hintergrund von Pfingsten: der auf die Erde gesandte Heilige Geist (*hin*) kehrte nach dem Tod Jesu in den Paradieshimmel zurück (*her*), dahin, von wo er einst gekommen war, zurück zu Gott, zu seinem geistigen Vater, zu Abba. Aufgrund des gemeinsamen Zahlenwertes 133 ist auch im gematrischen Sinne folgendes zusammengehörig: HEILIGER GEIST und PARADIESHIMMEL. Gematrisch entsprechen zudem die Wörter DIE WAHRHEIT und PFINGSTEN dem Zahlenwert 110:

DIE WAHRHEIT	$= 4 + 9 + 5 + 23 + 1 + 8 + 18 + 8 + 5 + 9 + 20$		$= 110$
PFINGSTEN	$= 16 + 6 + 9 + 14 + 7 + 19 + 20 + 5 + 14$		$= 110$
SCHAWUOT	$= 19 + 3 + 8 + 1 + 23 + 21 + 15 + 20$		$= 110$

Jesu Worte DER WEG, DIE WAHRHEIT und DAS LEBEN aus Johannes 14,6 sind aufgrund deren Zahlenwerte dem hier geschilderten Gesamtzusammenhang der Wanderungen des Heiligen Geistes zugehörig. So läßt sich seine geistige Rückkehr zu Gott 10 Tage vor Pfingsten (Ausschüttung des Heiligen Geistes) als die Wahrheit sowohl wegen der biblischen Schilderungen als auch wegen der Gematrie der Wörter PFINGSTEN und DIE WAHRHEIT erkennen. Das christliche Pfingstfest gründet sich auf das jüdische Fest namens Schawuot, und das Wort SCHAWUOT hat ebenfalls den Zahlenwert 110. So sind das jüdische und christliche Fest nicht nur geschichtlich, sondern auch gematrisch miteinander verbunden.

GOTT ⟶ DER WEG ⟷ DAS LEBEN ⟷ HIN + HER ⟷ KREIS
62   62   =   62   =   62   =   62
(HEILIGER GEIST) ⟶ DIE WAHRHEIT ⟷ PFINGSTEN
133   110   =   110

Das Pfingstfest, an dem der Heilige Geist gefeiert wird, ist der Abschluß der Osterzeit. Jesus wurde am Karfreitag gekreuzigt und ist drei Tage später, am Ostermontag, als Geist und nicht in Fleisch und Blut wie gotteslästernd von der Kirche behauptet wird von den Toten wiederauferstanden. Von den Toten auferstanden aus dem irdischen Diesseits ist lediglich Jesu Geist-Seele, die 10 Tage vor Pfingsten, also 40 Tage nach seiner Wiederauf-erstehung, zurück zu seinem Vater (Abba) ins himmlische, paradiesische, göttliche Jenseits wanderte, in den Himmel fuhr (vergleiche Apostelgeschichte 1,3 und 1,9-11). So schloß sich der göttliche Kreis. So wie Jesu Heiliger Geist in den irdisch gezeugten Körper (Zelle) hin-einkam, so ging er auch wieder aus dem Körper hinaus, einzig als Geist. Auch wenn Jesu toter Körper nach seiner Grabniederlegung verschwandt (vergleiche Matthäus 28,1 bis 20),

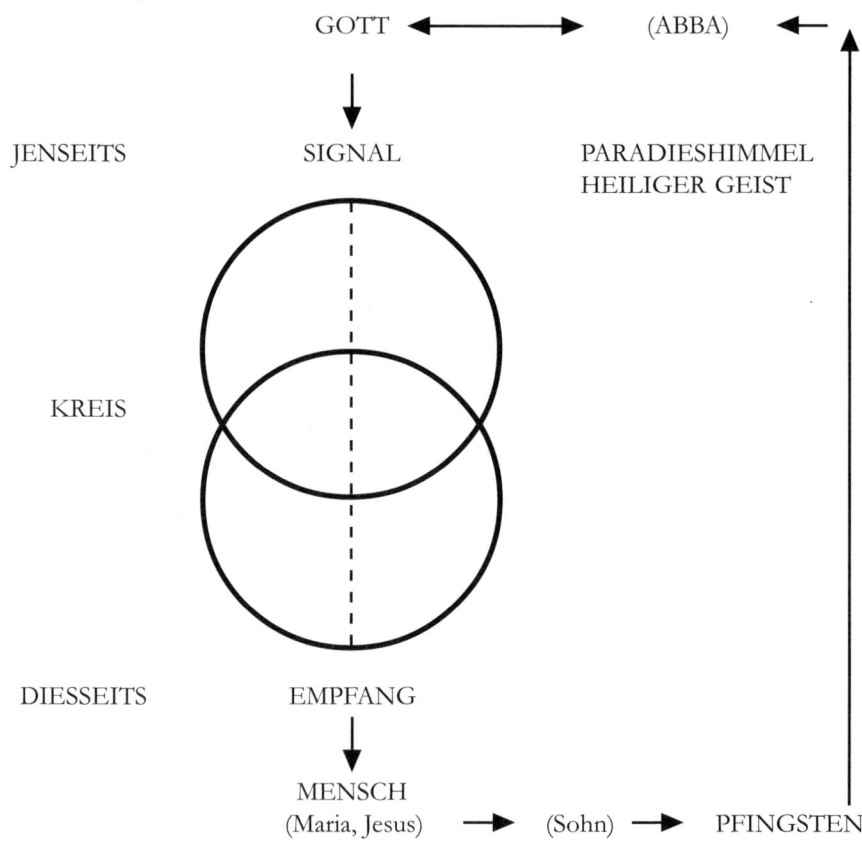

Veranschaulicht werden kann die gesamte Thematik am besten am Kreis (beziehungsweise an zwei sich überschnei-denden Kreisen, die in ihrer Mitte ein augenförmiges Gebilde, die Vesica Piscis, formen), zum einen wegen seiner symbolischen Bedeutung, er ist das Sinnbild Gottes, und zum anderen gehört er zu den wichtigsten Begriffen/For-men der Geometrie. Mathematisch betrachtet ist ein Kreis die unendliche Ausdehnung eines Punktes. Auch dehnt sich jedes gesendete Signal immer im Kreis, in Wellen aus. Das Leben selbst ist ebenfalls, wie alle natürlichen sichtbaren und unsichtbaren Kreisläufe, ein ewiger, immer wiederkehrender göttlicher Kreis: das Leben ist ein Kreis. Darüber hinaus läßt auch die Anwendung der Gematrie dies alles als zusammengehörig erscheinen, denn jedes der folgenden Wörter hat den Zahlenwert 62: KREIS, GOTT, SIGNAL, MENSCH und EMPFANG.

in den Himmel aufgestiegen ist er nicht, es muß anderes mit ihm passiert sein (vergleiche Markus 15,42 bis 47, Joseph von Arimathäa), wie auch aus dem Buch *»Das letzte Grab Christi. Die Geometrie des Heiligen Gral«* von Richard Andrews und Paul Schellenberger hervorgeht. Nur weil Jesu toter Körper sich nicht mehr in der Grabhöhle in Golgatha befand (vergleiche Markus 16,1 bis 18), bedeutet das nicht zwangsläufig, daß Jesus in Fleisch und Blut wiederauferstanden und in den Himmel gefahren ist, wie es von der Kirche behauptet wird. In den Evangelien findet sich zu Jesu Himmelfahrt folgendes:

Markus 16,19:

»Nachdem der Herr Jesus mit ihnen geredet hatte, wurde er aufgehoben gen Himmel und setzte sich zur Rechten Gottes.«

Lukas 24,50 und 51:

»Er führte sie aber hinaus bis nach Bethanien und hob die Hände auf und segnete sie. Und es geschah, als er sie segnete, schied er von ihnen und fuhr auf gen Himmel.«

Die beiden Evangelisten sprechen eindeutig nicht davon, daß Jesus in Fleisch und Blut in den Himmel gefahren ist. Es wird lediglich berichtet, daß Jesus aufgehoben wurde, gen Himmel fuhr und sich zur Rechten Gottes setzte. Das Reich Gottes ist das Himmelreich des Geistes und nicht das irdische Reich des Körpers, des Fleisches und des Blutes, nicht das der gezeugten Zelle. Denn: »GOTT ist ein GEIST/Vnd die jn anbeten /die müssen jn im GEIST vnd in der Warheit anbeten.« (Johannes 4,24) Demnach kann Jesus auch nur als Geist in das Himmelreich Gottes zurückgekehrt sein, denn ein Körper gelangt dort keinesfalls hin. Auch bei der Kreuzigung, vor seinem Ableben spricht der Gottessohn (Lukas 23,46): »Und Jesus rief laut: Vater, ich befehle meinen Geist in deine Hände. Und als er das gesagt hatte, verschied er.« Jesus spricht ausdrücklich nicht davon, daß er seinen Körper in die Hände seines geistigen Vaters Gott befiehlt, sondern allein seinen Geist.

Gleiches geht hervor aus der Apostelgeschichte (7,59):

»…und sie steinigten Stephanus; der rief den Herrn an und sprach: Herr Jesus nimm meinen Geist auf!«

In Jakobus (2,26) steht diesbezüglich:

»Denn wie der Leib ohne Geist tot ist, so ist auch der Glaube ohne Werke tot.«

Römer 8,16:

»Der Geist selbst gibt Zeugnis unserem Geist, daß wir Kinder Gottes sind.«

1. Korinther 2,11:

»Denn welcher Mensch weiß, was im Menschen ist, als allein der Geist des Menschen, der in ihm ist? So weiß auch niemand, was in Gott ist, als allein der Geist Gottes.«

1. Korinther 15,44:

>>Es wird gesät ein natürlicher Leib und wird auferstehen ein geistlicher Leib.<<

2. Korinther 12,2 bis 4:

>>Ich kenne einen Menschen in Christus; vor vierzehn Jahren (Ist er im Leib gewesen? Ich weiß es nicht; oder ist er außer dem Leib gewesen? Ich weiß es auch nicht; Gott weiß es.) da wurde derselbe entrückt bis in den dritten Himmel.

Und ich kenne denselben Menschen (ob er im Leib gewesen ist, weiß ich nicht; Gott weiß es); der wurde entrückt in das Paradies und hörte unaussprechliche Worte, die kein Mensch sagen kann.<<

Der hochgebildete Paulus (einst der Pharisäer Saulus und spätere Jünger Jesu, der auch bei der Steinigung des Stephanus zugegen war und zuvor die Christen verfolgte, siehe Galater 1,13,14 und Apostelgeschichte 7,58), der Apostel Jesu war und der von dem Rabbiner Gemaliel in der antiken Universitätsstadt Tarsus ausgebildet wurde, berichtet in seinem zweiten Brief an die Korinther (12,2 bis 4), daß er sich selbst nicht sicher ist, ob Jesus im oder außer dem Leib gewesen ist, als er (10 Tage vor Pfingsten) in den dritten Himmel[15] Gottes (in den Paradieshimmel) entrückt worden ist.

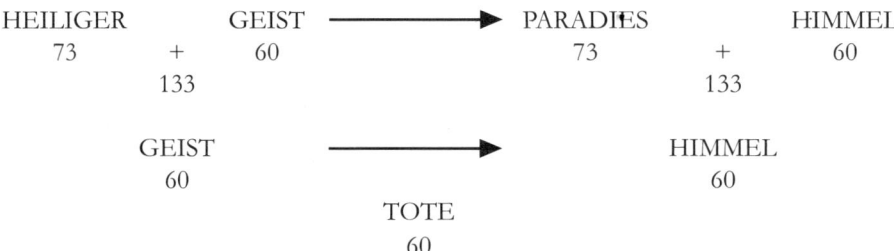

Die Unsicherheit, die Paulus regierte, kehrt sich um in Sicherheit (darüber, daß nur Jesu Geist in den dritten Himmel entrückt ist), wenn die Wörter HEILIGER GEIST und PARADIESHIMMEL (gemeinsamer Zahlenwert 133) sowie GEIST und HIMMEL und

---

[15] Der erste Himmel ist der Himmel des Diesseits, der zweite ist der Himmel des Jenseits, in den der Geist des Menschen nach dem Tode wandert, es ist der Himmel, in dem sich Gestorbene wegen weiterer begangener Sünden im Diesseits, also noch sündhafte Menschengeister (Tote), befinden. Der dritte Himmel ist der sündenlose Paradieshimmel im Jenseits, es ist der Ort, von dem über Adam und Eva, sprich die Mißachtung des Gottesgebotes, von der verbotenen Frucht des Baumes der Erkenntnis zu essen, einst alle Menschengeister wegen der Erbsünde hinein in die Körperlichkeit des Diesseits kamen und zu dem sie sündenfrei wieder zurückkehren sollen, so wie der sündenlose Jesus es tat. Die Strafe Gottes für Adam und Eva und somit für alle Menschen war, >>des Todes sterben zu müssen<<.

TOTE (gemeinsamer Zahlenwert 60) gematrisch betrachtet werden: Heiliger Geist und Paradieshimmel beziehungsweise Geist und Himmel gehören zusammen.

Aufschlußreiches nicht nur zur geistigen Himmelfahrt Jesu, sondern auch zu seiner geistigen Auferstehung von den Toten findet sich im Johannes-Evangelium (20,11 bis 18, speziell 20,14). Dort wird von Maria von Magdala berichtet, die als erster Mensch den von den Toten auferstandenen Jesus sah: »Und als sie das sagte, wandte sie sich um und sieht Jesus stehen und weiß nicht, daß es Jesus ist.« Es ist zu vermuten oder gar davon auszugehen, daß Jesus der Maria von Magdala als Geist erschien, denn sonst hätte sie sicher sofort gewußt, daß es Jesus war, den sie sah. Dem Johannes-Evangelium (20,26 bis 28, speziell 20,26) ist gleiches zu entnehmen: »… Kommt Jesus, als die Türen verschlossen waren, und tritt mitten unter sie und spricht: Friede sei mit euch!« Wie sonst hätte Jesus in den verschlossenen Raum, in dem sich die Jünger versammelt hatten, hineinkommen können, wenn nicht als Geist?

Nachfolgende gematrische Übersicht soll nochmals den Gesamtzusammenhang von DIESSEITS/ZEUGUNG und JENSEITS/EMPFAENGNIS sowie Jesu Geisteswanderungen zwischen dem Diesseits und dem Jenseits verdeutlichen, auch weil letztlich alle Menschen in diese Vorgänge verstrickt sind:

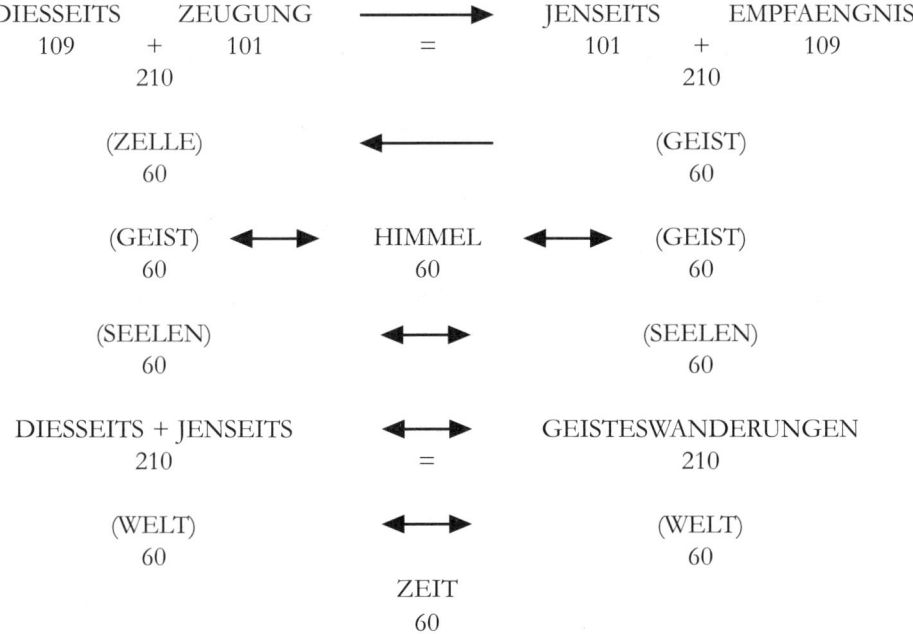

In den meisten religiösen Vorstellungen befinden sich TOTE, der GEIST und die SEELE (nach der Kabbala SEELEN) eines toten Menschen, im HIMMEL, in der WELT des JENSEITS. Dieser Glaube läßt sich gematrisch mit dem gemeinsamen Zahlenwert 60 dieser Wörter eindeutig bestätigen – Zahlen lügen nicht, Worte ebensowenig und Wort-Zahl-Sinnzusammenhänge schon gar nicht. GEIST und SEELE (SEELEN) des lebenden

Menschen hingegen befinden sich in der WELT des DIESSEITS, in der ZELLE des Menschen, in welche sie aufgrund der ZEUGUNG und EMPFAENGNIS des Menschen aus der WELT des JENSEITS in die WELT des DIESSEITS inkarniert sind.

In der Kabbala, in der es im besonderen auch um Geistes- und Seelenwanderungen geht und die untrennbar mit dem Gral sowie dem Phoenix, dem Symbol der Wiederauferstehung, der Wiedergeburt, verbunden ist, ist die Rede von drei Seelen, Seelengliedern, die jeder Mensch besitzt: Nefesch, Neschema, Ruach. Die wichtigste Seele des Menschen, die Geistseele (Heiliger Geist), ist Ruach. Der zwischen dem Jenseits und dem Diesseits wandernde Geist (Geistseele) wird von den beiden anderen Seelen des Menschen sozusagen umhüllt, er bildet den eigentlichen Kern des Menschen. So wie unser grobstofflicher Körper die feinstofflichen Seelen und den feinstofflichen Geist umhüllt, so umhüllen die zwei gottgegebenen Seelen/Seelenglieder wiederum unseren gottgegebenen wandernden Geist.

Hiob 32,8:
>>Aber der Geist ist es in den Menschen und der Odem des Allmächtigen, der sie verständig macht.<<

Die ZEIT spielt bei den Geisteswanderungen (Wiedergeburt) eine wesentliche Rolle, und es können durchaus Jahrhunderte zwischen den einzelnen Wiedergeburten des Menschen liegen. Seit Einstein wissen wir, daß die Zeit relativ ist. Dennoch wird sie in unserer irdischen Welt mit der Einheit 60 gemessen (Sekunde, Minute, Stunde). Zum einen ist dies auf das uralte Sexagesimalsystem der Sumerer zurückzuführen, zum anderen begründet sich die Einheit 60 auf die Astronomie, genauer auf das Sonnenjahr (rund 365 Tage), also die Zeit, die die Erde für einen vollen Umlauf um die Sonne braucht, und ganz besonders darauf, daß die Erde für eine volle Umdrehung um ihre eigene Achse (Tag und Nacht) nahezu 24 Stunden benötigt. Der Zahl 60 liegen geometrisch-astronomisch-göttliche Gesetze zugrunde, sie ist für die Zeitberechnung keinesfalls zufällig gewählt. Und so ist es interessant und bedeutsam zugleich, daß das Wort ZEIT den gematrischen Zahlenwert 60 (ZEIT = 26 + 5 + 9 + 20) hat.

2. GRALSSUCHE

Nach einer christlichen Legende soll der Ratsherr Joseph von Arimathäa am Fuße des Hügels von Glastonbury, auf dem heute noch die
gut erhaltenen Überreste des St. Michaels-Tur-
mes stehen, den Kelch, mit dem er das Blut
Christi nach dessen Kreuzigung aufgefangen
hat, vergraben haben – seitdem soll an dieser
Stelle die Blutquelle sprudeln.[16] Der versteck-
te Kelch soll nach den Vermutungen einiger
Gralsforscher der Heilige Gral beziehungsweise der Kelch des letzten Abendmahls gewesen sein.[17] Die vielfältigen, über Jahrhunderte andauernden Spekulationen rund um
den Heiligen Gral, Joseph von Arimathäa, der
Ratsherr und heimlicher Jünger Christi war[18],
und dem durch eine Lanze verwundeten
Gralshüter und Fischerkönig Anfortas in Wolfram von Eschenbachs »Parzival« begründen
sich maßgeblich aber auch auf das apokryphe
Nikodemus-Evangelium, hier im besonderen
auf die »Verhandlung im Hohen Rat: allge-

*Als Motiv für den Deckel des Jahrtausende alten
keltischen Kelchbrunnens von Glastonbury (Grafschaft Somerset), der das Wasser der sogenannten
Blutquelle »Chalice Well« sammelt, wurde die
immer wieder mit dem Gral in Verbindung
gebrachte Vesica Piscis gewählt.*

meine Anerkennung von Jesu Auferstehung und Himmelfahrt 7«. Dort ist die Rede von
Joseph von Arimathäa und von der Lanze des römischen Söldners Longinus, mit der er
Jesus am Kreuz die Seitenwunde zufügte.[19]

In Glastonbury befinden sich nicht nur der Kelchbrunnen und der St. Michaels-Turm,
sondern auch die Ruinen der Glastonbury Abbey, einer einstigen Benediktiner-Abtei.
Glastonbury beziehungsweise die Abbey und auch der St. Michaels-Turm gelten als die
heiligsten Orte Englands und werden von vielen Gralsforschern in einem Atemzug mit der

---

[16] Aufgrund der Einlagerung von Eisenoxid bringt der Brunnen blutrot wirkendes Wasser hervor.
Geologisch beweisbar ist, daß sich um den Hügel von Glastonbury über den Zeitraum von Millionen
Jahren eisenhaltige Quellen befanden.
[17] Vergleiche zum Abendmahlskelch Matthäus 26,27 bis 28, Markus 14,23 sowie Lukas 22,20.
[18] Vergleiche Lukas 23,50 bis 51 sowie Johannes 19,38.
[19] Vergleiche Johannes 19,34.

Arthur- beziehungsweise Camelotsage, den Rittern der Tafelrunde und dem Heiligen Gral genannt. So soll nach verschiedenen Überlieferungen der Ort, an dem heute die Ruine der mittelalterlichen Glastonbury Abbey steht, jener sein, an dem im 6. Jahrhundert n. Chr. die Arthur-Burg gestanden hat. In den unterschiedlichen Legenden des keltischen Sagenkreises (»*Matière de Bretagne*«) wird der Ort, an dem einst König Arthur gelebt haben und auch gestorben sein soll, als eine Insel »hoch über dem Meer im Nebel liegend« geschildert. Die Kelten glaubten, daß sich dort die Anderswelt, das keltische Jenseits befindet.

Glastonbury lag tatsächlich einst als Seeinsel in einer nebligen Sumpf-Marschlandschaft (Bristol Channels), die von den späteren christlichen Mönchen der Glastonbury Abbey trockengelegt wurde. Auf dem heutigen Gelände der Abbey soll nach geschichtlich ungesicherten Überlieferungen der dortigen Mönche der König Ine von Wessex bereits um 705 n. Chr. ein Kloster gegründet haben, das schon damals Abbey (Abtei) der Benediktiner gewesen sein soll – also nicht lange Zeit, nachdem König Arthur dort im 6. Jahrhundert seine Residenz gehabt und in seinem ersten Regierungsjahr 516 n. Chr. gegen die eindringenden, damals noch heidnischen Angelsachsen in der Schlacht von Bath gekämpft haben soll.

König Arthur wurde erst um 1138 n. Chr. durch die von Geoffrey von Monmouth verfaßte »*Historia regum britanniae*« allgemein bekannt. Literarisch erwähnt wurde König Arthur, der untrennbar mit den um 1200 n. Chr. auflebenden Gralserzählungen verbunden ist, nach neueren Forschungen erstmals in der zwischen 692 bis 697 n. Chr. entstandenen »*Vita Calumbae*« des irischen Mönches Adamnans. Allerdings soll sein Name bereits in dem keltischen Gedicht »*Y Gododdin*« des Poeten Aneirin aus dem 6. Jh. n. Chr. auftauchen, doch sind sich die Forscher nicht einig, ob in diesem die Stellen zu Arthur erst später hinzugefügt wurden. Weiterhin wird von ihm in der um 829 bis 830 n. Chr. verfaßten »*Historia Brittonum*« des walisischen Mönches und Geschichtsschreibers Nennius berichtet.

Der aus Burgund stammende Dichter und Gralsliterat Robert de Boron schrieb um 1195 n. Chr. zwei Werke, in denen der Gral eine herausragende Bedeutung hat: »*Le Roman de l'Estoire dou Graal*« und »*Joseph d'Arimathie*«. Robert de Boron überlieferte, daß Joseph von Arimathäa den Gral nach Britannien mitgebracht und er Jahre nach Jesu Tod dort missioniert haben soll. Weiter überlieferte Robert de Boron »Avaron« als Name der Insel des Königs Arthur. Der heutige britische Name »Avalon«, auf der einst die Arthur-Burg Camelot gestanden haben soll, deutet auf das von Robert de Boron erwähnte »Avaron« hin. Die einstige angelsächsische Bezeichnung der Insel (des heutigen Ortes Glastonbury) war »Afalon«, lateinisch »Avallonia«. In und um Glastonbury waren früher die Kelten zugegen, das belegen von dort stammende Seeuferfunde aus der späten La-Tène-Zeit (2. Jh. v. Chr.), und die nannten den Ort »Yns Avallach« (Apfelinsel) beziehungsweise »Ynys Witrin« (Gläserne Insel oder Insel des Sehens). Die Namen »Yns Avallach«, »Afalon«, »Avallonia«, »Avaron«, »Avalon« deuten sprachlich allesamt auf die einstige gläserne Insel Arthurs, den heutigen Ort Glastonbury, hin. Auch das Wort »Glastonbury« weist auf die gläserne Insel und auch auf den Gral, den Joseph von Arimathäa am Fuße des Hügels in Glastonbury vergraben haben soll, hin: »glass« (engl.) = Glas, Spiegel, gläsern, »ton« (engl.) = Tonne, »bury« (engl.) = begraben, vergraben. Ist der in Glastonbury vergrabene legendäre Gralskelch ein Trinkgefäß aus Glas, ein gläserner, durchsichtiger Kelch?

Von einigen Seiten wird jedoch auch bezweifelt, daß die legendäre Gralsinsel Avalon identisch ist mit Glastonbury. Ebenso wird bestritten, daß der Ort, an dem heute die Ruine der Glastonbury Abbey steht, der gleiche ist, an dem einst die legendäre Gralsburg Camelot des Keltenkönigs Arthur gestanden haben soll, besonders auch deshalb, weil es bisher keine gesicherten Belege für die historische Existenz des legendären Königs Arthur und seiner Burg gibt. Auch gab es in England keinen geschichtlich nachweisbaren Ort mit dem Namen Camelot. Dies bedeutet aber keinesfalls, daß es König Arthur und die Burg Camelot nicht doch gegeben hat beziehungsweise daß die Stelle, an der heute die Ruine der Glastonbury Abbey steht, nicht doch die ist, an der im 6. Jh. n. Chr. die Festung und Residenz Arthurs stand.

Die Burg Camelot wird literarisch erstmals um 1180 n. Chr. von dem französischen Dichter und ersten Gralsliteraten Chrétien de Troyes im Manuskript seines Lanzelot-Romans als Ausgangspunkt der Gralssuche um König Arthur überliefert; geschrieben wurde in den unterschiedlichen mittelalterlichen Handschriften »Camaalot« oder »Camelot«, heute ist nur noch das englische »Camelot« gebräuchlich.

Auf dem Glastonbury Tor, ein von den Ruinen der Abbey aus sichtbarer Hügel, steht der nach dem Erzengel Michael benannte St. Michaels-Turm. Die Kelten glaubten, daß sich dort, am Glastonbury Tor, der Eingang zur Unterwelt (Annwn) befand, weshalb dieser Hügel auch mit Gwyn ap Nudd, dem obersten Herrn der keltischen Unterwelt, der die Seelen der Toten in diese geleitet, in Verbindung gebracht wurde. In Anlehnung an diese Mythologie wurde der Turm nach dem Erzengel Michael benannt, der in der biblischen Apokalypse (Offenbarung 12,4 bis 9 und 20,2 bis 3) gegen den Satan, den Drachen, die Schlange oder den Teufel (Luzifer), also den christlichen obersten Herrn der Unterwelt, kämpft. So hat der Turm in gewisser Weise – wegen des gegen den Luzifer kämpfenden Erzengels Michael – einen Bezug zu Wolfram von Eschenbachs Gralsepos »Parzival«, erschienen um 1205 n. Chr., und zu der aus dem 13. Jh. n. Chr. stammenden Sammlung mittelhochdeutscher Sangspruch-dichtungen, die unter dem Namen »Der Wartburgkrieg« oder »Sängerkrieg auf der Wartburg« bekannt ist.

St. Michaels-Turm auf dem Glastonbury Tor.

In Wolframs »*Parzival*« ist der Gral kein Kelch, sondern ein wundertätiger und feurig leuchtender Stein[20], der immer rein ist und zu dem sich Luzifer und Trinitas (Dreieinigkeit) auf die Erde hinbegeben müssen (»*Parzival*« 471). Die Kraft des Steines läßt, so erklärt der Einsiedler Trevrizent, den Vogel Phoenix, der gleich dem ägyptischen Vogel Banu ist[21], zu Asche verbrennen und aus ihr wieder auferstehen (»*Parzival*« 469). »Banu« bedeutet leuchten – leuchten wie der Gralsstein. Wohl in Anlehnung an Wolframs Erwähnung von der Höllenfahrt Luzifers (»*Parzival*« 463) ist der Gral in der Gedichtsammlung »*Der Wartburgkrieg*« ein Stein – nach mittelalterlichen Legenden soll es ein Smaragd gewesen sein – aus der Krone dieses gefallenen Engels. Ausführliches über den Gralsstein, den Vogel Phoenix und Luzifer folgt in den nächsten Kapiteln. Hier zunächst ein Auszug aus dem »*Wartburgkrieg*«[22]:

143. Wolfram M 85, J 110, K 666 d1

    Sol ich die krônen bringen vür?
    diu wart geworht nâch sehstic tûsent engel kür,
    die wolten Got von himelrîche dringe.
    Sich lucifer, dô wart si dîn!
    swâ noch werde, wîse meister pfaffen sîn,
    die wizzent wol, daz ich die wârheit singe.
    Sant Michâhêl sach Gotes zorn von übermuotes
    twâle:
    die krône brach er sunder danc
    im von dem houbet, daz ein stein dar ûz gespranc,
    der wart doch sint ûf erden Parzivâle.

144. Klingsôr M 87

    Got tete, als er noch dicke tuot:
    unreht hôchvart nimt er die lenge niht für guot:
    Lucifer muoste von dem himel vallen,
    Mit im vil manic engel schar:

---

[20] Die Bedeutung des Namens des Steins, »Lapsit exillis«, gibt bis heute ein Rätsel auf – besonders bei den Sprachwissenschaftlern.

[21] Der Vogel Banu war im alten Ägypten ein Symbol der Wiederauferstehung, der Wiedergeburt der Seele, besonders der des leuchtenden Sonnengottes Ra beziehungsweise Re. In der griechischen Mythologie stand der Vogel Phoenix dafür; selbiger versinnbildlichte später in der christlichen Ikonographie die Wiederauferstehung Jesu.

[22] Die im Gedicht erwähnten Minnesänger Wolfram und Klingsôr sind Wolfram von Eschenbach und Meister Klingsôr aus Siebenbürgen. Walther von der Vogelweide, Heinrich von Öfterdingen, Klingsôr und Wolfram von Eschenbach sangen der Sage nach 1206 n. Chr. in einem Sängerwettstreit auf der Wartburg. Heinrich von Öfterdingen bat Klingsôr als Schiedsrichter für diesen Sängerwettstreit auf die Wartburg, da er seinerzeit als bester Sänger galt. Der schlechteste Sänger sollte durch den Strick hingerichtet werden, was aber umgangen werden konnte.

ir liehter schîn kêrt sich in swarze varwe gar,
ir süeze diu wart zeiner bittern gallen.
Alle diez gedâhten, daz sich lucifer möhte gelîchen
dem süezen Got, zer selben stunt
die muosten vallen in der tiefen helle grunt,
dâ siz ân ende mit jâmer muosten tîchen.

Wolfram und Klingsôr berichten davon, daß der Erzengel Michael (Sant Michâhêl) dem Luzifer einen Stein aus der Krone seines Hauptes (houbet) brach, weil dieser und seine Schar von sechzigtausend Engeln Gott aus dem Himmelreich verdrängen wollten. Das heißt, Luzifer wollte sein wie Gott und sich selbst als leuchtenden himmlischen Herrscher verehren und anbeten lassen. Luzifer und seine Engel fielen deshalb vom Himmel in die Hölle (helle) und verloren ihren lichten Schein (liehter schîn), der sich in schwarze Farbe kehrte (»kêrt sich in swarze varwe«). Der Stein aus der Krone Luzifers sprang (gespranc) dabei auf die Erde und gehörte nun Parzival (Parzivâle).

Auch im Alten Testament (Jesaja 14,12) wird vom Himmelssturz Luzifers berichtet (zitiert aus der revidierten Bibelübersetzung von 1984): »Wie bist du vom Himmel gefallen, du schöner Morgenstern! Wie wurdest du zu Boden geschlagen, der du alle Völker niederschlugst!« Hierzu ist der Vergleich der griechischen und lateinischen Namen »ho heôsphoros« (phosphorus) und »Lucifer« in der jeweiligen Übersetzung (Septuaginta LXX, Biblia Vulgata) der hebräischen Jesaja-Stelle 14,12 interessant, vor allem die damit verbundene Bedeutung:

hebräisch:	êk	napal^{c}ttâ	misch-schâmajim	**hêlel**	bän- schâchar	
griechisch:	pôs	exepesen	ek tou ouranou	**ho heôsphoros**	ho prô^i	anatellôn?
lateinisch:	quomodo	cecidisti	de caelo	**Lucifer**	qui mane oriebaris	

Der Morgenstern ist der Planet Venus und wurde von den Griechen »phosphorus« (Phosphor = Lichtträger) genannt. In der lateinischen Biblia Vulgata erscheint der Morgenstern als der gefallene Engel Luzifer. »Lucifer« und »phosphorus« sind abgeleitet von der gemeinsamen indogermanischen Sprachwurzel »leuk«, was »leuchtend«, »schimmernd« bedeutet. »Lucifer« läßt sich aus dem Lateinischen »lux, lucere« (Licht) und »fer, ferre« (tragen, tragend) ableiten. Demnach bedeutet Luzifer als gefallener Engel, als der Morgenstern Venus, der von der Sonne angestrahlt wird und ihr Licht reflektiert, lichttragend oder Lichtträger – und dieser wiederum ist verbunden mit dem Leuchten des Gralssteins und dem Phoenix (»Parzival« 471). Doch auch Jesus bezeichnet sich als Morgenstern, als Lichtträger, da er ebenso wie einst der Engel Luzifer das göttliche Licht (den göttlichen Geist) in sich trug: »Ich, Jesus, habe meinen Engel gesandt, euch dies zu bezeugen für die Gemeinden. Ich bin die Wurzel und das Geschlecht Davids, der helle Morgenstern.« (Offenbarung 22,16) Es ist doch sehr merkwürdige, daß sowohl Jesus als auch Luzifer als Morgenstern bezeichnet werden beziehungsweise sich selbst so nennen, und welche Bedeutung diese Jesu-Worte bezüglich des gefallenen Engels Luzifer und des Gralssteins, an welchem sich laut Wolframs »Parzival« der »edele Luzifer« und die »edele Tinitas« (Dreieinigkeit) zusammenfinden, haben, wird noch ausgeführt.

Die Stellen aus Jesaja 14,12 und aus »*Der Wartburgkrieg*« bewogen manchen Gralsforscher, den leuchtenden Gralsstein aus Wolframs »*Parzival*« mit dem Stein aus der Krone Luzifers gleichzusetzen. Von einem weiteren Stein, der hier von Interesse ist und der mit den Tempelrittern, die als Hüter des Heiligen Grals galten, mit König Salomo, dem Sohn Davids, und seinem Tempel in Jerusalem, der Zion hieß und einst auf dem Tempelberg stand, in Verbindung gebracht wird, ist in der Bibel die Rede (Jesaja 28,16):

> »Darum spricht Gott der Herr! Siehe, ich lege in Zion einen Grundstein, einen bewährten Eckstein, einen kostbaren Eckstein, der fest gegründet ist. Wer glaubt, der flieht nicht.«

Im ersten Petrusbrief (Psalm 118,22) wird Jesus selbst als ein Eckstein beschrieben. Auch in der Offenbarung (2,17) ist die Rede von einem weißen Stein, auf dem ein neuer Name steht, den nur derjenige kennt, der ihn empfängt. Ebenso erscheint in Wolframs »*Parzival*« (470, 20 bis 30) eine Schrift auf dem Gralsstein, die nur Berufene lesen können. Was haben der biblische weiße Stein und Wolframs Gralsstein, der auch als Stein der Weisen bezeichnet wird und der in der mittelalterlichen Alchemie »prima materia« genannt wurde, gemein?

Zu Beginn der nun folgenden Gralssuche in diesem Buch spielen zunächst mehrere Fragen eine zentrale Rolle: Existiert beziehungsweise existierte der von Wolfram erwähnte leuchtende Gralsstein tatsächlich? Besteht ein verborgener Zusammenhang dieses Steines mit der Symbolik des Kelchbrunnens in Glastonbury (Vesica Piscis), dem Kelch, dem Blut Christi und dem Kreuz? Ist dieser Stein ein materieller Stein oder ist er ein symbolischer, ein himmlischer, ein rein geistiger, göttlicher Stein/Eckstein? Oder ist der Gral doch ein Kelch, der Kelch des letzten Abendmahls? Ist er eine Schale oder Schüssel, so wie es Heliandus berichtet?

Der britische Mönch Heliandus Frigidimontis (um 1160-1229 n. Chr.) aus dem Zisterzienserkloster der Stadt Froidmont schreibt in seiner Weltchronik bezogen auf das Jahr 717 n. Chr.: »*Damals wurde einem gewissen Einsiedler in Britannien durch einen Engel eine wundersame Vision offenbart, nämlich von Josef dem edlen Decurionen, der den Leib Christi vom Kreuze nahm, sowie von jener Schale oder Schüssel, welche der Herr mit seinen Jüngern beim Mahle benutzt hatte.*« Dem Einsiedler, der wiederum eine eigene Geschichte seiner Vision, die »*Historia de gradali*« beziehungsweise die »*Geschichte von der Stufenfolge*«, verfaßt haben soll, hat Joseph (gemeint ist Joseph von Arimathäa) über Jesus und den Gral gesagt: »*Dies ist das Buch seiner* (Jesus, Anm. des Autors) *Herkunft, hier beginnt das Buch des Heiligen Grals.*« Auch ist in der »*Historia de gradali*« die Rede vom Beginn des Buches des Heiligen Grals. Sollte hier angedeutet werden, daß es sich mit der wahren Herkunft Christi, seiner Abstammung, anders verhält, als es die Kirche uns lehrt? Läßt sich das Gralsgeheimnis im Buch der Herkunft Jesu finden und so lüften? Was genau ist mit diesem Buch gemeint?

Die Wörter »gradale« beziehungsweise »gradalis« wurden laut Heliandus im gallischen Sprachraum für ein großes und tiefes Gefäß benutzt, in dem Speisen in stufenweise geschichteten Lagen angerichtet wurden. In der gewöhnlichen Sprache nannte man dieses aus kostbarem Material bestehende Gefäß »Gral« (graalz). Heliandus behauptet, daß die »*Historia de gradali«* des Einsiedlers tatsächlich existierte und daß es Zeitgenossen gab, die im Besitz dieses Buches waren: *»Diese Geschichte konnte ich nicht in lateinischer Schrift finden, denn gewisse vornehme Personen besitzen sie nur in gallischer Schrift, doch ist es nicht leicht, so heißt es, sie in vollständiger Fassung zu finden.«*[23] Über den weiteren Inhalt dieses Buches beziehungsweise dieser Geschichte macht Heliandus jedoch keinerlei nähere Angaben. Vielfach wurde und wird vermutet, daß darin der Stammbaum des Gralsgeschlechtes beziehungsweise Angaben zu den Gralshütern enthalten sind. Als Begründung für diese Spekulation wird die Einleitung *»Estoire del Saint Graal«* aus dem sogenannten *»Lancelot-Graal«* beziehungsweise dem *»Vulgata-Zyklus«*, der zwischen 1215 n. Chr. und 1235 n. Chr. niedergeschrieben wurde, herangezogen. Auch darin wird von einem Einsiedler erzählt, der um 750 n. Chr. eine Vision des Auferstandenen hatte. Nach dieser Geschichte wurde dem Einsiedler ein kleines »Büchlein« überreicht, das handflächengroß war und den aufgezeichneten Stammbaum des Gralsgeschlechtes enthielt, der bis auf den Juden Joseph von Arimathäa zurückgeht.[24] Existiert hier eine Parallele zu dem Büchlein aus der biblischen Offenbarung (10,9 und 10) und der dort – wie nachfolgend gezeigt wird – angedeuteten Symbolik sowie zu dem Buch der Herkunft Jesu? Ist diese Symbolik in der Offenbarung der Anfang des Buches des Grals?

Offenbarung 10,9 und 10:

> »Und ich ging hin zu dem Engel und sprach zu ihm: Gib mir das Büchlein! Und er sprach zu mir: Nimm und verschling's! Und es wird dir bitter im Magen sein, aber in deinem Mund wird's süß sein wie Honig. Und ich nahm das Büchlein aus der Hand des Engels und verschlang's. Und es war süß in meinem Mund wie Honig, und als ich's gegessen hatte, war es mir bitter im Magen.«

Auch hier ist, wie bei den Schilderungen des Einsiedlers im Buch *»Estoire del Saint Graal«*, die Rede von einem Büchlein. Merkwürdig ist die verwendete Symbolsprache, nicht nur wegen des Büchleins, sondern vor allem wegen des Magens und des Honigs. Als »Magen« Davids wird der sechseckige Schild Davids, der Davidstern, der Schild Salomos, bezeichnet, und der Honig der Bienen stammt aus einer sechseckigen Wabe. Beide Formen haben, wie gezeigt werden kann, einen konkreten Bezug zur Vesica Piscis und zu dem in der *»Historia de gradali«* erwähnten Buch der Herkunft Christi, eben weil Jesus aus dem Geschlecht Davids stammt. Ist die Vesica Piscis, und mit ihr der Davidstern, ein symbolischer Schlüssel, mit dem die Geheimnisse rund um den Gralsstein, den (Grals-)Kelch, das Blut Christi, also Jesu Abstammung, gelüftet werden können?

*Symbol Honig
sechseckige Bienenwabe*

*Symbol Magen Davids
Davidstern / Schild
Salomos*

[23] Siehe hierzu Migne (Hg.): *»Patrologia Latina«*, Bd. 212, Sp. 814 f.
[24] Siehe hierzu : *»Das Buch vom Gral. Eine Einweihung aus der Zeit des 8. Jahrhunderts n. Chr.«*, Übersetzung von Wilhelm Rath, 2. Auflage, Stuttgart, 1980.

Nach den im Jahr 1230 n. Chr. gemachten Angaben des Mönches Adam of Domerham soll Joseph von Arimathäa mit Veronika, Lazarus und Maria von Magdala im Jahr 48 n. Chr. in Frankreich missioniert haben, dann im Jahr 63 n. Chr. nach England gekommen sein und in Glastonbury die der Maria von Magdala geweihte Holzkirche »St. Marys Chapel« erbaut haben, und zwar an der Stelle, wo später die Abbey errichtet wurde. Die Erstfassung der Gründungsgeschichte der Glastonbury Abbey, die von der Ausgabe der Mönche abweicht, wurde von dem seinerzeit renomierten britischen Historiker William von Malmesbury angefertigt und ist bereits um 1130 n. Chr. erschienen. Die Mönche der Abbey berichten in ihrer Version der Gründungsgeschichte unter anderem davon, daß sie 1191 n. Chr. das Grab mit den sterblichen Überresten von König Arthur und seiner Frau Guinevere im Kirchhof der Glastonbury Abbey entdeckt haben. Wegen dieser und anderer Abweichungen von der Erstfassung wurde den Mönchen Fälschung der Geschichte der Glastonbury Abbey sowie Urkundenfälschung (Urkunde zur »St. Marys Chapel« zum Jahr 601 n. Chr.) vorgeworfen. So wird behauptet und teils auch belegt, daß Verfälschungen der Mönche aus Gründen des Gewinnstrebens und der Popularität erfolgten, um Pilger und Gläubige nach Glastonbury zu locken, damit der weitere Bestand der Abbey gesichert werden konnte. Falsch wiedergegeben ist beispielsweise das Gründungsdatum der Abbey, es wurde wahrscheinlich zurückdatiert. Auch wurde später von den Mönchen der Gründungsgeschichte von William von Malmesbury eine vermutlich frei erfundene Urkunde des Heiligen Patrick (von 430 n. Chr.) hinzugefügt, die wohl belegen sollte, daß die Abbey sehr viel älter ist als ihr historisch belegbarer Bau beziehungsweise Wiederaufbau im Jahr 1184 n. Chr.[25]

Es stellt sich aber trotzdem die Frage, ob die Mönche der Glastonbury Abbey nicht doch ältere Quellen hatten, die William von Malmesbury nicht besaß und die auch etwas vom Gral zu berichten wußten. Diese These läßt sich unter anderem durch die in der Abbey allgegenwärtige Vesica Piscis untermauern, die fast 5.000 Jahre alt ist und und deren Verwendung auf ein geheimes geometrischen Gralswissen schließen läßt, das mit größter Wahrscheinlichkeit von den Tempelrittern von den Kreuzzügen aus Israel und Ägypten nach Europa gebracht wurde. Durch die Vesica Piscis, die auch auf dem Kelchbrunnendeckel zu finden ist, läßt sich verdeutlichen, daß folgendes in jahrtausendealtem Zusammenhang steht: Judentum und Kabbala, Christentum, Gralskelch, das Buch der Abstammung Christi, Ägypten, der Vogel Phoenix, der Sonnengott Ra beziehungsweise Re und die Pyramiden, die Urgrundlagen der Geometrie und Astronomie, Wolfram von Eschenbachs Gralsepos »Parzival«, der Gralsstein, Luzifer und der Stein aus dessen Krone. In der Vesica Piscis laufen sozusagen, wie noch gezeigt wird, alle Fäden des Grals und die literarischen Beschreibungen des Grals zusammen.

Im »Gesta Regum Angliorum« (I, XXVIII) berichtet William von Malmesbury um 1125 n. Chr., daß die Grabstätte König Arthurs unbekannt sei. Im Gegensatz dazu geht aus Malmesburys »Ecclesiæ De Antiquitate Glastoniensis« (Cap. De nobilibus Glastoniæ sepultis)

[25] Siehe hierzu Stephan Albrecht: »Die Inszenierung der Vergangenheit im Mittelalter«, Deutscher Kunstverlag, 2003.

hervor, daß Arthur bei den »duaspiramides« (zwei Pyramiden) in Glastonbury begraben wurde. Diese Pyramiden wurden aber bisher nicht gefunden, was aber nicht heißt, daß es sie nicht doch gegeben hat. Sind die Pyramiden, die sich einst auf dem Gelände der Glastonbury Abbey befunden haben sollen, genau wie die Abbey selbst durch Feuer zerstört worden? Wurden nach diesen historisch nachweisbaren Feuern die noch verwendbaren Steine von den Dorfbewohnern von Glastonbury abtransportiert und zum Bau der dörflichen Häuser verwendet? Sind so die erwähnten zwei Pyramiden verschwunden?

Es gibt einige Kritiker, die William von Malmesburys Erwähnung der »duaspiramides« als Grabstätte Arthurs zurückweisen und als pure Phantasie bezeichnen. Einer davon war der Historiker Professor E. A. Freeman, der behauptete, daß die Textpassage, die die »duaspiramides« betrifft, erst später, als die Arthurlegende bereits ihre abschließende Form hatte, hinzugefügt wurde (siehe hierzu seinen Artikel »Presidential Address at Glastonbury«, ibid. vol. XXVI).

Die zwei Pyramiden haben aber scheinbar doch existiert, auch wenn es dafür keine archäologischen Beweise gibt. In den Aufzeichnungen der Mönche zum Jahr 1191 n. Chr. ist erwähnt, daß im Auftrag von Abt Henry de Soliaco die Suche nach dem Grab und den sterblichen Überresten König Arthurs im Kirchhof der Abbey zwischen den beiden Pyramiden erfolgte. Entsprechend der Chronik »*Speculum Ecclesiæ*« des Giraldus Cambrensis entdeckte bei der Grabsuche der Abt Henry de Blois in einer Tiefe von 16 Fuß einen massiven, ausgehöhlten Eichenstamm, der die Knochen zweier Skelette enthielt. Er schreibt, daß in einer Tiefe von sieben Fuß ein großer flacher Stein gefunden wurde, unter dem sich ein bleiernes Kreuz befand. Nach der Herausnahme des Steines wurde auf dem Kreuz eine lateinische Inschrift sichtbar: »Hic jacet sepultus inclitus rex Arthurus in insula Avallonia« (Hier liegt beerdigt der große König Arthur auf der Insel Avalon). Unter diesem Kreuz befand sich der ausgehöhlte Eichenstamm, der als Sarg diente und die Knochen König Arthurs und seiner Frau Königin Guinevere enthielt. Die Knochen wurden, den Berichten der Mönche zufolge, in einem Schrein in die große Kirche der Abbey gebracht, wo sie 1278 n. Chr. noch König Edward I. bei seinem Besuch in Glastonbury gezeigt und durch ihn legitimiert werden konnten. Durch ein späteres Feuer in der Kirche verbrannten die Knochen und gingen so für die Nachwelt verloren. Auch John Leland schreibt in seinem 1544 in London erschienenen Werk »*Assertio Arthuri*« (43, 50, 51), daß er das Grab Arthurs und das bleierne Kreuz mit der Inschrift sah. Als Ort des Verfassens seiner Aufzeichnungen zur Grabsichtung gibt er Camden (Britannia, Somerset) an; er berichtet aber nicht, wo sich das Grab befand. Der Ort Camden liegt nur unweit entfernt von Glastonbury.

William von Malmesbury erwähnt in zwei um 1100 n. Chr. verfaßten Manuskripten (*»annales cambriae«* und *»historia brittonium«*) die geführten Schlachten König Arthurs am Fluß Camel. Der Name der Gralsburg König Arthurs, »Camelot« (»Camaalot«), wurde, wie bereits erwähnt, erstmals von dem französischen Dichter Chrétien de Troyes in seinem Lancelot-Roman, der um 1180 n. Chr. verfaßt wurde, also erst ca. 600 Jahre nach König Arthur, schriftlich erwähnt. So wird in Forscherkreisen vermutet, da geschichtlich kein Name für die Burg König Arthurs überliefert ist, daß Chrétien de Troyes, der der erste Gralsliterat war und in der Stadt Troyes lebte, den Namen »Camelot« lediglich erfunden hat. Doch ist dieser wirklich nur eine Erfindung oder steht er in unmittelbarem Sinn- und Gralszusammenhang mit der jüdischen Geheimwissenschaft, der Kabbala (englisch Cabbala), die im Mittelalter in Troyes gelehrt wurde, mit der Gematrie und mit der Offenbarung der Bibel?

Es ist sicher kein Zufall, daß der erste Gralsliterat, Chrétien de Troyes, aus der französischen Stadt Troyes stammt, denn diese war zu seiner Zeit eine bedeutende hinsichtlich der Tempelritter und der Kabbala. Auf dem kirchlichen Konzil von Troyes 1128 n. Chr. wurde der Orden der Templer, die auch als Hüter des Heiligen Grals galten, durch Papst Honorius II. offiziell anerkannt. Auch existierte in Troyes, genau wie in der spanischen Stadt Toledo (in Wolframs »Parzival« [453] »Dôlet« = Toledo), eine kabbalistische Schule, die nachweislich 1067 n. Chr. von dem unter anderem in Mainz studierenden Rabbi Schlomo Yitzchaki (1045-1105 n. Chr.), auch bekannt als Raschi von Troyes, gegründet wurde. Dieser Raschi von Troyes, dessen Schüler auch Hugo von Payns, der Mitbegründer des Templerordens, war, bewahrte die »Episteln der Lauteren Brüder« auf. Dies ist eine ursprünglich aus Ägypten stammende Sammlung arabisch-hebräischer Texte, in denen sich alchimistische, gnostische und essenische Quellen mit der Kabbala, neuplatonischer Gnostik, griechischer Philosophie und pythagoräischer Zahlenmystik verbinden. Die Episteln gelangten im Laufe der Zeit über mehrere Stationen um 1000 n. Chr. nach Spanien. Von da aus brachten verfolgte Juden diese zu Raschi von Troyes. 1105 starb dieser, und die Episteln wurden, wahrscheinlich von seinem Schüler und Templer Stephan von Harding, ins Kloster von Cîteaux gebracht.

Es kann davon ausgegangen werden, daß Chrétien des Troyes Kontakte zu den Templern, die sich – aus dem Französischen übersetzt – »Arme Ritterschaft Christi vom Salomonischen Tempel« nannten, hatte und Kenntnisse von der Kabbala, der Zahlenmystik, der Alchemie und Gnosis hatte. Er war höchstwahrscheinlich eingeweiht in die aus Ägypten stammenden Gralsgeheimnisse beziehungsweise Gralswissenschaften – dazu gehören die Mathematik und die Geometrie –, deren Grundlagen ein Teil des alchimistisch-philosophischen Steines der Weisen sind. In verschlüsselter Form hat er wohl – auch mit dem Wort »Camaalot« (»Camelot«) – einen Hinweis auf diese in seine Gralserzählung mit einfließen lassen. Somit wären auch die Fragen berechtigt, ob der Gral gar kein irdisch-materieller Gegenstand ist und ob dieser uralte »geistige Schatz« einen Bezug zur Kabbala und zur Zahlenmystik hat.

Doch zurück zu Arthurs Gralsburg: Die genaue örtliche Bestimmung von Camelot ist heute nicht möglich – trotz vieler Legenden, Sagen und auch Spekulationen, daß Camelot sich einst an der Stelle der Glastonbury Abbey befand. Auch in dem frühesten englischen Werk, in welchem Camelot genannt wird, dem Gedicht »Sir Gawain and the Green Knight«, ist nichts zu dessen Lage angegeben. Davon ausgehend, daß Chrétien de Troyes »Camelot« ohne geschichtlichen und realen Hintergrund in seine Erzählung und somit auch in die gesamte Literatur- und Gralsgeschichte einbrachte, sollte darüber nachgedacht werden, welche Bedeutung dieser Name haben könnte. Betrachtet man dabei vor allem Chrétien de Troyes Umfeld und somit geistigen Hintergrund (kabbalistische Schule, Orden der Tempelritter, der in den Troyes von der Kirche anerkannt und urkundlich erwähnt wurde), ist es nicht verwunderlich, daß mit Hilfe der Gematrie – Chrétien kannte diese Methode sicher – dieses

Wort Hinweise auf die Kabbala und deren Symbolik sowie auf die Gematrie selbst, auf Jesu Kreuzigung, auf Joseph von Arimathäa und letztlich auf den Gral offenbart.

Die Gematrie als Methode der Kabbala basiert ursprünglich auf dem aramäisch-hebräischen Alphabet, in dem jeder Buchstabe auch ebenso eine bestimmte Zahl ist, das im phönizischen Uralphabet (um 1100 v. Chr.) wurzelt. Dieses Uralphabet liegt, abgesehen vom chinesischen und den fernöstlichen Alphabeten, allen noch heute gebräuchlichen Alphabeten zugrunde, auch dem indischen. In den beiden Alphabeten (phönizisch und aramäisch-hebräisch) ist die Bezeichnung der ersten drei Buchstaben gleich: Aleph (𐤀), Beth (𐤁), Gimel (𐤂). Nur das Schriftbild dieser ist im hebräisch-aramäischen Alphabet anders: א = Aleph, ב = Beth, ג = Gimel. Gematrisch entsprechen die Buchstaben aber in jedem der beiden Alphabete den Zahlen 1, 2, 3: 𐤀 und א = 1, 𐤁 und ב = 2, 𐤂 und ג = 3. In Wort/Zahl ist Aleph + Beth = Gimel. Werden die aramäisch-hebräischen Buchstaben in arabische Zahlen gewandelt, sieht dies so aus: א + ב = ג = 1 + 2 = 3.

Das Wort »Camelot« weißt zum einen auf die Grundlagen der Gematrie beziehungsweise auf das damit verbundene Uralphabet hin, zum anderen kann bei ihm selbst diese Methodik angewendet werden:

1. Der dritte phönizische Buchstabe Gimel (gamel = Kamel = englisch: Camel) ist – sprachwissenschaftlich – auf einen stilisierten Kamelrücken (Kamel = englisch Camel) zurückzuführen. Gimel entspricht von der schriftbildlichen Bedeutung her also dem englischen CAMEL (= Kamel) aus CAMELOT.

2. Gimel ist dem dritten lateinischen Buchstaben C, dem ersten Buchstaben des Wortes Camel, gleichzusetzen. Somit kann folgendes Gleichnis aufgestellt werden: C = A + B entspricht ג = א + ב ist gleich 3 = 1 + 2.

»Camelot« setzt sich aus zwei englischen Wörtern, die sich im Buchstaben L verbinden, zusammen: aus dem schon erwähnten »Camel« (Kamel) und aus »Lot« (Los, viel, viele) beziehungsweise, sprachlich erweitert, »by lot«, durch das Los; »to cast, draw lots«, das Los werfen, ziehen, Schicksal. In letzterem kann ein Hinweis gesehen werden auf das Werfen des Loses am Kreuze. »Als sie ihn aber gekreuzigt hatten, verteilten sie seine Kleider und warfen das Los darum.« (Matthäus 27,35) »Da sprachen sie untereinander: Laßt uns das nicht zerteilen, sondern darum losen, wem es gehören soll.« (Johannes 19,24) Die römischen Söldner und Kreuziger Jesu warfen also das Los, sie würfelten am Kreuze um Jesu Kleider; das Würfeln war zur Zeit Christi die römische Art des Losens.

Das Wort »Camelot«, welches sich aus den im Buchstaben L (= 12) überschneidenden Wörtern »Camel« und »Lot« zusammensetzt, weist also auf den Buchstaben Gimel (= englisch »Camel«) und somit auf die Gematrie und die Kabbala (= englisch Cabbala) und auf das Los (= englisch »Lot«) beziehungsweise das Würfeln am Kreuze Jesu und im weiteren Sinne auf die Kreuzigung Jesu, auf sein Blut und somit den Gral, auf Joseph von Arimathäa, der das Blut Christi in einem Kelch aufgefangen und diesen später am Kelchbrunnen von Glastonbury versteckt haben soll, hin. Kabbala, Blut, Kreuz und Würfel stehen, wie noch ausführlich gezeigt und bewiesen wird, in einem untrennbaren geometrischen und symbolischen Zusammenhang zum Gral – deshalb scheint das Wort »Camelot«, welches auf Chrétien de Troyes »Camaalot« zurückzuführen ist, nicht zufällig entstanden zu sein.

Die Spuren des Grals verlieren sich über die Jahrhunderte – bis zwei Personen Aufmerksamkeit erregten und Rätsel aufgaben, welche die Menschen noch heute beschäftigen: der Franzose Bérenger Saunière (1852-1917), der für einen katholischen Pfarrer höchst ungewöhnlich und ungehörig ein Gnostiker war, und seine Haushälterin Marie Denarnaud (1868-1953). Diese beiden gelten vielen Vermutungen zufolge als die letzten Menschen, die das Geheimnis des Heiligen Grals kannten. So spielt auch die Kirche von Rennes-le-Château in Frankreich (Languedoc), in der Bérenger Saunière Pfarrer war, seither eine zentrale und besondere Rolle bei der Gralssuche.

Nach dem Tode Bérenger Saunières fand sich in seinem Nachlaß ein ganz persönlicher Gegenstand: Saunières Exlibris, das seitdem eine Schlüsselrolle bei der vielfältigen Suche nach dem Heiligen Gral einnimmt und zu den unterschiedlichsten Gralsspekulationen Anlaß gegeben hat. Besonders intensiv haben sich Richard Andrews und Paul Schellenberger in ihrem sehr gut recherchierten Buch »*Das letzte Grab Christi*«[26] unter anderem mit Bérenger Saunière und dessen Exlibris sowie den darin zu findenden geometrischen Elementen (Kreis, Dreiecke, Quadrat, Kreuz) und der lateinischen Inschrift beschäftigt. Sie verglichen vor allem die geometrischen Elemente mit alten Pergamenten, auf denen sich die gleichen Elemente fanden oder die sich aus den dort zu findenden Buchstabenanordnungen ergaben. Die Recherchen, logischen Schlußfolgerungen und Beweise führten in ihrer Gesamtheit zur Entdeckung der letzten Ruhestätte Jesu Christi. Das Buch Andrews und Schellenbergers hat den Untertitel »*Die Geometrie des Heiligen Grals*«, und so beschäftigt es sich schwerpunktmäßig mit christlicher Symbolik, geheimen geometrischen Symbolen des Ordens der Rosenkreuzer, alten Gemälden, Grabsteinen, Kirchen, Landkarten – all dies offenbart schließlich den Ort des letzten Grabes Christi. Nur am Rande berücksichtigt, abgesehen von Jesu Grabstätte, die ebenso belegt, daß er nicht körperlich wiederauferstanden sein kann, sondern nur als Geist, bleibt in diesem Buch allerdings die Aufklärung und nähere Beleuchtung des eigentlichen Wesens und des möglichen Verbleibes des Heiligen Grals.

Die vielen Geheimnisse und Spekulationen rund um den französischen Pfarrer Bérenger Saunière, den Ort Rennes-le-Château und die von einigen Gralsforschern angenommene Blutlinie Christi und Maria von Magdalas, die ein gemeinsames Kind (als vermuteten Gral) gehabt haben sollen, in dessen Blutlinie König Chlodewig und das spätere Geschlecht der Merowinger stehen soll, gaben der jahrhundertelangen Suche nach dem Gral eine neue Richtung, ja sie wurde neu entfacht – bis heute beschäftigt all dies viele Menschen. Im Jahr 1885 trat Saunière das Amt des Pfarrers in der Dorfkirche von Rennes-le-Château an. Über Nacht wurde Saunière, der lediglich das bescheidene Gehalt eines Dorfpfarrers bezog, auf unerklärliche Weise sehr reich. Aus eigenen Mitteln finanzierte er die Renovierung der Dorfkirche und auch eine sehr umfangreiche Bibliothek. Es wird vermutet, daß Bérenger Saunière einen unermeßlichen Schatz der Merowinger, Westgoten oder Tempelritter entdeckte, der etwas mit dem Gral gemein gehabt haben soll. Auch wird oft erklärt, daß Bérenger Saunière

---

[26] Richard Andrews / Paul Schellenberger: »*Das letzte Grab Christi*«, Verlag Lübbe, 1996; siehe zur Schlüsselrolle des Exlibris die Seiten 172, 173 und 212.

deshalb zu plötzlichem Reichtum kam, weil er in seiner Dorfkirche uralte Dokumente entdeckt haben soll, mit denen er beweisen konnte, daß Jesus ein gemeinsames Kind mit Maria von Magdala hatte oder daß Jesus weder gekreuzigt noch von den Toten auferstanden sei – mit diesen Dokumenten soll er die katholische Kirche erpreßt haben.

Ist der Gral wirklich ein materieller Schatz oder ein gemeinsames Kind von Jesus und Maria von Magdala? Oder ist er Maria von Magdala selbst beziehungsweise ihr Mutterschoß, wie Dan Brown (»*Sakrileg*«) vermutet? Beweise gibt es dafür keine. Auch wird immer wieder angenommen, daß der Gral ein Teil des Tempelschatzes von Jerusalem war, der einst König Salomo gehörte und den Bérenger Saunière gefunden haben soll. Im Jahre 70 n. Chr., nach der Zerstörung des einstigen Tempels Salomo, wurde der Legende nach dieser Schatz, zu dem unter anderem auch der siebenarmige Leuchter und möglicherweise auch die Bundeslade gehört haben sollen, von den Römern unter Kaiser Titus nach Rom gebracht. 410 n. Chr. fiel dieser Schatz den Westgoten unter Alarich in die Hände. Alarich ließ dann den gesamten Schatz nach Carcassonne (ca. 40 km von Rennes-le-Château) bringen. Später schaffte König Theoderich den Großteil des Schatzes nach Ravenna. Dort wurde er dann von Kaiser Justinian erbeutet und anschließend nach Byzanz gebracht. Mit der Plünderung der Stadt Byzanz im Jahr 1202 n. Chr. durch die Kreuzfahrer verloren sich die Spuren dieses Schatzes, Teile davon waren aber in Carcassonne verblieben und gelangten später ins spanische Toledo (der Ort »Dolet« in Wolframs »*Parzival*«), wo sie 711 n. Chr. von den Sarazenen erbeutet wurden. Der Legende nach konnte aber der Gotenkönig Roderich die heiligsten Gegenstände dieses Schatzes, die von den Goten vor den Sarazenen versteckt worden waren, in der »Grotte des Herakles« wiederfinden. Darunter waren angeblich der Tisch Salomos und auch ein Schrein, in dem sich der heilige Stein Schamir befand. Dieser Stein soll – laut einigen Gralsforschern – der in Wolframs »*Parzival*« beschriebene Gralsstein sein. Roderich soll diesen Stein dann nach Rhedae, wie Rennes-le-Château damals hieß, zurückgebracht und dort wiederum versteckt haben. – Ist dieser Stein der Gral? Hat Bérenger Saunière den Gral, den Stein oder den Rest des Schatzes Salomos gefunden?

Ein Schlüssel zum Gral ist das bereits erwähnte persönliche Exlibris des Pfarrers Bérenger Saunière mit den Initialen B. S. Interessant ist, daß dieses sich auch auf der Titelseite des viel älteren Buches »*Aureum seculum redivivum*« befindet (diese äußerst wichtige Tatsache bleibt im Buch »*Das letzte Grab Christi*« völlig unberücksichtigt). Bérenger Saunière muß diese Vorlage ganz bewußt nicht nur wegen der Initialen B. S., sondern vor allem wegen der darin enthaltenen Symbolik gewählt haben. Für das Buch »*Aureum seculum redivivum*« war ursprünglich eine vom gedruckten Titelbild abweichende Gravur geplant (siehe Kasten auf Seite 60). Diese wurde mit dem Siegel Salomos (Davidstern,) beziehungsweise den alchimistischen Symbolen Feuerdreieck und Wasserdreieck erweitert, die Vesica

Bérenger Saunières persönliches Exlibris und unten zur Verdeutlichung eingefügt das Siegel Salomos, der Davidstern.

Als sein persönliches Exlibris übernahm Bérenger Saunière die Abbildung auf der Titelseite des Buches »*Aureum seculum redivivum*« (links die lateinische, rechts die deutsche Ausgabe), das 1625 in Frankfurt erschien, als Autor ist Hinricus Madathanus angegeben. In der deutschen Ausgabe steht auf der Titelseite: »*Das ist: Die uhralte entwichene Güldene Zeit*«.

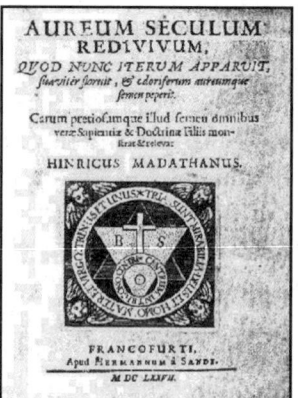

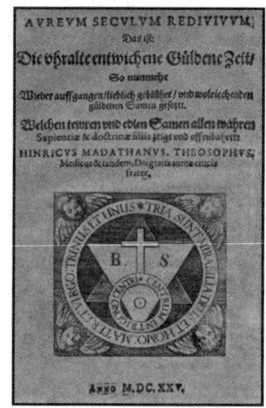

Die ursprünglich geplante Gravur aus dem Jahr 1621 mit der Vesica Piscis (rechts verdeutlicht) für die Titelseite dieses Buches befindet sich in der Staatsbibliothek zu Berlin im Haus I.

Piscis und das in ihrem Innern liegende Auge wurden weggelassen. Weshalb wurde die Vesica Piscis beziehungsweise das Auge herausgenommen? Weil beides einen symbolischen Hinweis auf den Gral darstellt, der nicht gewollt war, da sonst zuviel über diesen offenbart worden wäre? Wußte Bérenger Saunière von der ursprünglich geplanten Symbolik und somit auch mehr vom Gral?

Als eigentlicher Autor des »*Aureum seculum redivivum*« gilt der deutsche Alchimist Adrian von Mynsicht (1603-1638), der Mitglied des umstrittenen Ordens der Rosenkreuzer gewesen sein soll. Die Rosenkreuzer (rosa crux) sollen in der geheimen hermetischen und alchimistischen Tradition der legendären einstigen Hüter des Heiligen Grals, der Katharer und der Tempelritter, gestanden haben. Die Gründung des Ordens der Templer soll im Zusammenhang stehen mit einem 1099 ins Leben gerufenen Templerorden namens »Ordre de Mont Sion« (Orden des Berges Zion). Dieser geschichtlich umstrittene Orden soll von Gottfried de Bouillon, der 1099 Jerusalem eroberte und in dessen Begleitung sich Hugo de Payns, der spätere Gründer des Templerordens, befand, gegründet worden sein und seinen Sitz im Kloster auf dem Berg Zion in Jerusalem gehabt haben. Der Legende nach sollen die Templer als Begleiter der Kreuzzüge im ehemaligen Tempel Salomos (Zion) nach dem Gral gesucht und ihn anschließend mit nach Europa gebracht haben. Kam der Gral so nach Europa?

1967 erschien ein Büchlein namens »*Le serpent rouge*« (Die rote Schlange), dessen mysteriöser Text, ein Gedicht, sich um die Rennes-le-Château-Geheimnisse und Bérenger Saunières Reichtum drehen soll. Als Autoren dieser Schrift, die am 15. Februar 1967 in die Französische Nationalbibliothek aufgenommen wurde, werden Pierre Feugère, Louis Saint-Maxent und Gaston de Koker angegeben – alle drei wurden am 6. und 7. März 1967 erhangen aufgefunden. Es ist aber fraglich, ob die drei tatsächlich die Verfasser waren und sich überhaupt kannten oder ob der eigentliche Autor die drei Toten nutzte, um die Schrift bekanntzumachen. Das Büchlein selbst enthält dreizehn Verse, zwei Karten Frankreichs aus der Zeit der Merowinger, den Grundriß von Saint-Sulpice (Paris) mit einer Anordnung der Heiligen in dieser Kirche. Jeder der dreizehn Verse wird einem Sternbild zugeordnet. Zwölf Sternbilder entsprechen denen des Tierkreises, das dreizehnte, die Schlange, der Ophiuchus, steht an der elften Stelle zwischen Skorpion und Schütze. Zu finden sind in dem Büchlein auch zwei Abbildungen, die einen Bezug zu Bérenger Saunière und zur Kirche von Rennes-le-Château-Geheimnisse haben: zum einen eine Zeichnung, welche ein Siegel sein kann, mit den verschachtelten Buchstaben BS und den Daten 1099/1188, zum anderen ein würfelnder Mensch. Die erstgenannte Abbildung mit den verschachtelten Buchstaben BS kann einem Rosenkreuzeremblem in der Kirche zugeordnet werden; BS sind zudem die Initialen Bérenger Saunières, die sich in seinem Exlibris wiederfinden und die in der Kirche über der Asmodeus-Statue stehen (siehe Abbildung Seite 62). Die andere Abbildung, der würfelnde Mensch, hat ebenfalls einen Bezug zur Kirche, vielmehr zu einem der Gemälde darin, die den Kreuzweg Christi zeigen: es ist »Kreuzweg, Station 10«, auf dem ein Soldat um die Kleider Christi würfelt. Äußerst merkwürdig ist, daß auf dem Gemälde der rechte Würfel die römische Zahl V (= 5) zeigt, der linke Würfel die arabischen Zahlen 3 und 4. Zudem sind die Zahlen für einen Würfel untypisch angeordnet, denn normalerweise befinden sich die 3 und 4 auf den gegenüberliegenden Seiten und nicht nebeneinander auf einem Würfel.

Sind diese Würfel beziehungsweise die Zahlen 3, 4 und 5 (V) ein geheimer Hinweis auf den Ort, an dem der Gral zu finden ist – und das auch mit Hilfe der Gematrie? Allein die Handlung, die auf dem Gemälde dargestellt ist, läßt diesen Schluß zu: es ist das Würfeln um die Kleider Jesu, das Werfen des

Die beiden Abbildungen aus »Le serpent rouge«: oben das Siegel mit den Buchstaben BS, unten der würfelnde Mensch.

Kreuzweg, Station 10, links unten hervorgehoben die Würfel.

Loses. Dies führt zurück zu Camelot; in diesem Wort steckt das englische Wort »Lot«, was ins Deutsche übersetzt »Los« oder im weiteren Sinne »das Los werfen« bedeutet (siehe Seite 57). Ist also in Glastonbury, wo früher die Burg Camelot gestanden haben soll, tatsächlich der Gral zu finden? Ist die Geschichte von Joseph von Arimathäa also wahr, hat er dort den Kelch, mit dem Jesu Blut aufgefangen wurde, vergraben?

Die Würfel selbst deuten auf Camelot hin, um dies zu entschlüsseln, muß die Gematrie angewendet werden:

$$CAMEL = 3 + 1 + 13 + 5 + 12 = 34$$
$$OT = 15 + 20 = 35.$$

Auf diese Weise bilden sich einzeln betrachtet die Zahlen 3, 4 und 5, wobei die 3 doppelt erscheint. Werden 3, 4 und 5 addiert, ergibt das die 12 (= L, der Buchstabe, in dem sich CAMEL und LOT verbinden). Übrig bleibt noch die zweite 3; wird diese mit der soeben errechneten 12 addiert, ergibt sich die 15 (= O). Die Summe der Buchstabenwerte des Wortes CAMELOT ist 69, die Quersumme von 69 ist 15, also 6 + 9 = 15 (= O).

Für eine Kirche einzigartig und hinsichtlich der Gralssuche sowie der Kabbala interessant, ist die Statue des obersten der bösen Geister, Asmodeus, die sich im Gotteshaus von Rennes-le-Château unter dem Weihwasserbecken befindet. Wörtlich übersetzt bedeutet Asmodeus, der im Hebräischen Ashmodai, von Luther Asmodi, von den Griechen Asmodaios, in talmudisch-rabbinischen Schriften Aschmedai, in altpersisch-parsischen Schriften Ahema Daeva genannt wird, soviel wie »Verderber« oder »Bringer des Gerichts«. Er gilt als der Dämon der Begierde, der Raserei, des Zornes und der Wollust, und er ist in der christlichen Dämonolgie einer der sieben Dämonenfürsten. In der Kabbala hingegen ist Asmodeus den Menschen wohlgesonnen und ein Empfänger der Beschwörungen. Zudem ist er dort der Hüter der verborgenen Schätze (dies ist hochinteressant bezüglich Bérenger Saunière, der ja einen Teil des Tempelschatzes von Jerusalem, der einst König Salomo gehört, gefunden haben soll, und über der Asmodeus-Statue in der Kirche von Rennes-le-Château befinden sich seine Initialen) und kann seinen Beschwörer sogar zur Unsterblichkeit verhelfen. Auch mit der Astronomie

Asmodeus in der Kirche von Rennes-le-Château. Über der Statue befinden sich die Buchstaben B.S.

und der Geometrie wird er in Verbindung gebracht, was auch für die weiteren Betrachtungen in diesem Buch interessant ist.

Erwähnt wird Asmodeus erstmals um 200 v. Chr. im Buch Tobias (griechisch: Tobit, hebräisch: Tobijjahu = Jahwe ist gut), das den Apokryphen zugeordnet wird. Beschrieben wird darin das Leben des Juden Tobit. Vor der Hochzeit seines Sohnes Tobias soll Asmodeus sieben Freier erwürgt haben. Mit Hilfe des Engels Raffael besiegte Tobias den Dämon, zur Vertreibung des Bösen halfen ihm das Herz und die Leber eines Fisches (Jesus-Symbol!). Asmodeus wurde nach Ägypten vertrieben und dort von Engeln gefesselt. Mit einem Zauberring, der ein Geschenk des Erzengels Michael war, soll später König Salomo Macht über Asmodeus erlangt und erreicht haben, so daß dieser ihm beim Bau seines legendären Tempels half. Asmodeus gelang es später, den Ring zu stehlen. Er warf ihn ins Meer, doch ein Fisch (Jesus-Symbol!) brachte ihn zurück zu Salomo.

Bedeutsam hinsichtlich der Asmodeus-Statue in der Kirche von Rennes-le-Château scheint der Ring zu sein. Der Ring hat, wie auch der Kreis, was ein Ring ja im weiteren Sinne ist, nicht nur in der Salomo-Geschichte eine magische Funktion. Ring beziehungsweise Kreis gelten generell als besonderer Schutz vor Dämonen. So wird beispielsweise ein magischer Kreis um einen Ritualplatz gezogen, damit dieser abgeschlossen beziehungsweise verschlossen ist und keine äußeren, auch dämonischen Einflüsse das Ritual stören können. An der Asmodeus-Statue befinden sich drei Ringe/Kreise: am Kreuz sowie an der rechten Hand des Dämons, und auch die Buchstaben BS sind von einem solchen umschlossen. Über der Statue steht geschrieben: PAR CE SIGNE TU LE VAINCRAS. Übersetzt heißt dies: Mit diesem Zeichen wirst du ihn besiegen. Ist mit dem Zeichen der Kreis beziehungsweise der Ring gemeint, womit der oberste der bösen Geister, der Asomdeus, der mit Luzifer gleichgesetzt werden kann, zu besiegen ist? Wurde Asmodeus von Bérenger Saunière mit einem Ring (ein solcher befindet sich ja um dessen Initialen) beschworen, gebannt, damit der Schatz, den er gefunden haben soll, behütet wird? Oder hatte er gar seinen Reichtum von Asmodeus, dem Hüter der verborgenen Schätze? Wurde Bérenger Saunière deshalb, nachdem er die Beichte ablegte, die letzte Ölung von seinem Freund, dem Pfarrer Riviere, verweigert?

Was auch immer die einzelnen Symbole und Figuren in der Kirche für eine spezifische Bedeutung haben, ein Bezug zur Kabbala, zu Salomo und seinem Schatz und somit auch zum Gralsmythos ist offensichtlich. Kabbalistische Einflüsse finden sich auch in Wolframs »Parzival« (beispielsweise 453: ABC, Salomo, Schild Salomos beziehungsweise Davidstern). Der Erzengel Michael wiederum, der Salomo den Ring schenkte, um Asmodeus zu bannen, erscheint in »Der Wartburgkrieg« (vergleiche Seite 50) als Bezwinger Luzifers – somit vereinen sich in der Gralsliteratur Christentum und jüdische Geheimlehre (Kabbala). Darüber hinaus existiert auch ein geometrisch-symbolischer Zusammenhang von Asmodeus zu Jesus, und zwar wegen des Fisches (Jesus-Symbol), der Salomo den Ring aus dem Meer holte, nachdem Asmodeus ihn dort hineinwarf. Dieses Jesus-Symbol, der Fisch, kann aus der Vesica Piscis geometrisch konstruiert werden, ebenso wie das Passionskreuz, das Siegel Salomos (Davidstern) und auch der Würfel des kabbalistischen Erzengels Metatron – Christentum und Kabbala sind hier in symbolischer Form verbunden (mehr dazu ab Seite 82).

Das zentrale und wichtigste Symbol der Kabbala ist der Baum des Lebens. Ein solcher war auch bei anderen Kulturen das Sinnbild für die kosmische Ordnung. Nach jüdisch-christlichem Glauben stand sowohl der Baum der Erkenntnis als auch der Baum des Lebens im Paradies (vergleiche 1. Buch Mose 2,9). Der Legende nach sollen die Stämme dieser beiden Bäume später in den beiden Säulen Boas und Jakin, die sich vor dem Salomonischen Tempel befanden, verborgen gewesen sein. In keiner Religionsschrift jedoch wurde der Baum des Lebens so detailliert dargestellt und erklärt wie in der Kabbala, wo er das Grundprinzip des Universums symbolisiert. Daß der Baum des Lebens nicht nur mystisch-religiös bedeutungsvoll ist, sondern tatsächlich auch im geometrisch-mathematisch-astronomischen Sinne, daß er im Einklang mit der Geometrie des Kosmos steht, wird noch ausführlich dargestellt.

Kabbala bedeutet »Überlieferung« und ist abgeleitet vom hebräischen Wortstamm Q-B-L (vom Mund zum Ohr), sie ist also ursprünglich eine rein mündliche Überlieferung. Die früheste der Kabbala zugeordnete Schrift wird auf das 2.-3. Jahrhundert n. Chr. datiert: *»Sefer Jesira«*, das Buch der Schöpfung beziehungsweise das Buch der Formung, das Rabbi Schimon Bar Jochai zugeschrieben wird. Im *»Sefer Jesira«* wird erstmals das hebräische Wort »Sephiroth« (= Ziffern) gebraucht, und dort werden auch die »32 wunderbaren Wege der Weisheit« beschrieben, die sich im Symbol des Baumes des Lebens wiederfinden. Um 1180 tauchte das Buch *»Bahir«* (= leuchtend) als die erste offizielle kabbalistische Schrift in Südfrankreich (Languedoc) auf, bis heute ist nicht sicher geklärt, woher es kam und von wem. Ebenso erschien dort um 1230 das sogenannte *»Heilige Buch der Kabbala«*, das *»Sefer Sohar«*, das auch *»Buch des Glanzes«* genannt wird.[27]

In der Zeit, in der diese ersten mittelalterlichen kabbalistischen Schriften *»Bahir«* und *»Sefer Sohar«* im Languedoc, wo auch Rennes-le-Château liegt, auftauchten, ereigneten sich dort prägende geschichtliche Ereignisse. In großen Teilen des Languedoc herrschte um 1200 eine ablehnende Haltung gegenüber der katholischen Kirchenlehre, die sich in der dualistischen Religion der Katharer (»die Reinen«) beziehungsweise Albigenser, die auch die Lehre der Reinkarnation vertraten, widerspiegelte. Dafür wurden sie unter anderem von den Truppen des Papstes Innozenz III. in den sogenannten Albigenserkriegen (1209-1229) bekämpft – allerdings auch deswegen, um an den »Schatz der Katharer«, die als gefährliche ketzerisch-religiöse Sekte, als religiös Abtrünnige betrachtet wurden und die den okkulten Symbolismus der Kabbala gebrauchten, zu gelangen. Legendären Berichten zufolge wurde in der Nacht vor dem endgültigen Fall der Katharerfestung Montségur am 15. März 1244 von vier Katharern dieser »Schatz« an die Templer übergeben. Vielfach wird spekuliert, daß es sich dabei um den Gral, der demnach ein Geheimwissen verkörpert, handelte. Diese These wird verstärkt, weil Pierre Roger von Mirepoix als militärischer Oberbefehlshaber und Verteidiger von Montségur kurz vor dem Sturm der Festung unbehelligt mit allem Gold und Silber der Katharer abziehen durfte. Mehrere hundert der überlebenden Katharer

[27] Siehe hierzu Gershom Scholem: *»Ursprünge und Anfänge der Kabbala«*, De Gryter & Co, Berlin, 1962, und Gershom Scholem: *»Zur Kabbala und ihrer Symbolik«*, Suhrkamp Verlag, Frankfurt, 1973.

wurden am 16. März 1244 nach dem Sturm auf die Festung als Ketzer auf einem riesigen Scheiterhaufen verbrannt.

Wolfram berichtet in seinem »Parzival« (468 bis 25) von den Templeisen (Templern?), die zu »Munsalvaesche beim Grale wohnen«. Laut dem Gralsforscher Otto Rahn, der die Bücher »Kreuzzug gegen den Gral« und »Luzifers Hofgesind« verfaßte, soll Wolframs Munsalvaesche identisch sein mit der einstigen Katharerfestung Montségur. Aber auch das in den spanischen Pyrenäen gelegene Kloster San Juan de la Peña, das in der mittelalterlichen aragonischen Sprache »Mont Salvatge« hieß, könnte das von Wolfram angeführte Munsalvaesche sein. Auch in diesem Kloster waren die Templer zugegen. Dort soll ein wundertätiger Kelch verehrt worden sein, der sich heute in der Kathedrale von Valencia befindet und vielfach als der Gral bezeichnet wird.

Die zwei aus Nordfrankreich stammenden Autoren Chrétien de Troyes und Robert de Boron schrieben fast zeitgleich um 1180/1190 n. Chr. Werke, in denen der Heilige Gral im Mittelpunkt steht. In Robert de Borons Werken »Joseph d'Arimathie« und »Estoire del Saint Graal« ist der Gral eine Schale, eine Schüssel. Nach seinen Schilderungen sollen jüdische Häscher beim letzten Abendmahl gestört, Jesus mitgenommen und zu Pilatus gebracht haben – mit der Abendmahlsschüssel. Joseph von Arimathäa soll kurz nach der Kreuzigung zu Pilatus gegangen sein und um den Leichnam Jesu gebeten und ihn erhalten haben (vergleiche Johannes 19,38). Zudem bekam er auch die Abendmahlsschüssel, in welcher er das Blut, das noch aus den Wunden Jesu floß, aufgefangen haben soll. Nach dem Verschwinden Jesu Leichnams aus der Grabhöhle in Golgatha (vergleiche Johannes 19,17 und 19,41 sowie 20,2 und 20,13) soll Joseph wegen vermuteten Leichenraubes in ein fensterloses Verlies gesperrt worden sein. Die Schale/Schüssel soll ihm dort während seiner vierzigjährigen Haft Licht und Leben gespendet haben (die Schilderungen des Leichenraubes und der Haft finden sich auch in den Apokryphen). Schließlich soll er befreit worden sein und in ein orientalisches Land gegangen sein (nach Ägypten?), wo er dem Gral einen Altar errichtete. Nur Auserwählte durften dem Gral dienen: Joseph, sein Schwager Hebron und dessen Enkel Alain. Am Ende der Erzählung übergab der sterbende Joseph seinem Schwager Hebron den Gral. Robert de Boron deutet auch noch darauf hin, daß Hebron nach Britannien auswandern wollte und daß Joseph der Begründer der Gralshüterlinie bis zu König Arthur war. So stellt sich die Frage, ob erst Hebron den Gral nach Britannien (Glastonbury) brachte?

3. Die Vesica Piscis, die Blume des Lebens und der Baum des Lebens

Bevor es nun mit der Suche nach dem Gral, dem Kelch, dem Gralsstein, dem Stein der Weisen konkreter weitergeht, zunächst noch einige Ausführungen zur Vesica Piscis (Vesica = Mandel, Piscis = Fisch), der augenförmigen sogenannten »Fischblase«, die sich durch zwei sich in ihren Mittelpunkten schneidenden Kreisen bildet. Die Vesica Piscis spielt bei der weiteren Gralssuche eine wichtige, ja grundlegende Rolle, denn sie ist der Schlüssel zum Gral und zu dem mit ihm verbundenen göttlichen Geheimwissen. Von der Vesica Piscis ausgehend werden wichtige und geheimnislüftende Erkenntnisse zum sogenannten Siegel Salomos, zur Kabbala, zum Baum des Lebens, zur Geometrie und der Gematrie des Wortes Apokalypse aufgezeigt – dies alles den

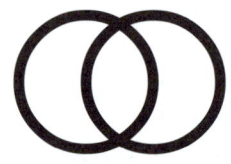

Gral betreffend. Diese Zusammenhänge werden mit zentralen Aussagen in Wolframs »Parzival« verglichen, so die über den Gralsstein, den Phoenix (Fenis, ägyptischer Vogel Banu = Phoenix), der durch die Feuerkraft des Gralssteins verbrennt und aus der eigenen Asche wiederaufersteht, das ABC und die spanische Stadt Toledo (Dolet).

Auf frühchristlichen Ikonen, aber auch in mittelalterlichen, besonders gotischen Kirchen wurde Jesus oft innerhalb der uralten mystischen Vesica Piscis abgebildet, so auch in dem Psalm-Liederbuch des Westminster Psalter (um 1200 n. Chr.), das sich heute im Britischen Museum London befindet (Abbildung links). In der linken Hand hält Jesus dort ein Buch (siehe vergrößerte Detailansicht rechts) mit dem großen lateinischen Buchstaben A und dem kleinen griechischen

  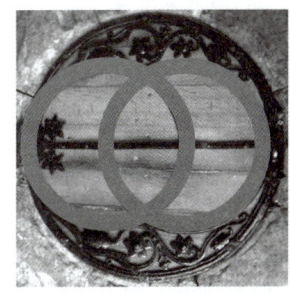

In dem gotischen Psalm-Liederbuch des Westminster Psalter ist Jesus in der Vesica Piscis sitzend dargestellt (links); zur Verdeutlichung wurden die beiden die Vesica Piscis bildenden Kreise in diese Abbildung einge-zeichnet (mitte). Diese so angeordneten Kreise sind auch auf dem Deckel des Kelchbrunnens von Glastonbury als Symbol verwendet worden (rechts). Diese Symbolik war ursprünglich auch für die Titelabbildung des Buches »Aureum seculum redivivum« vorgesehen, die dann geändert und später von Bérenger Saunières als persönliches Exlibris verwendet wurde (siehe Seite 60). Die Vesica Piscis verdeutlicht, daß Jesus, die Apoka-lypse (A+O) und der Kelchbrunnen von Glastonbury, wo ja der Kelch mit dem Blut Jesu versteckt worden sein soll, in gewisser Weise zusammenhängen.

Buchstaben Omega (ω = o). Gemeint ist damit das Buch des Lebens aus der Offenbarung des Johannes, wo auch geschrieben steht, daß Gott »das A und O, der Anfang und das Ende« ist (Offenbarung 1,8, 20,12, 21,6 und 22,13). Der Herrgott, Abba, spricht und be-schreibt sich selbst in der Apokalypse (1,8): »Ich bin das A und das O, spricht Gott der Herr, der da ist und der da war und der da kommt, der Allmächtige.« Der aramäische Name »Abba« (= Vater) ist die Gebetsanrede, mit der Jesus seinen geistigen Vater, Gott, ansprach. Jesus gebrauchte diese Anrede unmittelbar vor seiner Gefangennahme, die aufgrund des Verrates des Judas erfolgte (Markus 14,36). Das A + O ($\alpha + \Omega$) der Apokalypse steht, wie nachfolgend dargestellt wird, in einem gematrischen Zusammenhang zu den Wörtern APOKALYPSE, KABBALA und ABBA.

Durch die Addition der Zahlenwerte des göttlichen A + O ergibt sich die 16, die dem Buchstaben P entspricht: A + O = 1 + 15 = 16 = P. Werden diese Buchstaben zusam-mengezogen zu AOP entstehen die ersten drei Buchstaben des griechischen Wortes APOKALYPSE (= Offenbarung, Enthüllung), O und P müssen nur getauscht werden, dann stimmt auch die Reihenfolge. Nach demselben Prinzip kann mit den Buchstaben K und A vorgegangen werden: K + A = 11 + 1 = 12 = L. So fügen sich die zweiten drei Buchstaben (KAL) in das Wort APOKALYPSE ein. Werden die Buchstaben KAL zu KLA umgestellt und das Wort ABBA hinter das K eingefügt, entsteht das Wort KABBALA. So wird deutlich, daß KABBALA, ABBA (als Bestandteil des Wortes KABBALA) und APOKALYPSE in einem gematrischen und somit geheimen, göttlich-mystischen Zusam-menhang miteinander stehen. Übrig bleibt aus dem Wort APOKALYPSE vorerst die

Buchstabenfolge YPSE (dazu mehr ab Seite 77). Die gematrischen Betrachtungen werden hier vorerst mit dem Wort ABBA abgeschlossen und später weitergeführt:

ABBA = 1 + 2 + 2 + 1 = 6; aufgegliedert ist dieser Gottesname A + B = C (1 + 2 = 3) beziehungsweise B + A = C (2 + 1 = 3). Werden die Buchstaben A, B und C zusammengefaßt zum ABC ergibt sich folgendes: ABC = 6 (1 + 2 +3 = 6). Demnach ist ABBA aufgrund des gemeinsamen Zahlenwertes 6 gematrisch gleich dem ABC, Gottvater ABBA entspricht dem ABC. Interessant ist in diesem Zusammenhang auch, daß im Johannes-Evangelium 1,2 bis 3 geschrieben steht, daß im Anfang das Wort war und Gott das Wort war – und Wörter werden aus den Buchstaben des ABC gebildet, das ABC, das Alphabet ist sozusagen Voraussetzung, um Wörter bilden zu können. Die 6, der gemeinsame Zahlenwert des Wortes ABBA und des ABC, ist aber auch die biblische Schöpfungszahl (vergleiche 1. Buch Mose 1,2 bis 31), die eng verbunden ist mit der Vesica Piscis und den Gralswissenschaften, zu denen die Geometrie, die Astronomie und Musik zählen.

Die Vesica Piscis hat ihren Ursprung im altägyptischen Mythos des Osiris (übersetzt »Sitz des Auges«), des Gottes des Jenseits und der Wiedergeburt, der der Legende nach zusammen mit dem altägyptischen Gott Thot unter anderem den Ägyptern und mesopotamischen Völkern die Schrift lehrte, und seiner Frau Isis, deren gemeinsamer Sohn Horus war. Osiris wurde von seinem Bruder, dem Gott Seth, getötet, sein Körper zerstückelt und über ganz Ägypten verteilt. Mit Hilfe des Thot, des Gottes der Wissenschaften und Schreibkunst, der dem späteren griechischen Gott Hermes entspricht, konnte Isis schließlich den zerstückelten Körper ihres Mannes wieder zusammenfügen und neu beleben. Dabei blieb aber Osiris' Penis verloren, der der Legende nach von Fischen gefressen wurde. Bei einem Kampf mit Seth um den Thron verlor Horus ein Auge – seitdem gibt es die Legende vom rechten und linken Auge des Horus (Osiris), sie wurden zu Sonne und Mond, die von den zwei sich in ihren Mittelpunkten überschneidenden Kreisen, die die Vesica Piscis bilden, symbolisiert werden.

Die ägyptischen Mythen berichten auch vom Becher des Thot, der den Geist der Ägypter labte und aus dem der legendäre Vogel Banu, der auch in Wolframs »Parzival« (469) als Phoenix vorkommt, zusammen mit dem Gralsstein, und dort eine zentrale Bedeutung bezüglich des Gralsgeheimnisses hat, seine Kraft schöpfte. Für die Griechen barg dieser Becher die Inspiration des Dionysos, den Indern bedeutete er die Erfüllung im Lustort Mohendras (Cridavana), wo Wissenschaft und Wunscherfüllung völlig erlangt wurden. Hat dieser Becher des Mondgottes Thot etwas mit dem Kelch, der Kelchbrunnensymbolik, dem Gral, dem leuchtenden Gralsstein und der Erlangung der Kenntnis mathematischer und geometrischer Grundlagen, die wiederum die Voraussetzung für andere Wissenschaften sind, gemein?

Aus den Augen des Horus, den zwei die Vesica Piscis bildenden Kreise, kann durch Anwendung der Heiligen Geometrie die Blume des Lebens konstruiert werden. Diese Blume des Lebens befindet sich unter anderem auf einer Säule eines dem Gott Osiris geweihten Tempels, der in Abydos (einst Tini), der ersten Hauptstadt Ägyptens (ca. 3000 v. Chr.), steht; sie ist eine der ältesten Darstellungen, die aus vielen alten Hochkulturen der Welt bekannt sind, sie ist schätzungsweise 5.000 Jahre alt. Da Abydos einst die Kultstätte des

Die Blume des Lebens (links), welche sich an einer Säule des alten Osiris-Tempels,
dem Osireion (rechts), in Abydos befindet.

Gottes Osiris war, verwundert es nicht, daß die Blume des Lebens dort zu finden ist, steht sie doch im symbolischen Zusammenhang mit dessen Sohn Horus und so auch mit der Vesica Piscis (Augen des Horus). Welchen Bezug die Augen des Horus zur Blume des Lebens und besonders zum Baum des Lebens und somit zur jüdischen Geheimwissenschaft, der Kabbala, aber auch zum christlichen Buch des Lebens aus der Apokalypse (das Buch mit den sieben Siegeln, Offenbarung 5,1 bis 14), zum Jesus-Symbol, dem Fisch, und auch zum Gral, zur Geometrie und zur Astronomie sowie zu den sieben Planeten und den sieben Augen Gottes haben, wird nachfolgend und auch in den weiteren Kapiteln dargestellt.

Die in der Antike bekannten sieben Planeten wurden in der jüdischen Mystik als die Augen Gottes bezeichnet. Auch in Wolframs »Parzival« (782) werden die arabischen Namen der sieben Planeten und deren Lauf, über den Parzival, nachdem er zum Herrn des Grals auserlesen wurde, Macht erwerben soll, erwähnt. Darum geht es auch beim Gral: um die Macht über den Planetenlauf, also um Parzivals Astronomiekenntnisse und das dafür grundlegende Geometriewissen, beides befähigt ihn – neben der erlösenden Frage an König Anfortas – zum Empfang des »hohen Teiles«, des Grals.

Offenbarung 5,6:

> »Und ich sah mitten zwischen dem Thron und den vier Gestalten und mitten unter den Ältesten ein Lamm stehen, wie geschlachtet; es hatte sieben Hörner und sieben Augen, das sind die sieben Geister Gottes, gesandt in alle Lande.«

Dieses Zitat, in dem das Lamm das christliche Symbol für Jesus ist und die Hörner seine kommende Herrschaft und seine Macht symbolisieren, wird nachfolgend versinnbildlicht mit der Kernkonstruktion der Blume des Lebens. Die Konstruktion beginnt mit einem Kreis, der das erste von sieben Geistern/Augen Gottes symbolisiert. (Zur Erinnerung: KREIS und GOTT sind nicht nur gematrisch gleich, denn beide Wörter haben den Zahlenwert 62, sondern der Kreis ist zudem das uralte Sinnbild Gottes, denn er steht für die göttlichen Attribute Geschlossenheit und Einheit, ebenso ist er ein uraltes Symbol für das All.) Mit Hinzunahme eines zweiten Kreises bildet sich die Vesica Piscis. Mit einem dritten Kreis entstehen nicht nur drei symbolische Geister/Augen Gottes, sondern auch die Vesica Piscis ist nun dreifach zu erkennen. Zur Vollendung des Kerns der Blume des Lebens werden noch vier Kreise, die symbolischen Geister/Augen Gottes, hinzugefügt.

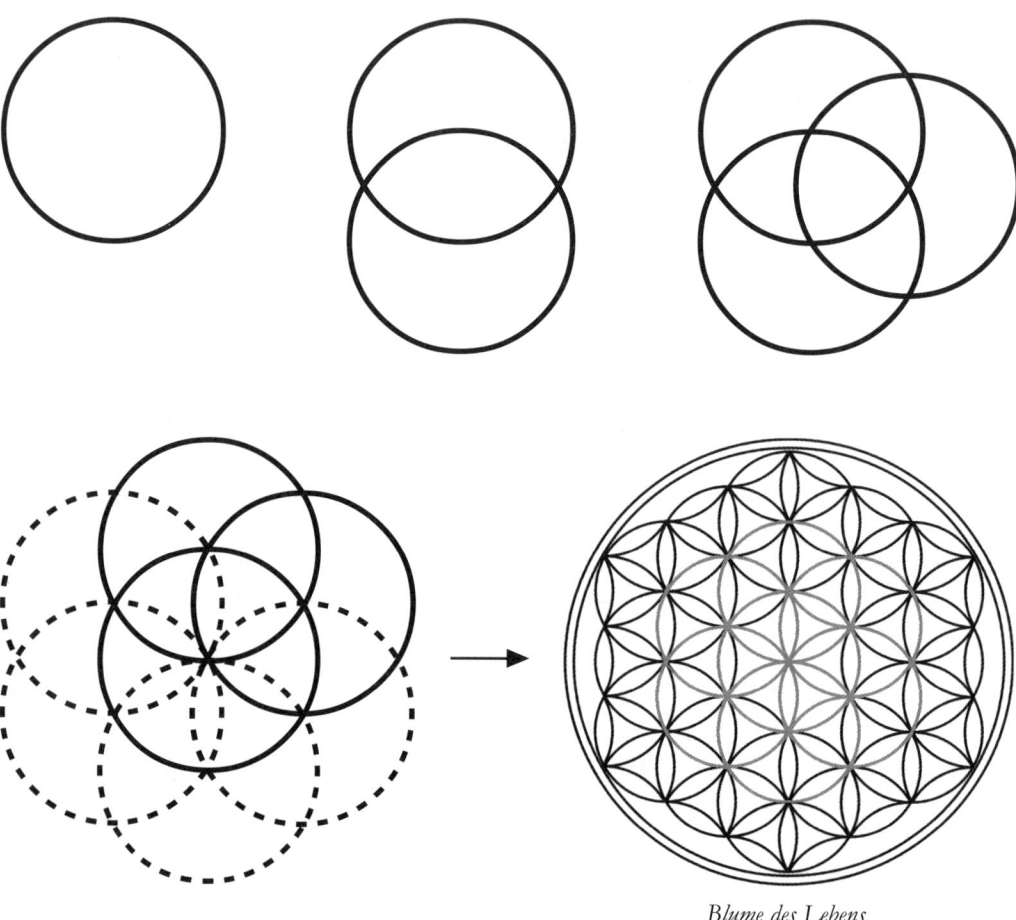

Blume des Lebens

Überträgt man das soeben Gebildete in die Blume des Lebens, so wird ersichtlich, daß die sieben Kreise, welche die sieben Geister/Augen Gottes und auch die sieben Planeten, von denen im *»Parzival«* die Rede ist, symbolisieren, tatsächlich das Kernstück, dessen Inneres wiederum eine Blüte mit sechs Blättern ist, der Blume des Lebens sind. Die gesamte Blume des Lebens besteht aus 19 solcher sechsblättrigen Blüten, die sich aus je sieben Kreisen bilden: 19 × 7 = 133 – gematrisch ist das die gleiche Summe, die sich aus den addierten Zahlenwerten der Buchstaben der Wörter HEILIGER GEIST ergibt.

Entscheidend für das Aussehen der Blume des Lebens ist die richtige Anordnung der Kreise, und diese gründet sich auf die zwei sich in ihrem Mittelpunkt schneidenden Kreise, die so die Vesica Piscis bilden. Symbolisch-mythologisch betrachtet basiert die Blume des Lebens auf den Augen des Horus (Osiris), die die Vesica Piscis formen, welche Jesus Christus auf christlichen Gemälden und Ikonen oft umschließt. Aus der Vesica Piscis wiederum läßt sich das urchristliche Jesus-Symbol konstruieren: der Fisch. Dieser ist *das* Ursymbol der Christenheit, *das* Sinnbild für Jesus Christus: Jesus Christus wurde höchstwahrscheinlich im Sternkreiszeichen der Fische gezeugt und im Fische-Zeitalter geboren, unter seinen Jüngern waren auch

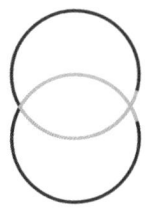

Die beiden die Vesica Piscis bildenden Kreise, deren Anordnung die Grundlage der Blume des Lebens ist und die als Symbol auf dem Deckel des Kelchbrunnens von Glastonbury (links) Verwendung fanden, verbergen den urchristlichen Jesus-Fisch (rechts, grau hervorgehoben).

Fischer. Das griechische Wort für Fisch, ICHTYS, ist ein Notarikon, es bildet sich aus den Anfangsbuchstaben der griechischen Aussage IESOUS CHRISTHOS THEOU YIOS SOTER (Jesus Christus, Gottes Sohn, Erlöser). Das Fische-Zeichen war während der Christenverfolgung im heidnischen Rom ein geheimes Erkennungszeichen der Christen, die

ihre Gottesdienste in der Verborgenheit der Domitillakatakomben abhielten. Dort wurde auch eine Grabinschrift gefunden, auf der unter anderem zwei Fische an einem Doppelhaken zu sehen sind. Auf diesen Haken und zwischen die Fische passen genau zwei gleich große Kreise, die die Vesica Piscis und somit auch den Jesus-Fisch bilden.

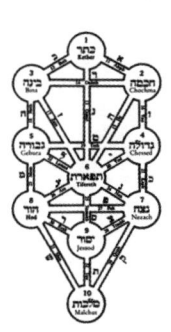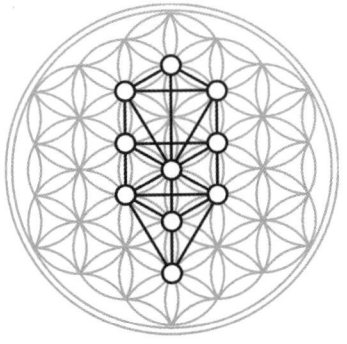

Werden den zwei Kreisen wie dargestellt fünf weitere hinzugefügt, entsteht der Kern der Blume des Lebens und somit die sechsblättrige Blüte. Auf genau dieser Blume des Lebens – und somit auch auf der Vesica Piscis – basiert ebenfalls der Baum des Lebens aus der Kabbala. Die linke nebenstehende Abbildung zeigt dieses zentrale und wichtigste Symbol der jüdischen Geheimwissenschaften mit seinen 10 Sephiroth (= Ziffern). Dieser Baum des Lebens paßt, in schematischer Form, genau in die Blume des Lebens (unten rechts).

71

Der Baum des Lebens ist in den kabbalistischen Büchern »*Bahir*« und »*Sefer Sohar*« abgebildet, die im 12. Jahrhundert im französischen Languedoc auftauchten, eine Gegend, in der neben den Katharern auch die Templer zu dieser Zeit großen Einfluß hatten. Es ist davon auszugehen, daß die Templer, die Hüter des Grals, die Blume des Lebens von den Kreuzzügen, an denen sie zwischen 1129 und 1291 n Chr. teilnahmen, aus Israel oder Ägypten mit nach Europa brachten. Daß sie die Blume des Lebens kannten und als Symbol verwendeten, belegt der auf Seite 73 abgebildete Templergrabstein aus Kirkwall (Schottland) mit der sechsblättrigen Blüte, der Kern der Blume des Lebens. Zudem war den Templern sicher auch das zentrale Symbol der Kabbala, der Baum des Lebens, bekannt. Hinsichtlich der Templer, der Kabbala (Baum des Lebens und Blume des Lebens), der Geometrie und des Grals sei nochmals darauf hingewiesen, daß der Mitbegründer des Templerordens, Hugo von Payns, ein Schüler des Rashi von Troyes war, der seinerzeit die aus Ägypten stammenden »Episteln der Lauteren Brüder«, die auch geheimes kabbalistisches Wissen und pythagoreische Zahlenmystik enthielten, aufbewahrte und 1076 n. Chr. eine kabbalistische Schule in Troyes gründete (vergleiche Seite 56). Troyes ist auch die Stadt, die den Templerorden (1128 n. Chr.) erstmalig urkundlich erwähnte und in der der erste Gralsliterat Chrétien de Troyes (um 1140 bis um 1190 n. Chr.) geboren wurde und zeitweise lebte.

Zusammenfassend kann festgestellt werden: Aus den zwei Kreisen, die die Vesica Piscis bilden, kann durch Hinzunahme weiterer fünf Kreise der Kern der Blume des Lebens gebildet werden. Diese Blume des Lebens besteht aus 19 solcher Kernstücke. In die Blume des Lebens paßt der jüdische Baum des Lebens genau hinein, symbolisch gesehen beruht er auf ihr. Es ist zu vermuten, daß neben der Einführung der Blume des Lebens aus Ägypten und/oder Palästina in Europa durch die Templer diese auch die kabbalistischen Bücher »*Bahir*« und »*Sefer Sohar*«, die im 12. Jahrhundert im französischen Languedoc auftauchten und in denen der Baum des Lebens abgebildet und Gegenstand der Betrachtung ist, von den Kreuzzügen, deren Begleiter sie waren, mitbrachten. Die Vesica Piscis, die im Zusammenhang mit der Blume des Lebens und somit auch dem Baum des Lebens in Erscheinung tritt, ist wiederum ein christliches Symbol, das Verwendung in der gotischen Architektur und christlichen Kunst fand. So wurde Jesus in der Vesica Piscis sitzend mit dem Buch des Lebens (und dem A + O) in den Händen abgebildet.

1

3

2

Die Abbildungen in diesem Kasten, die die Blume des Lebens, deren Kernstück aus sieben Kreisen und die durch sie geformte sechsblättrige Blüte zeigen, sind zusammen mit der in Abydos (Ägypten) befindlichen Blume des Lebens (siehe Seite 69) Indizien für die ägyptisch-palästinische Herkunft dieses Symbols und auch der Vesica Piscis sowie deren Einführung durch die Tempelritter in Europa:

1. Kernstück der Blume des Lebens aus einem der Paläste des Königs Herodes im heutigen Israel (damals Palästina);

2. Blume des Lebens, entdeckt bei einer Ausgrabung in der Stadt Ephesus (heute Türkei), die einst eine der sieben urchristlichen Gemeinden war, die auch in der Offenbarung (Kap. 2) erwähnt wird;

3. Grabstein eines Tempelritters in der St. Magnus Kathedrale in Kirkwall (Schottland), auf dem sich die sechsblättrige Blüte befindet.

Die Blume des Lebens findet sich auch auf dem Berg Sinai (Moses' Berg) und im palästinischen Galill. Es ist zu vermuten, daß Moses die Blume des Lebens aus Ägypten kannte und daß diese nach dem Auszug des Volkes Israel aus Ägypten (Exodus, 2. Buch Mose, 19,1 bis 11) in das Gott verheißene Land Kanaan, das spätere Palästina und heutige Israel, mitgebracht wurde.

4. Das göttliche A + O, die Apokalypse, die Kabbala und die Grundlagen der Geometrie als Teile des Gralswissens

Es läßt sich zeigen, daß das A + ω (oder auch α + Ω, lateinisch A + O), das lateinische ABECE (ABC) sowie das Wort APOKALYPSE in einem geheimen gematrisch-geometrisch-mathematischen und symbolischen Zusammenhang stehen und daß darüber hinaus Schlüsse gezogen werden können zur Kreiszahl π, zum Satz des Pythagoras, zu einer Pyramide, zum Gralsstein, zum Gralskelch, zur Geometrie und zur Astronomie. Um den Zusammenhang des A + O mit dem Alphabet darzustellen, seien auch die Jesus-Worte aus der Apokalypse (Offenbarung 22,13) zitiert: »Ich bin das A und das O, der Erste und der Letzte, der Anfang und das Ende.« Es sei darauf aufmerksam gemacht, daß in diesen Jesus-Worten neben dem göttlich-gematrischen Hinweis auf das Alphabet in der Offenbarung (1,8) auch ein solcher auf den Kreis, der nur einen Anfang und ein Ende hat, wenn auf seinem Umfang ein Punkt festgelegt wird, steckt. Dieser Punkt auf dem Umfang eines Kreises ist Anfang und Ende zugleich. Das A und O bezeichnet auch sprachlich den gesamten Umfang einer Sache. Nach alten Vorstellungen sind das α + Ω der Schlüssel des Universums. Der auf der Vesica Piscis basierende jüdische Baum des Lebens mit seinen 32 wunderbaren Wegen der Weisheit, die dort mit den 22 Buchstaben des hebräischen Alphabets verknüpft sind, ist in der Kabbala das Sinnbild für die kosmische Ordnung (Astronomie) und hat einen gematrisch-geometrischen Bezug zum α + Ω und zum Würfel des kabbalistischen Erzengels Metatron, was noch dargestellt wird. In der Theologie geht man beim A + O, neben einem Bezug zum Alphabet und Gott, auch von der Vorstellung des »In-sich-selbst-Überschneidenden« aus.

Sind in den apokalyptischen Aussagen, im göttlichen A + O, im Alphabet, im ABECE Anhaltspunkte bezüglich des Gralsgeheimnisses, das Jesus Christus mit einschließt, verborgen? Findet es sich also teilweise in Buchstaben und ihren entsprechenden Zahlenwerten und zudem in der geheimen geometrisch-mathematisch-mythologischen Symbolik der Kreise, in der Blume des Lebens beziehungsweise in der Vesica Piscis? Gematrisch läßt sich folgendes darstellen (bezüglich des ABECE [ABC] ist anzumerken, daß in der Gematrie der Klang, die Aussprache der Buchstaben, besonders der Mitlaute, genauso bedeutungsvoll und in Zahlen darstellbar ist, wie der Buchstabe an sich):

A + O	= 1 + 15	= 16 = P		
A + B + E + C + E	= 1 + 2 + 5 + 3 + 5	= 16 = P		
A + O ⟶	ABECE ⟶	= 16 = P ⟶	P = π (PI)	

Aufgrund des gemeinsamen Zahlenwertes 16 entsprechen das göttliche A + O und das ABECE einander, womit Jesu Worte in obiger Bibelstelle als Hinweis auf das Alphabet (ABECE) angesehen werden können. Jesus ist also – gematrisch betrachtet – das A + O, das ABECE, dessen erster Buchstabe im griechischen Alphabet (der Urtext dieses Zitates wurde ebenso wie das gesamte Neue Testament in Griechisch verfaßt) α ist, der letzte Buchstabe ist Ω – sie sind Anfang und Ende des griechischen Alphabets.

Der Zahlenwert 16 (= A + O) entspricht außerdem dem P, dem sechzehnten Buchstaben des lateinischen Alphabets, und dem PI (π), dem sechzehnten Buchstaben im griechischen Alphabet – das wiederum deutet auf die Kreiszahl π hin, also auf den Kreis. In der Geometrie beziehungsweise in der Mathematik ist π die transzendente und irrationale Kreiszahl: ~3,14. Im alten Ägypten galten sowohl der Kreis als auch das Dreieck als heilig, und die beiden Figuren haben auch einen Bezug zur Vesica Piscis (Blume des Lebens), zum Gral und zu Jesus, was teilweise schon dargestellt wurde und im weiteren noch vertieft wird. Zunächst wird aber die gematrische Zusammengehörigkeit der Wörter KREIS, DURCHMESSER und UMFANG mit der transzendenten, irrationalen und göttlichen Kreiszahl π (~3,14), die nicht nur in der Geometrie, sondern auch in der Astronomie eine sehr wichtige Rolle spielt, aufgezeigt. Eine mathematische Formel für die Annäherung an die Kreiszahl π lautet: $U \div D = \pi$. Das heißt, π ist das Verhältnis (Quotient) eines Kreises zu seinem Umfang (U) und seinem Durchmesser (D), also UMFANG (U) $\div$ DURCHMESSER (D) $= \pi$. Wenn das Wort DURCHMESSER mit dem Wort KREIS zu KREISDURCHMESSER zusammengesetzt und dieses mit UMFANG gematrisch betrachtet und mathematisch ins Verhältnis gesetzt wird, ist dessen Quotient der Wert der Kreiszahl π. Wird die Formel $U \div D$ zur Berechnung der Kreiszahl also umgestellt und der Zahlenwert des Wortes KREISDURCHMESSER durch den von UMFANG geteilt, ergibt sich paradoxerweise ebenso der Wert von π:

KREISDURCHMESSER $=$ 11 + 18 + 5 + 9 + 19 + 4 + 21 + 18 + 3 + 8 + 13 + 5 + 19 + 19 + 5 + 18 $= 195$

UMFANG $=$ 21 + 13 + 6 + 1 + 14 + 7 $= 62$

Somit verbirgt sich – gematrisch betrachtet – in den Wörtern der Formel für die Ermittlung der Kreiszahl π diese annähernd selbst:

KREISDURCHMESSER $\div$ UMFANG $= \pi$ ⟶ $195 \div 62 = \pi$, also ~ 3,14.

Daß die jüdische Kabbala beziehungsweise auch der Baum des Lebens in Ägypten wurzelt, läßt sich nicht nur geometrisch-symbolisch (Blume des Lebens in Abydos), sondern auch anhand des Wortes KABBALA selbst aufzeigen. So waren im alten Ägypten folgende Wörter gebräuchlich: KA und BA. KA bezeichnete den Geist, die Lebenskraft, und BA die Seele. Die beiden Wörter KA und BA sind auch im hebräischen Wort KABBALA, in welcher es auch um den Geist und die Seele(n) geht, zu finden – neben den Buchstaben B, L und A. Gematrisch-symbolisch gesehen ergibt sich folgendes:

$$KA + BA = 11 + 1 + 2 + 1 = 15 = O =$$
$$B + L + A = 2 + 12 + 1 \quad = 15 = O =$$

Die Addition von KA + BA und B + L + A ergibt jeweils 15, und die Zahl 15 entspricht dem Buchstabe O. Das O wiederum hat die Form des Kreises, und da das O zweimal gebildet werden kann, eben aus KA + BA und B + L + A, kann das Wort KABBALA im gematrisch-geometrischen Sinne mit zwei Kreisen, die ineinandergeschoben die Vesica Piscis bilden, symbolisiert werden, die Kabbala und die Vesica Piscis sind also auch auf diese Weise miteinander verwoben:

KA + BA = B + L + A beziehungsweise O = O ➤ ⬭ ➤ KABBALA

Im Wort KABBALA verbirgt sich sowohl ABBA als auch der Hinweis auf den Geist beziehungsweise die Geist-Seele des Vaters Abba, also auf sein KA (= 12) und BA (= 3), die sich in einem Kreis wiederfinden (siehe rechts oben). Die Quersumme von KA + BA beträgt 6 (KA + BA = 15, daraus folgt: 1 + 5 = 6) – ebenso entspricht das Wort ABBA gematrisch der Zahl 6 (1 + 2 + 2 + 1 = 6). Somit drehen sich KABBALA, ABBA, KA und BA in einem göttlichen Kreis.

Nach dem alten Glauben der Ägypter, der auch die christlichen Jenseitsvorstellungen geprägt hat, wurden das KA (der Geist) und das BA (die Seele) des Toten von seinem irdischen Körper getrennt und von Seelenvögeln aus dem Diesseits ins Jenseits gebracht. Auch die jüdische Kabbala, die ihre Wurzeln in Ägypten hat, beschäftigt sich schwerpunktmäßig mit den Geisteswanderungen des Menschen, mit den Wanderungen der Seelen aus dem Diesseits ins Jenseits und umgekehrt. So offenbart sich neben der Vesica Piscis, dem Baum des Lebens, der Blume des Lebens und der Gematrie der Wörter KABBALA, KA, BA und ABBA ein weiterer Bezug der jüdischen Geheimlehre zu Ägypten – dies alles steht auch in einem gematrischen Zusammenhang mit dem christlichen A + O (= P), mit der Kreiszahl π, dem Satz des Pythagoras, der Geometrie an sich, dem Christusmonogramm, Jesus und einer Pyramide, was nachfolgend verdeutlicht wird.

Die nebenstehende Abbildung zeigt eine Deckenmalerei in der byzantinisch-griechischen Kreuzkuppelkirche Hosios Lukas aus dem 11. Jahrhundert n. Chr. in der Nähe der Stadt Delphi. Deutlich zu erkennen sind die Buchstaben OAP und darüber das X. Aus den Buchstaben X und P wiederum setzt sich das Christusmonogramm (rechts unten, hier zusammen mit dem lateinischen A und dem ω, dem kleinen griechischen Omega) zusammen, das bereits im 2. und 3. Jahrhundert n. Chr. viele christliche Gräber in den Domitillakatakomben Roms zierte. X und P stehen für die griechischen Buchstaben Chi und Rho (in lateinischen Buchstaben entsprechend CH und R = CHR), also für den griechischen Namen ΧΡΙΣΤΟΣ (ins Lateinische übersetzt und gesprochen: Christos). Im Wort ΧΡΙΣΤΟΣ steht neben dem X und dem P der Buchstabe I (= Iota, neunter Buchstabe im griechischen Alpha-

bet, entspricht dem neunten lateinischen Buchstaben I = 9), somit ist das lateinische PI (P + I = 16 + 9 = 25) hier verborgen.

Die an der Decke der Kreuzkuppelkirche Hosios Lukas befindlichen Buchstaben OAP sind, wenn sie nach der kabbalistischen Methode Temurah umgestellt werden, die ersten drei Buchstaben des Wortes APOKALYPSE. Nachfolgend wird dargestellt, daß Christus (griechisch ΧΡΙΣΤΟΣ) und das göttliche A + O (α + Ω) aus der Apokalypse in einem gematrischen, also mystisch-geheimen Buchstaben-Zahlen-Zusammenhang stehen.

Im griechischen Alphabet ist der erste Buchstabe das Alpha (α = 1), der vierundzwanzigste und letzte ist das Omega (Ω = 24), der sechzehnte ist das Pi (π = 16). Werden die Buchstaben P und I (lateinische Schreibweise des griechischen π) gematrisch in ihre Zahlenwerte umgewandelt und diese addiert, ist das Ergebnis 25 (P + I = 16 + 9 = 25). Die Zahl 25 ergibt sich ebenso, wenn die numerischen Zahlenwerte der griechischen Buchstaben α + Ω addiert werden (α + Ω = 1 + 24 = 25). Das griechische α + Ω und das lateinische PI entsprechen also gematrisch einander, genauso wie das lateinische A + O (=16 = P) dem griechischen PI (π = 16). Somit können diese gematrischen Gleichungen gebildet werden:

$$\alpha + \Omega = PI \qquad A + O = \pi \qquad A + O = P$$
$$1 + 24 = 25 \qquad 1 + 15 = 16 \qquad 1 + 15 = 16.$$

Das göttliche A + O (α + Ω) aus der Apokalypse ist im gematrischen Sinne verbunden mit dem Buchstaben π (PI) und somit mit der Kreiszahl π, die ein grundlegender Bestandteil der Gralswissenschaften Geometrie und Astronomie ist. Die Zahlen 25 und 16, die hier in Erscheinung treten, haben auch einen Bezug zum Satz des Pythagoras, der über das A + O = 16 (α + Ω = 25) gematrisch auch mit dem Y und dem P aus dem Wort APOKALYPSE darstellbar ist – auch der Satz des Pythagoras ist für geometrisch-astronomische Berechnungen grundlegend. Das Y aus dem Wort APOKALYPSE ist der fünfundzwanzigste Buchstabe des lateinischen Alphabets, gematrisch entspricht es PI = α + Ω (Y = 25 = PI = P + I = 16 + 9 = 25 = α + Ω = 1 + 24 = 25). Zudem steht das Y mit dem nachfolgenden Buchstaben P (= 16) in schriftbildlicher und gematrischer Verbindung zum Satz des Pythagoras:

$$Y = P + I = 25 \text{ oder anders formuliert: } Y - P = I \text{ beziehungsweise } I + P = Y$$
$$25 = 16 + 9 \qquad\qquad 25 - 16 = 9 \text{ beziehungsweise } 9 + 16 = 25$$

Die durch diese Umstellungen gewonnene Aussage, daß 9 + 16 = 25 ist, läßt sich auch als quadratische Gleichung formulieren, hinter der sich die Formel des Satzes des Pythagoras verbirgt: $3^2 + 4^2 = 5^2$ (= 3 × 3 + 4 × 4 = 5 × 5 = 25). So läßt sich durch Anwendung der Gematrie bei den Buchstaben Y und P aus dem Wort APOKALYPSE ein rechtwinkliges Dreieck ABC mit den Seiten 3 (= a), 4 (= b) und 5 (= c) konstruieren, dessen quadrierte und addierte Seitenbezeichnungen die Formel des Satzes des Pythagoras ($a^2 + b^2 = c^2$) wiedergeben (siehe Seite 78). Dieses Dreieck, dem die Buchstabenwerte des Wortes APOKALYPSE zugrundeliegen, hat einen Bezug zum A + O = π (PI), also auch zur Kreiszahl π und im geometrischen Sinne, wie noch gezeigt wird, zur Vesica Piscis und zur Kabbala.

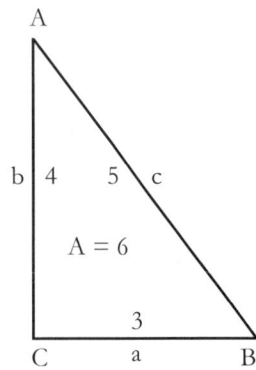

A

b 4   5 c

A = 6

3

C   a   B

Die Fläche A dieses Dreiecks wird mit der Formel a × b ÷ 2, also 3 × 4 ÷ 2 = 6 berechnet. Der Umfang U wird mit der Formel U = a + b + c, also 3 + 4 + 5 = 12 ermittelt. Das Dreieck ABC hat eine Steigung, die sich aus dem Quotienten des Verhältnisses der Seite b zur Seite a berechnen läßt, also aus b ÷ a = 4 ÷ 3 = 1,3333333. Wird der Quotient aus den ersten drei sowie aus dem vierten, fünften und sechsten Buchstaben des Wortes APOKALYPSE, also APO (= 1 + 16 + 15 = 32) geteilt durch KAL (= 11 + 1 + 12 = 24) = 32 ÷ 24, gebildet, so ist das Ergebnis ebenfalls 1,3333333. Gleiches ergibt sich, wenn die erste Silbe APO (= 1 + 16 + 15 = 32) durch die letzte Silbe SE (= 19 + 5 = 24) desselben Wortes geteilt wird, also APO ÷ SE = 32 ÷ 24 = 1,3333333. Der Wert 1,3333333 entsteht also sowohl bei der Berechnung der Steigung des Dreiecks ABC, das über die Gematrie der Buchstaben Y und P und der Umstellung dieser beziehungsweise ihrer Zahlenwerte (9, 16 und 25 = 3^2 + 4^2 = 5^2, Satz des Pythagoras) gebildet wurde, als auch bei der gematrischen Umwandlung und der entsprechenden Division der Silben APO, KAL und SE des Wortes APOKALYPSE. So drehen sich die Zahlenwerte aller Buchstaben (und Silben) des Wortes APOKALYPSE bezüglich der Quotienten und des Steigungsverhältnisses des pythagoreischen Dreiecks ABC (3, 4, 5) in einem göttlichen Kreis.

Wird das Dreieck ABC gespiegelt (gestrichelte Linien links), entsteht ein Pyramidenseitendreieck. Auch in dem Wort PYRAMIDE ist aufgrund der Buchstaben P (= 16), Y (= 25) und I (= 9) gematrisch der Satz des Pythagoras verborgen. Zudem steckt in diesem Wort der Name des ägyptischen Sonnengottes: RA. RA ist auch enthalten in PYTHAGORAS, ebenso wie das A + O und auch die Buchstaben P und Y, aus deren Zahlenwerten die Formel 3^2 + 4^2 = 5^2 (Satz des Pythagoras) hergeleitet werden kann (siehe Seite zuvor). Ra oder auch Re (nachfolgende Ra/Re) ist, wie im Buch noch gezeigt wird, verwoben mit der ägyptischen Weltentstehungslehre, mit den Pyramidentexten und dem Gralsstein, weiterhin entspricht er dem griechischen Sonnengott Apollon (auch Apoll genannt). Auch in dem Wort APOLLON ist das göttliche A + O enthalten, ebenso die gematrische Verbindung zur Steigung des Dreiecks ABC, denn:

A

c   b 4   5 c

A = 6

3

a   C   a   B

APO (= 1 + 16 + 15 = 32) geteilt durch LL (= 12 + 12 = 24), also 32 ÷ 24, ergibt 1,3333333.

Die Silbe ON aus APOLLON wiederum weist auf die biblische Stadt ON hin, die die Griechen Heliopolis (Sonnenstadt) nannten und die im alten Ägypten Lunu hieß. Dort wurde schon in der Frühzeit der ägyptischen Kultur (um 3000 v. Chr.) ein heiliger Stein verehrt: der *benbenet* (auch *benben* genannt). Dieser Stein benbenet ist das Pyramidion, also der oberste Eckstein einer Pyramide, wobei auch die Spitzen von Obelisken so genannt wurden. Zudem war der Stein benbenet das Symbol für BA, für die wiederauferstehende Seele des Sonnengottes Ra/Re, die vom Vogel Banu (= Phoenix) verkörpert wurde. Wenn der benbenet der oberste Eckstein einer Pyramide, das Symbol für die Seele (Ba) des Sonnengottes Ra/Re, verkörpert vom Vogel Banu (= Phoenix), war, stellt sich die Frage, ob nicht der Gralsstein im »Parzival« (469, »Der Stein ist auch genannt der Gral«), durch dessen Kraft der Phoenix zu Asche wird und aus dieser wiederaufersteht, dieser benbenet ist und somit ein Zusammenhang des Gralssteins (»des hohen Teiles«, »Parzival« 781) mit der Pyramide besteht. Interessant hierzu ist, daß die Addition der Buchstaben der Wörter BANU und GRAL jeweils den Zahlenwert 38 ergibt, es offenbart sich so auch eine gematrische und literarische (Phoenix = Banu) Verbindung zu Ägypten:

B + A + N + U		G + R + A + L
2 + 1 + 14 + 21 = **38**		7 + 18 + 1 + 12 = **38**

Gematrisch betrachtet ist auch im Wort PYRAMIDION wegen der Buchstaben P, Y und I wieder der Satz des Pythagoras verborgen. Ebenso ist das Wort RA (ägyptischer Sonnengott) enthalten, und die letzte Silbe ON deutet auch hier wieder auf die Stadt On und im weiteren Sinne auf den heiligen Stein der Ägypter hin. Bemerkenswert ist auch das Wort BANU, also der Name des Vogels, der die Seele des Sonnengottes Ra/Re verkörpert: die Silbe BA ist die Seele, und die letzte Silbe NU ist auch die letzte des Stadtnamens LUNU (On). Der Phoenix wurde in Ägypten nicht nur Banu, sondern auch Benu genannt, und so deutet BEN aus BENU auf den heiligen Stein Benbenet hin – BEN erscheint in BENBENET sogar zweimal.

Die Fläche A (= 6) des Dreiecks ABC (3, 4, 5) entspricht gematrisch einerseits genau dem Zahlenwert des Namens ABBA (1 + 2 + 2 + 1 = 6), den Jesus als Gebetsanrede gebrauchte und der im Wort KABBALA steckt, und andererseits dem ABC (1 + 2 + 3 = 6) als reguläre geometrische Punkt- und Seitenbezeichnungen des Dreiecks und der Kurzbezeichnung des Alphabets.

A + B + B + A	=	1 + 2 + 2 + 1 =	6
A + B + C	=	1 + 2 + 3 =	6
ABBA	⟷	ABC =	6

Durch die Spiegelung des Dreiecks ABC und die damit verbundene Konstruktion des Pyramidenseitendreiecks fällt die Seite b weg, die beiden Seiten a werden zu einer Seite a.

Die Formel für die Umfangsberechnung lautet dann 2 × c + a, entsprechend 2 × 5 + 6 = 16 (= A + O = P), und die Fläche wird folgendermaßen berechnet: 2 × 6 = 12 (= KA = L). Einzeln betrachtet hat jedes der beiden Dreiecke, die das Pyramidenseitendreieck bilden, einen Umfang von 12, also a + b + c = U beziehungsweise 3 + 4 + 5 = 12. Nimmt man diese beiden Umfänge zusammen, so ergibt sich die Zahl 24, die gematrisch sowohl dem Buchstaben X, der mit dem P das Christusmonogramm bildet, als auch der Silbe SE des Wortes APOKALYPSE entspricht.

In dem Wort APOKALYPSE sind also – gematrisch betrachtet – das göttliche A + O = P = 16 (also AOP, gedreht APO), das P entspricht dem griechischen Buchstaben π (= 16), und auch das KA = L = 12, das dem Umfang eines Dreiecks und der Fläche beider Dreiecke entspricht, enthalten. Auch beinhaltet es gematrisch den Umfang (U = 16) des Pyramidenseitendreiecks, denn A + O = 1 + 15 = 16, und ebenso den Umfang (U = 24) der getrennt voneinander betrachteten Dreiecke, denn K + A + L = 11 + 1 + 12 = 24. Zudem kann aus den Zahlenwerten der Buchstaben P und Y die Gleichung $3^2 + 4^2 = 5^2$ (Satz des Pythagoras) hergeleitet werden. Zu ermitteln sind ebenso die Flächen A = 6, die gematrisch jeweils gleich mit dem Namen ABBA und dem ABC sind und die von der Fläche her zusammengenommen (gespiegelt = 12) wiederum gleich mit dem Umfang eines einzelnen Dreiecks = 12 sind. Die Endsilbe SE (= 19 + 5 = 24 = X) offenbart zusammen mit dem A + O (= P) einen Bezug zum Christusmonogramm. So drehen sich auch hier wieder alle Buchstaben und Zahlen des Wortes APOKALYPSE (das A + O, das X und das P des Christusmonogramms, ABBA) sowie die Zahlen der Flächen und Umfänge der Dreiecke in einem göttlichen Kreis.

Aus den addierten/subtrahierten Zahlenwerten der gezeigten Buchstaben des Wortes APOKALYPSE ergeben sich in Gleichungen gesetzt folgende Zahlen/Buchstaben (links 16, 12, 9, 24), aus denen sich durch entsprechende Zuordnung Brüche bilden lassen (rechts 16/12, 12/9, 16/9, 24/9, 24/16), die auf folgendes deuten:

A + O = P = 16   16/12 = 4/3 = 1,3333333 = Steigung eines Dreiecks
1 + 15 = 16   12/9 = 4/3 = 1,3333333 = Steigung eines Dreiecks
                        Die Steigung eines
                        Dreiecks ABC beträgt
                        1,3333333, dies wurde
                        bereits ermittelt mit der
                        Formel b ÷ a = 4/3.

K + A = L = 12   16/9 ⟶ = 1,7777777 ⟶ PI (π)
11 + 1 = 12   16/9 ergibt quadriert $(16/9)^2$ = 256/81 die ägyptische
                        Urkreiszahl π des Papyrus Rhind (= 3,1604938...)

Y – P = I = 9   24/9 = 8/3 = 2,6666666 = Steigung zweier Dreiecke ABC,
25 – 16 = 9   die das Pyramidenseitendreieck bilden.

S + E = X = 24	24/16 = 6/4 = 3/2 = 1,5 = X ÷ P (= 24 ÷ 16). Das ist die
19 + 5 = 24	Größe des Radius (r = 1,5) des Innenkreises, der in die ge-
	spiegelten Dreiecke konstruiert werden kann (siehe unten).

Die gezeigten Brüche/Zahlen sind für die spätere geometrisch-mathematische Berechnung der Urkreiszahl π (= 3,1604938...) des ägyptischen Papyrus Rhind, die über die geometrische Herleitung des Satz des Pythagoras (der eigentlich aus dem uralten Ägypten stammt und den Pythagoras nur »wiederentdeckte«) erfolgt, sehr wichtig. Auch bezüglich der Vesica Piscis beziehungsweise die sie bildenden Kreise, die nachfolgend mit einem dritten erweitert werden und so den Ursprung des Satzes des Pythagoras und die Herleitung der Urkreiszahl π offenbaren, spielen diese Brüche/Zahlen eine wesentliche Rolle – und damit reihen sie sich ein in das Gralsgeheimnis, das mit der Kabbala, der Blume des Lebens, der Geometrie und der Astronomie, der Pyramide und dem Pyramidion (dem Phoenix, dem ägyptischen Sonnengott Ra/Re sowie dem Gralsstein aus dem »Parzival«) verbunden ist.

Daß sich der Satz des Pythagoras ($a^2 + b^2 = c^2$) auch aus drei gleichgroßen Kreisen geometrisch-mathematisch herleiten läßt, wird hier bereits ersichtlich: Das rechtwinklige Dreieck ABC mit den Seiten a = 3, b = 4 und c = 5 und der Fläche A = 6 (3 × 4 ÷ 2 = 6), das gematrisch aus dem Wort APOKALYPSE konstruiert wurde, paßt gespiegelt und zusammengefügt zu einem Pyramidenseitendreieck genau in die drei Kreise – und es läßt sich auch aus diesen konstruieren. In dieses Pyramidenseitendreieck wiederum paßt genau ein Kreis mit dem Radius r = 1,5 hinein (rechts unten). Dieser Wert, der Radius, kann gematrisch aus den Buchstaben X und P des Christusmonogramms ermittelt werden: X ÷ P = 24 ÷ 16 = 1,5. Er läßt sich aber, wie noch gezeigt wird, auch geometrisch herleiten und berechnen. Dieser in das Pyramidenseitendreieck eingezeichnete Kreis offenbart – später wird dies ebenfalls ausführlicher dargestellt – die mit Jesus, dem Gral und der Astronomie verbundene ägyptische Urkreiszahl π des Papyrus Rhind. Dieser Kreis ist der »Urkreis«, der erste Kreis, von dem im alten Ägypten alle Größen berechnet werden konnten: die Fläche A, der Radius r, der Durchmesser d, der Umfang U und die Urkreiszahl π (Pi).

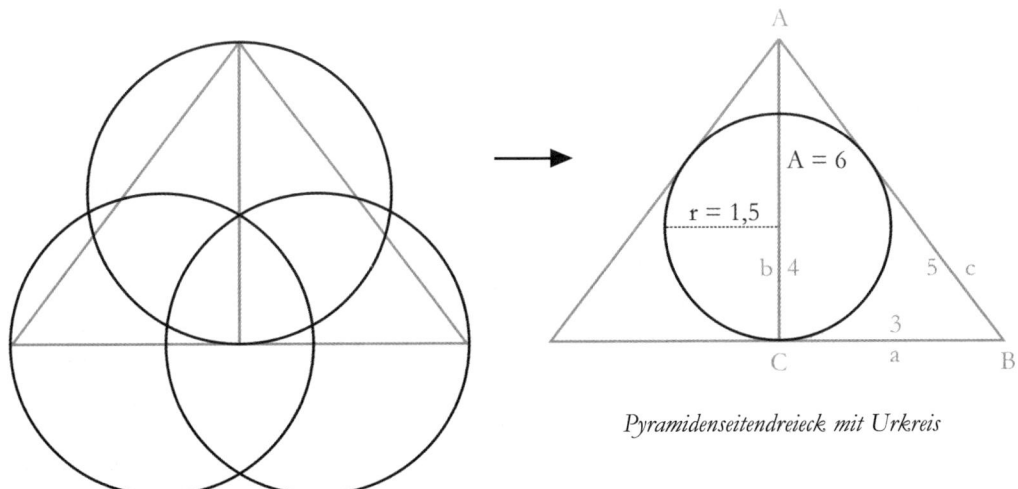

Pyramidenseitendreieck mit Urkreis

5. Die Herleitung der Gralssymbolik mit Hilfe der Heiligen Geometrie

Die aus dem Schlüsselwort APOKALYPSE beziehungsweise aus dessen Buchstaben und deren Zahlenwerten gebildeten Brüche/Zahlen (4/3, 3/2, 6/4) verbergen sich auch in den zwei Kreisen, die die Vesica Piscis bilden, sie lassen sich also auch rein geometrisch-mathematisch herleiten. Gezeigt werden kann dies mit einer fünffachen Spiegelung des Davidsterndreiecks (gleichseitiges Dreieck), welches in die Vesica Piscis konstruiert werden kann, zu einem regelmäßigen Sechseck. Aus diesem Sechseck wiederum kann ein Würfel (symbolisch gesehen der des kabbalistischen Erzengels Metatron) gebildet und räumlich dargestellt werden, dafür müssen nur drei Linien des Sechsecks gestrichelt werden (Abbildung rechts).

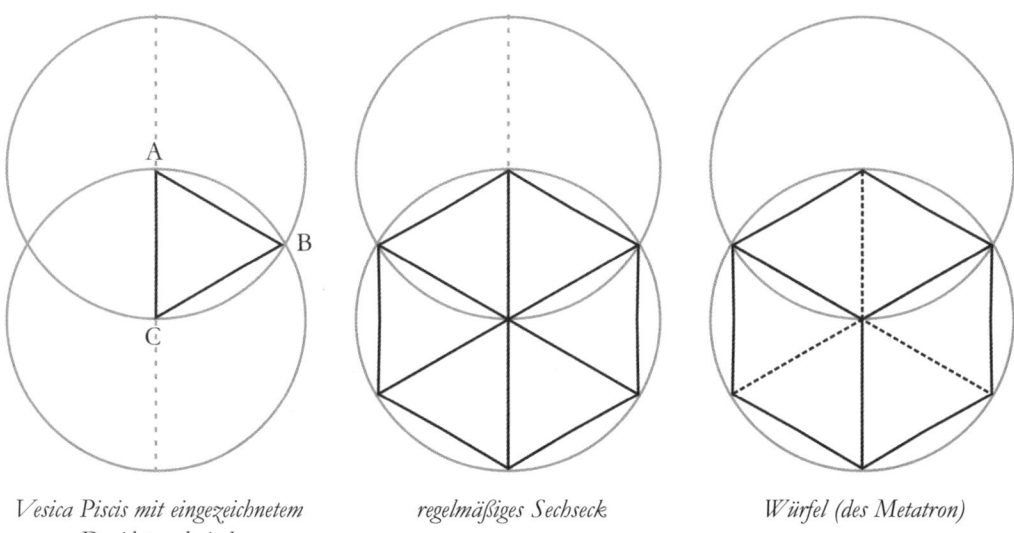

Vesica Piscis mit eingezeichnetem Davidsterndreieck　　　*regelmäßiges Sechseck*　　　*Würfel (des Metatron)*

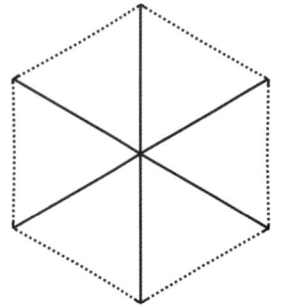

Durch die fünffache Spiegelung des Davidsterndreiecks entsteht, wenn man die äußeren Linien des regelmäßigen Sechsecks entfernt (gepunktete Linien links), auch die germanische Hagal-Rune, die Gralsrune schlechthin, die Mutter aller Runen, aus der sich alle anderen Runen bilden lassen. Von einigen Runenkundigen wird immer wieder behauptet, daß die Runen aus dem Lateinischen, dem Griechischen, Phönizischen oder anderen Alphabeten stammen. Als Indizien hierfür werden besonders die Odal-Rune (die dem großen griechischen

Buchstaben Omega Ω ähnelt) und die Berkana-Rune (die dem großen lateinischen Buchstaben B ähnelt) angeführt. Die Schriftbilder der Runen entstammen aber höchstwahrscheinlich der uralten Heiligen Geometrie (in welcher die zwei Kreise, die Vesica Piscis, die Grundlage sind), die wohl auch den Germanen bekannt war. Als Beispiele dafür sollen nun neben der Hagal-Rune folgende Runen dienen:

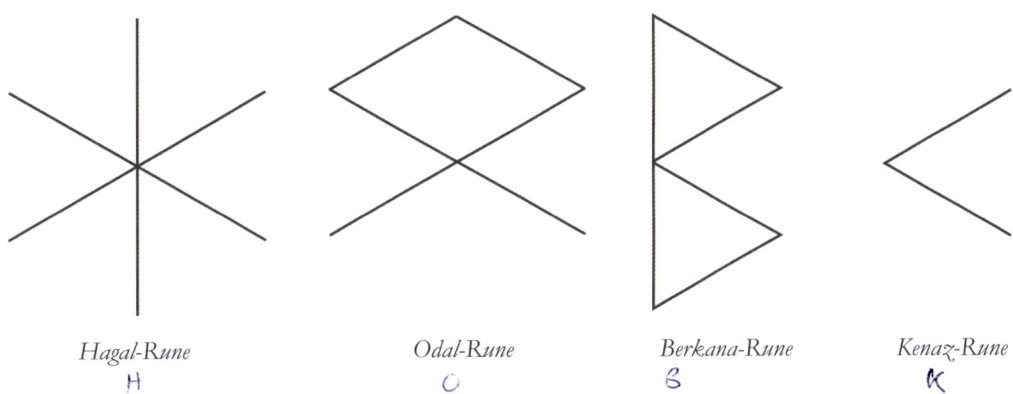

Hagal-Rune	*Odal-Rune*	*Berkana-Rune*	*Kenaz-Rune*
H	O	B	K

Die Hagal-Rune (Lautwert H) ist das Symbol des Weltbaumeisters. Sie verkörpert den germanischen Weltenbaum Yggdrasil, der vergleichbar ist mit dem jüdischen Baum des Lebens aus der Kabbala, der, wie bereits erwähnt, das Symbol der kosmischen Ordnung ist, deren Gesetzmäßigkeiten sich in den Grundlagen der Heiligen Geometrie wiederfinden. Die Hagal-Rune steht für das Allumhegende (Hagal = All-Hag). Sie versinnbildlicht aber auch Hagel und erscheint demnach in der geometrisch-stilisierten Form eines Eis- oder Schneekristalls. Sehr interessant ist die Tatsache, daß sich die Hagal-Rune aus der Vesica Piscis bilden läßt, hinsichtlich der Blume des Lebens und des kabbalistischen Baumes des Lebens. Denn die Blume des Lebens besteht aus Kreisen, die so angeordneten sind wie jene, die die Vesica Piscis bilden. In die Blume des Lebens wiederum paßt der kabbalistische Baum des Lebens genau hinein (siehe Seite 71). Die Vesica Piscis scheint also sowohl verwoben mit dem germanischen Weltenbaum als auch mit dem jüdisch-kabbalistischen Lebensbaum. Nach germanischem Mythos hing der Gott Odin/Wodan neun Tage am Weltenbaum und erfuhr dort die Geheimnisse der Runen. Das Wort »Rune« leitet sich aus dem Altdeutschen beziehungsweise Gotischen »runa« (= Geheimnis) her. Runen bergen also Geheimnisse und sind selbst geheim. Sie wurden ursprünglich für magisch-rituelle Zwecke, für Kulthandlungen und nur sehr selten für schriftliche Aufzeichnungen verwendet, eben weil die Bedeutung der Runen geheim war und deren – wenn man so sagen will – Aussehen in der Heiligen Geometrie und damit verbunden in dem Wissen von der göttlichen kosmischen Ordnung wurzelt, das nur die germanischen Priesterinnen und Priester hatten.

Die Odal-Rune (Lautwert O) steht für Besitz, Erbe. Die Berkana-Rune (Lautwert B) wird der germanischen Göttin Frigg zugeordnet, sie bedeutet wörtlich Birke und symbolisiert die Brüste der Erdmutter (Urmutter). Sie steht auch für die Urgesetze des Lebens, sie verkörpert Gesundheit, Wachstum sowie Klarheit und gilt als hohes altgermanisches Heilszeichen. Die Kenaz-Rune (Lautwert K, wörtlich »lodernder Brand«) wird unter anderem

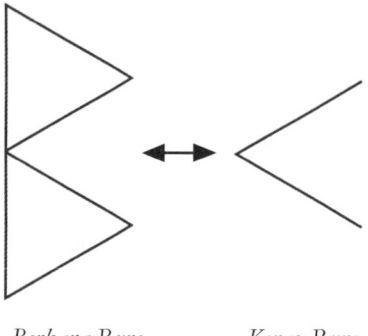

Berkana-Rune   *Kenaz-Rune*

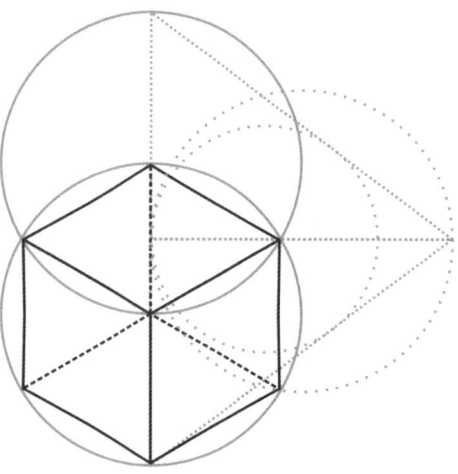

Vesica Piscis, Würfel (des Metatron), drei Kreise, Pyramidenseitendreieck, Innenkreis des Pyramiden- seitendreiecks in einer geometrischen Konstruktion.

dem Gott Odin/Wodan zugesprochen, sie versinnbildlicht das Bringen des Lichts in die Dunkelheit, sie schenkt das Licht der Weisheit und der Inspiration. Sie ist aber auch das Symbol des Spiegelns. Betrachtet man Berkana und Kenaz als Binderune, also beide Runen in einer vereint (Abbildung links), so bildet sich eines der stärksten germanisches Heilszeichen, da sich in diesem die höchsten göttlichen Kräfte der germanischen Glaubenswelt (Frigg und Odin/Wodan) verbinden.

Doch zurück zum Würfel des Metatron: Aus dem Verhältnis seiner 8 Ecken, 6 Flächen und 12 Kanten ergeben sich folgende Quotienten beziehungsweise Brüche/Zahlen: $12/8 = (3/2)$, $12/8 = (6/4)$, $8/6 = (4/3)$. Somit hat er einen geometrisch-mathematischen Bezug zum Wort APOKALYPSE, denn auch aus dessen Buchstaben können wie schon dargestellt diese Zahlen/Brüche gebildet werden. Diese wiederum lassen sich auch aus drei beliebig gleichgroßen Kreisen (Anordnung siehe Abbildung), in die das Pyramidenseitendreieck, gebildet aus den beiden Dreiecken ABC mit den Seitenlängen/Seitenzahlen 3, 4, 5 (als reine Zahlen betrachtet, also ohne Maße), paßt beziehungsweise welche als Basis für dessen Konstruktion dienen, herleiten. Da diese Zahlen/Brüche also im Würfel des Metatron, im Wort APOKALYPSE, im Pyramidenseitendreieck und in den drei gleichgroßen Kreisen verborgen sind und dies alles mit der Gematrie, der Geometrie, der Vesica

Piscis, der Blume des Lebens und dem kabbalistischen Baum des Lebens verbunden ist, können diese als mystisch-magisch, ja sogar als göttlich bezeichnet werden.

Metatron gehört in der Kabbala zu den höchsten Engeln. Über ihn wird berichtet, daß er die Geheimnisse des Universums ebenso wie das Handeln der Menschen im Buch des Lebens, das sich auch in der Apokalypse (Offenbarung 13,8 und 20,12) findet, festhält. Den Menschen ist er in großer Liebe zugetan, da er selbst einmal Mensch gewesen sein soll. So soll er siebenter Nachfahre von Adam sein, der als Prophet Henoch bekannt ist. Er zeichnet sich durch sehr große Rechtschaffenheit aus, weshalb er auch an die Seite Gottes gerufen wurde. Legenden besagen auch, daß er der Lehrer des Moses war. Nach dem kabbalistischen Buch »Sohar« soll er das Volk Israel nach dessen Auszug aus Ägypten durch die Wüste geführt haben. Auch ist er der Erzengel, welcher an der Krone (Sephira Kether) des kabbalistischen Lebensbaumes steht. In der Heiligen Geometrie, einer der ältesten Wissenschaften, wird ihm der Würfel/Quader zugeordnet, der zu den fünf platonischen Körpern zählt, welche sich ebenfalls alle aus zwei Kreisen (Vesica Piscis) konstruieren lassen und die sich auch, wie noch ausgeführt wird, im *»Parzival«* (773) wiederfinden.

Mit den im Würfel des Metatron und in den drei Kreisen verborgenen Brüchen/Zahlen (4/3, 3/2, 6/4) läßt sich die Urherleitung des Satzes des Pythagoras darstellen (Pyramidenseitendreieck, gebildet aus den beiden Dreiecken ABC mit je den Zahlen 3, 4, 5), ebenso kann über die drei Kreise und das Pyramidenseitendreieck die ägyptische Urkreiszahl π (= 3,1604938...) des Papyrus Rhind (um 1580 v. Chr.) entdeckt werden – und so offenbaren sich die eigentlichen Urgrundlagen der Gralswissenschaften Geometrie und Astronomie. Die ausführliche geometrisch-mathematische Herleitung der Brüche 3/2, 6/4, 4/3 und auch 6/8 (= 3/4) sowie der Urkreiszahl π des Papyrus Rhind erfolgt im weiteren. Dies ist auch und vor allem wegen des von Wolfram erwähnten Astronomen Flegetanis (*»Parzival«* 454), der den Namen des Grals, »lapsit exillis«, in den Sternen las, sehr wichtig – und zwar deswegen, weil dieser die eigentliche Quelle des *»Parzival«* lieferte (*»Parzival«* 453) und weil die Befähigung zum Empfang des Grals verbunden ist mit Astronomiekenntnissen, die Parzival haben mußte (*»Parzival«* 781, 782).

Die gezeigten Brüche/Zahlen verbergen sich auch in Leonardo da Vincis Zeichnung des *»Vitruvmannes«* (Proportionsstudien nach Vitruv) und ebenso in seinem Gemälde *»Das letzte Abendmahl«*. Und diese beiden Werke offenbaren – das sei vorab schon gesagt – den tatsächlichen, nämlich geometrischen Da-Vinci-Code, der einen Bezug zu den Augen des Horus (Kreise, Vesica Piscis, Blume des Lebens als die geometrische Grundlage des kabbalistischen Baumes des Lebens), zu Jesus, zum Buch des Lebens, zum Satz des Pythagoras, zur Urkreiszahl π und zum X und P des Christusmonogramms hat. Wie bereits gezeigt wurde, kann in das Pyramidenseitendreieck (gespiegeltes Dreieck ABC) ein Kreis mit dem Radius r = 1,5 (= d ÷ 2, gematrisch entsprechend X ÷ P = 24 ÷ 16 = 1,5) eingezeichnet werden. Der Durchmesser (d = 3) dieses Innenkreises entspricht hier als reine Zahl (ohne Maß) der Seite a = 3 des Dreiecks ABC (d = a), die Fläche A des Dreiecks ist als reine Zahl (ohne Maß) 6. Ins Maß umgesetzt läßt sich die Fläche A = 6 (cm², entsprechend

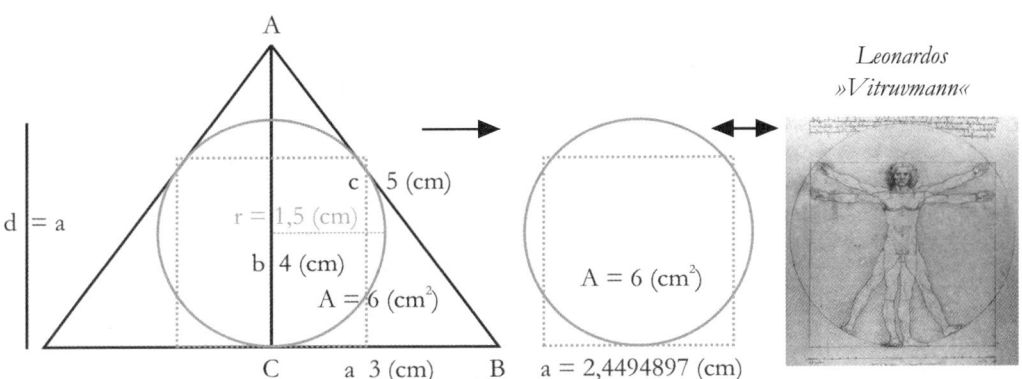

Leonardos »Vitruvmann«

85

3 × 4 ÷ 2 = 6) des Dreiecks ABC durch Quadratur in ein flächengleiches Quadrat von A = 6 (cm²) umwandeln. Dazu muß nur die Quadratwurzel aus 6 gezogen werden. Somit ergibt sich ein dem Dreieck ABC flächengleiches Quadrat von 6 (cm²) mit der Seitenlänge a = 2,4494897 (cm). Dieses Quadrat kann zusammen mit dem Kreis mittig in die beiden das Pyramidenseitendreieck bildenden Dreiecke eingezeichnet werden. Werden nun alle Seiten der gespiegelten Dreiecke entfernt, verbleiben der Kreis und das Quadrat. Die Proportionen und die Anordnung des Kreises und des Quadrates entsprechen exakt denen, die in Leonardo da Vincis Zeichnung des »Vitruvmannes« zu sehen sind, nur daß dort diese geometrischen Figuren natürlich größer sind. Da die Urgrundlage dieses Kreises und dieses Quadrates aber das pythagoreische Zahlentripeldreieck 3, 4, 5 (gespiegelt zum Pyramidenseitendreieck) ist, auf welches sich auch der Satz des Pythagoras bezieht, stellt sich die Frage, ob Leonardo in seinem Entwurf zuerst die zwei Dreiecke 3, 4, 5 in drei gleichgroße Kreise konstruiert und danach in diese Dreiecke das Quadrat und den Kreis eingezeichnet hat und diese dann in vergrößertem Maßstab in seine spätere Zeichnung übertragen hat (ohne die drei Kreise und die Dreiecke). Zu Leonardo da Vincis »Vitruvmann« und seinem Gemälde »Das Abendmahl« und dem damit verbundenen Da-Vinci-Code später mehr.

Auf jeden Fall erfolgte die Konstruktion des Kreises und des Quadrates unter den Gesichtspunkten der Heiligen Geometrie, deren Gesetzmäßigkeiten Leonardo gekannt haben muß und anwendete. In diesem Zusammenhang sei erwähnt, daß diese Heilige Geometrie bereits im alten Ägypten auch im praktischen Alltag angewendet wurde. So wurde für Landvermessungen nach alljährlichen Nilüberflutungen die sogenannte Zwölfknotenschnur verwendet, eine Schnur, auf der in gleichen Abständen Knoten waren und die an ihren Enden zusammengebunden wurde, so daß mit diesem Verschlußknoten insgesamt zwölf Knoten auf der Schnur waren. Diese wurde am ersten, vierten und achten Knoten festgehalten und gespannt, so daß ein rechtwinkliges Dreieck entstand, dessen eine Seite drei, die zweite vier und die dritte Seite fünf Längeneinheiten für die Vermessung hatte. Mit diesem rechten Winkel konnten dann Rechtecke beziehungsweise Quadrateinheiten gebildet und gemessen werden. Diese so gespannte Schnur war ein praktisches Zahlentripeldreieck 3, 4, 5, welches auch dem Satz des Pythagoras zugrundeliegt, andersherum basiert sie auf diesem beziehungsweise dem Dreieck 3, 4, 5.

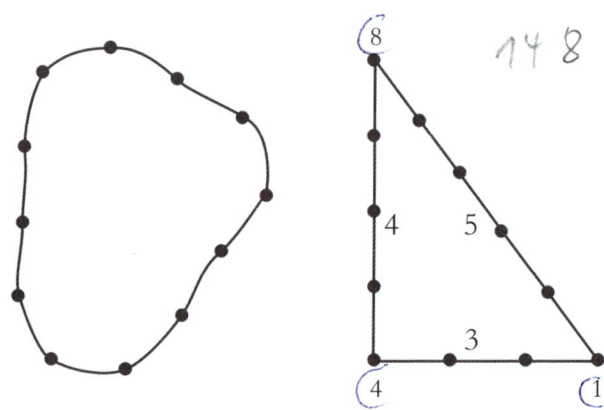

Wird das Pyramidenseitendreieck in drei gleichgroße Kreise gezeichnet (egal welchen Durchmesser sie haben; hier im Buch richtet sich die Größe nach dem gespiegelten Dreieck ABC mit den Seitenmaßen 3, 4, 5 cm wegen der übereinstimmenden gematrischen Zahlenwerte des Wortes APOKALYPSE), sind in dieser geometrischen Konstruktion sehr interessante und aufschlußreiche (Grals-)Symbole zu finden. So beispielsweise der nach unten gerichtete Jesus-Fisch: Durch eine Tangente, welche die Seite b der gespiegelten Dreiecke schneidet – und dies genau am Mittelpunkt des oberen Kreises, der so bestimmt wird – und die beiden unteren Kreise jeweils oben verbindet, bildet sich die Schwanzflosse. Die untere Seite des Pyramidenseitendreiecks halbiert den Fisch in der Mitte, womit auch Jesus symbolisch geteilt wird.

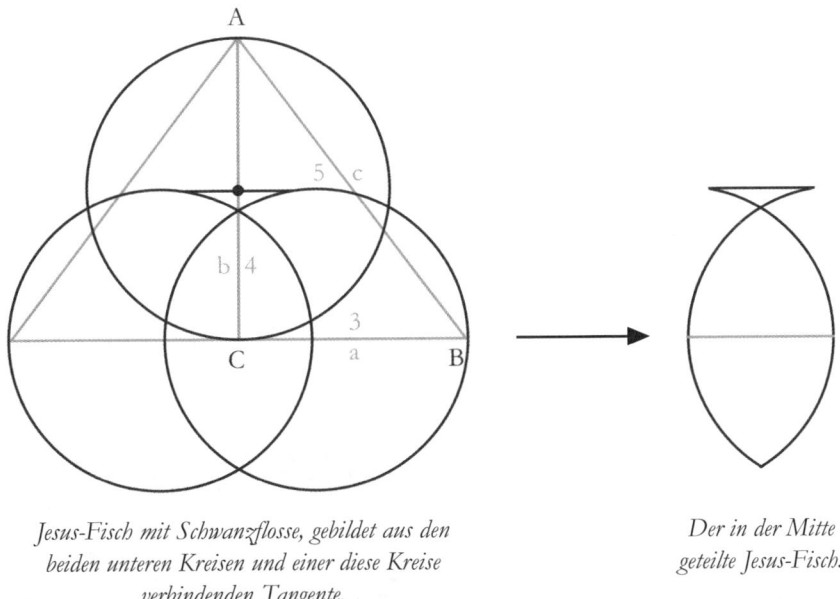

Jesus-Fisch mit Schwanzflosse, gebildet aus den beiden unteren Kreisen und einer diese Kreise verbindenden Tangente.

Der in der Mitte geteilte Jesus-Fisch.

Weiterhin steckt das Templerkreuz, das sogenannte Tau, und auch das nach unten gerichtete Passionskreuz Jesu in dieser Konstruktion. In diesem Zusammenhang ist es interessant zu erwähnen, daß sich dieses umgedrehte Passionskreuz, welches auch das Zeichen Luzifers, des Teufels, ist, auch in der Kirche von Rennes-le-Château befindet – ebenso wie die Zahlen des Dreiecks 3, 4 und 5, und zwar auf den Würfeln im Bild »Kreuzweg Station 10«. Auch deshalb ist die Frage nochmals gerechtfertigt, ob sich dort ein Hinweis auf den Gral, auf den Kelch befindet (vergleiche Seiten 61 f und 82 ff).

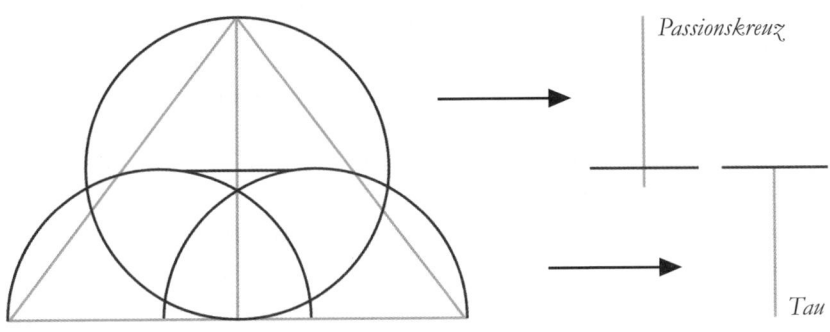

Passionskreuz

Tau

Werden alle Seitenteile des Pyramidenseitendreiecks, der obere Kreis und die restlichen Teile der beiden unteren Halbkreise bis auf den zerschnittenen Jesus-Fisch entfernt, erscheint ein umgedrehter Kelch, und so ergießt sich aus dem Jesus-Fisch das symbolische Blut Jesu; Heiliger Geist und Liebe strömen nach unten. Durch diese Symbolik und deren Bildung wird der Zusammenhang des Kelches mit Jesus, dessen Blut von Joseph von Arimathäa am Kreuz mit einem Kelch aufgefangen worden sein soll, deutlich. Dieser Kelch wiederum soll an der Blutquelle von Glastonbury versteckt worden sein – und in der Symbolik, der Vesica Piscis, die den Kelchbrunnen, der das Wasser der Quelle auffängt, heute ziert, ist dieser Kelch verborgen. Auch erinnert dieser symbolische Kelch an die Horuslegende beziehungsweise an den Becher des Thot (siehe Seite 68).

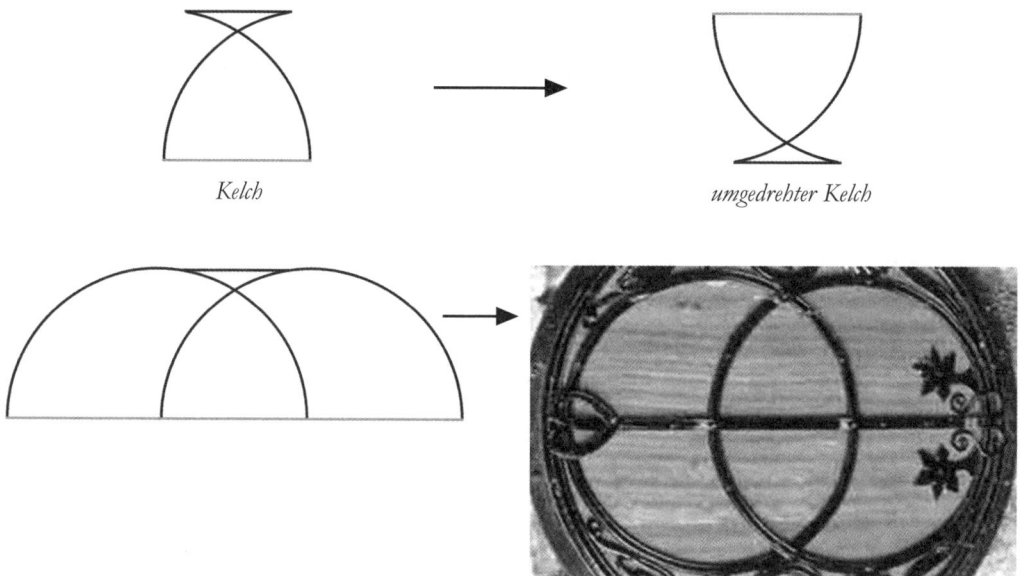

Kelch   *umgedrehter Kelch*

Aus dem bis hier gezeigten läßt sich auch der Davidstern herleiten (siehe Seite 89 oben). Dieser bildet sich durch das Ineinanderschieben zweier gleichseitiger Dreiecke, die sich in die Vesica Piscis beziehungsweise in den Fisch und so auch in den Kelch einzeichnen lassen. So befindet sich im Kelch ein Dreieck, das ein Teil des Schildes Salomos ist, und auch Jesu adeliges Blut ist symbolisch darin enthalten; es zeugt von seiner Zugehörigkeit zur christlichen Dreieinigkeit Gottes (Abba), deren Symbol im Christentum das gleichseitige Dreieck ist, und von seiner Abstammung vom Geschlecht Davids. Nicht umsonst spricht Jesus in der Apokalypse, (Offenbarung 22,16): »Ich, Jesus, habe meinen Engel gesandt, euch dies zu bezeugen für die Gemeinden. Ich bin die Wurzel und das Geschlecht Davids, der helle Morgenstern.« Die Blutlinie Jesu ist damit klar, er entstammt dem Geschlecht Davids. Die beiden Dreiecke des Davidsternes symbolisieren zum einen Jesu irdische Abstammung (Dreieck, das nach oben zeigt) und seine göttlich-geistige Abstammung, seine Wurzel (Dreieck, das nach unten zeigt). Verschmelzen die beiden zum Davidstern, so ist dieser ein Abbild der irdischen und himmlischen Herkunft Jesu (siehe Seite 36 und 37).

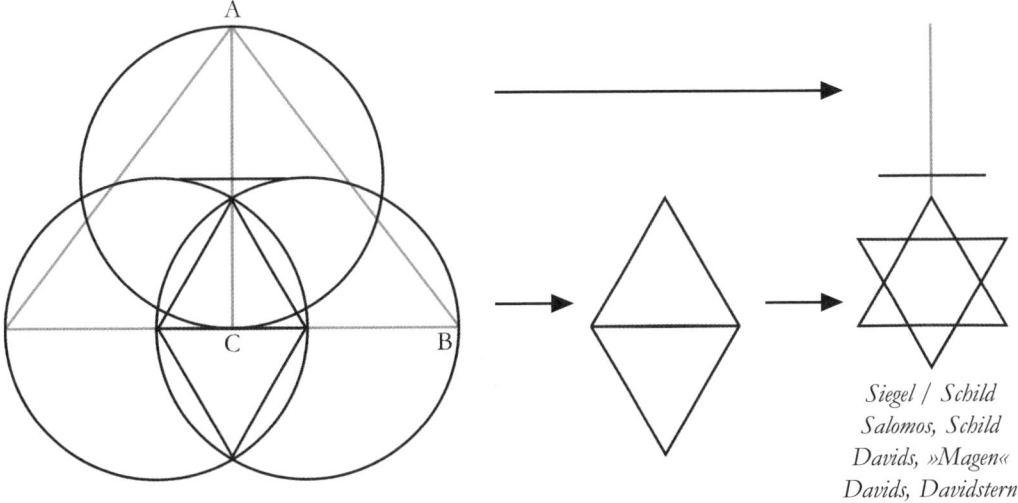

Siegel / Schild
Salomos, Schild
Davids, »Magen«
Davids, Davidstern

Der Schild Davids, *das* Symbol des Judentums, existiert laut Geschichtsforschung und Archäologie seit dem 7. Jh. v. Chr.[28] Er diente unter anderem als Amulet beim Abwehrzauber gegen böse Geister. Der Davidstern ist aber wahrscheinlich sehr viel älter und stammt sicherlich aus Ägypten, dem Land der Pyramiden, wo das Volk Israels laut 2. Buch Mose über 400 Jahre in Gefangenschaft lebte und erst um 1200 v. Chr., von Gott und Moses befreit, ins gelobte Land Kanaan geführt wurde. In Wolframs *»Parzival«* (453 und 454) wird der Schild Salomos, der dem Schild seines Vaters David, dem Davidstern, entspricht, im Zusammenhang mit Kyot, der die verworfene heidnische Schrift des Astronomen Flegetanis über den Gral in Toledo fand, dem ABC sowie der Taufe als Schutz gegen das Höllenfeuer erwähnt. Zudem hat der Schild Salomos einen Bezug zum ägyptischen heiligen Stein benbenet, also zur Pyramidenspitze, dem Pyramidion, welches in der Seitenansicht, ebenso wie die Dreiecke des Davidsterns, ein gleichseitiges Dreieck ist, dies wird nachfolgend (auch geometrisch) dargestellt (siehe Seite 91).

Der Kelch symbolisiert tatsächlich das Buch der Herkunft Jesu, das Buch des Beginns des Heiligen Grals, so wie es von Heliandus in seiner Chronik bezogen auf die *»Historia de gradali«* des Einsiedlers berichtet wird (vergleiche Seiten 52 und 53). Demnach erschien dem Einsiedler am Karfreitag des Jahres 717 n. Chr. in einer Vision Joseph von Arimathäa, der ihm auf Jesus bezogen gesagt haben soll: *»Dies ist das Buch seiner Herkunft. Hier beginnt das Buch des Heiligen Grals. Hier beginnen die Schrecken – hier beginnen die Wunder.«* – Aber es handelt sich beim Gral nicht um die von Dan Brown (*»Sakrileg«*) und anderen vermutete Blutlinie Jesu und Maria von Magdalas, also deren Kind/Kinder, und auch nicht um den Mutter-

[28] Siehe hierzu Gerbern S. Oegema: *»The history of the shield of David«*, Lang, Frankfurt/M. 1996, und Alain Ifrah: *»L'etoile de David Histoired'un symbole«*, Edition du Cosmogone, Lyon, 2000.

Links: der dem halben Jesus-Fisch entsprechende, nach unten gerichtete Kelch
Mitte: der nach oben gedrehte, also richtig stehende Kelch
Rechts: der Davidstern, dessen gleichseitige Dreiecke sich aus der Vesica Piscis
geometrisch herleiten lassen und die sich so im Jesus-Fisch befinden

schoß Maria von Magdalas, sondern um die irdische Blutlinie und Herkunft Christi beginnend bei David, die letztlich verbunden erscheint mit seiner geistigen Herkunft, mit seiner Zugehörigkeit zur Dreieinigkeit Gottes, die vom gleichseitigen Dreieck symbolisiert wird.

Die beiden in den Jesus-Fisch passenden gleichseitigen Dreiecke, die entsprechend zusammengeschoben den Schild Davids (Davidstern beziehungsweise Siegel Salomos) bilden, sind gleichgroß und würden, wenn eines um 180° gedreht und auf das andere gelegt wird, optisch als ein Dreieck erscheinen. In der Offenbarung (3,7) steht geschrieben: »Das sagt der Heilige, der Wahrhaftige, der da hat den Schlüssel Davids, der auftut, und niemand schließt zu, der zuschließt, und niemand tut auf.« Ist das gleichseitige Dreieck der Schlüssel Davids, der Schlüssel zum Öffnen der göttlich-geistigen Gralswelt? Hat das gleichseitige Dreieck nicht nur wegen seiner Form einen Bezug zur Pyramide, zum Pyramidion, also zum heiligen Stein benbenet der Ägypter, der das Symbol der Seele des Sonnengottes Ra/Re ist, die wiederum vom wiederauferstehenden Vogel Banu verkörpert wird? Ist es somit auch der Schlüssel zum Geheimnis des in Wolframs »Parzival« (469) vorkommenden Phoenix, der im Frühchristentum den wiederauferstandenen Jesus symbolisierte, sowie des Gralssteins, der eben dort direkt mit dem Phoenix verbunden erscheint?

Der geteilte, zerschnittene Jesus-Fisch (Kelch), der Schild Davids (Judenstern) und das Passionskreuz offenbaren aber auch einen symbolischen Verweis auf den beziehungsweise die Verräter und Ankläger Jesu: Judas, die Juden. Aufgrund des Verrates Jesu und die Anklage durch die Juden wurde sein luziferischer Kreuzestod erst ermöglicht. Siehe zum Verrat Jesu Matthäus 26,14 bis 16, Markus 14,10 und 11 beziehungsweise zur Anklage Jesu unter Pontius Pilatus Matthäus 26,57 bis 68, Markus 14,53 bis 65, Lukas 22,63 bis 71 und 23,1 bis 25, Johannes 18,12 bis 14 und 18,28 bis 40 oder auch die Apokryphen, hier »Schatzhöhle, Der Juden Schuld« (51. Kapitel) oder das Nikodemus-Evangelium »Brief des Pontius Pilatus« und »Prozeß und Todesurteil«. Zum Vater der Juden siehe zudem Johannes 8,37 bis 45 (»Abrahamskinder und Teufelskinder«), besonders 8,40 und 41 sowie 8,44 und 45, dort spricht Jesus selbst über sein eigenes Volk, die Juden.

Johannes 8,40:

>»Nun aber sucht ihr mich zu töten, einen Menschen, der euch die Wahrheit gesagt hat, wie ich sie von Gott gehört habe. Das hat Abraham nicht getan.«

Johannes 8,44 und 45:

> »Ihr habt den Teufel zum Vater, und nach eures Vaters Gelüste wollt ihr tun. Der ist
> ein Mörder von Anfang an und steht nicht in der Wahrheit; denn die Wahrheit ist
> nicht in ihm. Wenn er Lügen redet, so spricht er aus dem Eigenen; denn er ist ein
> Lügner und der Vater der Lüge. Weil ich aber die Wahrheit sage, glaubt ihr mir nicht.«

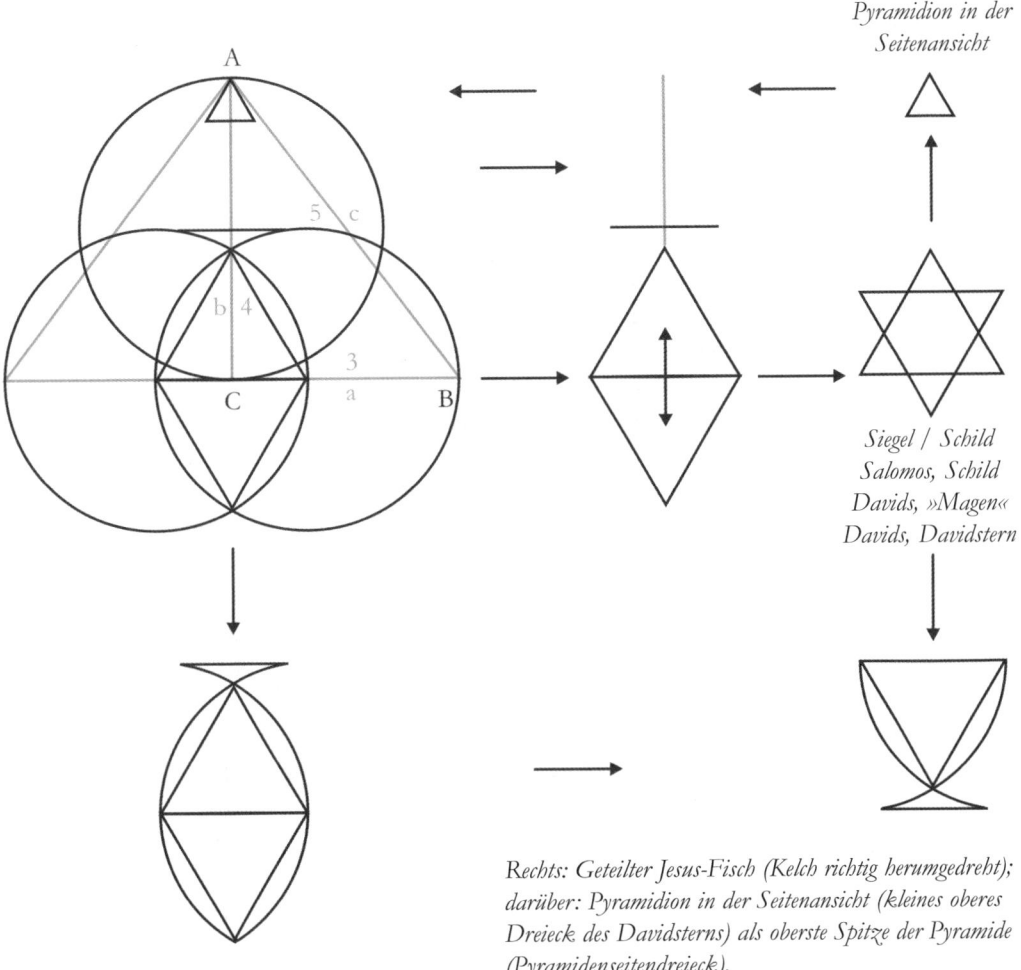

Pyramidion in der Seitenansicht

Siegel / Schild Salomos, Schild Davids, »Magen« Davids, Davidstern

Rechts: Geteilter Jesus-Fisch (Kelch richtig herumgedreht); darüber: Pyramidion in der Seitenansicht (kleines oberes Dreieck des Davidsterns) als oberste Spitze der Pyramide (Pyramidenseitendreieck).

Ebenso offenbaren die Symbole Jesus-Fisch und Davidstern sowie das Pyramidenseiten-dreieck Jesu Verbindung zu Ägypten, denn seine Eltern Maria und Josef mußten mit ihm wegen der Verfolgung durch König Herodes I. und dessen Befehl zum Kindermord nach Christi Geburt nach Ägypten fliehen. Dort verbrachte er seine ersten Lebensjahre (verglei-che Matthäus 2, 13 bis 23 sowie die Apokryphen »Das arabische Kindheitsevangelium«). Auch mit dem leiblichen Bruder Jesu, Jakobus, verfuhren die Juden grauenvoll. Laut des römischen Geschichtsschreibers Flavius Josephus (»*Jüdische Altertümer*«) wurde er gesteinigt.

6. DER VERMEINTLICHE GRALSKELCH

Die genaue Herkunft und Bedeutung des Wortes »Gral« ist – trotz aller Bemühungen von Sprachwissenschaftlern wie beispielsweise Kampers, von Tieck, Dietz, von Wartburg, Brown, Gossen – bis heute nicht eindeutig geklärt. Dietz leitet »Gral« von »garalis« (Behälter für Getränke) her, von Wartburg von »cratis« (geflochtener Behälter), Brown vom keltischen Wort »criol« (Korb oder Gefäß). Auch könnte das Wort »Gral« vom persisch-arabischen »Ghral« (ghr-al), das »heiliger Stein«, »Edelstein« bedeutet, stammen. Aber auch andere Sprachwurzeln kommen in Betracht: okzitanisch »Grazal«, altfranzösisch »Graal« (Gefäß, Schüssel), provenzalisch »Sangraal« (»San Gral« = Heiliger Gral) beziehungsweise »Sang Real« (»das wahre Blut«, in der heutigen Schreibweise »Sang Royal«: »königliches Blut«), griechisch-lateinisch »crater« (Mischgefäß), lateinisch »cratalis« (flache geflochtene Schale) und »gradalis« (Stufenkelch). Im Französischen bedeutet »Gradalis« oder »Gradale« breite, leicht vertiefte Schüssel. Auch gibt es im Altportugisischen das Wort »gral« und im Altspanischen »grial« – beide waren einst gängige Begriffe für einen Mörser oder ein mörserförmiges Trinkgefäß. Ob Schüssel, Mischgefäß, flache geflochtene Schale, Stufenkelch, Mörser oder mörserförmiges Trinkgefäß – alle haben eine kreisrunde Grundform.

Sowohl in der Chronik des Heliandus als auch in den Werken Robert de Borons, *»Joseph d´Arimathié«* beziehungsweise *»Estoire del Saint Graal«*, ist, wie bereits erwähnt wurde, die Rede von Joseph von Arimathäa, der in einer Schale, einer Schüssel oder einem Kelch das Blut des am Kreuz hängenden Jesus aufgefangen haben soll. Laut britischer Grallegende soll er dieses Gefäß in Glastonbury an einer Quelle, dem heutigen Kelchbrunnen, versteckt haben. Hat Joseph von Arimathäa das wahre Blut Jesu, den Sitz des Lebens[29], am Kreuz in einem Kelch aufgefangen – symbolisch gesprochen: Jesu göttliche Herkunft, seine Abstammung, seine Blutlinie?

Tatsächlich existiert eine Achatschale, die zum unveräußerlichen Schatz der Habsburger gehörte und heute im Kunsthistorischen Museum in Wien steht, welche lange Zeit für den Gral, für den Kelch des letzten Abendmahls gehalten wurde. Der Grund dafür war vor allem die feine Äderung des Achats, die für die Inschrift gehalten wurde, die sich laut Wolfram auf dem Gral befinden soll (siehe *»Parzival«* 470). Nachweislich stammt die Schale aber nicht aus der Zeit Jesu Christi.

Ein anderer Achatkelch mit feinen Äderungen, von dem immer wieder behauptet wird, dies sei der Gral, der Abendmahlskelch, befindet sich heute in der Capilla del Santo Cáliz, Kathedrale von Valencia. Der eigentliche und hinsichtlich seiner Bedeutung interessante

---

[29] Das Blut galt von jeher, unter anderem auch im Judentum, als Quelle und Sitz des Lebens.

Teil dieses Kelches ist die Schale, die gänzlich aus rötlich-goldenem Achat, einem edel strukturierten Stein orientalischer Herkunft, ist. Nach heutigem Wissensstand wurde die Schale, in der das heilige Blut Jesu Christi aufgefangen worden sein soll, erstmals in einer am 14.12.1134 im Kloster San Juan de la Peña ausgestellten und im dortigen Archiv aufbewahrten Urkunde erwähnt. In dieser heißt es, daß im Besitz des Klosters die Schale sei, die Jesu und seinen Jüngern beim Abendmahl diente. In einer Schenkungsurkunde des frisch gekrönten Königs von Aragon, Ramiro II., die er im November 1135 zugunsten des Klosters erließ, ist dieser »Kelch aus Edelstein« (ex lapide pretioso) ausdrücklich genannt. Heute befindet sich der Kelch, der aus einer Achatschale, die auf einem mit Perlen und Edelsteinen verzierten Fuß aus Onyx ruht, besteht, in der Kathedrale von Valencia. Ende der 1950er Jahre untersuchte der Archäologe und Kunsthistoriker Antonio Beltrán den Kelch und kam zu dem Ergebnis, daß die Schale wahrscheinlich zwischen dem 4. Jh. v. Chr. und 1. Jh. n. Chr. im Nahen Osten (Ostägypten, Palästina oder Syrien) gefertigt wurde. Der Fuß muß ursprünglich ein eigenständiger, aus Ägypten stammender Gegenstand gewesen sein und wurde wohl im 10. oder 11. Jh. n. Chr. mit der Achatschale zusammengesetzt. Sein heutiges Aussehen wurde erstmals 1399 n. Chr. dokumentarisch belegt. Laut Antonio Beltrán soll bei einer bestimmten Lichteinwirkung die Inschrift »Li-z-Zähira« auf dem Sockel des Kelches erkennbar sein. Der deutsche Arabist und Mediävist Prof. Hans Wilhelm Schäfer hingegen transkribierte, daß die Inschrift »al – lab sit as – sillis« lautet, die demnach eine verblüffende Ähnlichkeit mit dem Namen des aus Wolframs »Parzival« bekanntem Gralsstein hat: »lapsit exillis«.

Der vermeintliche Gralskelch, der sich heute in der Kathedrale von Valencia befindet.

Wenn der oben erwähnte »Kelch aus Edelstein«, der in der Schenkungsurkunde erwähnt wurde, erst im 10. oder 11. Jahrhundert aus der Achatschale und dem sie tragenden Fuß zusammengesetzt wurde, kann dieser nicht in der Form der Abendmahlskelch gewesen sein. Die Schale existierte zu Jesu Christi Zeiten, so Antonio Beltrán, und wurde im arabischen Kulturraum gefertigt – den Kelch in der heutigen Form gab es damals aber nicht.

Michael Heseman hingegen schreibt in seinem Buch *»Die Entdeckung des Heiligen Grals«* (Pattloch Verlag, München, 2003), daß dieser Kelch das Gefäß ist, das Jesus beim letzten Abendmahl benutzt haben könnte. Briz Martinez hat im 17. Jahrhundert n. Chr. (vergleiche Walter Johannes Stein: *»Weltgeschichte im Lichte des Heiligen Gral. Das neunte Jahrhundert«*, 3. Auflage, Stuttgart, 1977, Seite 416 ff) unter Beachtung der mittelalterlichen Überlieferung zu diesem Kelch sinngemäß geschrieben, daß während der Christenverfolgung unter Kaiser Valerian Papst Sixtus II. den Kelch um 257/258 n. Chr. seinem Diakon, dem heiligen Laurentius, der aus der Stadt Huesca in Aragon stammte, übergeben haben soll. Ähnliches schreibt Michael Hesemann in *»Die Dunkelmänner«* (Sankt Ulrich Verlag, Augsburg 2007,

Seite 135). Zudem führt er an: »*Zuvor war die Reliquie vom hl. Petrus nach Rom gebracht worden, wo sie zwei Jahrhunderte lang als Kelch der Päpste diente.*«

Laurentius, der den Märtyrertod auf dem Rost starb, soll zuvor den Kelch vor dem Zugriff der Römer in Sicherheit gebracht und ihn in seine iberische Heimat schaffen lassen haben, wo er dann während der gesamten Herrschaft der Westgoten geblieben sein soll. Es ist fraglich, wie dieser Kelch, der laut Michael Hesemann bereits um 50 n. Chr. vom heiligen Petrus nach Rom gebracht und später von Papst Sixtus II. an seinen Diakon weitergegeben wurde, den Päpsten zwei Jahrhunderte lang dienen konnte, obwohl er zu dieser Zeit doch noch gar nicht existierte, da er ja erst im 10. oder 11. Jahrhundert n. Chr. aus Schale und Sockel zu diesem zusammengefügt wurde.

In »*Kelch und Stein, Untersuchungen zum Werk Wolfram von Eschenbachs*« (Frankfurt/M., Bern, 1983, Seite 117f) schreibt Hans Wilhelm Schäfer, daß unmittelbar vor der Eroberung Huescas durch die Araber im Jahr 716 n. Chr. der dortige Bischof den Kelch in den entlegenen Pyrenäentäler von Hocharagon versteckt haben soll. Über einen Zeitraum von mehr als drei Jahrhunderten sollen die Mönche der westgotischen Klöster von Santa Maria de Siresa und San Pedro de Sasave den Kelch gehütet haben, bis er im Jahr 1063 n. Chr. in die neue aragonische Königsresidenz nach Jaca gebracht wurde. Weiter läßt sich den Geschichtsquellen entnehmen, daß sich im Jahr 1071 n. Chr. Sancho, der Bischof von Jaca und Huesca, ins Kloster nach San Juan de la Peña zurückzog und den Kelch dahin mitgenommen hat, bis 1399 n. Chr. wurde er dort aufbewahrt. Danach soll König Martin den Kelch in seinen Palast Aljaferia nach Saragossa mitgenommen und ihn später in das Schloß von Barcelona bringen lassen haben. Von dort soll er in den Königspalast von Valencia und 1437 n. Chr. von da wiederum in die Kathedrale von Valencia gelangt sein. Die frühkirchliche Historie dieses angeblichen Gralskelches ist falsch, da dieser Kelch in frühchristlicher Zeit noch gar nicht existierte. Er ist nicht der Kelch des letzten Abendmahls und auch nicht der Gralskelch. Der biblische Abendmahlskelch war sicherlich nur ein schlichter und nicht ein mit Edelsteinen besetzter Kelch. Er war so schlicht und einfach wie der dargestellte Symbolzusammenhang, der seinen Ursprung in der Vesica Piscis hat (Seite 87 bis 91): im Jesus-Fisch verborgen ist der Davidstern, dessen zwei Dreiecke sowohl die irdische als auch die himmlische Abstammung versinnbildlichen, und auch der Kelch – und zwar in zweifacher Form, zum einen des Heilands irdisches Blut auffangend und zum anderen seine geistige Kraft ausschüttend (umgedrehter Kelch) und somit auch wieder seine himmlische Herkunft darstellend.

Verwunderlich ist, was Michael Hesemann in »*Die Dunkelmänner*« (Sankt Ulrich Verlag, Augsburg, 2007, Seite 137) berichtet: »*Ausgerechnet im Sommer 2006, als die Welt über Dan Browns blasphemische Thesen diskutierte, kam der echte Gral zu ganz ungewöhnlichen Ehren. Als Papst Benedikt XVI. anläßlich des Weltfamilienfestes nach Valencia kam, besuchte er die Kathedrale, um sich dort, in der Gralskapelle, im Beisein von Dutzenden Bischöfen, den heiligen Kelch zeigen zu lassen. Dann nahm er die Ehrenmitgliedschaft der Bruderschaft der Gralsritter an, schrieb sich ein in ihr Goldenes Buch. Als er kurz darauf zur Bevölkerung von Valencia sprach, erklärte er ausdrücklich: ›Ich hielt inne vor der berühmten Reliquie des Santo Caliz‹ – und bestätigte damit den Reliquienstatus des Kelches. Doch dabei blieb es nicht. Als der Papst am nächsten Tag, dem 9. Juli 2006, vor über zwei Millionen Menschen die Abschlußmesse des Weltfamilientreffens feierte, konsekrierte er auf seinen ausdrücklichen Wunsch hin mit dem Santo Caliz, der vielleicht einst der Kelch Jesu war. ... So enthüllt er das Geheimnis des Heiligen Grals – still aber bedeutungsschwer, ganz im Gegensatz zu den lauten Banalitäten des ›Da Vinvi Codes‹.«*

Wie gesagt, dies sollte mit Vorsicht betrachtet werden, denn der Kelch von Valencia ist sicher nicht der Kelch des letzten Abendmahls, er ist nicht *»der echte Gral ..., der vielleicht einst der Kelch Jesu war«*, wie Hesemann schreibt. Besonders befremdend ist aber, daß einem Papst, in dem Fall Herr Ratzinger, die Ehrenmitgliedschaft der Bruderschaft der Gralsritter überhaupt angeboten und von ihm auch angenommen wurde. Denn dank des Papsttums wurden zahlreiche Verbrechen an den wahren Hütern des Grals begangen. So wurden unter der Herrschaft des Papstes Innozenz III. die Albigenser beziehungsweise Katharer brutal ermordet (siehe Seiten 64 f). Papst Clemens V. ließ unter Mithilfe des französischen Königs Philipp der Schöne am 22. März 1312 n. Chr. die Tempelritter und ihren Orden des Tempels Salomos verfolgen. Die Templer wurden gefoltert, ihr letzter Großmeister, Jaques de Molay, wurde am 18. März 1314 n. Chr. in Paris auf dem Scheiterhaufen als Ketzer verbrannt. Was ist das für eine Gesellschaft, die einem Papst, also einem, dessen Vorgänger Mörder waren beziehungsweise die Mord billigten und dazu aufriefen, die Ehrenmitgliedschaft in ihrer sogenannten »Gralsbruderschaft« anbietet? Was für ein »Gralsritter« ist dieser Papst? Welches »Geheimnis des Heiligen Grals« soll Herr Ratzinger denn »still und bedeutungsschwer« enthüllt haben? Diese Angabe bleibt Michael Heseman schuldig.

7. Luzifer und der Gralsstein: das Pyramidion

Die 666 ist in der Offenbarung des Johannes die Zahl des Tieres, des Teufels – doch diese scheinbar nur mit dem Bösen in Verbindung stehende Zahl ist auch hinsichtlich des Grals von Bedeutung. Sie ist sogar ein Teil des wahren Da-Vinci-Codes: So verbirgt sich die Zahl/Ziffer 6 dreimal in seiner Zeichnung des *»Vitruvmannes«*, zum einen in der Fläche des Quadrates und zum anderen in den Flächen der beiden ein Pyramidenseitendreieck bildenden pythagoreischen Zahlentripeldreiecke 3, 4, 5, die die Grundlage für die Konstruktion des Quadrates und des Kreises sind (vergleiche Seiten 85 f). Diese sind im *»Vitruvmann«* zwar nicht mehr vorhanden, gehören aber doch zu der Konstruktion des Quadrates und des Kreises, da ohne die Dreiecke als Basis die exakten Größenverhältnisse und die präzise Anordnung der beiden Figuren so nicht mög-lich sind. Leonardo da Vinci muß also diese bei-den zum Pyramidenseitendreieck zusammen-genommenen Dreiecke für den Entwurf des *»Vitruvmannes«* als Grundlage für Quadrat und Kreis genommen und in der eigentlichen Zeich-nung nur diese durch Übertragung verwendet haben. Daß er Quadrat und Kreis zusammen mit den beiden rechtswinkligen Dreiecken 3, 4, 5, die das Pyramidenseitendreieck bilden, zumin-dest plante, zeigt ein Ausschnitt seines Studien-blattes LR 12283 r (siehe Abbildung rechts), dort sind diese drei zusammengehörenden geome-trischen Figuren handskizziert zu sehen.

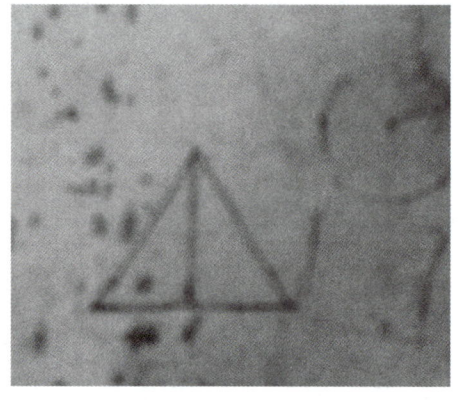

Die Fläche A eines rechtwinkligen Dreiecks 3, 4, 5 wird (nach der Formel a × b ÷ 2) folgendermaßen errechnet: 3 × 4 ÷ 2 = 6. Durch die Quadratur dieser Fläche (Quadratwur-zel aus 6) bildet sich eine der vier Seiten, die je die Länge 2,4494897 haben, mit denen das Quadrat mit der Fläche 6 konstruiert werden kann. So ist die Fläche A des Quadrates und die je eines der Dreiecke 3, 4, 5 als reine Zahl betrachtet 6, hier im Buch, wo Zahl gleich Maß ist, haben die Flächen je eine Größe von 6 cm². So offenbart sich dreimal die Zahl 6, also – zusammengezogen – die Zahl 666 der biblischen Apokalypse. Diese Zahl 666 findet sich also nicht nur in der Apokalypse (Offenbarung 13,18), sondern auch in den Flächen der beiden Dreiecke (die das Pyramidenseitendreieck bilden), deren Konstruktionsgrundlage das Wort APOKALYPSE selbst ist beziehungsweise dessen Buchstaben und Silben und den entsprechenden Zahlenwerten, und des Quadrates.

Es kann davon ausgegangen werden, daß Leonardo drei gleichgroße Kreise (wie auf Seite 97 rechts oben dargestellt) als Grundlage für die gespiegelten Dreiecke (Pyramiden-

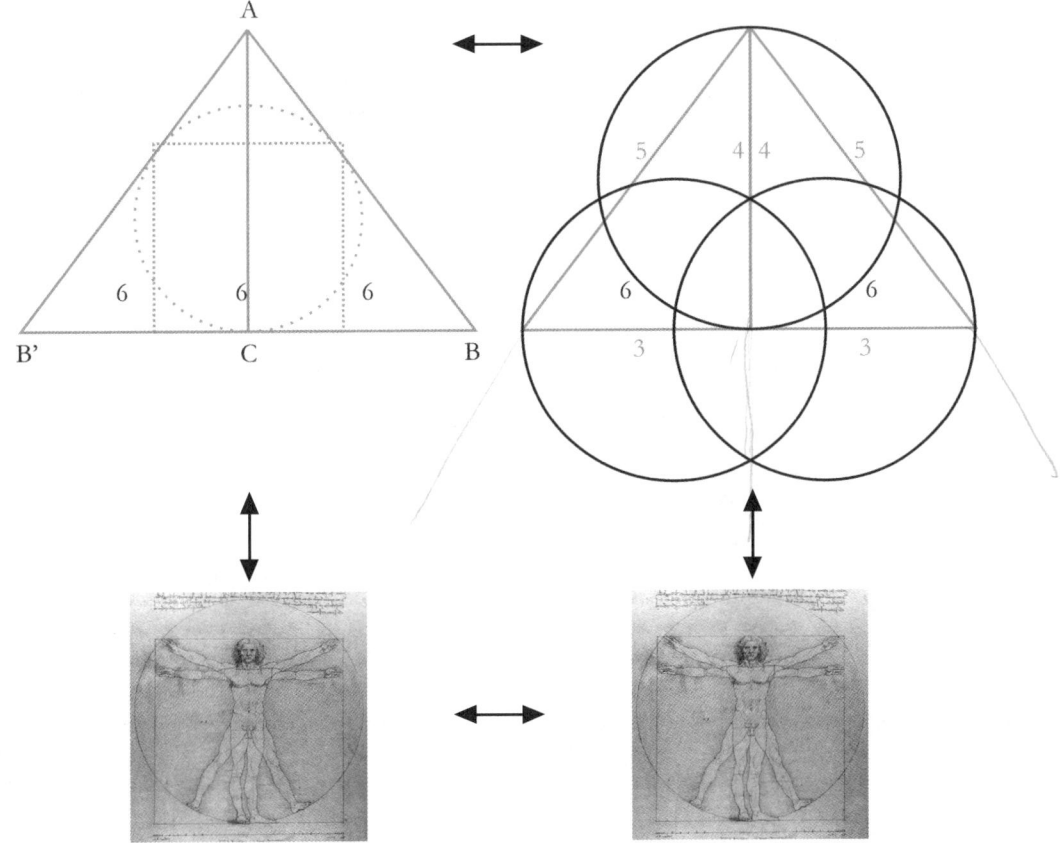

seitendreieck) nahm. Anschließend hat er in diese Dreiecke den Kreis und danach das durch die Quadratur der Fläche eines der Dreiecke gebildete Quadrat mittig eingezeichnet. Danach hat er den Kreis und das Quadrat mit den entsprechenden Größenverhältnissen und der Anordnung aus dem Pyramidenseitendreieck entnommen und diese Figuren in seine Zeichnung des »*Vitruvmannes*« übertragen. Nur so lassen sich beide Figuren unkompliziert und ohne weitere geometrische Hilfsmittel in dieser Anordnung und mit den Größenverhältnissen zueinander herleiten und darstellen. Auch in Leonardo da Vincis viel größerer Originalzeichnung verbirgt sich codiert dreimal die Zahl/Ziffer 6, da sich aus drei beliebig gleichgroßen (also auch viel größeren) Kreisen immer ein Pyramidenseitendreieck beziehungsweise zwei rechtwinklige Dreiecke mit den Seitenzahlen (reine Zahlen ohne Maß) 3, 4, 5 und den Flächen A von je 6 geometrisch konstruieren und berechnen lassen – und aus dem Flächenwert eines dieser Dreiecke 3, 4, 5 kann durch das Ziehen der Quadratwurzel wieder das Quadrat mit der Fläche A von 6 gebildet werden. Im Gegensatz zum Quadrat ist das Pyramidenseitendreieck beziehungsweise die dies bildenden rechtwinkligen Dreicke im »*Vitruvmann*« nicht mehr vorhanden, dennoch ist die Zahl 6 dreifach in diesem verborgen, da die Dreiecke die Basis für die Konstruktion des Kreises und des Quadrates sind und da durch die Quadratur einer Dreiecksfläche das Quadrat gebildet werden kann.

Auch in dem Pyramidenseitendreieck ist die Zahl 6 dreimal verborgen: je in der Fläche der beiden Dreiecke, die das Pyramidenseitendreieck bilden, sowie in dessen Basisseite (2 × 3 = 6, also zweimal die Seiten 3 der Dreiecke 3, 4, 5). Dementsprechend verbirgt sich in dieser Pyramide viermal die Zahl 666, da diese aus vier Seitendreiecken besteht (siehe nachfolgende Abbildung der aufgeklappten Pyramide).

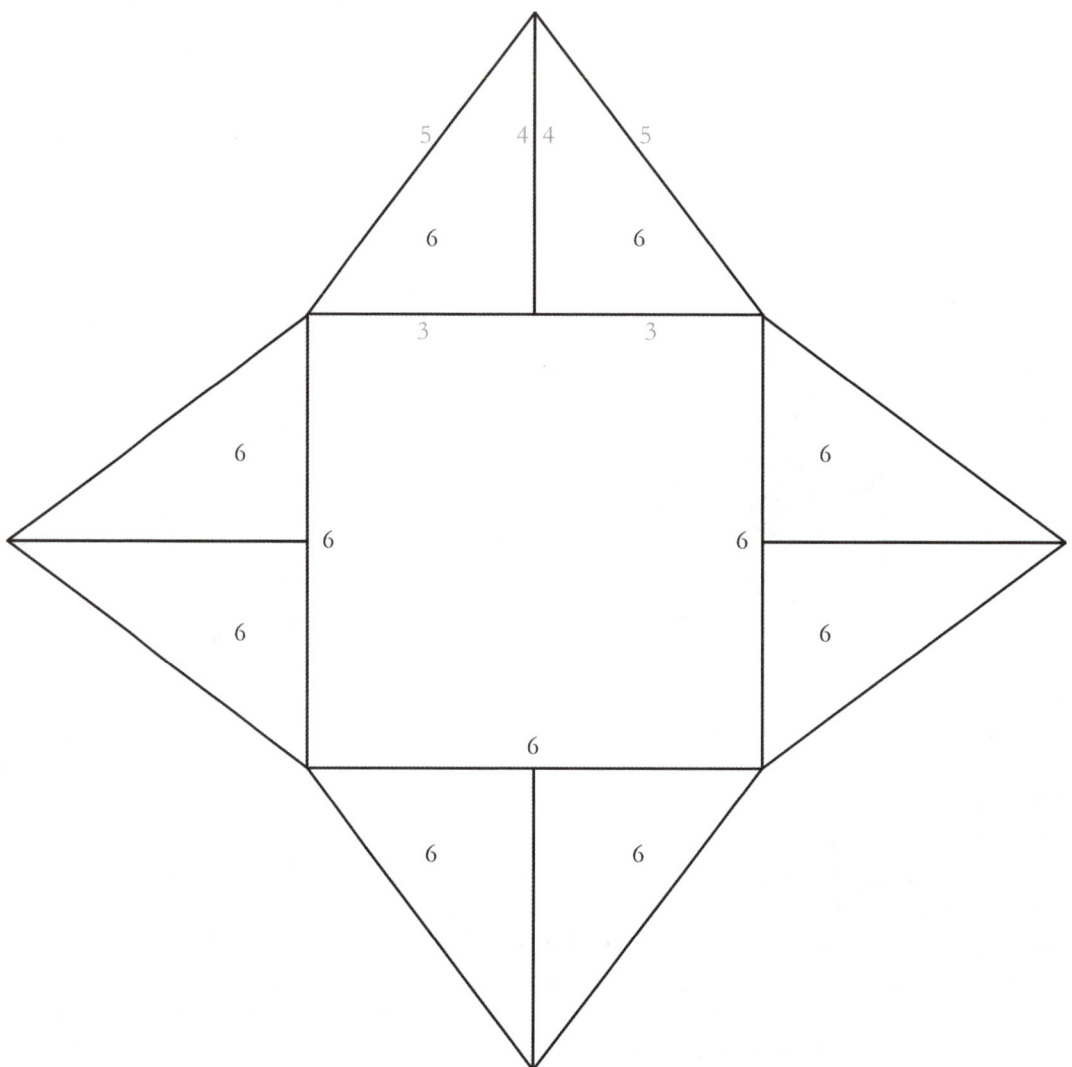

In der Apokalypse (Offenbarung 12,9 sowie 12,13 und 14) erscheint der Teufel (Satan) als Tier, als Drache beziehungsweise Schlange. In der Offenbarung (13,18) steht: »Hier ist Weisheit! Wer Verstand hat, der überlege die Zahl des Tieres; denn es ist die Zahl eines Menschen, und seine Zahl ist sechshundertsechsundsechzig.« So steht die Ziffer/Zahl 666 der Apokalypse wegen der Dreiecke 3, 4, 5 (gebildet aus den Zahlenwerten des Wortes APOKALYPSE und aus drei gleichgroßen Kreisen) und auch wegen des Quadrates und des Kreises, die in dieses konstruiert wurden, in gematrischer und geometrischer Verbindung zu einer PYRAMIDE, zum PYRAMIDION und zum ägyptischen Sonnengott RA (RE). Auch im Wort KREIS steckt RE, der Name des Sonnengottes, zudem ist der Kreis mit einem Punkt in der Mitte (also dessen Mittelpunkt) die altägyptische Hieroglyphe für Ra/Re. Ist der Sonnengott Ra/Re identisch mit dem leuchtenden, gefallenen Engel Luzifer, der im christlichen Glauben mit dem Teufel beziehungsweise mit Satan gleichgesetzt wird? Brachte Luzifer (die Schlange) als der Lichtträger, als Sonnengott Ra/Re im Auftrag Gottes den Ägyptern die Urgrundlagen der Geometrie (Kreis, Kreise, gleichseitiges Dreieck, Pyramidenseitendreieck, Quadrat) und den Ursatz des Pythagoras, die Urkreiszahl π und die Zahlenhieroglyphen (Ziffern)? Hat Ra/Re (Luzifer) als gefallener höchster und leuchtender Engel und Lichtträger, zuweilen auch Lichtbringer genannt, den Ägyptern verschwiegen, daß er den Gralsstein für Gott auf die Erde brachte (vergleiche »Parzival« 471 beziehungsweise die Seiten 131 und 132 dieses Buches) und nicht Gott selbst, daß er nur Bote des geistigen Lichtes Gottes war? Hat er sich somit nach seinem vorigen Aufbegehren gegen Gott und dem daraus folgenden Himmelssturz auf die Erde (vergleiche Seiten 50 f) nochmals gegen Gott aufgelehnt?

In LUZIFER stecken die Wörter ZIF(F)ER und, wenn die letzten beiden Buchstaben gedreht werden, RE. Zudem ist die erste Silbe LU aus LUZIFER auch die erste Silbe des Namens der altägyptischen Stadt, in der das Pyramidion als heiliger Stein und Symbol der Seele des Ra/Re, die vom Phoenix verkörpert wurde, im Benbenethaus (gehört zum Sonnentempel von Heliopolis) aufbewahrt wurde: LUNU (= ON, Sonnenstadt Heliopolis). Auch beinhaltet LUNU die Silbe NU und den Buchstaben L, beides findet sich im Wort NULL wieder. Die Null (von lateinisch nulla = keiner) wiederum ist ein kreisförmiges Zeichen.

Die Bedeutung des Wortes ZIFFER (von arabisch as-sifr beziehungsweise sifr), was sowohl »Null« als auch »leer« bedeutet, stammt eigentlich von den Indern, die die Null »Sunya« (= das Leere) nannten. Sie verwendeten um 600 n. Chr. für die Null als Lückenzeichen zuerst einen Punkt, später dann auch einen Kreis. Interessant ist, daß Punkt und Kreis die viel ältere altägyptische Hieroglyphe des Sonnengottes Ra/Re bilden: ⊙ Und bemerkenswert ist, daß das indische Wort SUNYA das englische Wort SUN (= Sonne) enthält, und ein Sonnensymbol ist wiederum der Kreis mit einem Punkt.

Wie die Null stammen auch die (west-)arabischen Ziffern (Zahlzeichen 1 bis 9) eigentlich aus Indien, ab dem 12. Jh. n. Chr. fanden sie durch die Araber und Mauren in Europa Einzug, wo sie bis zum 13. Jh. n. Chr. das komplizierte Rechnen mit den römischen Zahlen ablösten. Die Bezeichnung »Ziffer« wurde später nicht nur für die Null gebraucht, sondern auf alle westarabischen Zahlen (von 1 bis 9) übertragen. Die Null galt am Anfang ihrer Einführung in Europa als Teufelswerk (Luzifers Werk), da sie, wenn sie rechts neben einer Ziffer steht, deren Wert verzehnfacht, ohne selbst einen Wert zu haben.[30]

Für das arabisch-lateinische Wort »Ziffer« gab es auch andere Schreibweisen: »Zifer« oder altfranzösisch »Cifre«, aber auch arabisch »Sifra«, mittellateinisch sowie spanisch-portugiesisch »Cifra«, polnisch »Cyfra«, okzitanisch »Chifra«, französisch »Chiffre« oder

[30] Siehe Kaplan, Robert & Ellen: »Die Geschichte der Null«, Piper Verlag, 6. Auflage, 2003.

arabisch-indisch »Safira«. Aufschlußreich ist die Tatsache, daß das hebräische Wort »Sephirot« (= Ziffern), das ist die Mehrzahl von »Sephira« (= Ziffer), bereits im frühesten der Kabbala zugeordneten Buch *Sefer Jesira* vorkommt. Dieses Buch ist schon in der Zeit vom 2. bis 3. Jh. n. Chr. verfaßt worden (vergleiche Seite 64), also bereits cirka 300 Jahre bevor die Inder das Wort »Sunya« für die Ziffer Null gebrauchten, aus dem durch die Araber das Wort »sifr« (Ziffer) wurde und das später auf alle westindischen Zahlzeichen übertragen wurde. So läßt sich schlußfolgern, daß das Wort »Ziffer« nicht auf die Araber, sondern auf die Hebräer zurückgeht. – Die letzte Silbe des Wortes »SEPHIRA«, welches dem arabisch-indischen »Safira« sehr ähnelt, ist RA, das ist der Name des ägyptischen Sonnengottes. Auch hat »Sefer«, das erste Wort des Buchtitels *Sefer Jesira*, Ähnlichkeit mit diversen Sprachab- wandlungen des Wortes »Ziffer« beziehungsweise mit diesem selbst – und die letzten bei- den Buchstaben von SEFER sind ER, was gedreht wiederum der Name des ägyptischen Sonnengottes ist: RE. Selbst das zweite Wort des Buchtitels, JESIRA, enthält diesen, es ist wieder die andere Variante: RA. Hieraus läßt sich wiederum schlußfolgern, daß die Hebräer das Wort »Sephira« während ihrer 400-jährigen Gefangenschaft von den Ägyptern (in abge- wandelter Form) übernommen haben, ebenso wie die Blume und den Baum des Lebens.

Es ist ohnehin auffallend, daß in allen gezeigten Schreibweisen (außer »Sephirot«) am Ende RE oder RA steht. Zudem findet sich über ZIFER und CIFRE ein Bezug zum Licht- träger (LU)ZIFER (lateinisch [LU]CIFER) und so wiederum zu RE und zur Stadt LUNU. Es kann also festgestellt werden, daß ein geschichtlicher, sprachlicher und symbolischer Bezug der Null (Kreis, Punkt) und der Ziffern überhaupt zu Luzifer und zum Sonnengott Ra/Re besteht. Dieser wird in gewisser Weise bestätigt von Helmut Gericke, der in seinem Buch »*Geschichte des Zahlbegriffs*« (Hochschultaschenbuch, Mannheim, 1970, Seite 47) schreibt, daß bereits die Ägypter und auch die Griechen ein Lückenzeichen verwendeten, also ein Zeichen das der Bedeutung der Null entsprach – und das lange vor den Indern und Ara- bern. »*... Ptolemaios verwendet in seinen Tabellen als Lückenzeichen o, was vielleicht den Anfangsbuch- staben von* ουδεν *(= nichts) bedeutet ...*« Das kreisrunde Lückenzeichen, welches laut Gericke eventuell dem O des griechischen Wortes »ουδεν« entspricht, das sozusagen dessen Aküzung ist, und welches der Astronom Ptolemaios (gestorben um 260 n. Chr. in Alexandria) ge- brauchte, hat dieser wahrscheinlich von dem seit dem 2. Jahrtausend v. Chr. bekannten babylonischen Keilschriftsymbol für die Null übernommen und durch einen kleinen Kreis ersetzt. Das der Null entsprechende Keilschriftsymbol und zugleich Lückenzeichen ist in Keilschrifttexten aus Susa enthalten.[31] Der von Ptolemaios verwendete Kreis mag vielleicht mit dem griechische Wort ουδεν (= nichts) zusammenhängen, symbolisch betrachtet ist dieser mit größter Wahrscheinlichkeit auf Ra/Re zurückzuführen. Denn der Kreis (mit Mittelpunkt, siehe nächste Seite oben) ist die altägyptische Hieroglyphe für den Sonnen- gott, der in den Pyramidentexten (die zu den ältesten Texten der Menschheit zählen und die über die weltschöpferische Kraft des gesprochenen Wortes des Ra/Re berichten, ähnlich wie die Gottesworte in der Bibel im 1. Buch Mose 1,3 und bei Johannes 1,2 und 3) verherr- licht wurde.

---

[31] Siehe Ifrah, Georges: »*Universalgeschichte der Zahlen*«, Frankfurt 1991, Seite 423.

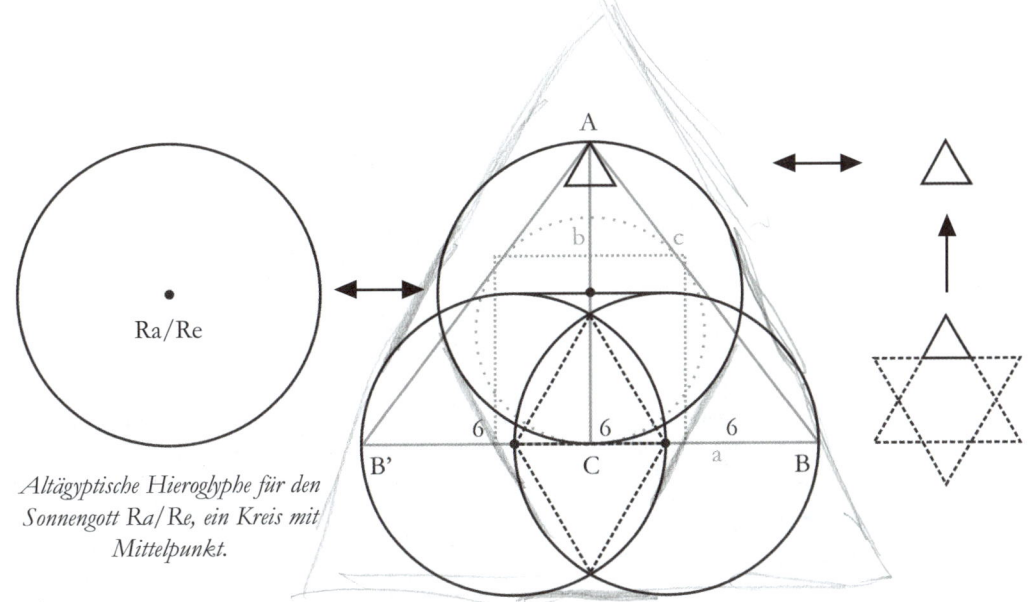

Altägyptische Hieroglyphe für den
Sonnengott Ra/Re, ein Kreis mit
Mittelpunkt.

*Dreifache Hieroglyphe des Ra/Re: Die Tangente,
die die beiden unteren Kreise verbindet, bildet nicht
nur die Schwanzflosse des Jesus-Fisches und
vollendet den nach unten gerichteten Gralskelch,
sondern deren Mitte, die geschnitten wird von der
Strecke AC (Seite b), ist auch der Mittelpunkt des
oberen Kreises. Die Mittelpunkte der unteren
Kreise sind die Schnittpunkte auf der Basisseite des
Pyramidenseitendreiecks (die den gemeinsamen
Durchmesser der beiden Kreise darstellt), die durch
die Kreise selbst entstehen.*

*Der heilige Stein
benbenet (ben-
ben = leuchten)
ist ein Pyramidion,
das die Seele des
Ra/Re (Banu =
Phoenix) verkör-
pert.*

Die altägyptische Hieroglyphe des Ra/Re ist auch wichtiger Bestandteil der geometrischen Konstruktionen in diesem Buch, denn drei Kreise (die jeweils der Hieroglyphe des Ra/Re entsprechen) sind deren Grundlage, also auch des Pyramidenseitendreiecks beziehungsweise den beiden rechtwinkligen Dreiecken mit je den Zahlen (Ziffern) 3, 4, 5 und der Fläche 6. Wird dieses Pyramidenseitendreieck vervierfacht, kann eine Pyramide konstruiert werden (siehe Seite 98). Die Pyramiden selbst wurden von den Ägyptern als Treppen zum Sonnengott verehrt, deren Bau hatte somit auch eine religiöse Bedeutung: *»Offenbar muß die Ursache sehr tief und mächtig gewesen sein, die Cheops veranlaßte, ein äußerst kostspieliges Werk zu unternehmen, an der Grenze des menschlich Möglichen, um schließlich eine ›architektonische Absurdität‹, das heißt eine makrokosmische, geometrische Pyramide zu erstellen, noch mehr von der Wirklichkeit und den Menschen entfernt als es die Pyramide von Zoser war. Da diese triftige Ursache, dieses außergewöhnliche ›Modell‹ im praktischen Leben unerforschlich ist … ist es notwendig, die Erforschung auf die religiöse Welt und die Erfahrungen, die über die geschichtlichen hinausgehen, auszudehnen.«*

»Die ›Pyramidentexte‹ selbst, die über die Geschichte hinausgehen, sagen uns: ›Ich bin auf deinen Strahlen wie auf einer Rampe von Licht gegangen, um zum Anblick des Ra aufzusteigen … Der Himmel

In der Schrift *»Geheime Figuren der Rosenkreuzer, aus dem 16. und 17. Jahrhundert«* (1785) des Ordens der Rosenkreuzer ist eine Abbildung enthalten, die den Heiland Jesus auf der Spitze einer Pyramide, als oberster Eckstein/ Schlußstein (Pyramidion, heiliger Stein benbenet, Phoenix), umgeben von einer Rosenblüte und von Feuer zeigt.

Diese Jesus-Darstellung der Rosenkreuzer, die in der geheimen, aus Ägypten stammenden hermetischen und alchimistischen Tradition der Hüter des Grals, der Tempelritter, stehen, verbirgt, was es mit dem Gralsstein auf sich hat: er ist das Pyramdion, durch dessen Kraft der Phoenix zu Asche verbrennt aus dieser wieder aufersteht (siehe *»Parzival«* 469 und 470) – und der Phoenix (Vogel Banu) ist nicht nur das ägyptische Symbol für die wiederauferstehende Seele des Gottes Ra/Re, sondern auch das frühchristliche Sinnbild der Wiederauferstehung Jesu. Der Gralsstein, das Pyramidion, und die Wiederauferstehung Jesu stehen also in einem Zusammenhang, zudem symbolisiert er als gleichseitiges Dreieck, seine Seitenansicht, die Dreieinigkeit Gottes, die laut Wolfram (*»Parzival«* 471) gemeinsam mit Luzifer zum Gralsstein muß. Somit ist auf dieser Rosenkreuzer-Abbildung Jesus als Teil der Dreieinigkeit am Gralsstein dargestellt.

Auch unter dem gematrischen Gesichtspunkt ist die Jesus-Darstellung interessant:

1. Die Rose, das Symbol der Liebe, in der Jesus von einem Feuerkreis umgeben steht, hat 16 Blütenblätter, und der sechzehnte Buchstabe ist das P, der sich aus dem A + O der APOKALYPSE rechnerisch ergibt beziehungsweise selbst Bestandteil des Wortes ist und der dem griechischen Buchstaben π (Pi) entspricht: A + O = 1 + 15 = 16 = P = π.

2. Die beiden ersten Silben des Wortes PYRAMIDION sind PYRA – bis auf den letzten Buchstaben, dem A, entspricht dies dem griechischen Wort PYRO = Feuer. Und durch Feuer, das Jesus neben der Rosenblüte umgibt, stirbt der Vogel Phoenix und wird aus diesem wiedergeboren.

hat den Sonnenstrahlen Festigkeit verliehen, damit ich mich bis zu den Augen des Ra erheben könnte ... Sie haben eine Treppe zum Himmel erbaut, damit ich mit ihrer Hilfe den Himmel erreichen könne. So kommt uns die große Pyramide vor, und dasselbe gilt von der Sphinx, nämlich wie ein riesiges Ideogramm, das Vergangenes beschwört, indem wir die Treppe schlechthin ›ablesen‹, die zur Ewigkeit führt. Es ist das Wort, das sich offenbart, die erste Stimme des Ewigen, die aufklingt, als er im Beginn der Zeit zu seinem Bilde sagt: ›Komme zu mir.‹«[32]

[32] Carpiceci, Alberto Carlo: *»Kunst und Geschichte in Ägypten«*, Verlag Bonechi, 1994, Seiten 52 und 53.

In die dreifache Hieroglyphe des Ra/Re (drei Kreise) kann also das Pyramidenseitendreieck konstruiert werden beziehungsweise ergibt sich dieses geometrisch, wenn durch die Mittelpunkte dieser Kreise je eine Gerade gezogen wird und diese an den Endpunkten miteinander verbunden werden. Wird mit vier Pyramidenseitendreiecken erst eine aufgeklappte Pyramide und daraus eine räumliche gebildet, vereinen sich in dieser – symbolisch gesehen – der Gralsstein (das Pyramidion), Ra/Re (Luzifer) und Jesus (als Teil der Dreieinigkeit).

Ein Pyramidion in der Seitenansicht weist auch der Davidstern, der aus den zwei gleichseitigen Dreiecken, die in der Vesica Piscis und somit im Jesus-Fisch verborgen sind, auf: es ist die obere Spitze, das obere Dreieck. Der Davidstern hat 6 äußere Ecken beziehungsweise weist er 6 gleichseitige Dreiecke auf, innen bildet sich ein regelmäßiges 6-Eck. So enthält er zusammengezogen dreimal die Zahl 6, also die 666. Die Zahl 666 ist also nicht nur teuflisch, sondern sie birgt göttliche Weisheit in sich und steht auch für die kosmische Ordnung (Heilige Geometrie). Das Pyramidion entspricht in der Seitenansicht dem gleichseitigen Dreieck, das auch das Symbol der Dreieinigkeit Gottes ist, da alle drei Seiten gleich lang sind (im übertragenen Sinne Drei = Eins, Dreieinigkeit). Demnach wurde Jesus von den Rosenkreuzern auch als oberster Eckstein einer Pyramide, als Pyramidion dargestellt, denn er ist ein Teil der Dreieinigkeit, Gottes heiliger Geist.

Bezüglich der Geschichte und Religion des alten Ägyptens in Zusammenhang mit dem Kreis, Ra/Re und der Pyramide sei nochmals Alberto Carlo Carpiceci (*»Kunst und Geschichte in Ägypten«*, Seite 14) zitiert: *»Die Weltentstehungslehre von Heliopolis faßt vor der Schöpfung den absoluten Geist Ra als im ursprünglichen Chaos verteilt auf. Zu Beginn der Zeit wird Ra sich seiner selbst bewußt, indem er das eigene Bild sieht (Amon). Dann ruft er im großen Schweigen sein zweifaches ›Komme zu mir‹. Es ist Ra, das Licht und Bewußtsein des Universums, der Amon ruft, den Geist des Universums selbst …«*

In dem Wort AMON (der Geist des Universums) stecken sowohl das göttliche A + O als auch ON, wie die Stadt Lunu (Heliopolis), in welcher der Stein benbenet im Sonnentempel aufbewahrt und verehrt wurde und der auch in der Bibel erwähnt wird, noch genannt wurde. Gematrisch interessant sind die Wörter RA und AMON: der Zahlenwert von RA ist 19 (RA = 18 + 1 = 19), der von AMON, der Verborgene, ist 43 (AMON = 1 + 13 + 15 + 14 = 43). Werden die beiden Zahlenwerte addiert, ergibt das die Zahl 62 – so werden nicht nur die Zahlenwerte der Wörter zusammengefaßt, sondern so bildet sich auch der Göttername AMON-RA. Denselben Zahlenwert haben auch die Wörter KREIS und GOTT. Und so fügt sich zusammen, was gematrisch übereinstimmt: AMON-RA ist der ägyptische GOTT der Sonne – und eines seiner Symbole ist der KREIS, der auch das All versinnbildlicht.

In AMON-RA befinden sich zudem die apokalyptisch-göttlichen Buchstaben A + O, die für den Geist des Universums, für Gott (ABBA), stehen – Amon-Ra selbst wird auch als der Geist des Universums angesehen. Der Geist Gottes, Abbas, wird auch versinnbildlicht vom Dreieck 3, 4, 5, das auch das Heilige Dreieck genannt wird und welches mit den Zahlenwerten des Wortes APOKALYPSE konstruiert wurde. Zudem ist der Größenwert dessen Fläche (A = 6) gleich dem des Zahlenwertes von ABBA (= 6). Die Zahl 6 ist auch die biblische Schöpfungszahl. ABBA, wie Jesus Gott im Gebet ansprach, ist gematrisch auch gleich dem Buchstaben F (= 6) und so der ägyptischen Hieroglyphe der Viper ᐳ᙭ (Schlange), die ebenso dem Buchstaben F entspricht. Bedeutsam ist, daß die Wörter VIPER und ZIFFER je den Zahlenwert 70 haben und im gematrischen Sinne zusammengehören:

$$V + I + P + E + R \qquad = 22 + 9 + 16 + 5 + 18 \qquad = \mathbf{70}$$
$$Z + I + F + F + E + R = 26 + 9 + 6 + 6 + 5 + 18 = \mathbf{70}.$$

Die letzten Buchstaben der beiden Wörter sind außerdem ER, gedreht = RE, was den Sonnengott Ra/Re wieder mit einbezieht. Gematrisch-symbolisch gehört also folgendes zusammen: das ABC, ABBA, die Zahl (Ziffer) 6, die ägyptische Hieroglyphe Viper, die dem Buchstaben F entspricht, und natürlich die Schlange (Viper), die in der Apokalypse der Teufel (der Engel Luzifer), ist – und deren Zahl ist die 666.

$$A + B + C \qquad = 1 + 2 + 3 \qquad = 6 \qquad = F \longrightarrow$$
$$A + B + B + A \qquad = 1 + 2 + 2 + 1 \qquad = 6 \qquad = F \longrightarrow$$

Doch die 6 ist wie dargestellt auch verborgen in einem Pyramidenseitendreieck – dort sogar dreimal, und zwar in dessen Basisseite und in den Flächen der beiden Dreiecke ABC, die dieses bilden – und in der Fläche des Quadrates, das durch Quadratur der Fläche des Dreieckes ABC konstruiert wurde. Die Zahl 6 beziehungsweise die 666 der Apokalypse scheint in dem gesamten gematrisch-geometrisch-kabbalistisch-ägyptischen Zusammenhang (das Wort APOKALYPSE, Kreise, Dreiecke, Quadrat, Vesica Piscis, Augen des Horus, Ra/Re, Pyramide, Pyramidion, Gralsstein, Phoenix, Davidstern) eine nicht unwesentliche Rolle zu spielen, da sie immer wieder auftaucht.

Die Schlange (Hieroglyphe Viper = 6) ist eines der zwiespältigsten Symbole: In der Bibel (Sündenfall, 1. Buch Mose 3,1 [»Aber die Schlange war listiger als alle Tiere auf dem Felde, die Gott der Herr gemacht hatte…«] bis 24 und Offenbarung 12,15 und 20,2) ist sie das Symbol des Satans, des Teufels, des gefallenen Engels und Lichtträgers Luzifer, der nach seiner Verführung Evas, vom verbotenen Baume der Erkenntnis von Gut und Böse zu essen, als Strafe auf dem Bauch kriechen und Erde essen mußte. Luzifer wurde also, ebenso wie Eva und Adam, aus dem jenseitigen geistig-göttlichen Paradies (Garten Eden) auf die Erde, in die Körperlichkeit des Diesseits verbannt. Dort mußten Adam und Eva den körperlich-irdischen Tod kosten (vergleiche zum Himmelssturz Luzifers Jesaja 14,12 und zum Gralsstein [Phoenix] »Parzival« 463 und 469 bis 471 und »Der Wartburgkrieg« sowie die Seiten 50 bis 52). Es wirft sich die Frage auf, ob auch der gefallene, auf die Erde verbannte Luzifer den irdischen Tod erleiden mußte und als Sonnengott Ra/Re wiedergeboren wurde, um sich von seinen Sünden zu befreien. Die Seele des Sonnengottes wurde vom Vogel Banu verkörpert, und dieser Banu ist der Phoenix in Wolframs »Parzival«, der durch die Kraft des Gralssteines zu Asche verbrennt und aus dieser wiederaufersteht. Ist Luzifer beziehungsweise seine Seele durch die Kraft des Gralssteines, den er, wie noch dargestellt wird, den

Ägyptern als Lichtträger/Lichtbringer Gottes brachte, und den Willen Gottes als leuchtender Sonnengott Ra/Re wiederauferstanden, um wieder rein zu werden – rein wie der edle Luzifer: Jesus (siehe zum edlen und unedlen Luzifer die Seiten 51 und 106 f)? Es kann davon ausgegangen werden.

Die Schlange ist aber auch ein uraltes Weisheitssymbol, sie verkörperte im Vorderen Orient Erleuchtung, sie war Sinnbild des geistigen Lichtes, der Weisheit. Das sogenannte Sonnenauge des Gottes Ra/Re (welches dem rechten Auge des Horus entspricht) wurde im alten Ägypten auch von der Uräusschlange versinnbildlicht, die oft mit einem weiteren Symbol des Ra/Re zusammen dargestellt wurde: mit der leuchtenden Sonnenscheibe Aton. Die Schlange (Sonnenauge des Ra/Re) und die Sonnenscheibe, der Kreis, bilden eine Einheit.

Offenbarung 13,18:
> »Hier ist Weisheit! Wer Verstand hat, der überlege die Zahl des Tieres; denn es ist die Zahl eines Menschen, und seine Zahl ist sechshundertundsechsundsechzig.«

Ist hier die Weisheit der Schlange gemeint und mit Verstand das Vermögen, ihre Zahl, die 666, berechnen und herleiten zu können? Die Quersumme der Zahl des Tieres (der Schlange, Luzifer), der 666, ist 18, also 6 + 6 + 6. Bezogen auf die in diesem Buch gefertigte geometrische Konstruktion entspricht dies sowohl den Flächen (je 6) der beiden Dreiecke ABC (3, 4, 5), die das Pyramidenseitendreieck bilden, als auch der Fläche des Quadrates, welches durch die Quadratur eines der beiden Dreiecke des Pyramidenseitendreiecks konstruiert wurde – also dreimal die 6 (Flächen) ergibt die Zahl 18. Auch in dem Pyramidenseitendreieck selbst ist dreimal die 6 und somit die Zahl 18 verborgen: zum einen in den Flächen der beiden Dreiecke ABC (3, 4, 5), zum anderen in der Basisseite des Pyramidenseitendreiecks (2 × 3 = 6). Somit verbirgt sich in der Pyramide viermal die Zahl 18, da in jedem der vier Seitendreiecke dreimal die Zahl 6 steckt (siehe hierzu Seite 98). Die Zahl 18 wiederum entspricht gematrisch dem Buchstaben R. Das R wird ER gesprochen, dies wiederum ist gedreht der Name des Sonnengottes RE, wie Ra noch genannt wird. Die ägyptische Hieroglyphe, die dem Buchstabe R entspricht, ist der Mund (◯), dessen Form der Vesica Piscis gleicht. So weist diese Hieroglyphe wiederum auf Ra/Re und auch auf sein gesprochenes Wort, sein Rufen hin (vergleiche Seite 103), und sie wurde in einigen ägyptischen Zahlenhieroglyphen (Hieroglyphen, die Brüche bezeichneten) verwendet, beispielsweise 𓏴 = 1/5. Demnach sind auch die Zahlenhieroglyphen (Ziffern) verbunden mit Ra/Re und der Vesica Piscis. Brachte Ra/Re (Luzifer) den Ägyptern auch die Ziffern?

Zusammenfassend kann also festgestellt werden:
- Die im Pyramidenseitendreieck verborgenen Zahlen – beides läßt sich aus drei Kreisen (die dreifachen Hieroglyphen des Ra/Re) herleiten – sind dreimal die 6, zusammengezogen die 666, das ist sowohl die Zahl Luzifers (der Schlange) in der Apokalypse als auch die Zahl der Weisheit.
- Ra/Re, Jesus, die Pyramide und der sechseckige Davidstern gehören in gewisser Weise zusammen – verbindend ist dabei das Pyramidion (der Gralsstein), das die Spitze

einer Pyramide ist und dessen Seitenansicht auch im Davidstern (oberste Spitze) zu finden ist.

- Die Zahl 666 ist in der Apokalypse verwoben mit der Schlange, und die ägyptische Hieroglyphe der Viper oder Schlange (= Buchstabe F) entspricht gematrisch der 6.
- Der Kreis (Sonnenscheibe) und die Schlange bilden – bezogen auf Ra/Re – eine symbolische Einheit.
- Ra/Re und Luzifer (Lucifer) lassen sich sowohl über die Herkunft und die unterschiedlichen Bezeichnungen und Schriftbilder der Null (bei den Indern Punkt und Kreis, beide bilden auch die Hieroglyphe für Ra/Re) sowie über die verschiedenen Schreibweisen des Wortes »Ziffer« (»Zifer«, »Cifre«…, vergleiche Seiten 99 f) und auch über die Stadt Lunu, in welcher der Stein benbenet, das Pyramidion, verehrt wurde, miteinander in Verbindung bringen.

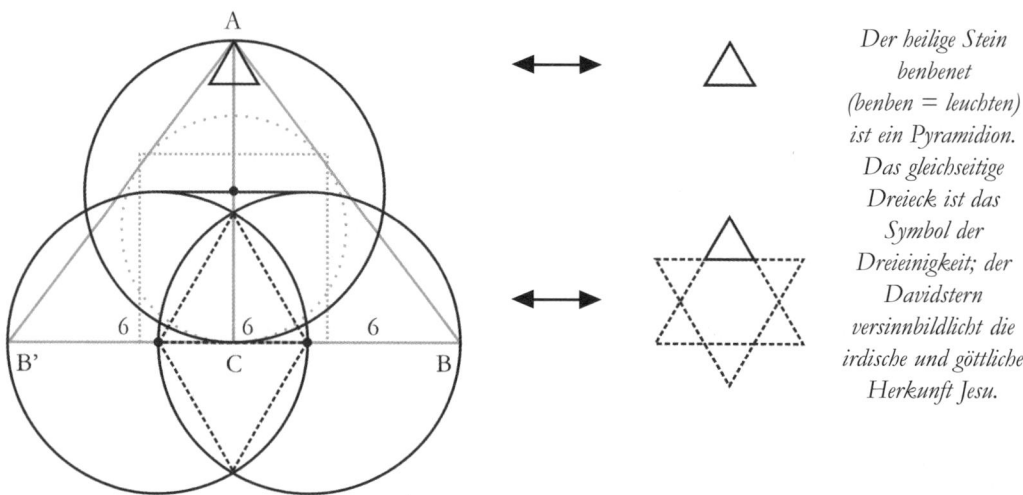

Der heilige Stein benbenet (benben = leuchten) ist ein Pyramidion. Das gleichseitige Dreieck ist das Symbol der Dreieinigkeit; der Davidstern versinnbildlicht die irdische und göttliche Herkunft Jesu.

In drei Kreise (Hieroglyphen des Ra/Re) sind konstruiert und gehören symbolisch gesehen zusammen: das Dreieck ABC mit der Fläche 6 gespiegelt zum Pyramidenseitendreieck, in welchem sich die Zahl 6 dreimal verbirgt; Quadrat mit der Fläche 6, zwei gleichseitige Dreiecke als die zwei Hälften des Davidsterns, welcher ebenso dreimal die Zahl 6 enthält; Pyramidion; Jesus-Fisch; Kelch.

Der Gralsstein ist also das Pyramidion, und dieses erscheint hier geometrisch-symbolisch verwoben mit der Pyramide, dem Phoenix, Jesus, der Dreieinigkeit, Luzifer, der Null und den Ziffern allgemein. Gralsstein, Phoenix, Luzifer und die Dreieinigkeit wiederum sind literarisch im »Parzival« verbunden, womit sich ein weiterer Kreis bezüglich des Grals schließt. Um dies darzustellen, folgen Auszüge aus dem »Parzival« (Münchner Haupthandschrift G um 1250 n. Chr.), in welchen es um die Gralsbotschaft, um Luzifer und Trinitas (Dreieinigkeit), um den Gralsstein sowie dessen Namen und Kraft, um den Phoenix (= fenis), um die Wiederauferstehung (Wiedergeburt), um die Unsterblichkeit und um Karfreitag (Jesu Kreuzigung) geht.

471

    Lucifer unt Trinitas,
    swaz der selben engel was,
    die edelen unt die werden
    muosen ûf die erden
    zuo dem selben steine.
    der stein ist immer reine.

Demnach müssen Luzifer und Trinitas auf die Erde zu demselben Stein, der immer rein ist. Gemeint ist damit eindeutig der Gralsstein, durch dessen Kraft der Phoenix zu Asche verbrennt und aus dieser wieder aufersteht. Das Symbol des Gralssteins, des Pyramidions ist das gleichseitige Dreieck, welches zugleich auch das der Dreieinigkeit (Trinitas) ist. Das Pyramidion (Stein benbenet) ist auch das Sinnbild der Seele des wiederauferstandenen Gottes Ra/Re, des Luzifers. Luzifer und Ra/Re sind eins, denn er ist als der Sonnengott wiederauferstanden. Somit vereinen sich Luzifer und die Dreieinigkeit (Trinitas) nicht nur *am* Gralsstein, *am* Pyramidion, sondern symbolisch betrachtet auch *im* gleichseitigen Dreieck. Sie finden beide tatsächlich zu demselben Stein, ob dieser somit aber auch immer rein ist, wird noch geklärt.

469

    Dâ wont ein werlîchiu schar.
    ich wil iu künden umb ir nar.
    si lebent von einem steine:
    des geslähte ist vil reine.

    hât ir des niht erkennet,
    der wirt iu hie genennet.
    er heizet lapsit exillîs.
    von des steines kraft der fênîs
    verbrinnet, daz er zaschen wirt:

    diu asche im aber leben birt.
    sus rêrt der fênîs mûze sîn
    unt gît dar nâch vil liehten schîn,
    daz er schœne wirt als ê.
    ouch wart nie menschen sô wê,

    swelhes tages ez den stein gesiht,
    die wochen mac ez sterben niht,
    diu aller schierst dar nâch gestêt.
    sîn varwe im nimmer ouch zergêt:
    man muoz im sölher varwe jehn,

dâ mit ez hât den stein gesehn,
ez sî maget ode man,
als dô sîn bestiu zît huop an,
sæh ez den stein zwei hundert jâr,
im enwurde denne grâ sîn hâr.

selhe kraft dem menschen gît der stein,
daz im fleisch unde bein
jugent enpfæht al sunder twâl.
der stein ist ouch genant der grâl.
dar ûf kumt hiute ein botschaft,
dar an doch lît sîn hôhste kraft.

470

Ez ist hiute der karvrîtac,
daz man vür wâr dâ warten mac,
ein tûbe von himel swinget:
ûf den stein diu bringet
ein cleine wîze oblât.
ûf dem steine si die lât:
diu tûbe ist durchliuhtec blanc,
ze himel tuot si widerwanc.
immer alle karvrîtage
bringet si ûf den, als ich iu sage,
dâ von der stein enpfaehet
swaz guotes ûf erden draehet
von trinken unt von spîse,
als den wunsch von pardîse:

In diesen »Parzival«-Passagen berichtet Wolfram, daß die wehrhafte Schar der Gralshüter (die Templeisen, also die Tempelritter, die zu Munsalvaesche nahe beim Gral wohnen)
von einem Stein reinster Art lebt, dessen Name »lapsit exillis« lautet (»si lebent von einem steine:
des geslähte ist vil reine … er heizet lapsit exillîs.«), daß durch die Kraft dieses Steines der »fenis«
(Phoenix) zu Asche verbrennt, die Asche ihm aber Leben gebiert, (»von des steines kraft der
fênîs verbrinnet, daz er zaschen wirt: diu asche im aber leben birt.«) daß dieser Stein beim Erblicken
Unsterblichkeit und ewige Jugend verleiht, daß der Stein auch der »Gral« genannt wird (»der
stein ist ouch genant der grâl.«) und daß dieser jeden Karfreitag (Kreuzigung Jesu) seine Kraft
des Höchsten durch die himmlische lichtdurchflutete Taube (= »tûbe«, Symbol des Heiligen
Geistes) empfängt und so durch Gottes paradiesischen Wunsch auf der Erde Speise und
Trank (Wachstum, Fruchtbarkeit, Nahrung) beschert wird. Auf diese Textpassagen wird
später noch ausführlicher eingegangen, zuvor soll hinsichtlich des bis hier gezeigten
gematrischen, geometrisch-symbolischen und mythologischen Zusammenhang der Name
des Gralssteines beleuchtet werden, von dem verschiedene Schreibweisen in mittelalter-

lichen Handschriften des »Parzival« existieren: »lapsit exillis«, »lapsit erillis«, »lapsit exilis«. Michael Stolz schrieb zu diesen Handschriften[33]: »Der in den Jahren zwischen 1200 und 1210 entstandene Versroman liegt gegenwärtig in leicht überarbeiteten Ausgaben der maßgeblichen Edition von Karl Lachmann aus dem Jahr 1833 vor. … Genau bezeichnete er nur die Lesarten der beiden Haupt-handschriften aus der Mitte des 13. Jahrhunderts: des St. Galler Codex 857 (Parzival-Hs. D) und des Münchner Cgm 19 (Parzival-Hs. G). Die übrigen Textzeugen ordnete er mit einer Gruppenbezeichnung jeweils einer dieser beiden handschriftlichen Fassungen zu: die zum Überlieferungszweig der Handschrift D gehörenden Textzeugen mit der Sigle d, die zu jenem von Handschrift G gehörenden Textzeugen mit der Sigle g.« Nachfolgend sind – unter Beachtung dieser verschiedenen »Parzival«-Handschrif-ten – mögliche Bedeutungen des Namens des Gralssteines sowie lateinische Anklänge (exulis, exilii, excelis, excelsis) an diesen aufgeführt (nach Hans Zimmermann):

Varianten der Handschriften zum Namen des Grals

lapsit (GDg)		exillis (GD)	aus jenen
(unkorrekte Aktiv-		erillis (G)	~ des Herrn
Perfekt-Form statt	~ er fiel	exilis (g)	klein, dürftig
Deponens)			
iaspis (gg)	Jaspis		klein, dürftig
lapis (d)	Stein		
Genesis 28,11;18	Psalm 118,22	exilis (g)	
Jesaja 28,16	= Mt 21,42		~ aus Kiesel
Apokalypse 2,17;	= Mk 12,10	exillix (g)	(unkorr.: ex
4,3 und 21,11	= Lk 20,17	exilix (dg)	silex statt ex
1 Petrus 2,4 f	= Apg 4,11		silice?)
	= 1 Petrus 2,7		
		exulis	des Verbannten
lapis	ein Stein	exilii	des Exils
lapsus	gefallen	excelis	aus Himmeln
		excelsis	in den Höhen

Das erste Wort des Namens des Gralssteines, »lapsit«, bedeutet in etwa »er fiel«, was wiederum einen Rückschluß auf den gefallenen Engel Luzifer (Ra/Re) beziehungsweise den Stein[34], der aus dessen Krone gefallen ist und der im Gedicht »Der Wartburgkrieg« er-

[33] Entnommen http://www.zdv.uni-tuebingen.de/tustep/prot/prot871-parz.html (Stand 30.07.2008).
[34] Der Stein aus der Krone Luzifers soll der Legende nach ein Smaragd gewesen sein. Ein Smaragd hat den physikalisch-chemischen Aufbau eines hexagonalen Kristallgitters. Dieses Gitter hat dieselbe Form wie ein regelmäßiges Sechseck und ist räumlich betrachtet dem Würfel (des Metatron) sehr ähnlich, für beides können zwei Kreise (Augen des Horus) beziehungsweise die Vesica Piscis als geometrische Konstruktionsgrundlage dienen (vergleiche Seiten 82 bis 84).

wähnt wird, zuläßt. Das zweite Wort lautet »exillis« (= »aus jenen«) oder »erillis« (~ »des Herrn«) oder »exilis« (= »klein, dürftig«). Der Name »lapsit exillis« und seine Varianten »lapsit erillis« oder »lapsit exilis« bedeuten also in etwa: »er fiel, aus jenen, des Herrn, klein, dürftig«. So läßt der Name des Gralssteines auf den gefallenen Luzifer (wie auch auf den Stein, der aus dessen Krone fiel) schließen, der aus jenen (Höhen) des Herrn fiel und der gegenüber dem Herrn (Abba) sicher klein und dürftig erscheint. Zudem könnte damit auch das Pyramidion gemeint sein (womit auf Phoenix und auch auf Ra/Re hingewiesen würde), denn auch dies ist im Vergleich zu einer Pyramide eher klein und dürftig. Auch die sprachlichen Anklänge »exulis«, »exilii«, »excelis«, »excelsis« deuten auf den verbannten Luzifer hin, der in den Höhen lebte, aus den Himmeln fiel und nach seiner Vertreibung aus dem Paradies auf der Erde im Exil (»wiedergeboren«) leben mußte.

Interessant ist auch eine offensichtliche Verbindung des Gralssteines, der in der mittelalterlichen Alchemie auch der Stein der Weisen genannt wurde, zur Schlange (Luzifer, Ra/Re). Die sogenannte Ouroborosschlange, die sich in den Schwanz beißt beziehungsweise diesen frißt, war in der aus Ägypten stammenden Alchemie das Symbol für den Stein der Weisen und auch für das ewige Leben und die Wiedergeburt (die Schlange frißt sich selbst auf und wächst gleichzeitig weiter). Die Ouroborosschlange stammt, ebenso wie die Alchemie, ursprünglich aus dem alten Ägypten, unter anderem ist sie auf dem Papyrus von Dama Heroub (um 1600 v. Chr. in der Abbildung unten) zu sehen. Dort ist rechts neben ihr das in ägyptischen Grabkammern und auf Amuletten dargestellte Auge des Horus zu sehen. Die Ouroborosschlange, die auch die Weltenschlange ist, ist aber auch aus vielen anderen Kulturen beziehungsweise Mythologien bekannt, so beispielsweise die weltenumschlingende Midgardschlange in der germanischen Mythologie. Somit schließt sich auch hier in zweifacher Weise ein Kreis bezüglich des Gralssteines in Wolframs »Parzival«: der Stein der Weisen, der Gralsstein, wird versinnbildlicht von der Schlange (Drache), diese wiederum ist das Symbol für ewiges Leben und Wiedergeburt – Unsterblichkeit und Wiederauferstehung verheißt auch der Gralsstein (»Parzival« 469).

Ouroborosschlange in drachenähnlicher Gestalt.

Ouroborosschlange aus dem ägyptischen Papyrus von Dama Heroub (1600 v. Chr.), rechts neben der Ouroborosschlange ist das Auge des Horus zu sehen.

Zusammenfassend kann folgendes gesagt werden: Es besteht neben der gematrisch-geometrischen Verbindung des A + O aus der Apokalypse und dem Wort APOKALYPSE selbst, mit der Vesica Piscis, der Blume des Lebens, dem Baum des Lebens, den Tempelrittern und der Kabbala, mit dem Kelchbrunnen in Glastonbury (Gralskelch) und der Pyramide auch eine symbolisch-literarische des Gralssteines (Phoenix, Pyramidion) aus dem *»Parzival«* mit der Pyramide, mit Ägypten, mit Luzifer (Ra/Re), mit der Dreieinigkeit und mit Jesus (Kreuzigung, Phoenix als frühchristliches Symbol der Wiederauferstehung, Taube als Symbol des heiligen Geistes). Es fließen also alle Varianten der Gralsgeschichten (Robert de Boron, Chrétien de Troyes, Wolfram von Eschenbach, Heliandus, *»Vulgata-Zyklus«*, *»Der Wartburgkrieg«*) in einem Punkt zusammen, der gematrisch-geometrisch-symbolisch darstellbar ist: es ist die konstruierte Pyramide, welche das Abbild der göttlichen Pyramide, der geistigen Gralsburg des Vaters Abba ist.

8. Die Vesica Piscis – allgegenwärtig in der Glastonbury Abbey

Hinsichtlich der bis hierher dargestellten geometrisch-symbolischen Zusammenhänge ist es interessant, wer die Gestaltung des Kelchbrunnens von Glastonbury, der das Wasser der seit über 5.000 Jahren sprudelnden Blutquelle auffängt und der nachweislich seit 2.000 Jahren in Gebrauch ist, vornahm und wann: es war der englische Archäologe, Architekt, Kabbalist und Spiritist Frederick Bligh Bond im Jahr 1919. Als Symbolik verwendete er die Vesica Piscis, die auch in der Glastonbury Abbey immer wieder zu finden ist und die, wie schon ausführlich dargestellt wurde, einen konkreten Bezug zur ägyptischen Blume des Lebens, zum jüdischen Baum des Lebens, zur Kabbala, zu den Tempelrittern, zum Buch der Herkunft Jesu Christi, zu Wolframs Gralsstein und zu dem an diesem Ort von Joseph von Arimathäa versteckten Gralskelch hat. Auch ist die Vesica Piscis wie bei der Kathedrale von Chartres die geometrisch-architektonische Grundlage der gesamten Glastonbury Abbey.

In einem Vortrag, der am 14. November 1919[35] in einem Ort der Grafschaft Somerset (Central Somerset, Gazette) gehalten wurde, erklärte Bligh Bond bezüglich der Vesica Piscis, daß es für diese wie auch für viele andere frühe graphisch-symbolische Darstellungen charakteristisch sei, die geistige, spirituelle Wahrheit in der bildreichen Sprache eines hohen geistigen Systems wiederzugeben. Diese Wahrheit sei ewiglich und beruhe auf der Erinnerung. Er sprach von höchster, reinster und ewiger geistiger Wahrheit, von dem Erkennen göttlicher, geometrischer, astronomischer Schöpfungsgesetze, die sich auch in der Vesica Piscis finden und die selbst dann noch fortbestehen, wenn Himmel und Erde längst vergangen sind, das auf uralte menschliche Erinnerungen zurückzuführen sei. Wie recht Frederick Bligh Bond hatte, verdeutlichen heute unter anderem Fotos, die mit dem Hubble-Weltraumteleskop gemacht wurden. Auf ihnen sind Sternen- beziehungsweise Sonnenexplosionen zu sehen, deren gasförmige Nebel sich exakt wie zwei die Vesica Piscis formende Kreise ausdehnen. Hier ist das universelle göttlich-geometrische Schöpfungsprinzip zu erkennen, das

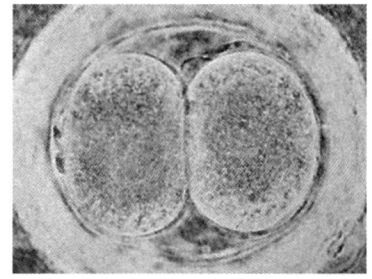

Befruchtetes menschliches Ei während der ersten Zellteilung: Die Anordnung erinnert an die zwei die Vesica Piscis bildenden Kreise.

sich nicht nur am Anfang, sondern auch am Ende (A + O) eines Systems manifestiert. Dieses geometrische Schöpfungsprinzip zeigt sich beispielsweise auch bei der Entstehung menschlichen Lebens, bei der ersten Zellteilung.

---

[35] Siehe http://dic.academic.ru/dic.nsf/enwiki/726292 (Stand 10.05.2009).

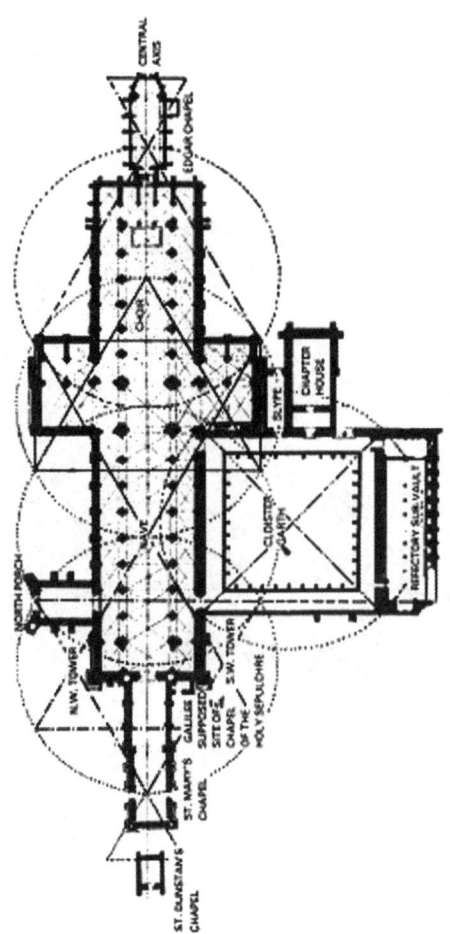

Grundriß der Glastonbury Abbey: Es ist sehr deutlich die Vesica Piscis beziehungsweise der Kreis als geometrisch-archtitektonische Grundlage zu erkennen, ebenso das gleichseitige Dreieck, das hier auch den sechseckigen Stern (Siegel Salomos, Davidstern) mehrfach bildet.

Als Archäologe und Kenner mittelalterlicher Kirchenarchitektur bekam Frederick Bligh Bond, nachdem die verfallenen Ruinen der Glastonbury Abbey von der englischen Kirche gekauft wurden, von der archäologischen und naturgeschichtlichen Gesellschaft der Grafschaft Somerset den Auftrag, Grabungen auf dem Gelände der Abby durchzuführen, die 1908 begannen. Bligh Bond, der über einige Jahre hinweg intensive Ausgrabungen an der Abbey durchführte[36], prüfte alle ursprünglichen Maße der Abbey und fand den eindeutigen Beweis dafür, daß deren Bau auf Kenntnissen der Gematrie beziehungsweise der Kabbala beruht, die die mittelalterlichen Mönche beziehungsweise Architekten hatten. 1916 hielt Bligh Bond einen Vortrag[37], in dem er erklärte, daß der Bau der Glastonbury Abbey unter Berücksichtigung oder vielmehr der Anwendung einer uralten Wissenschaft (Heilige Geometrie) und der Gematrie erfolgte, die sich auf Wörter des Alten Testaments und deren Zahlenwerte sowie auch auf den in Wörtern verborgenen mathematischen Formeln bezog.

1962 wurde die Abbey nochmals von dem Archäologen Dr. Ralegh Radfort untersucht, und auch er bestätigte daraufhin eine sehr bedeutungsvolle Geometrie der Abbey. Die Studien rund um die Abbey wurden auch von John Michell (siehe das Buch »*New Light on the Ancient Mysterie of Glastonbury*«) und Dr. Keith Critchlow fortgesetzt.

Interessant bezüglich der Gemetrie von Wörtern und deren Verbindung zur Mathematik ist auch das Buch »*Gematria*« von Frederick Bligh Bond und Dr. Thomas Simcox, die wohl ebenso wie Bérenger Saunière selbst Gnostiker waren. Dieses Buch und auch gematrische Ausführungen sowie Analysen zu den von der Kirche verbannten apokryphen gnostischen Schriften in dem Buch »*The Apostolic Gnosis and the Gematria of the Greek Scriptures*«

---

[36] Siehe sein Buch »*An Architectural Handbook of Glastonbury Abbey With a Historical Chronicle of the Building*«.

[37] Siehe http://www.odeion.org/gematria (Stand 12.05.2009).

(Die apostolische Gnosis und die Gematrie der griechischen heiligen Schriften) stießen auf großes Unverständnis und massivste Ablehnung seitens der englischen Kirche beziehungsweise der zuständigen Diözese. Sie bescherten dem eigentlich renomierten Architekten und Archäologen harsche Kritik und auch einen nicht unerheblichen Vertrauensverlust in seine äußerst qualifizierten Fähigkeiten. Zum beruflichen Verhängnis wurde Frederick Bligh Bond die Tatsache, daß er Mitglied der Gesellschaft für psychische Forschung war und daß er sich mit dem sogenannten automatischen Schreiben menschlicher Medien, die mit den verstorbenen Geistern der mittelalterlichen Mönche der Abbey in Kontakt treten sollten, um so auch mehr über Arthur und den Gral zu erfahren, und der Psycho-Photographie (der mentalen Beeinflussung photographischer Bilder) beschäftigte. Aus diesen Gründen wurde er nach einer weiteren Buchveröffentlichung, »*Gate of Remembrance*« (»Tor der Erinnerung«), im Jahr 1922 von der englischen Kirche als nicht weiter tragbar erklärt und als Ausgrabungsleiter entlassen.

Nördliches Querhaus der Glastonbury Abbey mit dem frei geführten Riesenmaßwerk zur Stützung der Vierung (in Wells erhalten). Die Vesica Piscis ist ausschnitthaft mehrfach zu erkennen.

Wußte Frederick Bligh Bond aufgrund seiner jahrelangen Ausgrabungen und genauesten Untersuchungen der Abbey von einer früheren Brunnendeckelsymbolik, in die – bereits vor seiner eigenen Gestaltung im Jahr 1919 – möglicherweise schon die Vesica Piscis eingebunden war? Existierte also bereits vor Frederick Bligh Bonds Gestaltung des Brunnendeckels ein solcher mit gleicher Symbolik? Wurde diese bereits von den mittelalterlichen Mönchen der Abbey in wissentlicher Anlehnung an die uralte ägyptische Mythologie und wegen des symbolischen Bezuges zum Gral beziehungsweise zum Gralskelch für das Brunnendeckelmotiv verwendet? Hatte Frederick Bligh Bond mehr Kenntnisse vom Gral als bisher bekannt ist? Kannte er Teile der bisher geschilderten Zusammenhänge?

9. Rätsel in und um Wolframs »Parzival«

Um die Zusammenhänge des bis hier Erarbeiteten zu Wolfram von Eschenbach (um 1170-1220) beziehungsweise seinem *»Parzival«* herauszustellen, ist es nötig, aus diesem längere Stellen zu zitieren. Vorrangig geht es um den Gralsstein, der laut dem *»Parzival«* (470) jeden Karfreitag seine Kraft durch eine lichtdurchflutete Taube, das Symbol des Heiligen Geistes, die eine Oblate (scheibenförmige Hostie als Symbol des Abendmahls) auf den Stein legt, erhält. Für diese Betrachtungen werden Zitate aus der von Karl Lachmann als »genau« bezeichneten *»Parzival«*-Schrift, der Münchner Haupthandschrift G, herangezogen.

Der Einsiedler Trevrizent erzählt seinem unter der Ritterrüstung Narrenkleider tragenden Neffen Parzival über den Gral folgendes:

469

    Dâ wont ein werlîchiu schar.
    ich wil iu künden umb ir nar.
    si lebent von einem steine:
    des geslähte ist vil reine.

    hât ir des niht erkennet,
    der wirt iu hie genennet.
    er heizet lapsit exillîs.
    von des steines kraft der fênis
    verbrinnet, daz er zaschen wirt:

    diu asche im aber leben birt.
    sus rêrt der fênis mûze sîn
    unt gît dar nâch vil liehten schîn,
    daz er schœne wirt als ê.
    ouch wart nie menschen sô wê,

    swelhes tages ez den stein gesiht,
    die wochen mac ez sterben niht,
    diu aller schierst dar nâch gestêt.
    sîn varwe im nimmer ouch zergêt:
    man muoz im sölher varwe jehn,

    dâ mit ez hât den stein gesehn,
    ez sî maget ode man,

als dô sîn bestiu zît huop an,
sæh ez den stein zwei hundert jâr,
im enwurde denne grâ sîn hâr.

selhe kraft dem menschen gît der stein,
daz im fleisch unde bein
jugent enpfæht al sunder twâl.
der stein ist ouch genant der grâl.
dar ûf kumt hiute ein botschaft,

dar an doch lît sîn hôhste kraft.

So lauten die an den Narren Parzival (»*ich wil iu künden umb ir nar*«), der nicht erkennt (»*hât ir des niht erkennet*«), was der Gralsstein ist, gerichteten zentralen Worte zum Stein, der auch der Gral genannt wird (»*der stein ist ouch genant der grâl*«), und seiner Eigenschaft, ewige Jugend und Unsterblichkeit bei seinem Anblick zu erfahren (»*swelhes tages ez den stein gesiht, die wochen mac ez sterben niht, sæh ez den stein zwei hundert jâr, im enwurde denne grâ sîn hâr. selhe kraft dem menschen gît der stein, daz im fleisch unde bein. jugent enpfæht al sunder twâl.*«). Es wird berichtet, daß der Gralsstein (Gral) »lapsit exillîs« heißt und daß von der Kraft dieses Steins, also von der Kraft der Taube, der Dreieinigkeit, der fenis (= Phoenix und Banu) zu Asche verbrennt und mit viel lichtem Schein schöner als zuvor (also verjüngt, wiedergeboren) wiederaufersteht (»*er heizet lapsit exillîs. von des steines kraft der fênîs verbrinnet, daz er zaschen wirt: diu asche im aber leben birt sus rêrt der fênîs mûze sîn unt gît dar nâch vil liehten schîn, daz er schœne wirt als ê. der stein ist ouch genant der grâl.*«). Diese Stelle ist bezüglich des Gralssteines eine der wichtigsten im »*Parzival*«, denn sie offenbart, welche mythologisch-religiösen Verflechtungen mit ihm verbunden sind: Im Vordergrund steht die Wiederauferstehung und Wiedergeburt, die durch den Vogel Phoenix, der gleich dem ägyptischen Banu ist, symbolisiert wird. Dieser Banu verkörperte die wiederauferstandene Seele des Gottes Ra/Re und wurde zudem versinnbildlicht vom heiligen Stein benbenet (Pyramidion), der in der Sonnenstadt Lunu (Heliopolis) verehrt wurde. Der Phoenix war auch das urchristliche Symbol für die Wiederauferstehung Jesu Christi. Auch im Mittelalter war dieser das Sinnbild für Auferstehung und Wiedergeburt.

Wolfram schildert, daß der eigentliche Stoff seines »*Parzival*« von einem Provenzalen namens Kyot stammt. Dieser soll die Geschichte des Grals aus einer in heidnischer Zeit verfaßten Schrift eines israelischen Astronomen, einem gewissen Flegetanis, der väterlicherseits halb Heide war und aus dem Geschlecht Salomos stammte, erfahren haben. Die Schrift des Flegetanis soll er in der spanischen Stadt Dôlet (= Toledo) entdeckt haben. Zu diesem Zeitpunkt (um 1200 n. Chr.) war Toledo ein Zentrum der europäischen Wissenschaften (Astronomie, Mathematik, Physik, Alchemie etc.), entsprechende arabische, griechische und andere antike Schriften wurden dort ins Lateinische übersetzt. Zeitgleich erlebten in Toledo die arabische und jüdische Mystik sowie die jüdische Geheimlehre (Kabbala), die in der berühmten Übersetzerschule (von Erzbischof Raimund gegründet und von Alfons X. weitergeführt) gelehrt wurde, einen Höhepunkt.

Das erste Gralsepos verfaßte um 1180 n. Chr. Chrétien de Troyes mit seiner Perceval-Erzählung *»Conte du Graal«*; Wolfram gilt als zweiter Gralsliterat, sein *»Parzival«* erschien um 1205 n. Chr. Beide Werke sind sich in vielen Teilen sehr ähnlich, weshalb Wolfram vorgeworfen wurde, Chrétiens Perceval-Erzählung nur übersetzt und von ihm abgeschrieben zu haben. Chrétien gibt – im Gegensatz zu Wolfram – keinerlei Auskunft zur eigentlichen Herkunft und zur Beschaffenheit des Grals. Er erwähnt den Gral lediglich als ein von Jungfrauen in einer feierlichen Prozession getragenes goldgewirktes Gefäß (Schale). Wolfram überliefert hinsichtlich des Grals, bezüglich der Kunde, von welcher Art dieser ist (*»ze künden umbes grâles art«*), folgendes.

453

> Kyôt der meister wol bekannt
> ze Dôlet verworfen ligen vant
> in heidenischer schrifte
> dirre âventiure gestifte.
> der karakter â b c
> muoser hân gelernet ê
> ân den list von nigrômanzî.
> ez half daz im der touf was bî
> anders wær diz mær noch unvernumn.
>
> kein heidensch list möht uns gefrumn
> ze künden umbes grâles art,
> wie man sîner tougen innen wart.
> ein heiden Flegetânîs
> bejagte an künste hôhen prîs.
>
> der selbe fisîôn
> was geborn von Salmôn,
> ûz israhêlscher sippe erzilt
> von alter her, unz unser schilt
> der touf wart fürz hellefiur.
>
> der schreip vons grâles âventiur.

Hier wird berichtet, daß der Heide Flegetanis von der Geschichte des Grals schreibt (*»ein heiden Flegetânîs ... der schreip vons grâles âventiur.«*). Auch spricht Wolfram bezüglich dieser verworfenen Schrift, die der wohlbekannte Meister Kyot in Toledo fand (*»Kyôt der meister wol bekannt ze Dôlet verworfen, ligen vant«*), ausdrücklich deren ABC (das Alphabet, die heidnischen Buchstaben, mit denen diese Schrift verfaßt war) an, welches Kyot gelernt haben muß, um diese lesen und begreifen zu können – und zwar ohne die Schwarze Magie (*»nigrômanzî«*) angewandt zu haben (*»in heidenischer schrifte dirre âventiure gestifte, der karakter â b c muoser hân gelernet ê, ân den list von nigrômanzî.«*). Eine Methode der Kabbala ist die Gematrie, welche auf dem hebräischen Alphabet basiert – Aleph, Beth, Gimel sind dessen erste drei Buchstaben, die den Anfangsbuchstaben des lateinischen Alphabets, A, B und C, entsprechen. Die Erwähnung der Schwarzen Magie, die Kyot beim Verstehen des ABC nicht angewandt hatte, ist von Wolfram sicher nicht zufällig gewählt, denn es läßt sich so schlußfolgern, daß dafür die Weiße Magie gebraucht wurde, und als solche wurde auch die Kabbala beziehungsweise deren Methode, die Gematrie, bezeichnet. Lernte Kyot nicht nur das ABC, also die Sprache, welche Flegetanis in seiner Schrift gebrauchte, sondern wandte er auch die Gematrie an, um sozusagen zwischen den Zeilen lesen zu können?

Erwähnt wird die heidnische Schrift auch im Zusammenhang mit der Taufe (*»touf«*) beziehungsweise mit der Taufe des Kyot, die nach althergebrachter israelischer Ansicht ein (Schutz-)Schild (*»schilt«*, Salomos Schild, Siegel, Davidstern) vor dem Höllenfeuer (*»hellefiur«*) sein soll, sowie mit den hochgepriesenen Künsten Flegetanis', der aus dem Geschlecht Salomos stammte, und mit der Kunde vom Gral (*»ez half daz im der touf was bî: ein heiden Flegetânîs bejagte an künste hôhen prîs. der selbe fisîôn was geborn von Salmôn, ûz israhêlscher sippe erzilt von alter her, unz unser schilt der touf wart fürz hellefiur.«*). Wolfram schreibt, daß ohne die Taufe des Kyot die Mär (*»mær«* = Kunde) vom Gral unvernommen (*»unvernumn«*) geblieben wäre (*»ez half daz im der touf was bî: anders wær diz mær noch unvernumn.«*). Er schildert, daß kein heidnisches Wissen (*»list«*) von der Beschaffenheit des Grals, von seiner Art, künden kann – und auch nicht davon, wie man dessen Geheimnis (*»tougen«*) entdeckt und verinnerlicht (*»kein heidensch list möht uns gefrumn ze künden umbes grâles art, wie man sîner tougen innen wart.«*).

Wird hier, wegen der Taufe des Kyot und der verworfenen Schrift des Flegetanis, für welche ein Alphabet (ABC) gebraucht wurde, das Kyot zunächst nicht kannte, latent auf die Gematrie (ABC), die Vesica Piscis und mit ihr auf den Schild Salomos, den Davidstern, der wie bereits erwähnt als Schutzschild zum Abwehrzauber gegen böse Geister diente und der sich aus der Vesica Piscis herleiten läßt, hingewiesen? Läßt sich über das ABC gematrisch das Geheimnis des Gralssteins entdecken?

Bis heute wird von manchen Gralsforschern und Fachkreisen angezweifelt, daß es die Person Kyot, der laut Wolfram Provenzale gewesen sein soll, tatsächlich gegeben hat. Ausschlaggebend für diese Zweifel ist, daß der erste Gralsliterat Chrétien de Troyes nach eigenen Angaben die Geschichte des Perceval, die er um 1180 verfaßte, aus einem Buch des Philipp von Flandern erfahren hat, welches er aus dessen Bibliothek erhielt. Er bekam also den Stoff für seine Perceval-Erzählung angeblich nicht von Kyot – was nicht der Wahrheit entsprechen muß, wie man noch sehen wird.

Kyot könnte der Mönch und Troubadour Guiot de Provins gewesen sein, dieser schrieb Lobpreisungen über den Tempel des Salomo und kontroverse Schmähschriften gegen die katholische Kirche. 1184 n. Chr. war Guiot de Provins, ebenso wie Philipp von Flandern, Gast bei den pfingstlichen Ritterspielen in Mainz, welche wegen der Aufnahme der Söhne des Kaisers Friedrich Barbarossa in den Ritterstand stattfanden. Möglicherweise war auch Wolfram von Eschenbach (*um 1170, † um 1220) als junger Mann, als er sich in ritterlicher Ausbildung befand, er also Knappe war, dort zu Gast und könnte so mit dem Provenzalen Kyot (Guiot de Provins?) zusammengetroffen sein. Aufgrund dieser Bekanntschaft könnte er später, als ausgebildeter Ritter, von Kyot die Gralslegende erfahren, von der Schrift des

Flegetanis Kunde bekommen haben. Michael Hesemann schreibt in »*Die Dunkelmänner*«[38]: »*Denn tatsächlich besuchte Guiot de Provins, von dem Wolfgang von Eschenbach die Vorlage für seinen ›Parzival‹ erhielt, den Hof von König Alfonso II. von Aragon, dem Enkel des ›Schlachtenlenkers‹, als dieser 1174 heiratete.*«

Kyot könnte der Forschung nach aber ebenso identisch sein mit einem gewissen Guillen de Narbona, der einst Schreiber von Königin Urraca, der Frau von König Alfonso I. war. Im Archiv der Kathedrale von Toledo befindet sich eine Urkunde mit der lateinischen Unterschrift »narbonensis guillelm«, übersetzt heißt dies: Guillen de Narbona. Demnach ist es wahrscheinlich, daß Guillen de Narbona in Toledo gewesen ist, und er könnte, entgegen der oben zitierten Behauptung von Michael Hesemann, daß Wolfram von Eschenbach von Guiot de Provins die Vorlage seines »Parzival« erhielt, ebenso der Kyot, von dem Wolfram nach eigenen Angaben die Schrift des Flegetanis erhielt, gewesen sein[39]. Alfonso I., von dessen Frau Guillen de Narbona der Schreiber war, herrschte bis 1134 n. Chr. über das provenzalische Aragon und Navarra und war ein großer Förderer der Templer. Wie den Geschichtsquellen zu entnehmen ist, wurde er im Jahr 1134 n. Chr. schwerverletzt in das in den spanischen Pyrenäen gelegene Kloster San Juan de la Peña gebracht und soll dort gestorben sein. In diesem Bergkloster wurde auch der »Santo Caliz«, der vermeintlich echte Gralskelch, aufbewahrt (siehe Seite 93), zudem soll eine enge Verbindung zu den Tempelrittern und den Katharern bestanden haben. Die lateinische Schreibweise von Alfonso ist Anfortius – die Ähnlichkeit zu Amfortas/Anfortas, dem durch eine Lanze am Unterleib verletzten Gralshüter und Fischerkönig in Wolframs »Parzival« (479), ist offensichtlich. Alfonso könnte demnach Amfortas/Anfortas gewesen sein.

Merkwürdig ist ohnehin, daß alle erwähnten Personen direkt oder indirekt Kontakt zum Kloster San Juan de la Peña hatten, wo der angebliche Gralskelch einst zeitweise aufbewahrt wurde – Wolfram berichtet aber von einem Gralsstein und nicht von einem Kelch. Hatte er demzufolge wirklich von Guiot de Provins die Vorlage des »Parzival«? Wer immer auch dieser Kyot gewesen sein mag, ein Fakt ist, daß über Alfonso I., Alfonso II. und ebenso über Chrétien de Troyes, Philipp von Flandern, Guiot de Provins sowie Guillen de Narbona sicher eine Verbindung zu den Templern und zur Urquelle der Perceval-Erzählung Chrétiens und von Wolframs »Parzival« und wohl auch nach Toledo, der Stadt in Europa, in welcher die Kabbala hauptsächlich gelehrt wurde und wo sie großen Einfluß hatte, bestand. Haben die Tempelritter von den Kreuzzügen, an denen sie als Begleiter zwischen 1129 und 1291 n. Chr. teilnahmen, aus Palästina (Israel) und Ägypten nicht nur die beiden Bücher der Kabbala sowie den Baum und die Blume des Lebens, sondern auch die Schrift des Flegetanis, die Wolfram für seinen um 1205 verfaßten »Parzival« nutzte, mitgebracht? Gelangte Flegetanis' Schrift von dort durch die Templer nach Toledo und von da wiederum über Kyot zu Wolfram?

Sehr interessant sind auch die Namen »Parzival« (Wolfram von Eschenbach) und »Perceval« (Chrétien de Troyes), deren Herkunft und Bedeutung bis heute geschichtlich und

---

[38] Michael Hesemann: »*Die Dunkelmänner*«, Sankt Ulrich Verlag, Augsburg, 2007, Seite 136.
[39] http://www.zdf.de/ZDFde/inhalt/12/0,1872,2192492,00.html (Stand 20.08.2007).

sprachwissenschaftlich nicht eindeutig geklärt sind. Nach gängiger Lehrmeinung kann »Perceval« aus dem Französischen ins Deutsche mit »das Tal durchschreiten« (Per-ce-val) übersetzt werden. Ein Graf, der gleichzeitig der Vetter König Alfonsos I. war, trug den Beinamen Perch-de-val. Auch wenn Perch-de-val dem französischen Perceval (= Parzival, was im mittelalterlichen Deutsch in etwa »mitten [hin]durch« bedeutete) sehr ähnlich ist und die Vorlage für die Namensgebung zu sein scheint, hat der Name wahrscheinlich einen ägyptischen Ursprung. Denn gründet er nicht vielmehr auf dem Wort »Pharao«, das, von der sprachlichen Urwurzel »Per-aa« abgeleitet, »großes Haus« bedeutet? Könnte mit der deutschen Übersetzung von Perceval (= »das Tal durchschreiten«) beziehungsweise von Parzival (= »mitten (hin)durch«) nicht auch das ägyptische Tal der Könige (der Pharaonen) gemeint sein, das geistig-symbolisch »durchschritten« werden soll, oder eben das »große Haus«: die Pyramide.

Vielfach wurde Wolfram von seinen zeitgenössischen Kritikern verspottet und sein »Parzival« als Witz abgetan (*»bin ich niht der witze laz«*). Und wie schon erwähnt, wurde ihm vorgeworfen, er hätte lediglich die zuerst geschriebene und nahezu gleiche Perceval-Erzählung von Chrétien de Troyes gelesen und diese aus dem Französischen ins Deutsche übersetzt. Weiter wurde ihm unterstellt, die Gestalt des Provenzalen Kyot, der ihm die Schrift des Flegetanis für sein Epos übergab, nur erfunden und weitere Handlungen in seinem Werk ergänzt zu haben, um sagen zu können, sein »Parzival« sei gar nicht nach Chrétien de Troyes Vorlage geschrieben.

416

    Kyôt ist ein Provenzâl,
    der dise âventiur von Parzivâl
    heidensch geschriben sach.
    swaz er en franzoys dâ von gesprach,
    bin ich niht der witze laz,
    dez sage ich tiuschen fürbaz.

Wolfram schreibt, daß der Provenzale Kyot auch einem Franzosen (*»franzoys«*, hier ist Chrétien de Troyes gemeint: *»Troys meister Cristjân«*) von dem mit den Buchstaben eines heidnischen ABC verfaßten (*»heidensch geschriben sach«*) *»Parzival«* berichtet hat (*»dâ von gesprach«*). War es wirklich so? Laut Chrétien de Troyes Angaben in seiner Perceval-Erzählung hat er die Geschichte des Perceval aus einem Buch erfahren, das sich in der Bibliothek des Philipp von Flandern befand. Hat möglicherweise Chrétien de Troyes verschwiegen, daß der Stoff seines Werkes tatsächlich von Kyot stammt, um sich als Entdecker der Geschichte des Perceval und des Grals zu brüsten, die er fortgeführt oder ausgebaut hat? Oder besaßen Wolfram und Chrétien für ihre sehr ähnlichen Werke tatsächlich dieselbe, mit heidnischen Buchstaben verfaßte und von Kyot in Toledo entdeckte Vorlage des Flegetanis? Hat Chrétien de Troyes nach eigenem Gutdünken die Geschichte des Perceval verfälscht, also der Geschichte (*»mære«* = Kunde) Unrecht (= *»unreht«*) getan, so wie es Wolfram von Eschenbach erklärt?

Ob von Troys meister Cristjân[40]
disem mære hât unreht getân,
daz mac wol zürnen Kyôt,
der uns diu rehten mære enbôt.

endehaft giht der Provenzâl,
wie Herzeloyden kint den grâl
erwarp, als im daz gordent was,
dô in verworhte Anfortas.
von Provenz in tiuschiu lant

diu rehten mære uns sint gesant,
und dirre âventiure endes zil.
niht mêr dâ von nu sprechen wil
ich Wolfram von Eschenbach,
wan als dort der meister sprach.

Wolfram berichtet im Schlußteil des »Parzival«, daß er vor Ort, das heißt im Land der Provenz (= Provence, die aber damals nicht identisch war mit der heutigen französischen Provence, »dô in verworhte Anfortas. von Provenz in tiuschiu lant«), war, als dort Kyot, der den Gral kannte, sprach (»endehaft giht der Provenzâl, wie Herzeloyden kint den grâl ich Wolfram von Eschenbach, wan als dort der meister sprach.«). Auch schreibt er, daß es Kyot, der im »Parzival« (453) als Meister bezeichnet wird (siehe Seite 117), zürnen mag (»daz mac wol zürnen Kyôt«), weil der Meister Chrétien de Troyes der Kunde Unrecht getan hat (»disem mære hât unreht getân«), also die falsche Kunde/Geschichte zu Perceval beziehungsweise Parzival und dem Gral niedergeschrieben hat, und daß Kyot die rechte, die richtige Kunde (»der uns diu rehten mære enbôt, diu rehten mære uns sint gesant«) uns geboten und gesandt hat.

Es stellt sich die Frage, warum Wolfram den Zusatz »Meister« verwendete und was er unter einem Meister verstand? Als Meister wird jemand bezeichnet, der ein bestimmtes Wissen sowie gewisse Fertigkeiten und Fähigkeiten und dadurch eine herausragende Stellung in einer Gruppe oder Gemeinschaft hat. Demnach könnte sich Wolfram auf den Rang, den Kyot und auch Chrétien de Troyes innerhalb des Ordens der Tempelritter (als örtliche Leiter, Meister dieses Ordens) hatten, beziehen. Oder meinte er, daß beide Meister in der Anwendung der Gematrie (ABC) waren und Kenntnisse der Kabbala hatten? Möglich ist auch, daß sie Meister der Gralswissenschaften Geometrie und Astronomie waren (beide Wissenschaften wurden im Mittelalter zusammen mit der Arithmetik und der Musik als Quadrivium, vier Wege, bezeichnet und gelehrt), sie also die Vorgänge und Zusammenhänge des Universums kannten und erklären konnten. Da Chrétien de Troyes hochgebildet

---

[40] Cristjân (deutsch) = Chrétien (französisch)

gewesen sein soll, kann davon ausgegangen werden, daß ihm die vier Wege, das Quadrivium, bekannt waren.

Die Aussage Wolframs, daß er selbst in der Provence war, als dort der Meister Kyot sprach, läßt die zu, daß auch er ein Tempelritter war. Daß Wolfram ganz sicher dem Ritterstand angehörte, geht unter anderem aus dem *»Parzival«* hervor, wo er über sich selbst schreibt: *»sô saget iu ûf mînen eit mîn rîtterlichiu sicherheit«* (15) und *»min schildes ambet ist mîn art«* (115). Laut Joachim Bumke[41] besaß Wolfram einen Ministerialstatus, er gehörte dem Ritterstand der unteren Adelsschicht an und war »dienestman« (= Dienstmann) der Grafen von Wertheim, andernfalls hätte er wohl auch kaum Zugang zum inneren Kreis der Templer gehabt, um die Rede des Kyot hören und mit ihm persönlich über Parzival und den Gral sprechen zu können. Erfolgte dieses persönliche Treffen, damit das wahre Wissen vom Gralsstein nicht verlorenging? War Kyot über Chrétien de Troyes und seine geschriebenen Unwahrheiten bezüglich des Grals erzürnt (*»daz mac wol zürnen Kyôt«*) und gab deshalb die wahre Geschichte vom Gralsstein an Wolfram weiter?

454

> Er was ein heiden vaterhalp,
> Flegetânîs, der an ein kalp
> bette als ob ez wær sîn got.
> wie mac der tievel selhen spot
>
> gefüegen an sô wîser diet,
> daz si niht scheidet ode schiet
> dâ von der treit die hôhsten hant
> unt dem elliu wunder sint bekant?
> Flegetânîs der heiden
>
> kunde uns wol bescheiden
> ieslîches sternen hinganc
> unt sîner künfte widerwanc;
> wie lange ieslîcher umbe gêt,
> ê er wider an sîn zil gestêt.
>
> mit der sternen umbereise var
> ist gepüfel aller menschlîch art.
> Flegetânîs der heiden sach,
> dâ von er blûweclîche sprach,
> im gestirn mit sînen ougen

[41] *»Ministerialität und Ritterdichtung, Umrisse der Forschung«*, Verlag Beck, München, 1976, und *»Wolfram von Eschenbach«*, Verlag Metzler, Stuttgart/Weimar, 1997, 7. Auflage.

verholenbæriu tougen.
er jach, ez hiez ein dinc der grâl:
des namen las er sunder twâl
inme gestirne, wie der hiez.
ein schar in ûf der erden liez:

diu fuor ûf über die sterne hôch.
op die ir unschult wider zôch,
sît muoz sîn pflegn getouftiu fruht
mit alsô kiuschlîcher zuht:
diu menscheit ist immer wert,
der zuo dem grâle wirt gegert.

Wolfram schreibt hier davon, daß Flegetanis, der halb Heide väterlicherseits (»*Er was ein heiden vaterhalp*«) war, ein Kalb (»*kalp*«) anbetete, als ob es sein Gott (»*sîn got*«) wäre, und daß dieser den Namen des Grals, »lapsit exillis«, in den Gestirnen mit seinen Augen las (»*im gestirn mit sînen ougen, ez hiez ein dinc der grâl: des namen las er sunder twâl, inme gestirne, wie der hiez.*«). Es stellt sich die Frage, warum Wolfram ausdrücklich mit »*sînen ougen*« (mit seinen Augen) schrieb. Hat der Astronom Flegetanis – daß er ein solcher war, wird noch ausführlich dargestellt – im übertragenen Sinne nur durch die geistig-symbolischen Augen des Horus (die zwei die Vesica Piscis bildenden Kreise, von denen einer den Mond und einer die Sonne als Gestirne versinnbildlicht) den Namen des Grals lesen können? Ist dies vielleicht eine Andeutung auf die die Vesica Piscis bildenden zwei Kreise, die Augen des Horus, aus denen sich mit Hinzunahme eines dritten Kreises die Urgrundlagen der Geometrie und Astronomie, nämlich der Ursatz des Pythagoras und die Urkreiszahl π, herleiten lassen?

Das erste Wort des für Sprachwissenschaftler rätselhaften, da Bedeutung und Herkunft nicht genau geklärt sind, Namens des Gralssteines ist LAPSIT (»*Parzival*« 469: »*er heizet lapsit exillis*«, vergleiche auch Seite 115). Nimmt man daraus die Buchstabenfolge PSI, verbleiben die Buchstaben LAT, was gematrisch folgende Bedeutung hat: P + S + I = 16 + 19 + 9 = 44 sowie LAT = 12 + 1 + 20 = 33. So verbirgt LAPSIT, wenn PSI und LAT ins Verhältnis gesetzt werden, das heißt, wenn die addierten Zahlenwerte dieser Buchstabenfolgen geteilt werden und so der Quotient gebildet wird, den Bruch 44/33, dieser ist gekürzt gleich 4/3, und dies wiederum ist die Steigung $4 \div 3 = 4/3$ (= 1,3333333) des Dreiecks 3, 4, 5 – die zur Formel des Satzes des Pythagoras führt, die besagt, daß $a^2 + b^2 = c^2$, also $3^2 + 4^2 = 5^2$ ist.

Im zweiten Wort des Namens, EXILLIS, sind zweimal das L (LL = 12 + 12 = 24) und zweimal das I (II = 9 + 9 = 18) enthalten. Werden LL und II ins Verhältnis gesetzt beziehungsweise als Bruch formuliert und dieser gekürzt, sieht dies folgendermaßen aus: LL/II = 24/18 = 12/9 = 4/3. Dementsprechend ist LL/II = LL $\div$ II = $24 \div 18 = 4 \div 3$, und das Ergebnis davon ist 1,3333333 – so läßt sich wieder die Steigung des Dreiecks 3, 4, 5 ermitteln. Neben LL und II wären dann noch die Buchstaben EXS, deren Zahlenwert beträgt 48 (5 + 24 + 19 = 48), und EXS $\div$ II = 48/18 = 24/9 = 8/3 = 2,6666666 (EXS $\div$ LL = 48/24 = 2). Dies entspricht genau dem Wert, der entsteht, wenn die Steigungen der beiden Dreiecke 3, 4, 5, die das Pyramidenseitendreieck bilden, addiert werden: 1,3333333 + 1,3333333 = 2,6666666 (siehe Seite 80). Der Name des Gralssteines verbirgt gematrisch gesehen also das Dreieck 3, 4, 5 beziehungsweise das Pyramidenseitendreieck, und beides ist verbunden mit der Vesica Piscis (den Augen des Horus), der Pyramide und dem Pyramidion.

Der Gralsstein verkörpert als der Stein der Weisen die Gralswissenschaft Astronomie, mit der sich Flegetanis laut dem *»Parzival«* (454; siehe auch Seite 122) beschäftigte; er kannte das Hingehen (*»hinganc«*), die Wiederkunft (*»unt sîner künfte widervanc«*), also den Umlauf (*»umbereise«*) der Himmelskörper sowie die Zeitdauer dieser Umläufe (*»wie lange ieslîcher umbe gêt«*). Für diese Beobachtungen und vor allem für die Berechnungen der Planetenumläufe sind der Satz des Pythagoras und die Kreiszahl π grundlegend – beides ist verbunden mit den Urbrüchen und beides läßt sich aus drei gleichgroßen Kreisen und dem Pyramidenseitendreieck herleiten (dazu mehr ab Seite 145). Und die Formel des Satzes des Pythagoras verbirgt sich wie dargestellt im Namen des Gralssteines und kann mit Hilfe der Gematrie ermittelt werden. Es muß davon ausgegangen werden, daß Flegetanis diese Kenntnisse hatte.

Wolfram schreibt auch davon, daß der Sternenlauf das Schicksal aller Menschen lenkt (*»mit der sternen umbereise var ist gepüfel aller menschlîch art«*). Zum Gralsgeheimnis gehört also neben der Astronomie und der Geometrie auch die Astrologie (Horoskop), die sich nachweislich aus der ägyptisch-babylonisch-sumerischen Astronomie entwickelte. Sehr interessant hierzu ist, daß der ägyptische falkengestaltige Gott Horus auch als Horos bezeichnet wurde – und HOROS ist ein Teil des Wortes HOROSKOP. Nach der Eroberung Ägyptens durch den Makedonier Alexander der Große setzte dieser seinen Feldherrn Ptolemäus dort als Pharao ein, der der Begründer der Pharaonendynastie (323 bis 30 v. Chr.) der Ptolemäer war. Während dieser Dynastie existierte eine Priesterschaft, die den Namen »Horoskopoi« (= Stundenschauer) trug und die sich mit der Zeitmessung[42] und ihrer Deutung beschäftigte. Dort glaubte man an ein feststehendes Schicksal, das mit den sieben Hathoren (abgeleitet von der ägyptischen Göttin Hathor, die wie die Isis mit Sonnenscheibe und Stierhörnern auf dem Kopf dargestellt wurde und die ursprünglich Himmelsgöttin war, sie war die Frau des Himmelsgottes Horus, dem Sohn der Isis) verbunden war, die wiederum mit den sieben Planeten, von denen auch im *»Parzival«* die Rede ist, gleichgesetzt wurden. Somit schließt sich ein weiterer Kreis, der den *»Parzival«*, die Vesica Piscis (Augen des Horus, Ra/Re), das Kernstück der Blume des Lebens (das die sieben Planeten symbolisiert) und die Tempelritter, die die Blume des Lebens nach Europa brachten und als Symbol verwendeten (siehe Templergrabstein auf Seite 73), umfaßt.

---

[42] Für die Zeitmessung war in Ägypten schon um 3000 v. Chr. der »Gnomon« (Schattenstab oder Schattenzeiger) gebräuchlich – er war ein astronomisches Instrument, mit dem verschiedene Messungen durchgeführt werden konnten, wofür geometrisch-mathematische Grundlagen wichtig waren.

Über ein Buch des Meisters Flegetanis, das er in Gedichtform schrieb und das Aufschlüsse gibt über die Zeit, in der er lebte, steht in *»Der Wartburgkrieg«* (dort wird er Meister Zabulon genannt) folgendes:

156. Wolfram M 72, K 747 c1

… Und wie daz buoch getihtet wart
von einem meister, der doch lange bette an ein kalp;
er was ein jude von der muoter art,
ein heiden vaterhalp,

Und was der êrste der sich Astromîe ie underwant;
daz ich die wârheit weiz, dar umbe dult ich dinen zorn.
eins nahtes er an sternen vant,
daz bî zwelif hundert jâren wurde ein kint geborn, …

daz alle juden gar von êren stiez. …

An dieser Stelle wird berichtet, daß der Meister Zabulon (= Flegetanis) der erste war, der sich mit der Astronomie beschäftigte, sich in den Dienst der Astronomie (= *Astromîe*) stellte (*»Und was der êrste der sich Astromîe ie underwant«*, er war also eindeutig ein Astronom), daß er lange ein Kalb anbetete (*»von einem meister, der doch lange bette an ein kalp«*), daß er Jude mütterlicherseits und Heide väterlicherseits war (*»er was ein jude von der muoter art, ein heiden vaterhalp«*, genau wie im *»Parzival«* 454; vergleiche Seite 122) und daß er eines nachts in den Sternen las, daß nach zwölfhundert Jahren (*»bî zwelif hundert jâren«*) ein Kind geboren würde (hier ist Jesus gemeint), welches alle Juden gar von Ehren stieß. Demnach muß Flegetanis um 1200 v. Chr., also etwa zur Zeit des Auszuges des Volkes Israel aus Ägypten (das dort zuvor in vierhundertjähriger Gefangenschaft lebte und von Moses ins gelobte heilige Land Kanaan [= Phönizien] geführt wurde) und der danach folgenden Anbetung des Stieres (goldenes Kalb als Götzenbild Gottes, Kuh-Hörner als Symbol der Hathor, des Ra/Re) am Berg Moses (Berg Sinai), gelebt haben (vergleiche 2. Buch Moses 32,1 bis 4 und 33,1 bis 2 und 4. Buch Mose 21,1 bis 3 und 33, 51 bis 53 und 34). War Flegetanis' »Urschrift« des *»Parzival«* in proto-kanaanäischer Schrift (proto-semitisches Alphabet) verfaßt, dessen Alphabet (ABC) um 1700 v. Chr. entstand und das bis zum hieraus entstanden phönizischen Uralphabet (um 1100 v. Chr., es ist unter anderem auch Grundlage des hebräisch-aramäischen Alphabets) im Land Kanaan verwendet wurde? Es war also genau in der Zeit in Gebrauch, in der sich das Volk Israel in ägyptischer Gefangenschaft und anschließend auf der Wanderschaft zum heiligen Land befand. Besaß Kyot von diesem Alphabet Kenntnisse? Hat er hieraus Flegetanis' Geschichte vom Gral übersetzt?

Weiter wird im *»Parzival«* (455) berichtet, daß Kyot wegen seines Wissensdrangs (nachdem er die Schrift des Flegetanis in Toledo gefunden hatte) auch in lateinischen Büchern, in den Chroniken der Länder Irland, Britannien, Frankreich und manch anderem, suchte, um ein Volk zu finden, das berufen war, den Gral zu hüten. Er fand es schließlich auch beschrieben in lateinischer Schrift – in eigener »Anschau«[43] (= »Anschouwe«), wie es geschrieben steht, er laß es also selber. Aus dieser lateinischen Schrift erfuhr Kyot von Tyturel und dessen Sohn Frimutel sowie von Anfortas/Amfortas und dessen Schwester Herzeloyde, aus deren Verbindung mit Gahmuret Parzival hervorging (»...unt anderhalp wie Tyturel, unt des sun Frimutel, den grâl bræht ûf Amfortas, des swester Herzeloyde was, bî der Gahmuret ein kint...«). Weder in den Chroniken der Länder Irland, Britannien und Frankreich tauchen die Namen Tyturel, Frimutel, Anfortas, Herzeloyde, Gahmuret oder Parzival auf – und wohl auch nicht in der verschollenen Chronik des Geschlechts der Anjou (laut geschichtlichem Stammbaum der Anjou existierte dort keiner dieser Namen). Es gab also zwei Schriften, die Kyot kannte beziehungsweise fand und von denen er Wolfram erzählte oder die er ihm übergab, damit er sie in den »Parzival« mit einfließen lassen konnte: die des Flegetanis, die mit heidnischen Buchstaben (ABC) verfaßt war und die er übersetzte (»in heidenischer schrifte dirre âventiure gestifte, der karakter â b c muoser hân gelernet ê«), und eine, von der er später erfuhr und aus welcher er die Namen kannte.

Viele moderne »Parzival«-Übersetzungen sind oft fehlinterpretiert oder orientierten sich nicht nicht am maßgeblichen, genauen und wahren Wortlaut: aus heidnischer Schrift wird eine arabische und aus dem Astronom Flegetanis ein Naturforscher. Warum sollte denn gerade in Toledo, in der Stadt, in der zur Zeit Wolframs vorwiegend arabisch gesprochen wurde, eine arabische Schrift (in welcher die Schrift des Flegetanis angeblich verfaßt gewesen sein soll) verworfen worden sein, die doch ohne Probleme zu lesen und zu übersetzen gewesen wäre? Eine proto-kanaanäische Schrift (im proto-semitischen Alphabet beziehungsweise dessen Buchstaben verfaßt) hätte in Toledo sehr wohl verworfen werden können, eben weil wohl kaum jemand diese Schrift lesen konnte. Zudem zählten die Kanaaniter laut den Büchern des Moses (und den geschichtlich-religiösen Forschungen) zu den Heiden, sonst hätte Gott sicher nicht den Israeliten das Land der Kanaaniter (Phönizien, das spätere Palästina und ungefähre heutige Israel, das zu Moses Zeiten auch das heutige Jordanien umfaßte) gegeben. Der Begriff »Heide« bezeichnet ja genau diejenigen, die mehrere Götter anbeten (was die Phönizier auch taten, sie beteten beispielsweise den stierköpfigen Gott

---

[43] Von manchen Gralsforschern wird der mittelalterliche deutsche Begriff »anschouwe« (= Anschau) fälschlich mit dem Geschlecht von »Anjou« gleichgesetzt. Im »Parzival« (455) heißt es:

»Kyôt der meister wîs
diz mære begunde suochen
in latînschen buochen,
wâ gewesen wære
ein volc dâ zuo gebære
daz ez des grâles pflæge
unt der kiusche sich bewæge.
er las der lande chrônicâ
ze Britâne unt anderswâ,
ze Francrîche unt in Yrlant:
ze Anschouwe er diu mære vant.«

Moloch an, dem sogar Kinder der adeligen Gesellschaft geopfert wurden; siehe auch 3. Buch Mose 18,21 und 1. Könige 11,7 und 2. Könige 23,10), also die Menschen, die Nichtchristen, Nichtjuden oder Nichtmohammedaner (Nichtaraber) sind. Die heidnische Schrift des Flegetanis war also, entgegen den haltlosen Behauptungen mancher Gralsforscher und mancher falschen Übersetzung, sicher nicht in Arabisch verfaßt. Erst ab dem 7. Jh. n. Chr. ist das arabische Alphabet in seiner klassischen Form geschichtlich, archäologisch und sprachwissenschaftlich nachweisbar, also erst cirka 1.800 Jahre nachdem der Astronom Zabulon (= Flegetanis) laut *»Der Wartburgkrieg«* lebte. Das arabische Alphabet (ABC) existierte in der Zeit, in der Flegetanis lebte, noch gar nicht, weshalb dessen verworfene und von Kyot in Toledo entdeckte Schrift auch sicher nicht in arabisch verfaßt gewesen sein kann.

Die Angaben Wolframs zur Schrift des Flegetanis sind sehr spärlich und auch rätselhaft. Er schreibt, daß sie in »heidnischen Buchstaben« verfaßt und verworfen wurde. Die Frage ist, ob sie wegen der »heidnischen Buchstaben« (ABC) verworfen wurde oder wegen dem, was Flegetanis geschrieben hat. Oder wurde sie wegen beidem verworfen? Was den Inhalt dieser Schrift betrifft, so ist es sicher so, daß diese nicht das ganze Parzival-Epos, das Wolfram schrieb, umfaßte. Dies ist schon allein geschichtlich nicht möglich, denn Flegatanis muß den Text laut den Angaben in *»Der Wartburgkrieg«* um 1200 v. Chr. geschrieben haben, weshalb er keine »Geschichte« verfaßt haben kann, die im Mittelalter spielt und dort angesiedelt ist. Vielmehr muß Flegetanis etwas verfaßt haben, das Wolfgang in seinen *»Parzival«* einbezogen hat, etwas, um das er die mittelalterlichen Handlungen schrieb. Es kann natürlich nur spekuliert werden, was Flegetanis niedergeschrieben hat, so daß es zum einen verworfen und zum anderen später von Wolfram geheimnisvoll in sein Werk aufgenommen wurde, damit die Botschaft nicht verständlich für die Allgemeinheit werden konnte. Denn immerhin arbeitete Wolfram in der Zeit am *»Parzival«*, als die Inquisition ihren Anfang nahm. So könnte es zum einen eine gnostische Schrift gewesen sein, die Flegetanis der Nachwelt hinterließ und die später deswegen verworfen wurde, weil die gnostischen Inhalte wegen des herrschenden Zeitgeistes im christlichen Mittelalter nicht verbreitet werden sollten. Ging es um den Menschen, der sich – wie Parzival, der seinen Verwandten Ither erschlug und für den Tod seiner Mutter Herzeloyde verantwortlich war – von Gott abgewendet hat, um sich später aus Reue auf die (geistige) Suche nach Gott, auf den Weg zurück zu Gott und zur wahren Erkenntnis der Göttlichkeit zu machen? Zum anderen könnten es Ausführungen zur Astronomie gewesen sein, die im krassen Gegensatz zum geozentrischen Weltbild (Erde als Zentrum des Universums) der katholischen Kirche standen: Wenn Flegetanis die Umläufe der Planeten kannte, so ist es denkbar, daß er das heliozentrische Weltbild (Planeten, also auch die Erde, drehen sich um die Sonne) vertrat und Beobachtungen und Ansichten dazu in seiner Schrift zusammengefaßt hat. Dies wäre ein gewichtiger Grund dafür, daß die Schrift nur in gewissen Wissenschaftskreisen kursierte und in Toledo, dem europäischen Wissenschaftszentrum um 1180 n. Chr., von Kyot gefunden wurde. Wußte Chrétien doch von Kyot von der Schrift? War er nur zu feige, diese für seine Perceval-Erzählung (um 1180 n. Chr.) zu verwenden? Hatte er Angst vor der sich abzeichnenden Inquisition, vor einer persönlichen Verfolgung durch die Kirche? Besaß hingegen Wolfram den Mut, das Wissen des Flegetanis in seinen *»Parzival«* einfließen zu lassen?

Es ist aber auch möglich, daß Flegetanis in seiner Schrift gnostisches und astronomisches Wissen verband, denn die Gnostiker sahen Mensch und Kosmos als Einheit, für sie war das Prinzip »wie oben, so unten« ein grundlegendes.[44] So bezeichnet Mia Leene den Mathematiker und Astronom Pythagoras als einen gnostischen Realisten und schreibt über einen Astronom im allgemeinen: »*Der Astronom übt einige* ›*Künste*‹ *gleichzeitig aus: die Astronomie, die Geometrie, die Arithmetik, die Musik als Sphärenmusik, die Rhetorik, wenn er seine* ›*Kenntnis*‹ *den Erdbewohnern übertragen muß, und die Grammatik, wenn er damit beschäftigt ist, die Himmelskörper oder das Buch der Natur zu lesen. Wenn er seine Intuition einschaltet, ist er dialektischer Mensch, ein Unterscheidender, ohne Hilfe der Technik.*«[45] Hier spricht Mia Leene von den schon in der Antike gelehrten »Sieben freien Künsten«, die sich in das »Trivium« (drei Wege), und das »Quadrivium« (vier Wege) gliedern. Das »Trivium« bestand aus den Fächern Grammatik, Rhetorik, Dialektik, und zum »Quadrivium« zählten die Arithmetik, die Geometrie, die Astronomie und die Musik.

Dies alles berücksichtigend, ist klar, daß Flegetanis' Schrift wohl verworfen, also nicht beachtet wurde, weil deren Inhalt für den hätte lebensgefährlich werden können, der ihn wie auch immer verbreitete, denn die Inquisition war im Mittelalter allgegenwärtig. Erste Rechtsgrundlagen für die Inquisition schuf 1184 n. Chr. Papst Lucius III. mit seiner Bulle »*Ad Abolendam*«. Papst Innozenz III. erließ 1206 n. Chr. seine Dekretale »*Qualiter et quando*« – das war genau zu der Zeit, als die erste offizielle kabbalistische Schrift im französischen Languedoc auftauchte und wenig später die Katharer und dann auch die Tempelritter verfolgt und brutal ermordet wurden (vergleiche Seiten 64 f). Es war eben auch die Zeit, in der Chrétien und Wolfram ihre Epen verfaßten. Flegetanis' Schrift muß Wissen enthalten haben, das der Kirche gefährlich werden konnte und das die Katharer und Templer als ihren »geistigen Gralsschatz« hüteten. Es stellt sich die Frage, ob die Kirche die Schrift des Flegetanis kannte. Das darin enthaltene Wissen war ihr sicherlich geläufig.

[44] Dieses Prinzip ist auch in der »*Tabula Smaragdina*« (Smaragdtafel) des Hermes Trismegistos wiedergegeben, welche eine Grundlage der mittelalterlichen Alchemie, der hermetischen Philosophie und der Gnosis war. Strittig ist, ob dieser Text antiken Ursprungs ist oder ob dieser erst im Mittelalter verfaßt wurde. Es ist aber wohl so, daß er in der Antike verfaßt wurde, denn der Text, der ein Teil der wenigen noch erhalten gebliebenen Schriften der »*42 Traktakte des Hermes Trismegistos*« sein soll, entspricht inhaltlich den »*Episteln der Lauteren Brüder*« (vergleiche Seite 56). Zudem besagt eine Legende, daß Sara, die Frau Abrahams, das Grab des Hermes Trismegistos im palästinischen Ort Hebron gefunden haben soll (vergleiche Helmut Gebelein: »*Alchemie*«, Diedrichs Gelbe Reihe, Seite 113). Aus einer anderen Legende geht hervor, daß Alexander der Große die Smaragdtafel in der Cheopspyramide gefunden haben soll (vergleiche Eckhard Graf: »*Die Magier des Tarot*«, Königsfurt Verlag, Seite 36).

[45] Siehe Leene, Mia: »*Die Heilkunst der Götter*« und Leene, Mia und Henk: »*Der Atem der Gnosis*«, beide erschienen beim Verlag Zeitenwende.

Zur Mutter, die das Kind gebar, sowie zu Luzifer und dem Gralsstein schreibt Wolfram:

471

> Si kômen alle dar für kint,
> die nu dâ grôze liute sint.
> wol die muoter diu daz kint gebar
> daz sol ze dienste hœren dar!
>
> der arme unt der rîche
> fröunt sich al gelîche,
> ob man ir kint eischet dar,
> daz siz suln senden an die schar:
> man holt se in manegen landen.
>
> vor sündebæren schanden
> sint si immer mêr behuot,
> und wirt ir lôn ze himel guot.
> swenne in erstirbet hie daz lebn,
> sô wirt in dort der wunsch gegebn.
>
> di newederhalp gestuonden,
> dô strîten beguonden
> Lucifer unt Trinitas
> swaz der selben engel was,
> die edelen unt die werden
> muosen ûf die erden
> zuo dem selben steine.
> der stein ist immer reine.
> ich enweiz op got ûf si verkôs,
> ode ob ers fürbaz verlôs.
>
> was daz sîn reht, er nam se wider.
> des steines pfligt iemer sider
> die got derzuo benande
> unt in sîn engel sande.
> hêr, sus stêt ez umben grâl.

An dieser Stelle erwähnt er im Zusammenhang mit dem Gralsstein die Mutter, die das Kind gebar (»wol die muoter diu daz kint gebar«), also Maria und Jesus, und dazu den edlen Engel Luzifer und die Trinitas (= Trinität, Dreieinigkeit Gottes; deren Symbol ist das gleichseitige Dreieck, ein Teil des Davidsterns; »Lucifer unt Trinitas«). Nachdem die Engel, die einst den Gral hüteten, beim Streit zwischen Luzifer und Trinitas (»dô strîten beguonden Lucifer unt Trinitas«) weder zu Gott noch zu Luzifer standen (»di newederhalp gestuonden«), sich also nicht entscheiden konnten (vergleiche »*Der Wartburgkrieg*« 143. Wolfram *M 85, J 110, K 666 d1* und »*Parzival*«, 463, sowie in diesem Buch die Seiten 51 bis 52, wo es darum geht, daß sowohl Jesus als auch der gefallene Luzifer als Morgenstern bezeichnet werden), wurden sie als Strafe hierfür auf die Erde verbannt, ebenso wie Luzifer und seine Engel. Es kann davon ausgegangen werden, daß Wolfram von Eschenbach die zweifache Bedeutung des Namens Luzifer bekannt war. Hat er in dieser Textstelle in zweifacher Weise einen Hinweis auf Jesus versteckt, zum einen mit der Mutter, die das Kind gebar, und zum anderen mit dem edlen Luzifer? Der edle Jesus (der helle Morgenstern = Venus = Luzifer) ist ja ein lichttragender Teil der Dreieinigkeit – er gehört zur edlen Trinitas und zum (leuchtenden) Gralsstein, so wie es Wolfram schreibt. Er berichtet, daß Luzifer und Trinitas auf die Erde müssen zu demselben Stein und daß dieser immer rein ist (»*Lucifer unt Trinitas, swaz der selben engel was, die edelen unt die werden muosen ûf die erden, zuo dem selben steine. der stein ist immer reine.*«). Es drängt sich die Frage auf, warum Wolfram hier ausdrücklich vom *edlen* Engel Luzifer schreibt, der zusammen mit der *edlen* Trinitas (Dreieinigkeit) auf die Erde muß zu demselben Stein. Es kann eigentlich nicht der gefallene *unedele* Luzifer (= Lichtträger = Morgenstern), sondern nur der *edle* Jesus (= der helle Morgenstern = phosphoros = Venus = Luzifer = Lichtträger) gemeint sein, der zusammen mit Trinitas auf die Erde muß, denn sonst wäre der Stein (Pyramidion, Phoenix, gleichseitiges Dreieck) eben nicht rein.

Symbolisch-geometrisch ist dies an nebenstehender Abbildung erkennbar: Der edle Luzifer (= der helle Morgenstern, der Lichtträger Jesus) und die Trinitas vereinen sich am Gralsstein, da sich in den Jesus-Fisch das gleichseitige Dreieck durch vorgegebene Punkte konstruieren läßt und da dieses zum einen das Symbol der Trinitas (Dreieinigkeit) und zum anderen die Seitenansicht des Gralssteines ist. Mit vier gleichseitigen Dreiecken kann außerdem die Grundfläche des Gralssteines, das Quadrat, beziehungsweise das aufgeklappte Pyramidion konstruiert werden (nach demselben Prinzip wie bei der Pyramide, siehe Seite 98). Da der edle Jesus, versinnbildlicht vom Fisch, und die edle Trinitas, vom gleichseitigen Dreieck symbolisiert, sich also so am Gralsstein, ebenfalls vom gleichseitigen Dreieck dargestellt, vereinen, ist dieser auch rein, wie Wolfram es schreibt.

Die zweifache Bedeutung des Morgensterns (Luzifer) kann mit Bibelzitaten verdeutlicht werden.

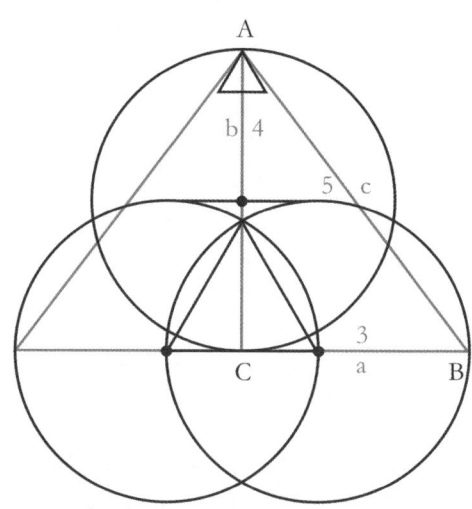

Der Jesus-Fisch und das gleichseitige Dreieck, also der edle Luzifer und die edle Trinitas, erscheinen gemeinsam am Gralsstein (Pyramidion, Spitze der Pyramide). Durch Spiegelung des gleichseitigen Dreiecks im Jesus-Fisch läßt sich der Davidstern bilden, und aus dessen Spitze wiederum das Pyramidion (vergleiche Abbildungen auf Seite 101, 103, 106).

Offenbarung 22,16:

> »Ich, Jesus, habe meinen Engel gesandt, euch dies zu bezeugen für die Gemeinden. Ich bin die Wurzel und das Geschlecht Davids, der helle Morgenstern.«[46]

In dem Fall handelt es sich beim Morgenstern um Jesus (er selbst bezeichnet sich als solchen), also um den *edlen* Luzifer, von dem Wolfram schreibt, daß er zusammen mit Trinitas auf die Erde muß (vergleiche Seiten 87 ff und 107 zum Gralskelch und zu Jesu wahrer, edler Herkunft und Blutlinie).

Jesaja 14, 12:

> »Wie bist du vom Himmel gefallen, du schöner Morgenstern! Wie wurdest du zu Boden geschlagen, der du alle Völker niederschlugst!«

Im lateinischen Text nach Hieronymus (Biblia Vulgata: »quomodo cecidisti de caelo Lucifer qui mane oriebaris«) steht für den gefallenen Morgenstern der Name Lucifer; hier ist tatsächlich der gestürzte (*unedle*) Engel und Lichtträger (Ra/Re) gemeint, der zu Boden geschlagen wurde. In Gestalt der Schlange verführte er Eva, von der verbotenen Frucht des Baumes der Erkenntnis zu essen, und wegen dieses Sündenfalls (vergleiche Fußnote 15 auf Seite 44 sowie 1. Buch Mose 2,17 und 3,1 bis 24) wurde sie zusammen mit Adam und Eva aus dem Paradies auf die Erde vertrieben. Laut der Bibel (1. Buch Mose 3,21) sind Adam und Eva die ersten Menschen auf der Erde, von denen alle Völker abstammen, weshalb wegen ihnen und der Schuld Luzifers auch alle Völker niedergeschlagen wurden.

Offenbarung 12,9:

> »Und es wurde hinausgeworfen der große Drache, die alte Schlange, die da heißt: Teufel und Satan, der die ganze Welt verführt, und er wurde auf die Erde geworfen, und seine Engel wurden mit ihm dahin geworfen.«

Hier erscheint Luzifer (der unedle Verführer und Herrscher auf Erden) als Drache, als alte Schlange, er ist Teufel und Satan, der zusammen mit seinen Engeln auf die Erde geworfen wurde.

Beachtenswert ist, daß im Wort PARADIES zum einen RA und zu anderen RE steckt und daß die Wörter ERDE, LUZIFER und LICHTTRÄGER ebenfalls RE enthalten, wenn E und R jeweils gedreht werden – demnach sind auch im gematrischen Sinne RA/RE und LUZIFER identisch. Zudem ist es so, daß der Vogel Banu (= Benu = Phoenix), das Sinn-

---

[46] Lateinisch aus der Biblia Vulgata: »ego Iesus misi angelum meum testificari vobis haec in ecclesiis ego sum radix et genus David stella splendida et matutina.« In der lateinischen Version nach Hieronymus taucht für den hellen Morgenstern die Bezeichnung »stella splendida et matutina« auf. Im griechischen Urtext dieses Zitates steht »phosphoros« (= lichttragend = Venus, der helle, lichttragende Morgenstern = Jesus).

bild der Seele des Ra/Re, in der ägyptischen Astronomie auch die Venus (Morgenstern) verkörperte, wodurch eine weitere Verbindung zum gefallenen *unedlen* Luzifer (der die Venus, der Morgenstern, der Ra/Re ist) ersichtlich ist.

Wolfram schreibt zum einen, daß der Gralsstein von einer Schar Engel auf der Erde gelassen wurde und daß diese wieder zu den Sternen hochfuhr (*»ein schar in ûf der erden liez: diu fuor ûf über die sterne hôch.«*, vergleiche *»Parzival«*-Zitat auf Seite 123). Andererseits gibt er an (*»Parzival«* 471, vergleiche Seite 129), daß der Gralsstein von Gott (*»got«*) mit Hilfe seines Engels Luzifer (Lichtträger, Sonnengott Ra/Ra, die Schlange) auf die Erde gesandt wurde (*»unt in sîn engel sande«*) und daß die Aufgabe, ihn zu hüten, danach auf von Gott benannte Menschen überging (*»des steines pfligt iemer sider die got derzuo benande«*). Scheinbar war der unedle Engel Luzifer unfähig, ihn im Sinne und Auftrag Gottes zu hüten, weil er selbst wie Gott sein wollte (und sich nach seinem Himmelssturz zur Erde in Ägypten als Sonnengott ausgab und verehren ließ) – so steht es um den Gral (*»hêr, sus stêt ez umben grâl«*).

Ein sprachlicher Hinweis dafür, daß Luzifer (der Sonnengott Ra/Re, der Drache, die Schlange, vergleiche Seiten 98 f und 110) den Gral auf die Erde sandte, findet sich in den Wörtern GRAL und DRACHE, in denen RA steckt, sowie in ERDE (lateinisch TERRA) und LUZIFER, in welchen RE (ER gedreht zu RE) enthalten ist. Im lateinischen Wort TERRA kommen sogar beide Namensbezeichnungen des ägyptischen Sonnengottes vor: RE (ER gedreht zu RE) und RA. Bemerkenswert hierzu, vor allem zum Sonnengott, ist, daß die religiöse Verehrung und Anbetung der Sonne, der Sonnenkult, der URKULT nahezu der weltweiten bronzezeitlichen und antiken Menschheit war, der maßgeblich die Entwicklung der KULTUR der Menschheit (Geometrie, Astronomie) vorantrieb.

Mit dem Namen des Gralssteines (*»lapsit exillis«*, in welchem gematrisch betrachtet die Brüche/Zahlen des Dreiecks 3, 4, 5 und die des Pyramidenseitendreiecks, also auch der Satz des Pythagoras, verborgen sind), den der Astronom Flegetanis mit seinen Augen in den Sternen las, sind wohl auch die Urgrundlagen der Astronomie gemeint, zu denen der Satz des Pythagoras gehört, der wiederum aus der Vesica Piscis (Augen des Horus) hergeleitet werden kann. Die Kernfragen sind deshalb: Läßt sich das göttliche Geheimnis des Gralssteines (Pyramidion) als die uralte Einweihung in die Gematrie und in die geometrischen Urgrundlagen der Astronomie lüften (ABC, drei Kreise, Pyramidenseitendreieck, gleichseitiges Dreieck) und somit die Herleitung des Ursatzes des Pythagoras und damit verbunden Urberechnung der Urkreiszahl π (PI) aufzeigen? Ist ein Teil dieses Geheimnisses verknüpft mit weiteren, auf diesen Herleitungen aufbauenden Basisgrundlagen der Astronomie? Kann das Gralsgeheimnis durch die Urherleitung und das Verstehen göttlich-astronomischer Gesetze, in denen sich Gottes Geist manifestiert, kann es in Form von mathematischen Formeln, Zahlen/Ziffern, die Luzifer (Ra/Re) im Auftrag Gottes den Menschen codiert in den Augen des Horus und im Gralsstein (Pyramidion) brachte, gezeigt werden?

Wird das gleichseitige Dreieck ABC, eingezeichnet in die Vesica Piscis (zwei Kreise, Augen des Horus), zum regelmäßigen Sechseck (Hagal-Rune) gespiegelt, entsteht so auch der räumlich dargestellte Würfel des kabbalistischen Erzengels Metatron (siehe Abbildungen nächste Seite oben). Dieser läßt sich aber auch bilden, indem die ägyptische Blume des Lebens oder der kabbalistische Baum des Lebens dafür als Konstruktionsgrundlage ge-

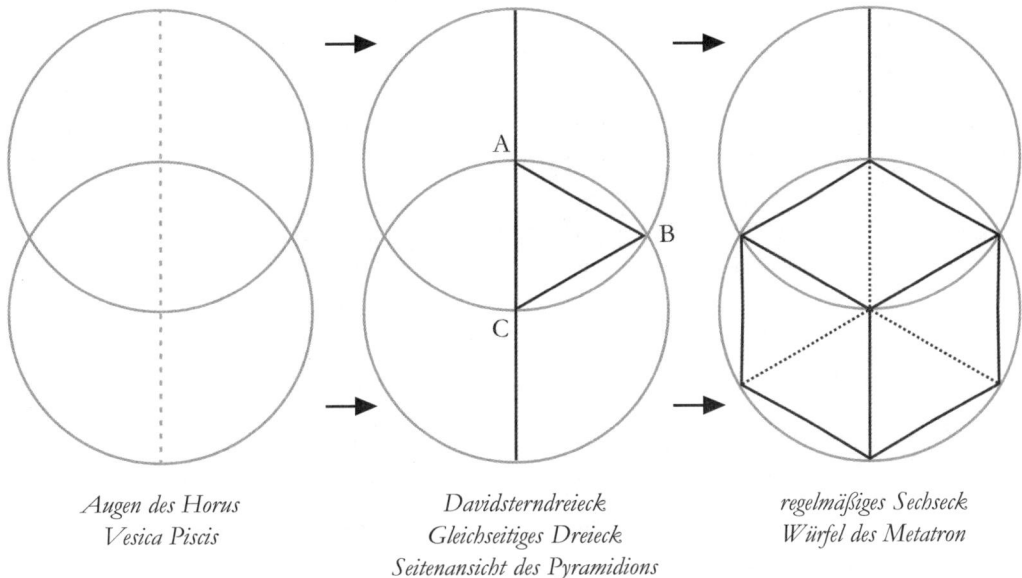

Augen des Horus
Vesica Piscis

Davidsterndreieck
Gleichseitiges Dreieck
Seitenansicht des Pyramidions

regelmäßiges Sechseck
Würfel des Metatron

nommen werden. Mit vier der sechs gleichseitigen Dreiecke, die optisch am Würfel erscheinen (siehe mittlere Graphik unten), kann das aufgeklappte Pyramidion und somit der Gralsstein konstruiert werden (rechte Graphik unten). Die quadratische Grundfläche des – aufgeklappten – Pyramidions und dieses selbst bergen eine uralte Symbolik in sich: Das Quadrat ist das Symbol für das Irdisch-Stoffliche und für die vier Himmelsrichtungen, die vier
Seitendreiecke weisen je in eine Himmelsrichtung und versinnbildlichen sie somit auch.
Und so erscheint der Gralsstein, den der gefallene Engel Luzifer (Ra/Re) im Auftrag Gottes
zur Erde brachte, auch symbolisch verwoben mit der Erde, dem Irdischen – und ebenso mit
dem uralten Symbol der Dreieinigkeit, dem gleichseitigen Dreieck, denn dieses bildet seine
vier Seitenflächen.

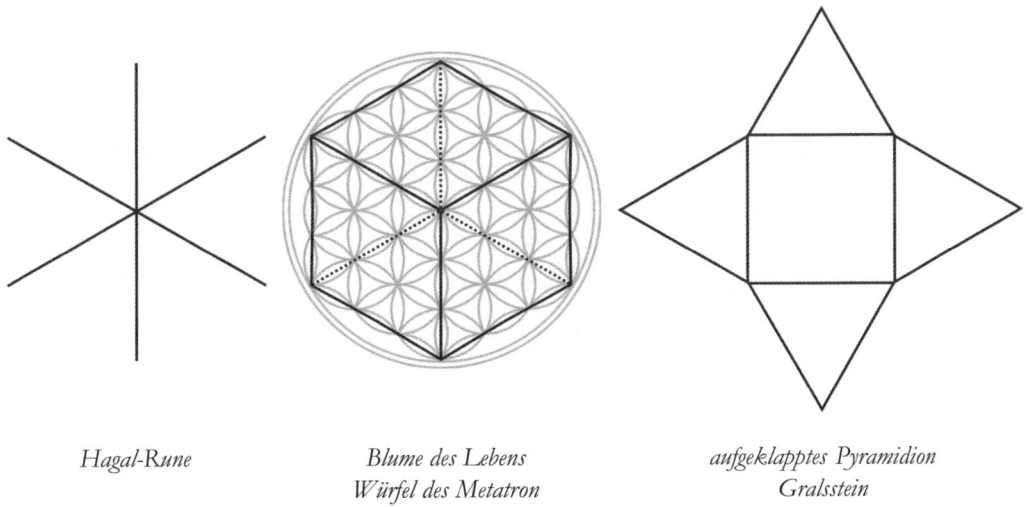

Hagal-Rune

Blume des Lebens
Würfel des Metatron

aufgeklapptes Pyramidion
Gralsstein

Die quadratische Grundfläche und die vier gleichseitigen dreieckigen Seitenteile des auf-geklappten Pyramidions lassen sich auch bilden, indem zwei Tangenten (gestrichelte Linien Graphik 2 links unten), die jeweils dem Radius r der beiden unteren Kreise entsprechen, senkrecht an diese Kreise gezeichnet werden. Zusammen mit der unteren Seite des oberen gleichseitigen Dreiecks, das sich im Jesus-Fisch befindet, und der oberen Tangente (Schwanz-flosse des Jesus-Fisch) entsteht so diese quadratische Grundfläche, wobei die Längen der Radien r der Kreise den Seitenlängen a des Quadrates entsprechen: r = a (Graphik 1 a).

Der Radius r der drei Kreise entspricht von der Länge/Größe her auch den drei Seiten a der gleichseitigen Dreiecke (Trinitas) im Jesus-Fisch und allen Seiten (Kanten) a des Qua-drates und des Würfels (des Metatron), ebenso allen Seiten (Kanten) des aufgeklappten

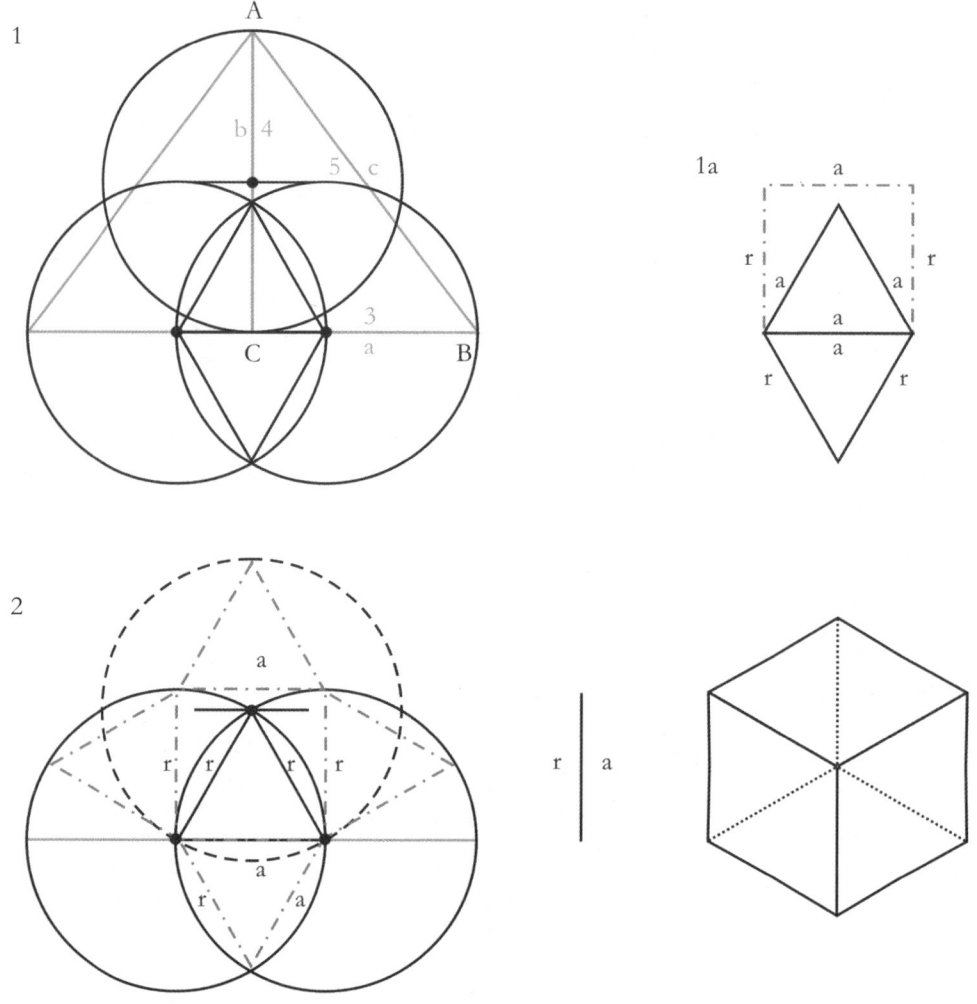

Die Radien r der drei Kreise (Augen/Geister Gottes) in Zeichnung 2 entsprechen den Seitenlängen a des Quadra-tes und allen Seitenlängen (Kanten) des Pyramidions (r = a) sowie all denen des Würfels (des Metatron).

Pyramidions und allen sechs Einzelstrecken der Hagal-Rune. So bildet sich durch die regulären mathematischen Bezeichnungen r und a der Name Ra (= Re = Luzifer). Auch wird wegen der Bezeichnungen r und a sowie wegen der dreifachen Hieroglyphe für Ra/Re (Kreise mit Mittelpunkt), aus denen sich das Pyramidenseitendreieck und das aufgeklappte Pyramidion (Gralsstein) mit dem Quadrat (Symbol für das Irdische) als Grundfläche bilden lassen, erkennbar, daß Luzifer (Ra/Re) den Gralsstein tatsächlich im Auftrag Gottes (Trinitas, deren Symbol ist das gleichseitige Dreieck) auf die Erde, ins Stoffliche, gebracht haben muß, wovon Wolfram im »Parzival« (471) berichtet.

Durch die Verschiebung der Tangente (Schwanzflosse des Jesus-Fisches, die auch den Fuß des Gralskelchs bildet, Zeichnung 1 vorige Seite) an den unteren Kreise nach unten bis zur oberen Schnittstelle dieser Kreise bildet sich durch das Schneiden mit der Seite b der Mittelpunkt des oberen gestrichelten Kreises (vergleiche Zeichnung 2 vorige Seite). Ebenso wie die Tangente wird der obere Kreis nach unten verschoben, so daß das aufgeklappte Pyramidion (Gralsstein) exakt in diese drei Kreise hineinpaßt beziehungsweise läßt es sich so aus diesen drei Augen oder auch Geistern Gottes heraus bilden. Die Anordnung der drei Kreise (Augen, Geister Gottes), die so entsteht, entspricht exakt der in der Blume des Lebens.

Sehr aufschlußreich bezüglich des »Parzival« und allen anderen Gralserzählungen ist die geometrische Verbindung des Würfels des Metatron mit dem Pyramidion, der Blume und des Baumes des Lebens und besonders der 6. Sephira Tifereth (= Tiferet, repräsentiert das Sonnenlicht und die Bereicherung des Intellekts durch Intuition), die sich genau in der Mitte des kabbalistischen Baumes des Lebens befindet (linke Abbildung unten) und in der

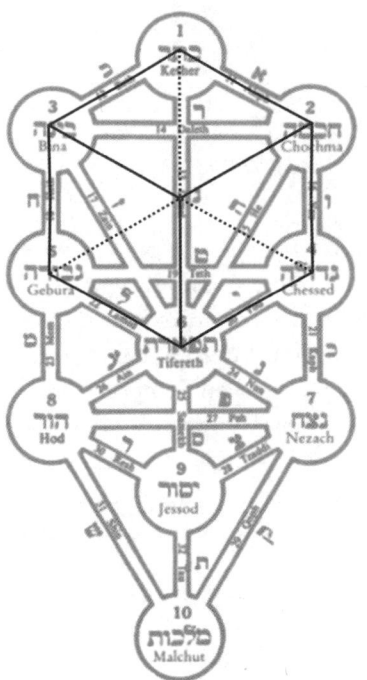

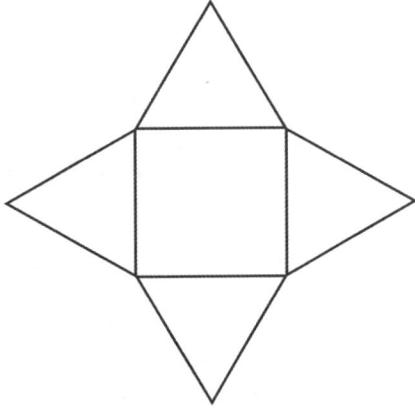

Links: Baum des Lebens, in welchen der Würfel (des Metatron) eingezeichnet werden kann. Dabei befindet sich die untere Ecke des Würfels in der Sephira Tifereth (in der Mitte des Baumes des Lebens), die obere Ecke in der Sephira Kether.
Rechts: Gralsstein, aufgeklapptes Pyramidion

alle anderen neun Sephiroth dieses Baumes zusammenlaufen. Dazu folgendes Zitat: »*Im Tiferet, einem der wichtigsten Stadien innerhalb der kabbalistischen Initiation, gelangt das Individuum über die Welt der Form hinaus in die des Formlosen; es transzendiert also sein Ego. Symbolisch ausgedrückt beinhaltet der Tiferet eine Art Opfertod – nämlich das Absterben des Ich, der Individualität und der Isolierung, die sie mit sich bringt – sowie eine Wiedergeburt oder Auferstehung in einer anderen Dimension, die von allumfassender Einheit und Harmonie ist. Christliche Adaptionen der Kabbalistik assoziierten daher Jesus mit dem Tiferet. In der mittelalterlichen Kabbalistik ist die Initiation in den Tiferet mit ganz bestimmten Symbolen verbunden. Dazu gehören ein Eremit – ein geistiger Führer oder weiser alter Mann –, ein König, ein Kind und ein geopferter Gott. Mit der Zeit kamen weitere Symbole hinzu: eine abgestumpfte Pyramide, ein Würfel sowie ein Rosenkreuz. Die Beziehung dieser Symbole zu den Gralsromanen ist augenfällig. In jeder Gralserzählung gibt es einen weisen alten Einsiedler, der stets als Onkel Percevals (Parzivals) und als geistiger Führer auftritt. Die Gleichsetzung des Grals mit einem »Stein« in Wolframs Parzival könnte dem Würfelsymbol entsprechen. Und die verschiedenen Manifestationen des Grals im Perlesvaus sind fast haargenaue Entsprechungen der Initiation im Tiferet.*«[47]

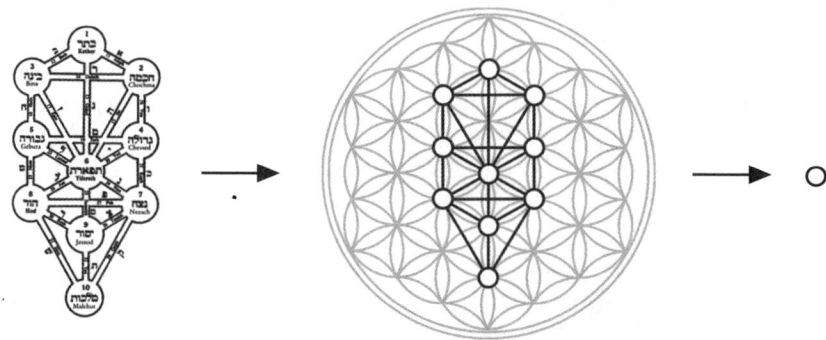

Die 6. Sephira Tifereth bildet sowohl den Mittelpunkt des Baum des Lebens (links), der ebenso wie die Blume des Lebens auch den Templern bekannt war, als auch des mittleren Kernstückes der Blume des Lebens (mitte), der sechsblättrigen Blüte (und der Hagal-Rune).

Ein Einsiedler (Eremit) ist in jeder Gralserzählung anzutreffen: in der »*Historia de gradali*«, im »*Vulgata-Zyklus/Lancelot-Grak*« (vergleiche Seiten 52 und 53), im »*Parzival*«, im »*Perlevaus*« und auch im »*Percevak*«. Somit hat wegen des Einsiedlers jede dieser Erzählungen einen verborgenen symbolischen Bezug zur Kabbalistik und mit ihr zum Tifereth. Der Gral ist somit in allen Gralserzählungen latent mit dieser kabbalistischen Symbolik des Einsiedlers und deshalb auch mit der kabbalistischen Initiation in den Tifereth, also der Wiedergeburt oder der Auferstehung (Phoenix, Gralsstein) und so auch mit Jesus, verwoben. Wie anschließend gezeigt wird, läßt sich die Zusammengehörigkeit des Gralssteines (Pyramidion) mit dem Würfel (des Metatron) auch geometrisch darstellen, beide sind verbunden mit der Vesica Piscis, mit dem Baum und der Blume des Lebens.

[47] http://artphil.de/musical/Gral/graleschenbach/graleschenbach.htm (Stand vom 08.09.2008).

Bemerkenswert erscheint, daß der kabbalistische Erzengel Metatron im Baum des Lebens der Krone, der 1. Sephira Kether, zugeordnet wird. Der Würfel des Erzengels Metatron kann auch konstruiert werden, wenn dafür der kabbalistische Baum des Lebens als Grundlage genommen wird, dasselbe gilt für die Vesica Piscis (zwei Kreise, Augen des Horus) und die Blume des Lebens. Dabei zeigt die oberste Ecke des Würfels genau auf die Krone dieses Baumes, auf die 1. Sephira Kether, die unterste Ecke weist auf die 6. Sephira Tifereth. Der Gralsstein ist aber kein Würfel, wie im vorigen Zitat vermutet wird, er ist das Pyramidion, das sich wiederum auch aus dem Würfel (des Metatron) konstruieren läßt.

Interessant hinsichtlich des Gezeigten, also des Mittelpunktes des Baumes und der Blume des Lebens, deren Kernstück die sieben Augen/Geister Gottes und die sieben Planeten symbolisiert, die im »Parzival« (781, 782) bedeutsam sind, wenn es um Parzivals Befähigung zum Empfang des Grals sowie um seinen Erwerb der Macht über den Lauf der Planeten, also um seine noch zu erwerbenden Astronomiekenntnisse geht, ist der Name »Parzival«: er bedeutet übersetzt »mitten (hin)durch«. Parzival muß, um den Gral empfangen und zur Gralsgemeinschaft dazugehören zu können, durch etwas mitten (hin)durchgehen (siehe Seite 120) – symbolisch betrachtet durch die Blume und den Baum des Lebens, durch die sechste Sephira Tifereth. Diese ist eine der wesentlichen Stadien der kabbalistischen Initiation; geht er durch Tifereth »mitten (hin)durch«, erreicht er die Welt des Formlosen, sein Ego transzendiert – er gibt sein Ich als Opfer hin, um den Gral empfangen zu können. Tifereth, die Blume und der Baum des Lebens wiederum sind verwoben mit dem Würfel (des Metatron), dem Gralsstein, dem Pyramidenseitendreieck und darüber hinaus auch mit der Herleitung des Satzes des Pythagoras.

Alle Seitenlängen (Kanten, r = a) des Würfels (der ein quadratischer Quader mit sechs gleichen Flächen ist) sind in der folgenden geometrischen Darstellung nicht nur gleich mit allen Seitenlängen (Kanten, r = a) des Pyramidions, sondern auch gleich mit allen Seitenlängen (Kanten, r = a) eines herkömmlichen Quaders in der räumlichen Darstellung (mit zwei und vier gleichen Flächen!). So verbinden sich durch die gleichen Seiten- und Kantenlängen (r = a) die geometrischen Formen/Objekte regelmäßiges Sechseck (Würfels), Pyramidion und Quader mit drei Kreisen, deren Radius r ebenso gleich groß ist wie alle Seitenlängen a (siehe Abbildungen vorige Seite). Es kann also eins aus dem anderen geometrisch hergeleitet und konstruiert werden.

Aus drei Kreisen, die so angeordnet sind wie in der Blume des Lebens, sind die geometrischen Figuren und Körper bildbar, die wiederum für die Konstruktion einer Pyramide nötig beziehungsweise beim Bau einer solchen grundlegend notwendig sind: einerseits das Quadrat als Grundfläche, das sich auch aus vier entsprechend angeordneten Pyramidenseitendreiecken bildet, und andererseits Quader, Würfel und ein Pyramidion – diese drei wurden für den Pyramidenbau verwendet. Diese geometrischen Grundformen beziehungsweise Figuren sind verbunden mit der geometrischen Urherleitung des Satzes des Pythagoras (Pyramidenseitendreieck, Dreieck 3, 4, 5) und der ägyptischen Urkreiszahl π, beide sind wiederum Grundlagen der Geometrie und Astronomie, die auch Parzival und Flegetanis gekannt haben müssen. Der Würfel und der Gralsstein, der das Pyramidion (Jesus, der von den Rosenkreuzern als oberster Eckstein einer Pyramide dargestellt wurde, vergleiche Seite 102) ist, die Kabbala (Baum des Lebens) sowie die Blume des Lebens bilden eine metaphy-

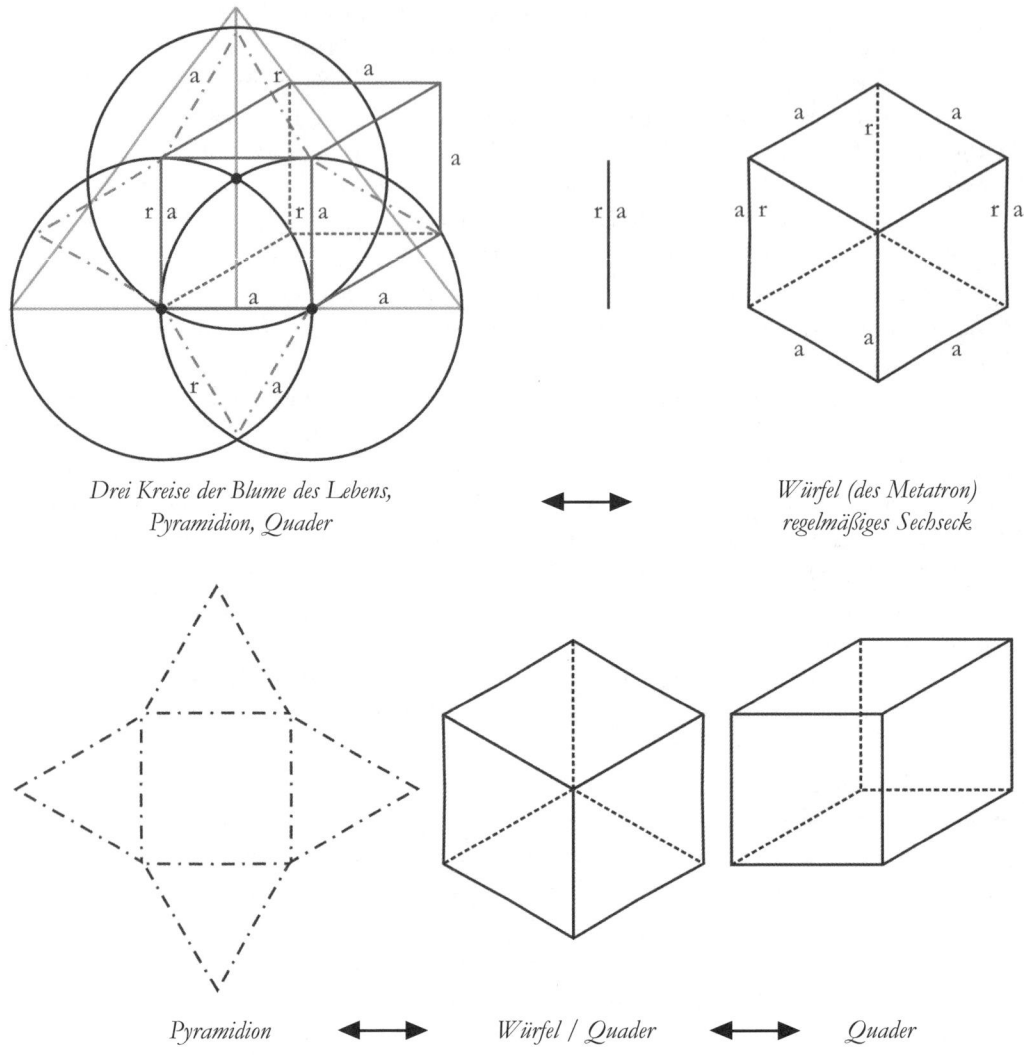

Drei Kreise der Blume des Lebens,
Pyramidion, Quader

Würfel (des Metatron)
regelmäßiges Sechseck

Pyramidion ←→ Würfel / Quader ←→ Quader

sische Zusammengehörigkeit, die sich in jeder Gralserzählung latent niederschlägt. Zudem ist eine Pyramide ohne Pyramidion eine sogenannte abgestumpfte Pyramide, also jenes (geometrisch-kabbalistisches) Symbol, das im Zitat zum Tifereth (siehe Seite 136) erwähnt wird. Das Gralsgeheimnis, das sich im Gralsstein verkörpert, beinhaltet zum einen kabbalistisches und altägyptisches Wissen und zum anderen geometrisches und astronomisches Urwissen.

Die wichtigsten Urgrundlagen der Astronomie sind der Satz des Pythagoras und die Urkreiszahl π (PI). Ohne diese und die Einteilung des Kreises in 360 Grade sowie die Ureinheit der Sonnenzeit (= 60, Sekunde, Minute, Stunde) ist keinerlei astronomische Berechnung der Umläufe der Gestirne und Planeten oder des Zeitraumes dieser Umläufe möglich. Heute ist hinlänglich bekannt und bewiesen, daß bereits den Ägyptern mindestens 1.580 Jahre v. Chr. der Satz des Pythagoras und auch die Urkreiszahl π (= 3,1604938) bekannt gewesen sein müssen und daß Pythagoras erst etwa 1.000 Jahre später diese Formel lediglich wiederentdeckt und dem Abendland zugänglich gemacht hat. Beweisen läßt sich dies mit dem Papyrus Rhind, der um 1580 v. Chr. – in etwa gleichzeitig mit dem Beginn der Gefangenschaft des Volkes Israel in Ägypten – verfaßt wurde. So muß Flegetanis als Astronom um 1200 v. Chr. – zu der Zeit, in der das Volk Israel aus Ägypten auszog – den Satz des Pythagoras und die ägyptische Urkreiszahl π (PI), die sich durch eine Rechenaufgabe des Papyrus Rhind und auf der Basis der Vesica Piscis (drei Kreise), des Pyramidenseitendreiecks (Satz des Pythagoras) und dessen Innenkreis (Urkreis) rekonstruieren und herleiten läßt, gekannt haben. Der Papyrus Rhind, den der Schreiber Ah-mose verfaßte, basiert auf einer Abschrift eines 200 Jahre älteren Dokuments. Ah-mose hat diesen Text während der Fremdherrschaft der Hyksos (in der 1. Dynastie, also cirka 1580 v. Chr.) angefertigt und beginnt seine Einleitung mit folgenden Worten: »Genaues Rechnen. Einführung in die Kenntnis aller existierenden Gegenstände und aller dunklen Geheimnisse. Dieses Buch wurde geschrieben im Jahre 33, im vierten Monat der Überschwemmungsjahreszeit unter seiner Majestät dem König von Ober- und Unterägypten A-user-Re, mit Leben versehen, in Anlehnung an eine ältere Schrift aus der Zeit des Königs von Ober- und Unterägypten. Ah-mose hat die Abschrift angefertigt.« Heute wird vermutet, daß der Satz des Pythagoras in Ägypten bei den Landneuvermessungen (mit der Zwölfknotenschnur der Seilspanner), die wegen der Nilüberschwemmungen nötig waren, entdeckt wurde. Diese falsche Ansicht läßt sich sehr einfach, wie noch im Buch gezeigt wird, widerlegen. Es wurde zudem schon dargestellt, daß sich die Formel des Satzes des Pythagoras aus der Vesica Piscis beziehungsweise die sie bildenden Kreise mit Hinzunahme eines dritten Kreises und dem daraus gebildeten Dreieck 3, 4, 5 herleiten läßt – er ist Bestandteil der uralten Gralswissenschaften Geometrie und Astronomie, er gehört zum Gralsgeheimnis, welches der Gralsstein, der Stein der Weisen verkörpert.

Zusammenfassend kann bis hierher gesagt werden, daß zum Gralswissen die Urgrundlagen (Satz des Pythagoras und die Kreiszahl π) der Geometrie und Mathematik sowie der Astronomie, der Baum des Lebens der Kabbala, die Gematrie (ABC und A + O) sowie das gleichseitige Dreieck (Davidstern, Schild Salomos, Blume des Lebens, Vesica Piscis, Pyramide, Pyramidion als Gralsstein, der Phoenix und die Wiedergeburt, Jesus, Jesus-Fisch, Gralskelch, Blutlinie Jesu, Dreieinigkeit, Luzifer beziehungsweise Ra/Re) gehören – und all dies ist mehr oder weniger offenbar im »Parzival« eingebunden.

In diesem spielt Pythagoras an der Stelle eine verborgene Schlüsselrolle, wo die Rüstung von Parzivals Bruder Feirefiz beschrieben wird (»Parzival« 773): Der Helm ist mit geheimnisvollen, kostbaren und kraftgebenden Steinen verziert, zu deren Art Wolfram nicht befragt werden will (»niemen darf mich vrâgen von ir arde, wie sie wæren...«). Vielmehr verweist er auf Eraclius und Ercules (»Eraclîus ode Ercules«), den Griechen Alexander und den weisen Pythagoras. Eraclius ist ein steinkundiger Knappe, der seine Kunst von den Heiden lernte und dessen Fähigkeit, die Kräfte edler Steine zu erkennen, in der »Weltchronik des Johans, der Jansen Enikel« (um 1230/40 n. Chr. – nach 1300 n. Chr.) in den Versen 20420, 20450, 20455,

20485, 20505, beschrieben wird[48]. Ercules ist der sagenhafte Herkules der griechischen Mythologie, der wegen seiner göttlichen Kräfte (als Sohn des Gottes Zeus) die zwölf von König Eurystheus gegebenen Arbeiten beziehungsweise Taten erfüllen konnte und dessen Heimatstadt das griechische Theben war. Mit dem Griechen Alexander (*»unt der Krieche Alexander«*) ist Alexander der Große gemeint, der 335 v. Chr. die griechische Stadt Theben zerstörte, 332 v. Chr. Ägypten eroberte und einst Schüler des Aristoteles war. Alexander wurde – ebenso wie Ra/Re, welcher der Hauptgott im ägyptischen Theben war – mit »Die göttliche Kraft des Amon-Ra« betitelt. Dies begründet sich auch auf Alexanders Besuch des Amon-Orakels in der Oase Siwa, wo ihm seine höhere Sendung, seine Gottessohnschaft, welche ihm wegen seiner Mutter Olympia bereits bewußt war, bestätigt wurde. Aristoteles ist der Begründer der empirischen Wissenschaft und war der Lehrer Alexanders. Aristoteles wiederum war ein Schüler Platons, der wiederum ein Verfechter der Lehren des Pythagoras war. Pythagoras selbst verweilte 12 Jahre im Tempel von Theben, wo er in die ägyptischen Mysterien eingeweiht wurde[49]. Hinsichtlich der geheimnisvollen Steine im *»Parzival«* ist aufgrund dieser personellen und städtischen Verflechtungen ein weiterer Bezug dessen zu Ägypten nicht von der Hand zu weisen. Zudem zählten die Ägypter wegen ihrer Vielgötterei zu den Heiden. Lernte Eraclius die Steinkunde von den Ägyptern?

773

> si prîsten al gemeine
> die tiwern edeln steine
> die dran verwieret lâgen.
> niemen darf mich vrâgen
> von ir arde, wie sie wæren,
>
> die lîhten unt die swæren:
> iuch hete baz bescheiden des
> Eraclîus ode Ercules
> unt der Krieche Alexander,
> unt dennoch ein ander,
>
> der wîse Pictagoras,
> der ein astronomierre was,
> unt sô wîse âne strît,
> niemen sît Adâmes zît
> möhte im glîchen sin getragen.
> der kunde wol von steinen sagen.

[48] Philipp Strauch (Hrsg.): *»Weltchronik, Jensen Enikels Werk«* in: *»Monumenta Germaniae Historica, Deutsche Chroniken«*, Bd. III, Hannover 1891/München 1980.

[49] Siehe Eduard Baltzer: *»Pythagoras der Weise von Samos, Ein Lebensbild«*, Verlag Heilbronn, 3. Auflage, 1991, Seiten 17 bis 30.

Wolfram schildert, daß Eraclius oder Herkules und Alexander der Große über die edlen Steine (*»die tiwern edeln steine«*), die in leichte und in schwere unterschieden werden, Auskunft geben konnten (*»die lîhten unt die swæren: iuch hete baz bescheiden des Eraclîus ode Ercules unt der Krieche Alexander«*). Neben diesen drei Personen konnte dies noch einer: der weise Astronom Pythagoras (*»unt dennoch ein ander, der wîse Pictagoras, der ein astronomierre was…«*). Dieser stritt so weise wie kein anderer seit Adams Zeit (*»unt sô wîse âne strît niemen sît Adâmes zît«*); Pythagoras mochte ebensolche (*»im glîchen sin«*, im gleichen Sinn) geheimnisvollen Steine wie Feirefiz getragen haben und konnte über deren Beschaffenheit näheres sagen (*»…möhte im glîchen sin getragen der kunde wol von steinen sagen.«*). Sind hier Steine gemeint, die von der Form her gleich den fünf nach Platon benannten platonischen Körpern sind, von denen drei als leicht (Tetraeder, Würfel, Oktaeder) und zwei als schwer (Dodekaeder, Ikosaeder) konstruierbar gelten? Diese fünf platonischen Körper entsprechen in Struktur und Aufbau den Grundbausteinen der gesamten Materie. Besonders bei Steinen (Kristallen, Mineralien) und Edelsteinen reinster Art sind diese Formen zu finden. So haben beispielsweise der Rohdiamant und der rohe Magnetstein die Form eines Oktaeders. Ein anderer Edelstein, der Smaragd (der Stein aus Luzifers Krone soll ein solcher gewesen sein), ist chemisch-physikalisch so aufgebaut, daß seine Kristallgitterstruktur dem Hexaeder/Würfel ähnelt. Es mag kein Zufall sein, daß Symbole und geometrische Objekte, die hier im Buch bereits aus beziehungsweise in zwei Kreise (Vesica Piscis, Augen des Horus) konstruiert wurden, auch in den platonischen Körpern zu finden sind: gleichseitiges Dreieck, Davidstern, Würfel.

Die Körper wurden aber auch den fünf Elementen Feuer, Wasser, Luft, Erde, Äther zugeordnet, die in der griechischen Antike besonders auch Symbole der wesenhaften Kräfte des Kosmos waren. Somit haben sie auch wieder einen Bezug zu den geheimnisvollen und kraftspendenden Steinen auf der Rüstung des Feirefiz, die im *»Parzival«* in

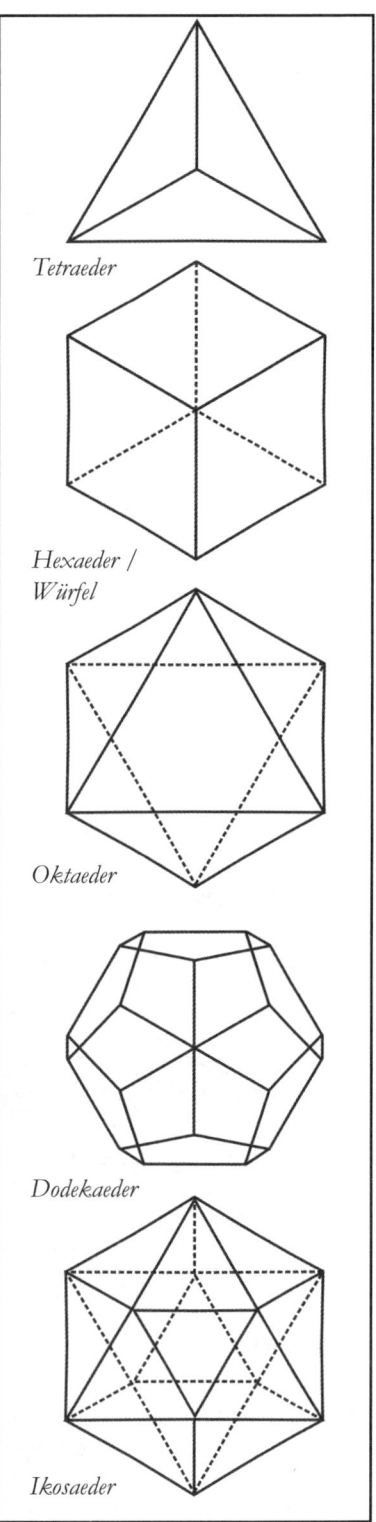

Tetraeder

Hexaeder / Würfel

Oktaeder

Dodekaeder

Ikosaeder

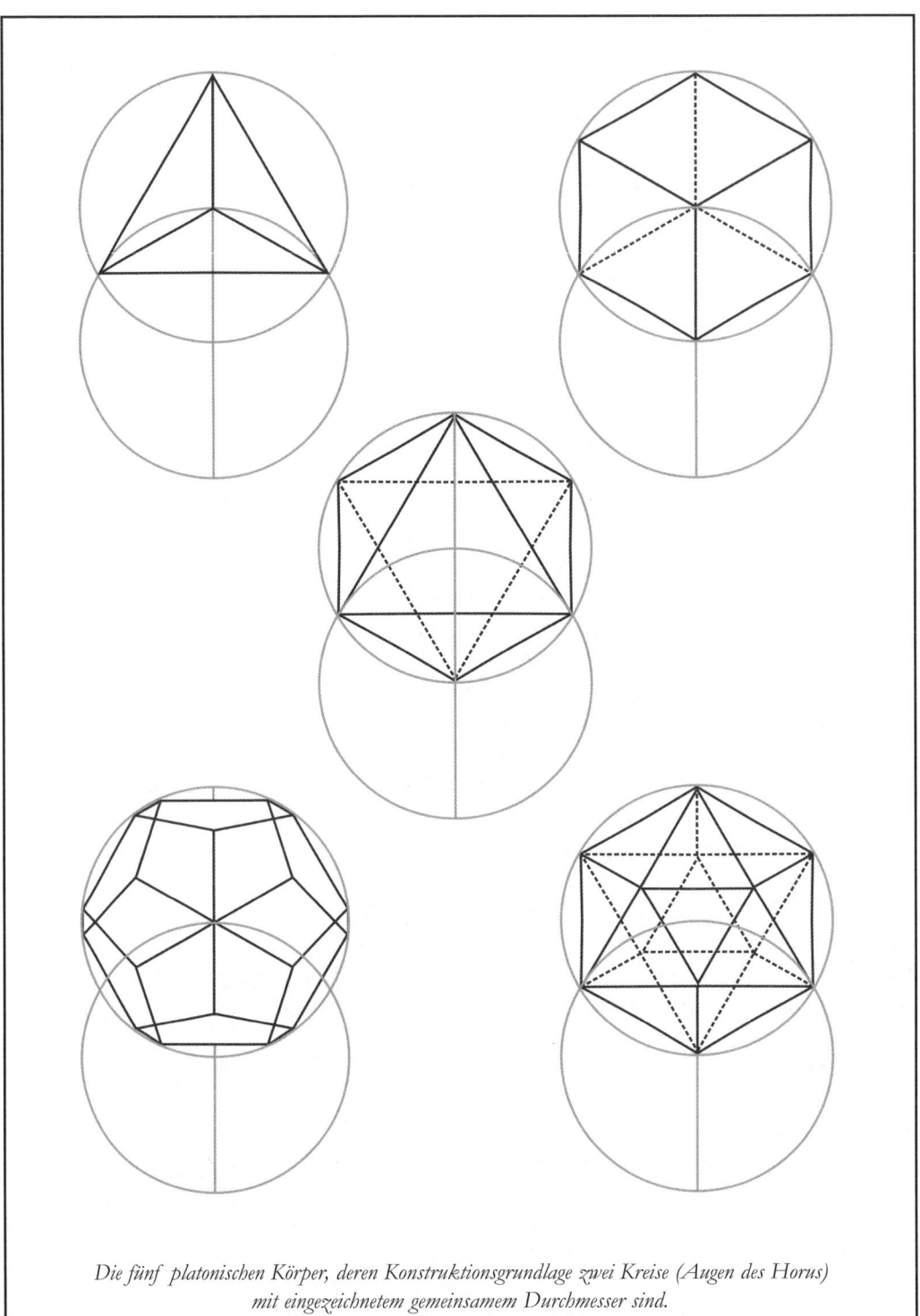

*Die fünf platonischen Körper, deren Konstruktionsgrundlage zwei Kreise (Augen des Horus)
mit eingezeichnetem gemeinsamem Durchmesser sind.*

Zusammenhang mit Herkules, Alexander der Große, Pythagoras sowie Eraclius und deren göttlichen Kräfte und Fähigkeiten von Bedeutung sind. Trug er Steine mit diesen Formen auf seinem Helm, damit die kosmischen Kräfte beziehungsweise die Kraft der Elemente ihn beim Kampf stärken? Oder wollte Wolfram damit zum Ausdruck bringen, daß diese Elemente und die kosmischen Kräfte auch im Menschen wirken, diese dort im Gleichgewicht stehen (sollten). Ist so der Gedanke verankert, daß der Mensch (Mikrokosmos) ein Abbild des Kosmos (Makrokosmos) ist?

Die Philosophie und Mathematik Platons (= Plato, um 427 bis 347 v. Chr.), der im »Parzival« (465) als Prophet beschrieben wird und der als größter Denker der Antike gilt, begründet sich maßgeblich auf der des Pythagoras (um 580 v. bis 497 v. Chr.).[50] Die platonischen Körper und deren Herleitung und Konstruktion kannten aber schon Pythagoras und auch die ägyptischen Eingeweihten. Denn zum einen lassen sich die Körper alle mehr oder weniger einfach in zwei Kreise (Augen des Horus, Vesica Piscis) einzeichnen – und diese Konstruktionsgrundlage war den Ägyptern wie schon dargestellt wohlbekannt. Zum anderen enthalten diese Formen und Körper, die den Ägyptern geläufig waren: es sind das gleichseitige Dreieck, also die Seitensicht des Pyramidions, das Pyramidion selbst (ein halbes Oktaeder entspricht dessen Form) und der Quader (Würfel). Diese Körper wurden auch zum Bau der Pyramiden gebraucht, und diese wurden zuerst in Ägypten errichtet (vergleiche die Pyramide des Zoser in Sakkara und die des Cheops in Gizeh). Erwähnt Wolfram im besonderen den weisen Pythagoras, der über die Steine auf der Rüstung des Feirefiz Auskunft geben konnte, und nicht Platon, weil er wußte, daß die platonischen Körper auf ihn und letztlich auf aus Ägypten stammendes Wissen (Augen des Horus, Vesica Piscis) zurückzuführen sind? Dieses Wissen wurde besonders im Tempel von Theben gelehrt, wo auch Pythagoras in die ägyptischen Mysterien eingeweiht wurde. Auf der gegenüberliegenden Seite sind zur Verdeutlichung die aus zwei Kreisen und ihrem gemeinsamen Durchmesser konstruierbaren (sich ergebenden) platonischen Körper dargestellt. Die Vesica Piscis beziehungsweise die sie bildenden zwei Kreise (Augen des Horus) sind – ohne jeden Zweifel – die uralte mythologisch-geometrische Grundlage für die Konstruktion der platonischen Körper und die der Herleitung des Satzes des Pythagoras (rechtwinkliges Dreieck 3, 4, 5 aus drei Kreisen), beides ist in gewisser Weise miteinander und mit dem Gralskelch, dem Würfel des Metatron, dem Gralsstein (Pyramidion), der Pyramide sowie mit der Blume und dem Baum des Lebens verbunden, und dies ist in Wolframs »Parzival« verborgen.

Sehr interessant bezüglich Wolframs »Parzival«, der Vesica Piscis, den platonischen Körpern und des Gralsgeheimnisses, das auch die Urgrundlagen der Geometrie, der Astronomie und der Musik umfaßt, ist auch, daß der Nachweis erbracht werden konnte, daß Wolfram von Eschenbach in Kontakt mit Vertretern der Schule von Chartres stand und daß deren Anschauungen teilweise in den »Parzival« eingeflossen sind.[51] In dieser wurde, wie

---

[50] Siehe Platons Werke »Timaios« oder »Der Staat«, in welchen er Pythagoras und dessen Schülern, den Pythagoreern, ein gewaltiges Denkmal setzte.

[51] Siehe Bernhard D. Haage: »Prolegomena zum Einfluß der Schule von Chartres auf Wolfram von Eschenbach« in: »Ûf der mâze pfat. Festschrift für W. Hoggmann zum 60. Geburtstag«, hrsg. v. Waltraud Fritsch-Rössler, Göppingen, 1991, Seiten 149-169.

auch in der Schule des Raschi von Troyes, wo die *»Episteln der lauteren Brüder«* hingelangten (siehe Seite 56 und Fußnote 42 auf Seite 128), nicht nur die Scholastik sowie der Neuplatonismus, sondern auch die Kabbala gelehrt. Das in diesen Episteln enthaltene Wissen, das die Templer besaßen, floß teilweise in den Bau der Kathedrale von Chartres ein, der unter Berücksichtigung beziehungsweise nach den Gesetzen der Heiligen Geometrie erfolgte. Im Jahr 1121 n. Chr. setzte Alfonso I., der ein großer Förderer der Templer gewesen ist, seinen Vetter Rotrou I., Graf von Val Perche (Perch-de-val) und Chartres, als Regent von Tudela ein. Zu dieser Zeit gelangte über die Stadt Tudela orientalisches Wissen nach Toledo, der Stadt in der laut Wolfram die Schrift des Flegetanis von Kyot entdeckt wurde, und von dort wiederum in die Schule von Chartres. Alfonso und Rotrou waren über das Geschlecht der Roucy Vetter von Hugo de Payns, der erster Meister des Templerordens war.[52] So weit zu den literarischen, geschichtlichen, kabbalistischen und geometrischen Hintergründen und Zusammenhängen rund um Wolframs *»Parzival«*. Die angesprochenen Gralswissenschaften Geometrie und Astronomie und weitere Gralsgeheimnisse werden nun in den nächsten Kapiteln ausgiebig beleuchtet.

[52] Siehe André de Mandach: *»Le Roman du Graal originaire«*. I: Sur les traces du modèle commun *»en code transpyrénéen«* de Chrétien de Troyes et Wolfram von Eschenbach, Göppingen 1992, Seiten 17 ff.

10. MYTHOLOGIE – MATHEMATIK – GEOMETRIE

Auf der nebenstehend abgebildeten teilweisen Sonnenfinsternis ist gut zu erkennen, wie der Mond die Sonne (Sonnenscheibe, Ra/Re, Aton) bis zur Hälfte bedeckt. In dieser Form bilden Sonne und Mond, die im mythologischen Sinne die Augen des Himmelsgottes Horus sind, die Vesica Piscis. Die Sonne wurde in Ägypten sowohl vom rechten Auge des Horus als auch vom rechten Auge des Sonnengottes Ra/Re symbolisiert. Dieses Auge war auch Sinnbild der Uräusschlange, eine Kobra, die als Beschützerin der Pharaonen, die als die Söhne des Gottes Ra/Re angesehen wurden, galt. Das Stirnband der Pharaonen zierte eine symbolische Kobra. Auch der Sonnengott soll eine solche getragen haben.

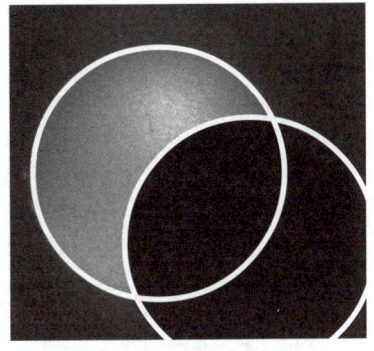

Das linke Auge des Horus, des Ra/Re und auch des Gottes Thot (der spätere griechische Gott Hermes) symbolisierte den Mond. Die ägyptische Mythologie berichtet, daß der weise Mondgott Thot der erste war, der die Gesetze der Musik kannte – dies war Jahrtausende vor Pythagoras, der diese dann »entdeckte« und dem Abendland überlieferte.

Das von Seth, dem Bruder des Osiris, herausgerissene und vom Mondgott Thot geheilte linke Auge des Horus (Mond) wurde symbolisch als Amulett zum Schutz gegen viele Gefahren und auch gegen den bösen Blick benutzt (mittlere Abbildung). Es wurde auch getragen, um Vervollständigung, Heilung, Vollkommenheit und Macht zu erlangen. Zudem hatte das Horus-Auge, das auch Udjat-Auge (»udjat« bedeutet intakt, vollständig, gesund) genannt wurde, im alten Ägypten eine mathematische Bedeutung: den einzelnen Teilen des Auges wurden die Brüche $1/2$, $1/4$, $1/8$, $1/16$, $1/32$ und $1/64$ zugeordnet (untere Abbildung). Aus diesen Brüchen läßt sich die sogenannte Horus-Reihe bilden: 1, 2, 4, 8, 16, 32, 64. Diese aufsteigende Zahlenreihe entsteht durch das Multiplizieren mit 2 ausgehend von der Zahl 1 beziehungsweise

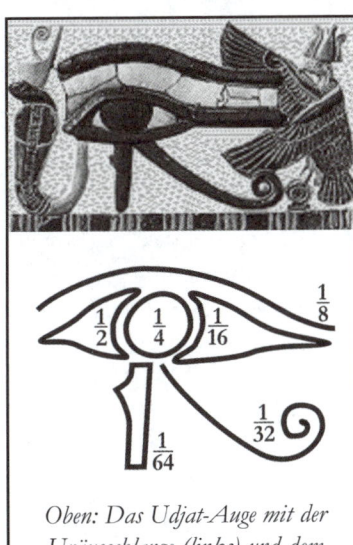

Oben: Das Udjat-Auge mit der Uräusschlange (links) und dem falkengestaltigen Himmelsgott Horus (rechts). Der Schwanz der Uräusschlange zeigt auf den Teil des Udjat-Auges, dem der Bruch 1/2 zugeordnet ist (untere Abbildung).

absteigend durch das Dividieren durch 2 beginnend bei der Zahl 64. Die Grundlogik der Horus-Reihe ist also, Zahlen/Ergebnisse mit 2 zu multiplizieren (aufsteigend) beziehungsweise diese durch 2 zu dividieren (absteigend).

Horus-Reihe aufsteigend:

$1 \times 2 = 2, 2 \times 2 = 4, 4 \times 2 = 8, 8 \times 2 = 16, 16 \times 2 = 32, 32 \times 2 = 64.$

Horus-Reihe absteigend:

$64 \div 2 = 32, 32 \div 2 = 16, 16 \div 2 = 8, 8 \div 2 = 4, 4 \div 2 = 2, 2 \div 2 = 1.$

Sämtliche Brüche des Udjat-Auges können, beginnend mit dem wertmäßig größten Bruch 1/2, mit der Division durch 2 (absteigende Horus-Reihe) gebildet werden:

$1/2 \div 2 = 1/4, 1/4 \div 2 = 1/8, 1/8 \div 2 = 1/16, 1/16 \div 2 = 1/32, 1/32 \div 2 = 1/64.$

In den Zählern aller Brüche (Stammbrüche) steht die Zahl 1, in den Nennern erscheinen die Zahlen 2, 4, 8, 16, 32, 64, die zusammen mit der Zahl 1 die aufsteigende Horus-Reihe (1, 2, 4, 8, 16, 32, 64) bilden. Der erste ägyptische Stammbruch ist also 1/2.

Werden die Brüche 1/2, 1/4, 1/8, 1/16, 1/32, 1/64 des Horus-Auges in 64-stel Brüche umgewandelt (erweitert), ergibt sich folgendes: 1/2 = 32/64, 1/4 = 16/64, 1/8 = 8/64, 1/16 = 4/64, 1/32 = 2/64, 1/64 = 1/64. Werden diese Brüche addiert, bildet sich im übertragenen Sinne kein ganzes, kein heiles Auge (1 = 1/1 = 64/64), sondern nur ein 63/64 des Udjat-Auges: 32/64 + 16/64 + 8/64 + 4/64 + 2/64 + 1/64 = 63/64. Es fehlt also genau 1/64-Teil im beziehungsweise des Udjat-Auges. Die ägyptische Mythologie berichtet entsprechend, daß es dem Mondgott Thot mit seinen magischen Kräften gelang, das fehlende 1/64-Teil des Auges zu ersetzen und es so komplett zu heilen.

Die Grundlogik der Horus-Reihe, also das Multiplizieren mit 2 beziehungsweise das Dividieren durch 2, spielt im weiteren eine sehr wichtige Rolle, wenn es um das geheime Gralswissen geht, das unter anderem die Herleitung des Ursatzes des Pythagoras und der ägyptischen Urkreiszahl π sowie die des Stammbruches 1/2, der sich im Horus-Auge findet, beinhaltet.

10.1. GEOMETRISCHE KONSTRUKTIONEN UNTER RELIGIÖS-MYTHOLOGISCHEN GESICHTSPUNKTEN

Alle nun folgenden geometrischen Konstruktionen können ohne jede Messungen, nur mit einem Zirkel, einem Stift und einem Lineal (ohne Skala) erstellt werden. Eingebunden darin beziehungsweise symbolisch-geometrisch hergeleitet und zusammengeführt wird all das, was bis hier bezüglich des Grals und der Gralswissenschaften Geometrie und Astronomie Gegenstand der Betrachtungen war: die Vesica Piscis, die Pyramide und das Pyramidion (der Gralsstein), der Stein der Weisen, der Ursatz des Pythagoras und die Urkreiszahl π (PI). Der Ursatz des Pythagoras und die Urkreiszahl π zählen zu dem notwendigen geometrischastronomischen Gralswissen, welches der Astronom Flegetanis benötigte, um den Namen des Grals, »lapsit exillis«, in den Sternen lesen beziehungsweise die Umlaufzeit der Gestirne annähernd berechnen zu können (siehe Seiten 122 bis 126).

Begonnen werden muß mit der Konstruktion der Vesica Piscis, mit den symbolischen Augen des Horus (Ra/Re). In diesen zwei Kreisen mit jeweils einem Mittelpunkt, in der Vesica Piscis, die durch diese gebildet wird, verbergen sich, wenn noch ein dritter Kreis mit Mittelpunkt (dreifache Hieroglyphe des Ra/Re) hinzugenommen wird, die Urgrundlagen der Geometrie, Astronomie und Musik. Als erstes wird über einem an einer Wand befestigten Blatt Papier eine in Farbe getränkte Lotschnur angebracht, die fast bis auf den Boden reicht. Nach dem Auspendeln wird das Lotgewicht am Boden (zum Beispiel zwischen zwei Steinen) fixiert. Durch Zurückziehen und Loslassen der Lotschnur schlägt diese an das Papier und hinterläßt auf diesem aufgrund der Farbe eine senkrechte Linie, die y-Achse. Auf der y-Achse wird oben und unten ein Punkt festgelegt. Diese Punkte (M und M') markieren die Länge der Strecke. Nun wird am oberen Punkt (M) der y-Achse (= Strecke MM') die Zirkelnadel eingestochen und diese ins Zirkelmaß genommen. Dann wird um den oberen Punkt mit dem Zirkel ein Kreis mit dem Radius r (= der Länge der y-Achse, Strecke

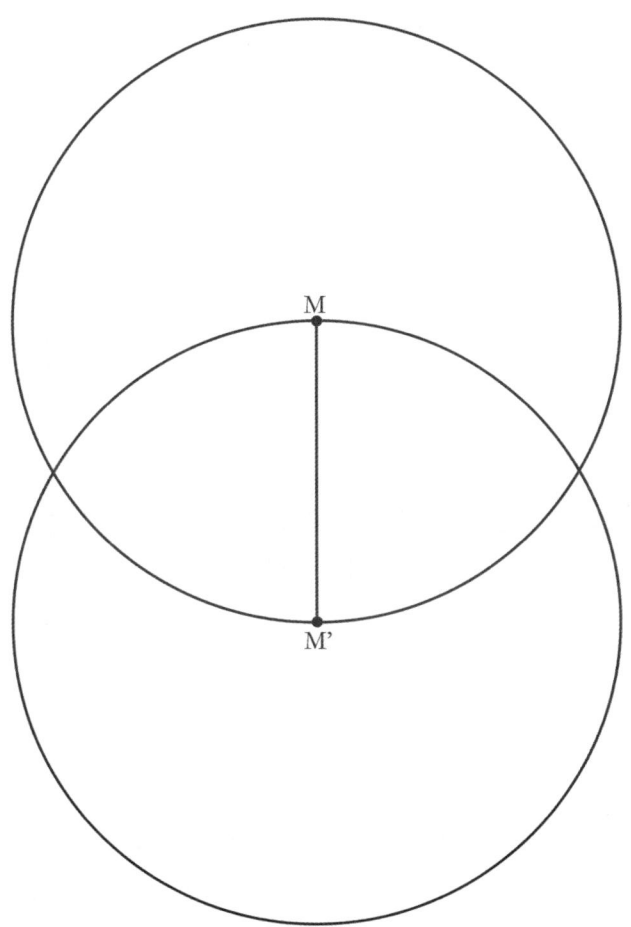

MM') gezeichnet. Das gleiche wird vom Punkt M' aus gemacht – so entsteht nicht nur der untere Kreis, sondern es bildet sich auch die Vesica Piscis. Nun wird von Schnittpunkt zu Schnittpunkt der beiden Kreise innerhalb der Vesica Piscis eine Gerade eingezeichnet, die die waagerechte x-Achse bildet und im rechten Winkel die y-Achse (Strecke MM') schneidet. So ist diese Strecke ohne jede Hilfsmittel genau waagerecht und bildet ohne Winkelmessung zur Strecke MM' vier rechte Winkel (90°). Der Punkt, an dem sich die y-Achse (Strecke MM') mit der x-Achse (in der Mitte der Vesica Piscis) schneidet, wird mit O bezeichnet. Die Strecke MM' entspricht so dem Radius r beider Kreise.

Nun wird die Strecke OM ins Zirkelmaß genommen und danach mit dem Zirkel um den Punkt O ein Kreis in die Vesica Piscis eingezeichnet (siehe nächste Seite). Dieser kleinere Kreis paßt exakt in die Vesica Piscis und hat einen Radius r, der halb so groß ist (1/2 = r/2) wie der Radius r der größeren Kreise. Der Konstruktion des kleineren Kreises liegt also der durch 2 geteilte Radius des großen Kreises zugrunde – dies entspricht der Logik der absteigenden Horus-Reihe, wonach durch 2 dividiert wird. Wird um den Punkt M' (das ist der Mittelpunkt des unteren großen Kreises) ein zweiter kleinerer Kreis mit dem Zirkelmaß der Strecke OM (= r/2) gezogen, entsteht erneut die Vesica Piscis, die viermal kleiner ist als die

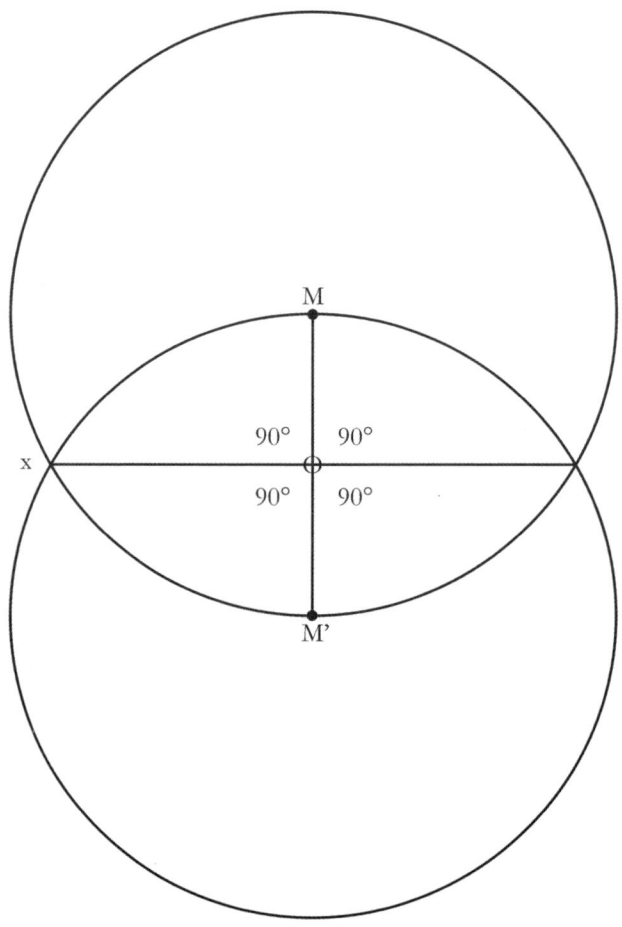

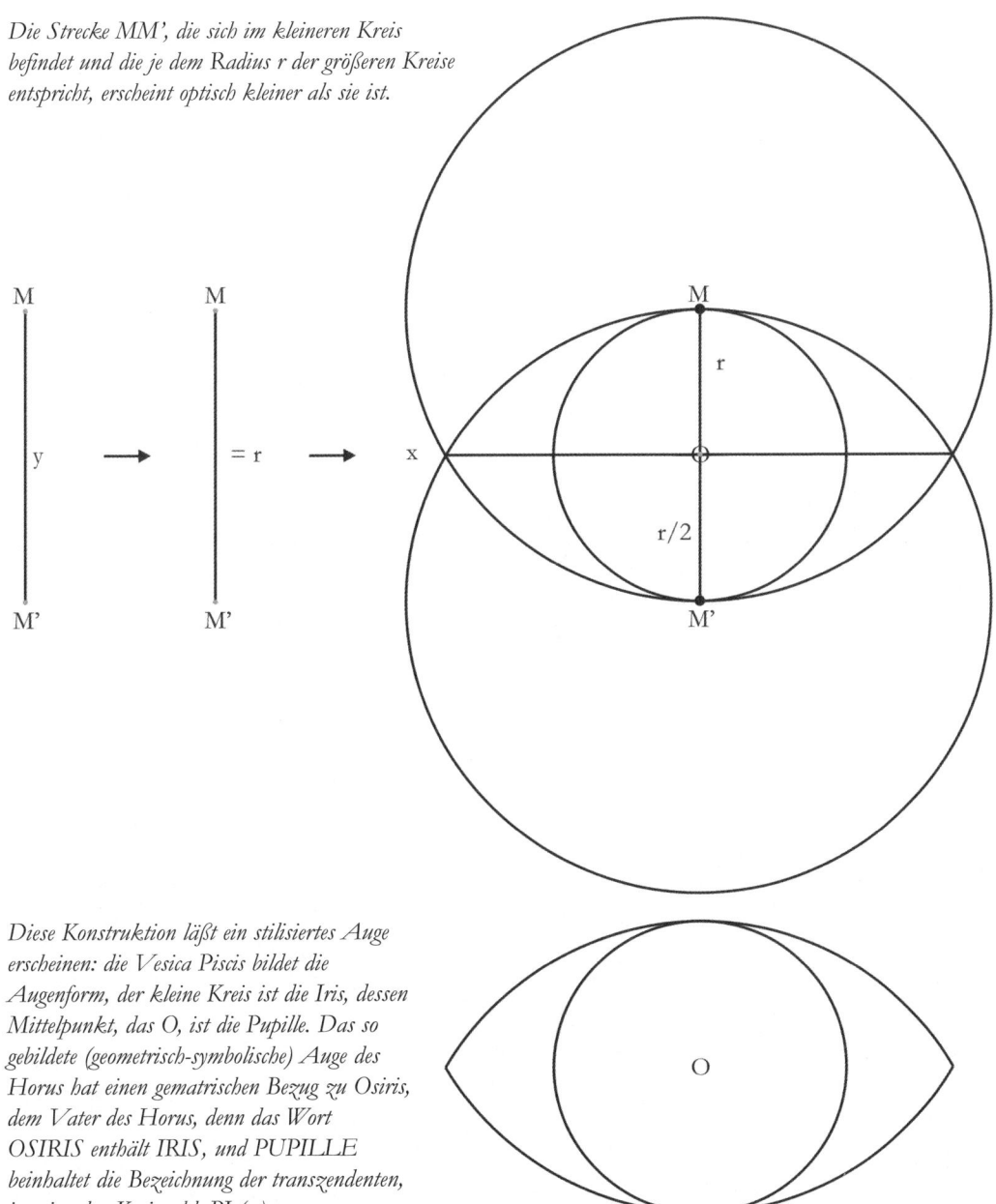

Die Strecke MM', die sich im kleineren Kreis befindet und die je dem Radius r der größeren Kreise entspricht, erscheint optisch kleiner als sie ist.

Diese Konstruktion läßt ein stilisiertes Auge erscheinen: die Vesica Piscis bildet die Augenform, der kleine Kreis ist die Iris, dessen Mittelpunkt, das O, ist die Pupille. Das so gebildete (geometrisch-symbolische) Auge des Horus hat einen gematrischen Bezug zu Osiris, dem Vater des Horus, denn das Wort OSIRIS enthält IRIS, und PUPILLE beinhaltet die Bezeichnung der transzendenten, irrationalen Kreiszahl: PI (π).

große (siehe nächste Seite). Sie entspricht also einem Viertel (1/4) der Fläche der großen Vesica Piscis. Auf diese Weise offenbaren sich die beiden ersten Brüche des Horus-Auges: 1/2 und 1/4. Würde man dasselbe Prinzip noch viermal anwenden, würden sich die weiteren Brüche 1/8, 1/16, 1/32, 1/64 offenbaren. Der kleinste Kreis, der so entstehen würde, hätte dann in etwa die Größe der Pupille des stilisierten Auges, das jetzt entstanden ist. Jeder

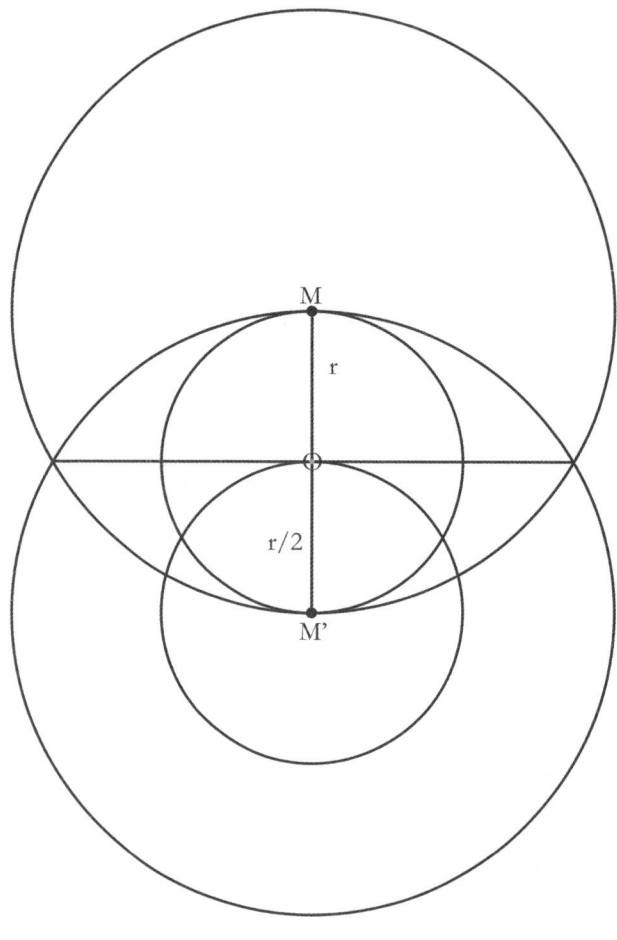

bis hier gebildete Kreis egal welcher Größe beziehungsweise jeder nachfolgend noch konstruierte Kreis (mit Mittelpunkt) entspricht zudem der Hieroglyphe des Ra/Re.

Nun wird die Strecke MM' nach unten verlängert, so daß sie den unteren Kreis ein zweites Mal schneidet, es bildet sich der Punkt N. Die Strecke MN stellt den gemeinsamen Durchmesser der beiden Kreise dar (mittlere Abbildung unten). Anschließend wird die Strecke OM' ins Zirkelmaß genommen und mit diesem in dem unteren Kreis die Punkte eingezeichnet, die dann so verbunden werden, daß ein Würfel (Quader, Würfel des Metatron) entsteht (rechte Abbildung unten).

Durch die Hinzunahme eines dritten Kreises (nächste Seite oben links), dessen Mittelpunkt die rechte Schnittstelle der zwei Kreise ist, läßt sich das aufgeklappte Pyra-

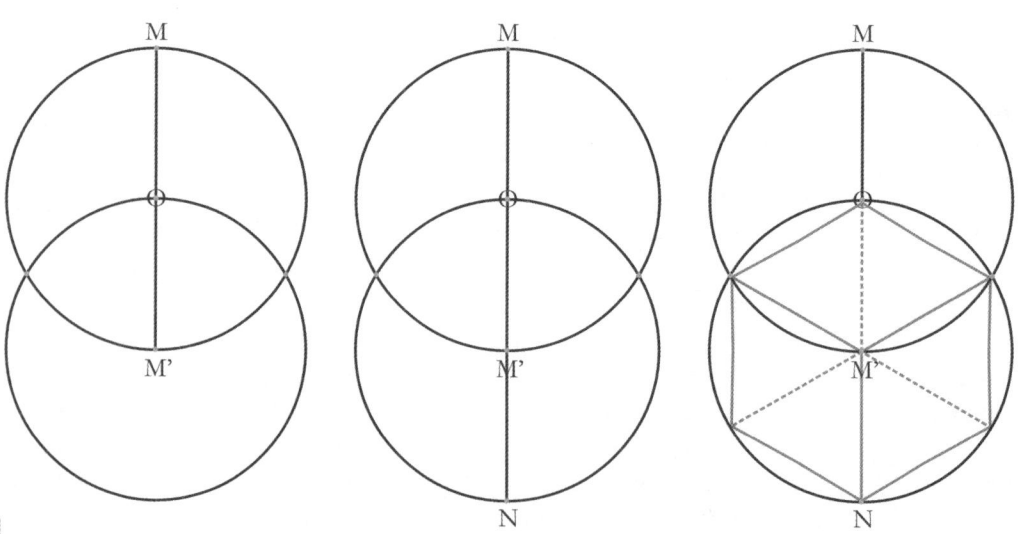

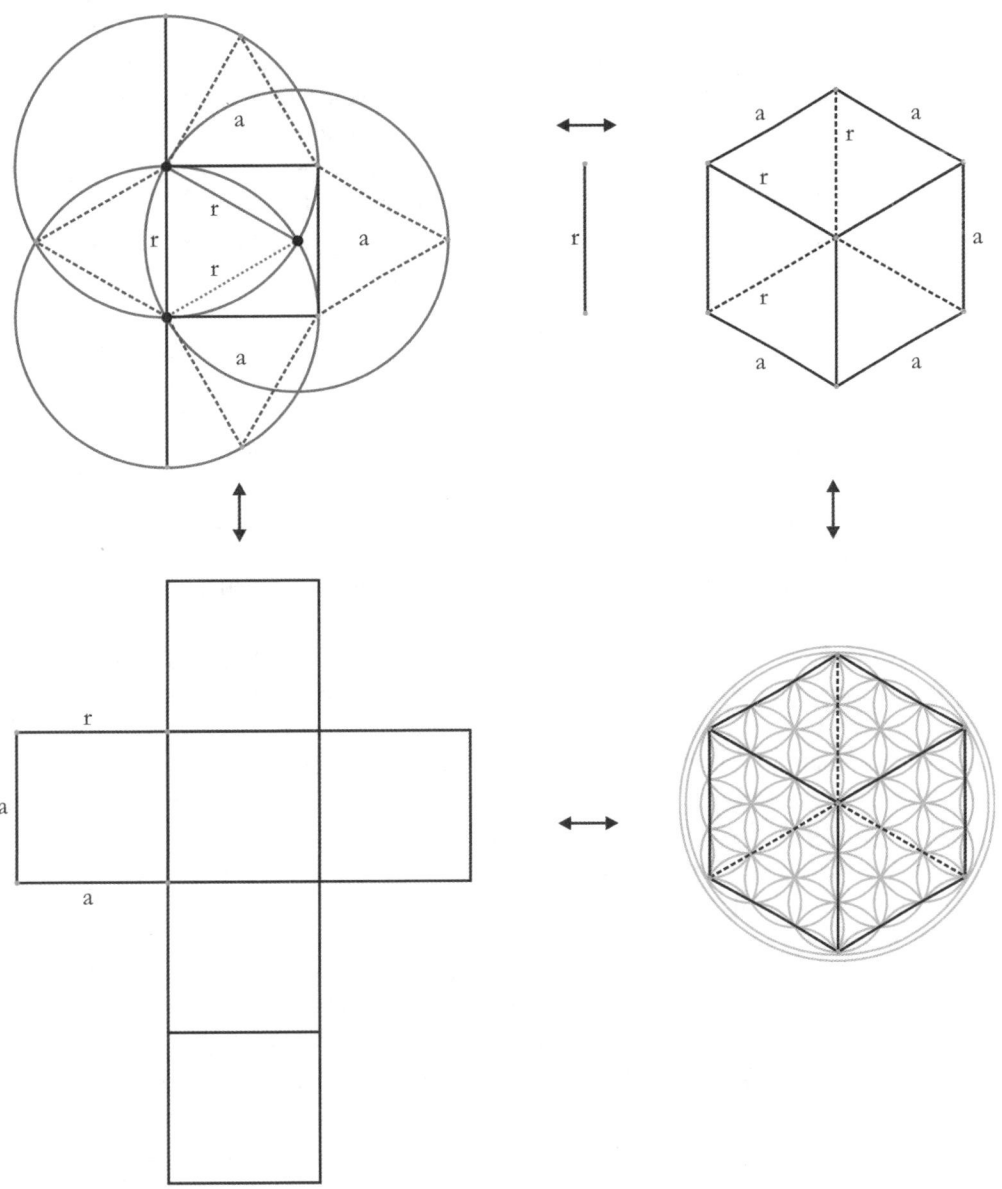

An der Konstruktion sieht man sehr deutlich, daß das Pyramidion (Gralsstein), der Würfel des Metatron (regelmä-ßiges Sechseck), der Jesus-Fisch und das Passionskreuz geometrisch auf drei Kreisen (drei Augen / Geistern Gottes beziehungsweise dreifache Hieroglyphe des Ra / Re, der Luzifer ist), die in dieser Anordnung auch die Basis der Blume des Lebens sind (vergleiche Seite 70), aufbauen und daß alles auch im symbolischen Sinne miteinander verbunden ist. Der Quader, der Würfel (Würfel des Metatron), läßt sich nicht nur in die Vesica Piscis konstruieren, auch die Blume des Lebens, in welcher die Vesica Piscis mehrfach vorkommt, kann als Grundlage dafür dienen (Abbildung rechts unten).

midion bilden, dessen Seiten alle gleich lang sind (r = a). Die Grundfläche dieses Pyramidions ist ein Quadrat, das sich auch aus den beiden die Vesica Piscis bildenden Kreisen konstruieren läßt. Die Seiten a des Quadrates sind genauso lang wie die Seiten und Kanten (r = a) des gebildeten Würfels, dementsprechend ist jede Fläche des Würfels (A = a × a) ebenso groß wie dieses Quadrat. Aufgeklappt stellt sich dieser Würfel als Kreuz dar (vorige Seite links unten). So erscheinen Wolframs Gralsstein (Pyramidion, Ra/Re, Luzifer), der Würfel, das Passionskreuz, die drei Kreise und der Jesus-Fisch geometrisch-symbolisch miteinander verbunden.

Interessant ist, daß sich im Würfel (Quader) die vier Urbrüche 4/3, 6/4, 3/2 und 3/4 verbergen. Denn nimmt man die Anzahl seiner Ecken (8), Flächen (6) und Kanten (12), setzt sie in Brüche und kürzt diese, also teilt man Zähler und Nenner durch 2, ergibt sich unter anderem folgendes: 8/6 = 4/3; 12/8 = 6/4; 6/4 = 3/2; 6/8 = 3/4. Diese Urbrüche sind, neben 1/2 und den anderen des Horus-Auges, nicht nur die Voraussetzung für die ägyptische Bruchrechnung, sondern auch mit für die Urherleitung des Satzes des Pythagoras. Die anderen möglichen Urbrüche (8/12 = 4/6 = 2/3; 12/6 = 6/3 = 2/1 = 2; 6/12 = 3/6 = 1/2) des Würfel, gebildet aus der Anzahl der Ecken, Flächen und Kanten, spielen bis auf den genannten Bruch 1/2 bei der Urherleitung des Satzes des Pythagoras keine weitere Rolle. Von *Ur*brüchen, *Ur*herleitung und *Ur*satz ist hier deshalb die Rede, weil all das *ur*sprünglich, das heißt zuerst aus den *ur*alten Augen des Horus (Ra/Re), also der Vesica Piscis, und einen dritten Kreis geometrisch-mathematisch hergeleitet wurde.

Bis hierhin lassen sich also ohne jede Messung und nur mit Hilfe eines Zirkels und eines Lineals (ohne Skala) – ausgehend von einer senkrechten Geraden, aus der ein beziehungsweise zwei die Vesica Piscis formende Kreise konstruiert wurden – das gleichseitige Dreieck, das regelmäßige Sechseck, der Würfel (Quader, Kreuz), das Pyramidion (Gralsstein) sowie die wichtigsten Brüche bilden und darstellen. Bei den Brüchen wurde das Prinzip angewendet, welches der absteigenden Horus-Reihe (64, 32, 16, 8, 4, 2, 1) zugrunde liegt: das Dividieren durch 2. Es wurden Zähler und Nenner durch 2 geteilt, gekürzt (8/6 ÷ 2 = 4/3; 12/8 ÷ 2 = 6/4; 6/4 ÷ 2 = 3/2; 6/8 ÷ 2 = 3/4). Der kleinste gemeinsame Teiler (kgT) dieser in dem Würfel verborgenen Brüche (8/6, 12/8, 6/8) ist also 2.

Nun werden die zwei kleineren Kreise zusammen mit dem eingezeichneten gemeinsamen Durchmesser mit Zirkel und Lineal so auf ein anderes Blatt Papier übertragen, daß die Konstruktion waagerecht liegt (siehe nächste Seite). Mit B wird der Punkt bezeichnet, an dem die Strecke, die gleich dem gemeinsamen Durchmesser der beiden Kreise ist, den rechten Kreis rechts schneidet. Anschließend wird vom oberen Schnittpunkt D der beiden Kreise (Vesica Piscis) mit dem Lineal senkrecht nach unten bis auf die waagerechte Linie (gemeinsamer Durchmesser der zwei Kreise) eine kurze Gerade eingezeichnet, der so entstehende Schnittpunkt wird mit C bezeichnet. Jetzt wird der Durchmesser eines der beiden Kreise (entspricht der Strecke MM', siehe Seiten 146 bis 149) ins Zirkelmaß genommen, danach wird der Zirkel am Punkt C eingestochen und über die beiden Kreise ein Kreisbogen gezeichnet. Nun wird mit dem Lineal die Senkrechte (Strecke CD) nach oben verlängert, bis sie den Kreisbogen schneidet. Die Schnittstelle wird mit A bezeichnet, womit die Strecke AC entsteht, die der Strecke MM' entspricht. Der Mittelpunkt der Strecke AC, der Schnittpunkt M", wird ermittelt, indem am oberen Rand der beiden Kreise eine waagerech-

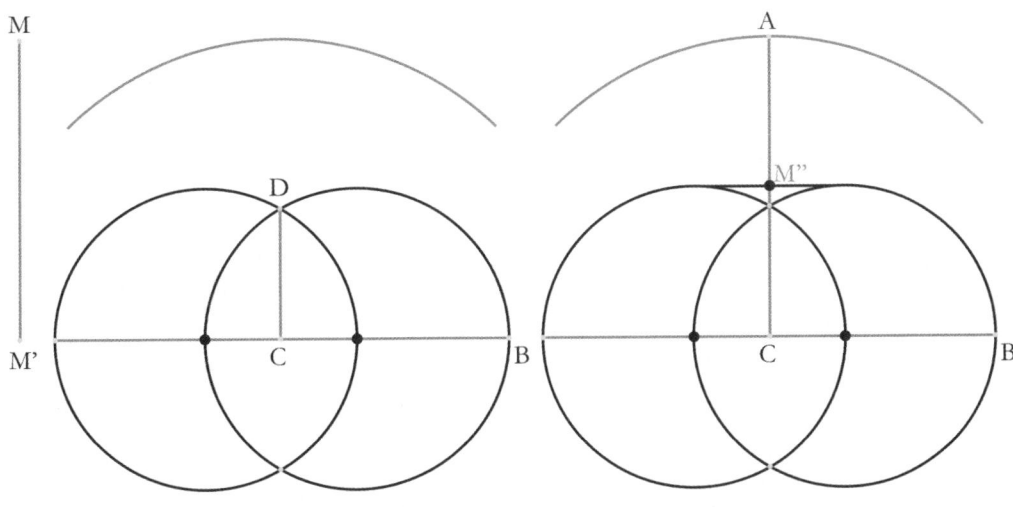

te Tangente eingezeichnet wird – so entsteht auch der nach unten gerichtete Jesus-Fisch.

Nun kann mit der altägyptischen Herleitung des Satzes des Pythagoras und des pythagoreischen Zahlentripeldreiecks 3, 4, 5 begonnen werden. Dieses Dreieck, das entstehen wird, wurde auch schon mit den Zahlenwerten des Wortes APOKA-LYPSE und mit drei Kreisen[53] als geometrische Grundlage konstruiert (vergleiche Seiten 62 f). Zuerst wird den zwei Kreisen ein dritter hinzugefügt. Dies geschieht, indem die Strecke M''C ins Zirkelmaß genommen und um den Punkt M'' dieser Kreis gezeichnet wird (rechte Abbildung). Der Kreis paßt

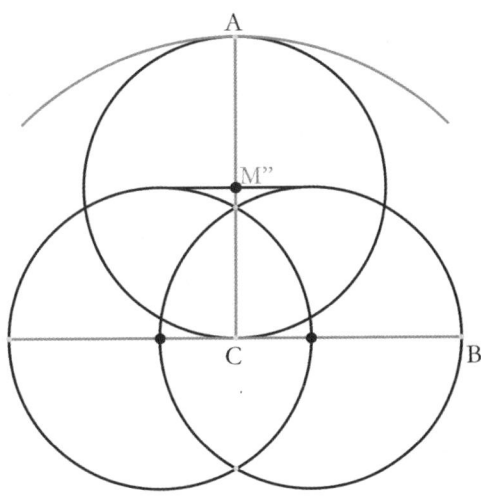

genau zwischen den Kreisbogen und die waagerechte Strecke, die gleich dem gemeinsamen Durchmesser der beiden unteren Kreise ist. Mit diesem dritten Kreis ist nun auch die Hie-

---

[53] Der Kreis ist geometrisch-symbolisch ein Ring, also das Zeichen, mit dem sich Asmodeus, der oberste der bösen Geister, der Ra/Re beziehungsweise Luzifer entspricht besiegen läßt. Auch gematrisch sind ASMODEUS und LUZIFER gleich:

A	+	S	+	M	+	O	+	D	+	E	+	U	+	S		
1	+	19	+	13	+	15	+	4	+	5	+	21	+	19	=	**97**

L	+	U	+	Z	+	I	+	F	+	E	+	R		
12	+	21	+	26	+	9	+	6	+	5	+	18	=	**97**

roglyphe des Ra/Re dreimal in dieser Konstruktion vorhanden, und der Mittelpunkt dieser dritten Hieroglyphe ist gleichzeitig die Mitte der Schwanzflosse des Jesus-Fisches (Schnittpunkt M" auf der Strecke CA, entstanden durch das Schneiden der waagerechten Tangente der beiden unteren Kreise).

10.2. ALTÄGYPTISCHE HERLEITUNG DES SATZES DES PYTHAGORAS UND DES PYTHAGOREISCHEN ZAHLENTRIPELDREIECKS 3, 4, 5

Der gemeinsame Durchmesser der zwei Kreise wird von diesen in genau drei gleichgroße Teile zu 1/2 geteilt, die jeweils so groß sind wie ein halber (1/2) Einzel-Kreisdurchmesser, also der Radius r, eines einzelnen Kreises (siehe Abbilung 1 und 5). So offenbart sich auch hier der Stammbruch 1/2 aus dem Udjat-Auge (siehe Seite 148). Dieser Bruch hat einen besonderen Bezug zur dreifachen Hieroglyphe des Ra/Re (dreimal Kreis mit Mittelpunkt, womit auch die Vesica Piscis dreimal entsteht), und so auch zu dem Sonnengott selbst, sowie zu den Augen des Horus, zwei Kreise (mit Mittelpunkt), die wiederum die Vesica Piscis bilden, als auch zum Udjat-Auge. Die Augen des Ra/Ra, die Sonne und der Mond, wurden gleichgesetzt mit denen des Horus, weshalb beide hier in Form der Visica Piscis nicht nur mythologisch, sondern auch geometrisch zu einer Einheit verschmelzen. Der dritte Kreis mit Mittelpunkt symbolisiert das geistige Auge des Ra/Re (ebenso wie das stilisierte geometrisch-symbolische Auge des Horus auf Seite 149). Brachte Ra/Re (Luzifer) im Auftrag Gottes den Ägyptern nicht nur den Gralsstein, sondern auch das Wissen von der Herleitung des Bruches 1/2 und die des Pyramidenseitendreiecks sowie die des Dreiecks 3/4, 4/4, 5/4 (3, 4, 5,), die einhergeht mit der des Satzes des Pythagoras? Die Bildung der Brüche des Dreiecks 3/4, 4/4, 5/4 beginnend mit 1/2 sowie die der Zahlen des Dreiecks 3, 4, 5 und des Satzes des Pythagoras aus der mythologisch-mathematisch-geometrischen Einheit der Augen des Horus (Ra/Re) heraus anhand von Ziffern wird nachfolgend dargestellt:

Das Dreieck 3/4, 4/4, 5/4 (3, 4, 5) sowie der Satz des Pythagoras lassen sich herleiten, indem die Strecken, die durch die Teilung der Kreise entstehen, in Brüchen dargestellt und erweitert werden (Zähler und Nenner multipliziert mit 2). Anschließend werden diese durch 2 dividiert. Das heißt: Aus dem gemeinsamen Durchmesser beider Kreise, der Strecke 3/2 (= 1/2 + 1/2 + 1/2) wird 6/4 (Abbildung 6 Seite 156), dann wird diese durch 2 geteilt, was gleich 3/4 + 3/4 (Abbildung 7 Seite 156) ist. Aus dem Einzel-Kreisdurchmesser des oberen dritten Kreises, der gleich der Strecke 1 ist (Abbildung 3), die sich in 1/2 + 1/2 teilen läßt, welches 1/1 entspricht, wird 2/2, dann 4/4 (Abbildungen 4, 5, 6 und 7). Diese gesamte Vorgehensweise entspricht der Logik sowohl der aufsteigenden Horus-Reihe (multipliziert mit 2) als auch der absteigenden Horus-Reihe (dividiert durch 2).

Der senkrechte Durchmesser des oberen Kreises, die Strecke CA (Abbildungen 2, 3 und 5), wird geteilt durch die Tagente, die die unteren Kreise schneidet, in der Bruchrechnung sieht dies folgendermaßen aus: 1/2 + 1/2 = 1/1 = 1. Auf Halbe im Bruch erweitert

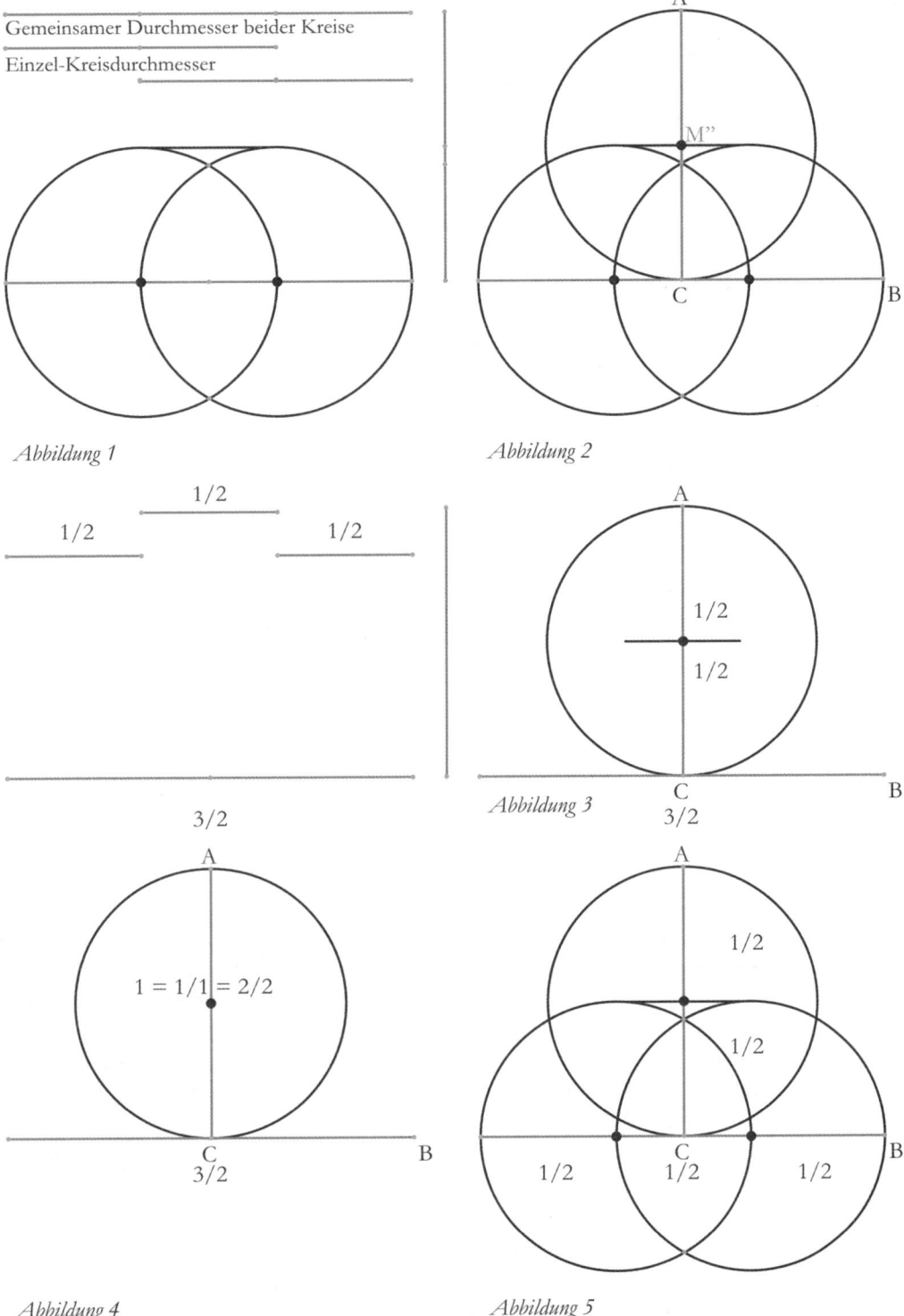

Gemeinsamer Durchmesser beider Kreise

Einzel-Kreisdurchmesser

Abbildung 1

Abbildung 2

1/2

1/2   1/2

3/2

Abbildung 3

3/2

Abbildung 4

3/2

Abbildung 5

155

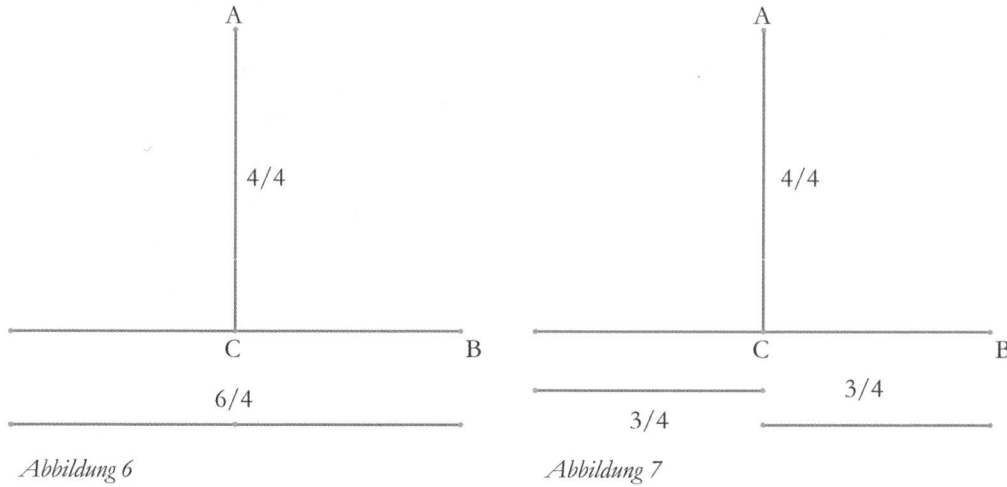

Abbildung 6   *Abbildung 7*

sind dies genau 1 = 1/1 = 2/2 = 1 Einzel-Kreisdurchmesser, Abbildung 4. Der waage-
rechte Durchmesser 3/2 beider Kreise entspricht im Bruch erweitert auf Viertel genau 6/4.
Wird der senkrechte Einzel-Kreisdurchmesser 2/2 des oberen Kreises auf Viertel erweitert
ergibt sich der Bruch 4/4 (Abbildung 6). Der waagerechte Durchmesser 6/4 der unteren
Kreise (Abbildung 6) kann in zwei gleiche Teile zu je 3/4 geteilt werden: 6/4 = 3/4 + 3/4
(Abbildung 7). Auf diese Weise entstehen die Brüche 3/2, 6/4, 3/4, die sich auch durch die
Kürzung der Brüche ergeben, die aus der Anzahl der Kanten, Ecken und Flächen des Wür-
fels (des Metatron) gebildet wurden: 12/8 = 3/2 sowie 12/8 = 6/4 und 6/8 = 3/4 (als
Kehrwert 8/6 = 4/3 = 1,3333333, welcher hinsichtlich der Urherleitung des Satzes des
Pythagoras noch von Bedeutung sein wird). Es sind auch die gleichen Brüche/Zahlen wie
die, die sich gematrisch aus dem Wort APOKALYPSE beziehungsweise dessen Buchstaben ergeben.

Mit diesen Brüchen/Zahlen (mit welchen nachfolgend auch das Pyramidenseitendreieck
gebildet wird) und der bis hier gefertigten geometrischen Konstruktionen kann der Ursatz
des Pythagoras hergeleitet und bewiesen werden. Dieser stammt also weder von Pythagoras, noch ist er durch Landvermessungen im alten Ägypten »entdeckt« worden. Er ist viel
älter, denn um diesen Satz beziehungsweise diese Formel herausfinden oder entwickeln zu
können, bedurfte es keinerlei Messungen (Maße), sondern nur dreier göttlicher Kreise und
der Brüche (Zahlen), die sich wiederum aus den Durchmessern dieser Kreise herleiten lassen – und dies war bereits weit vor Pythagoras und vor den Landvermessungen bekannt.

Nun zur Herleitung des Ursatzes des Pythagoras beziehungsweise dessen Formel: Die
Strecken (Seiten) CB und AC werden mit a beziehungsweise b bezeichnet (Abbildungen 8
und 8a). Dann wird vom Punkte A zu Punkt B eine Gerade (Hypotenuse, Strecke AB, Seite c) gezogen (Abbildung 9), womit das Dreieck a, b, c entsteht – durch das Einzeichnen
einer gleichen Strecke auf der linken Seite entsteht das Pyramidenseitendreieck, Abbildung
10. Um die noch fehlende unbekannte Länge der Seite c (Hypotenuse) des Dreiecks errech-

156

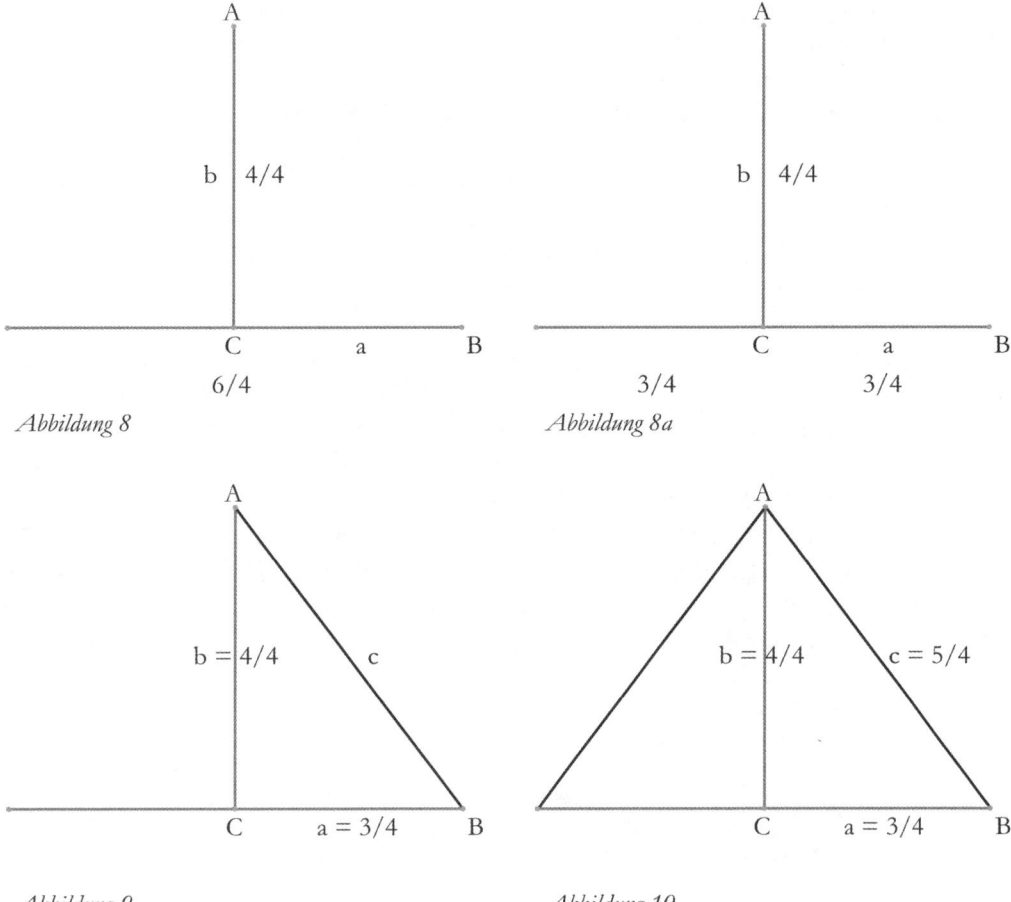

Abbildung 8

Abbildung 8a

Abbildung 9

Abbildung 10

nen zu können, werden die ermittelten Brüche der Seiten a und b (3/4 und 4/4) quadriert (Zähler und Nenner werden mit sich selbst multipliziert) und addiert, aus dem Ergebnis wird dann die Quadratwurzel gezogen.

$$\left(\frac{3}{4}\right)^2 \;+\; \left(\frac{4}{4}\right)^2 \;=\; c^2 \quad\longleftrightarrow\quad a^2 \;+\; b^2 \;=\; c^2$$

$$\frac{9}{16} \;+\; \frac{16}{16} \;=\; c^2$$

$$\frac{9}{16} \;+\; \frac{16}{16} \;=\; \frac{25}{16} \;\longrightarrow\; \sqrt{\frac{25}{16}} \;=\; \frac{5}{4} \;=\; c$$

$$\longrightarrow\quad a^2 \;+\; b^2 \;=\; c^2$$

157

Durch das Quadrieren und anschließende Addieren der Seiten a = 3/4 und b = 4/4 bildet sich der Bruch 25/16, der c^2 entspricht. Wird aus 25/16 die Quadratwurzel gezogen, ist dann zum einen die noch fehlende Länge der Seite c des Dreiecks bekannt und zum anderen die Formel des Ursatzes des Pythagoras, die lautet: $a^2 + b^2 = c^2$. So läßt sich also der aus Ägypten stammende Ursatz des Pythagoras aus den Augen des Horus, Ra/Re und einem dritten Kreis (drittes Auge, dreifache Hieroglyphe des Ra/Re) herleiten. Die Seite c des Dreiecks ist exakt 5/4 lang.

Bemerkenswert ist, daß allen Nennern der obigen Brüche die Zahl 16 = P steht, die gematrisch betrachtet dem göttlichen A + O (= 1 + 15 = 16) entspricht. Wie das P ist auch der griechische Buchstabe π der sechzehnte im Alphabet, und dessen lateinische Schreibweise (PI) offenbart, werden die Zahlenwerte der beiden Buchstaben in eine Gleichung gesetzt, den Satz des Pythagoras: P (= 16) + I (= 9), also 16 + 9 = 25, als quadratische Gleichung formuliert $4^2 + 3^2 = 5^2$, umgestellt $3^2 + 4^2 = 5^2$ (= $a^2 + b^2 = c^2$). So wird eine Verbindung der Zahlen 9, 16 und 25[54] zur Herleitung des Satzes des Pythagoras, zum göttlichen A + O und zur Bezeichnung der Kreiszahl π (PI) erkennbar. Zudem wird aufgrund des bis hier dargestellten klar, daß der Ursatz des Pythagoras beziehungsweise dessen Herleitung in gewisser Weise verbunden ist mit der Vesica Piscis, dem Schild Salomos, dem Gralsstein (Pyramidion), der Pyramide, dem Würfel des Metatron, dem Quader, dem ABC und dem Passionskreuz – und dies alles im übergreifenden Gralszusammenhang. Hinzu kommt, daß mit der Kenntnis von der Urkreiszahl π und deren Herleitung über das aus drei Kreisen gebildeten Pyramidenseitendreiecks das Gralsgeheimnis ein weiteres Stück gelüftet wird – und beides war auch Flegetanis bekannt, ebenso wie den ersten Mathematikern und Astronomen in grauer Vorzeit, die in diesem Sinne Gralseingeweihte waren.

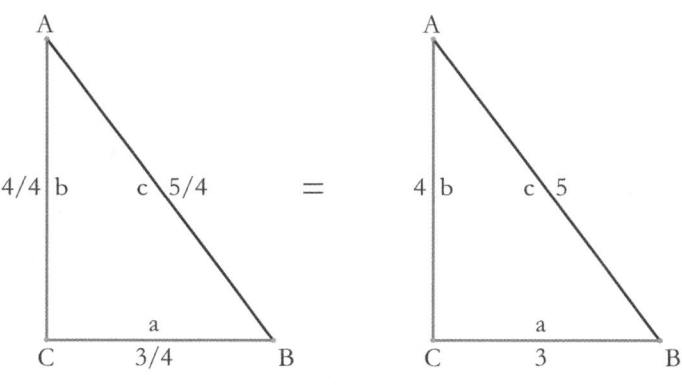

Ägyptische Urmathematik war nicht wie die heutige Mathematik einzig von Formeln bestimmt, sondern von Vergleichen, die erst danach zum Teil zu Formeln führten. Mit dieser Umwandlung vollzog sich ein Quantensprung des Denkens, denn fortan wurde nicht nur mit reinen Zahlen, sondern auch mit Maßen (Längeneinheiten) gedacht und gerechnet. So wurden die Brüche 3/4, 4/4, 5/4 des Dreiecks a, b, c in ganze Zahlen des ersten Zahlen-

[54] Siehe zu den sich ergebenden magisch-mystischen Zahlen 9, 16, 25 (= I, P, Y) nochmals die Ausführungen zur Gematrie des Wortes APOKALYPSE (Seiten 77 bis 81).

tripel-Dreiecks 3, 4, 5 (a, b, c) umgewandelt und zudem ins Maß gesetzt, so wie hier, wo die Bezeichnung der Seiten, die reine ganze Zahl, gleich dem Maß (Zentimeter) ist: die Seite 3 ist 3 cm, die Seite 4 ist 4 cm, die Seite 5 ist 5 cm lang.

Sowohl das Dreieck 3, 4, 5 als auch das Pyramidenseitendreieck beziehungsweise das hieraus geometrisch konstruierbare Grundquadrat der Pyramide (siehe Seite 98) mit 4 × 6 Längeneinheiten bildete zusammen mit der Kreiszahl π den Ursprung der Längen- und Quadratmaße, vor allem der ägyptischen Königselle (Pyramidenmeter), die eines der ersten Maße der hochkulturellen Menschheit war (dies wird noch ausführlich ab Seite 179 dargelegt). Damit ein Längenmaß festgelegt werden konnte, bedurfte es zuerst der Herleitung einer Längeneinheit, deren Grundlage ganze Zahlen und keine Brüche waren. Die Seiten des Dreiecks 3/4, 4/4, 5/4 wurden zuerst in je 3, 4 und 5 gleichlange Längeneinheiten von je 1 umgewandelt und aufgeteilt (als Beispiel die Seite a = 3/4 = 3 → 1 + 1 + 1 = 3). Dieses Prinzip war auch die Grundlage der Zwölfknotenschnur der ägyptischen Seilspanner (3 + 4 + 5 = 12 entsprechend dem Umfang des Dreiecks 3, 4, 5, das 12 gleichlange Längeneinheiten aufweist, siehe Seite 86 und Abbildung unten rechts), die bereits vor dem Pyramidenbau verwendet wurde. Auch die Königselle war da schon bekannt – beides, die Zwölfknotenschnur und die Königselle, dienten beim Bau der Pyramiden als Werkzeug beziehungsweise Maß. Heute wird in ägyptologischen und mathematischen Fachkreisen behauptet, daß zuerst die Zwölfknotenschnur der Seilspanner existierte und daß sich auf dieser die Entdeckung des Satzes des Pythagoras, das Dreieck 3, 4, 5, begründet (Umkehrung des Satzes des Pythagoras). Diese Behauptung ist falsch, denn es war genau umgekehrt. Denn mit der Weiterführung der bis hier gefertigten geometrischen Konstruktion aus den Augen

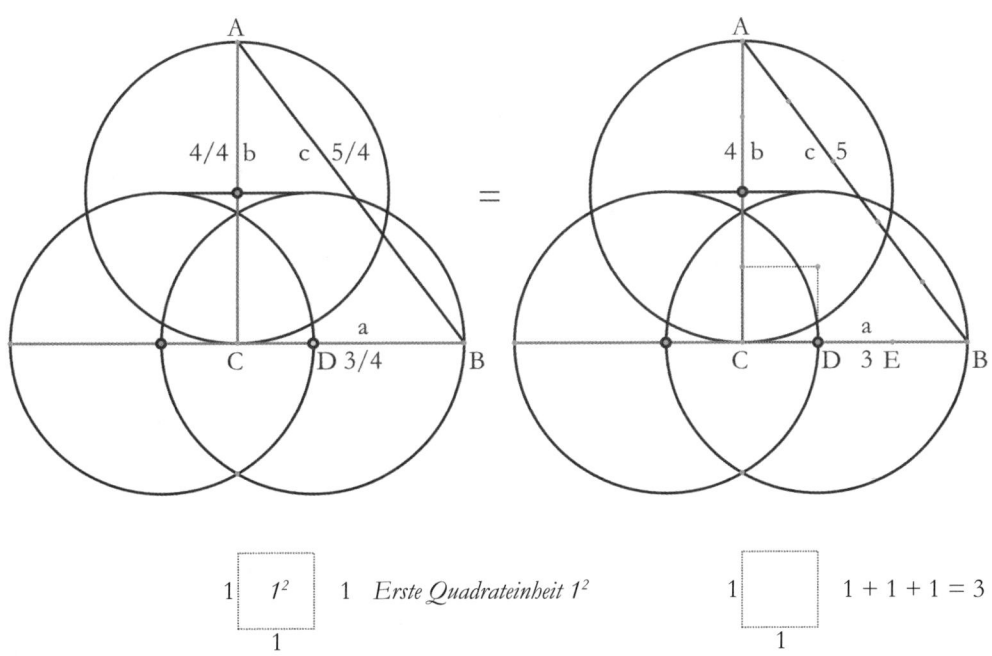

159

des Horus (Ra/Re) wird deutlich, daß mit dieser 12 Längeneinheiten gebildet werden können und daß der Satz des Pythagoras und dessen Formel und somit die Grundlage der Zwölfknotenschnur aus dieser entwickelt werden konnte – und diese Konstruktion war den eingeweihten Mathematikern vor vielen Jahrtausenden sicher bekannt und war wohl eine theoretische Grundlage für den Pyramidenbau. Es kann davon ausgegangen werden, daß all dies den Ägyptern vom Sonnengott Ra/Re (Luzifer) vermittelt wurde.

Ausschlaggebend für die Aufteilung des Dreiecks in 12 gleichlange Einheiten sind der Punkt C und die rechte Schnittstelle (Punkt D) des linken unteren Kreises mit der Seite a = 3 (Abbildung Seite 159 rechts), denn die Teilstrecke CD ist genau eine Längeneinheit (= 1). Nimmt man diese ins Zirkelmaß und überträgt diese der Reihe nach, beginnend beim Punkt D, auf den Umfang des Dreieckes ABC, so ergeben sich exakt 12 gleiche Längeneinheiten von je 1. Die Seite a (= 3) weist so 3, die Seite b (= 4) 4 und die Seite c (= 5) 5 gleiche Längeneinheiten von je 1 auf. Es kann davon ausgegangen werden, daß die Zwölfknotenschnur, also die Idee und Festlegung der 12 Knoten in gleichem Abstand auf der Schnur, auf dieser Konstruktion basiert. Weiterhin kann mit der Konstruktion die erste Quadrateinheit ($1 \times 1 = 1^2$), die für die ägyptische Landvermessung und Flächenberechnung mit der Zwölfknotenschnur sehr wichtig war, hergeleitet werden. Bei den Ägyptern hatte die erste Längen-/Quadrateinheit 1, die dann ins Ellenmaß übertragen wurde, bei der Berechnung von astronomischen Strecken und Quadranten eine große Bedeutung.

10.3. DIE TRANSFORMATION DER BRÜCHE IN GANZE ZAHLEN

Das Steigungsverhältnis der Seite b zur Seite a des Dreiecks (links 4/4 ÷ 3/4) beträgt bei der Umwandlung in ganze Zahlen 4 ÷ 3. Also ist in ganzen Zahlen die Dreieckseite b = 4 Längeneinheiten lang und die der Seite a = 3 Längeneinheiten lang. Nun brauchen in die

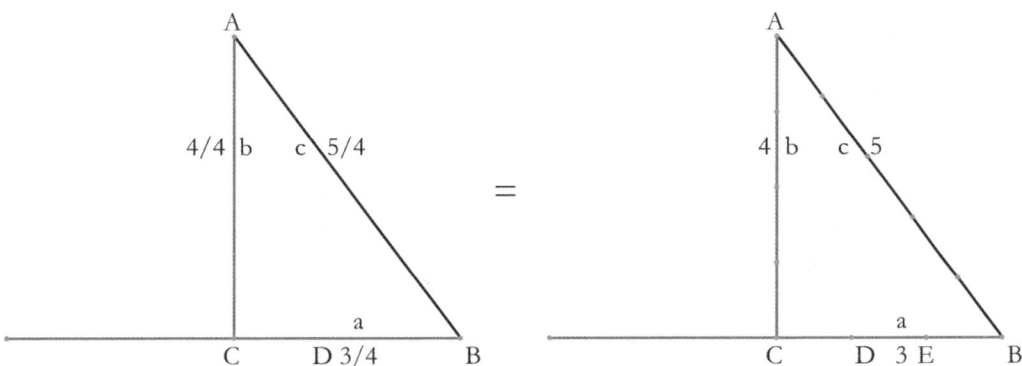

Der Sprung von Brüchen in ganze Zahlen, dargestellt am Dreieck ABC und mit folgender Formel, die die Seiten b und a ins Verhältnis setzen (Brüche werden dividiert, indem mit dem Kehrwert multipliziert wird):

$$b \div a = 4/4 \div 3/4 \quad = \quad 4 \div 3$$

$$\frac{4}{4} \div \frac{3}{4} = \frac{4}{4} \times \frac{4}{3} = \frac{16}{12} = \frac{4}{3} = \frac{b}{a}$$

Formel des Satzes des Pythagoras ($a^2 + b^2 = c^2$) nur diese Zahlen entsprechend eingesetzt werden, also $3^2 + 4^2 = c^2$, um die noch unbekannte Länge der Seite c (Hypothenuse) ebenfalls in einer ganzen Zahl/Längeneinheit berechnen zu können. Das Ergebnis von $3^2 + 4^2$, also 9 + 16 ist 25. Aus der 25 muß noch die Quadratwurzel gezogen werden und alle Seitenlängen des Zahlentripel-Dreiecks (rechts) sind bekannt: die Seite a hat 3, die Seite b hat 4 und die Seite c hat 5 gleiche Längeneinheiten (hier jeweils in cm-Einheiten). Auch die Fläche A = 6 dieses Dreiecks kann nun in einer ganzen Zahl und in Quadrateinheiten dargestellt werden. Sie läßt sich über ein Rechteck berechnen, das von der Hypotenuse (Seite c) in zwei gleiche Teile geteilt wird (Division durch 2, siehe Abbildung Seite 163 rechts oben): A = (a × b) ÷ 2 = (3 × 4) ÷ 2 = 12 ÷ 2 = 6 = A. Ein Dreieck mit den Längeneinheiten 3, 4, 5 hat also genau eine Fläche von 6 Quadrateinheiten zu je 1, diese Einheiten sind hier im Maß in den Einheiten/Quadrateinheiten cm/cm² dargestellt.

Auch mit der Anwendung der Gematrie kann das Zahlentripel-Dreieck (das auch das »Heilige Dreieck« genannt wird) mit den Seiten (Längeneinheiten, Maßen) 3, 4, 5 dargestellt beziehungsweise bezeichnet werden – und auch die Formel des Satzes des Pythagoras fügt sich so zusam-

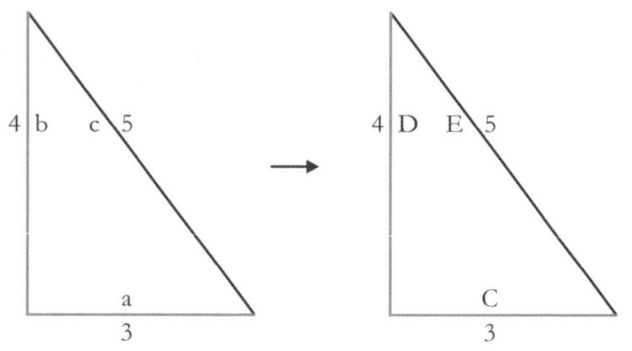

men. Dafür müssen die drei Seiten a, b, c des Dreiecks nur anders bezeichnet werden: aus a wird C, aus b wird D und aus c wird E. Die Buchstaben C, D, E entsprechen den Zahlen/Einheiten (Maßen) 3, 4, 5 (cm), denn C ist der dritte, D der vierte und E der fünfte Buchstabe im Alphabet. Daraus folgt:

$$C^2 + D^2 = E^2$$
$$3^2 + 4^2 = 5^2$$
$$9 + 16 = 25 \quad \longleftarrow \quad a^2 + b^2 = c^2.$$

Auch so entstehen wieder die magischen Zahlen 9, 16, 25 (vergleiche zu diesen die Seiten 77 bis 81). Diese Zahlen und der Satz des Pythagoras lassen sich gematrisch auch aus Y = 25 und P = 16 des Wortes APOKALYPSE bilden:

$$Y - P = I$$
$$25 - 16 = 9$$
$$5^2 - 4^2 = 3^2 \quad \longleftrightarrow \quad \text{als quadratische Gleichung}$$
$$3^2 + 4^2 = 5^2 \quad \longleftrightarrow \quad \text{als umgestellte Gleichung}$$
$$9 + 16 = 25 \quad \longleftrightarrow \quad \text{als aufgelöste Gleichung.}$$

Interessant ist auch, daß – gematrisch betrachtet – die mathematische Formel des Satz des Pythagoras ($a^2 + b^2 = c^2$) richtig und zugleich falsch ist. Widerlegen läßt er sich, indem die den Buchstaben a, b und c entsprechenden Zahlenwerte in die Formel eingesetzt werden:

$$a^2 + b^2 \neq c^2 \quad \longleftrightarrow \quad 1^2 + 2^2 \neq 3^2$$
$$1 + 4 \neq 9 \qquad 5 \neq 9$$
$$E \neq I$$

Als richtig beweisen läßt er sich, wenn mit C = 3, D = 4, E = 5 gerechnet wird:

$$C^2 + D^2 = E^2 \qquad 3^2 + 4^2 = 5^2$$
$$9 + 16 = 25 \qquad 25 = 25$$
$$Y = Y$$

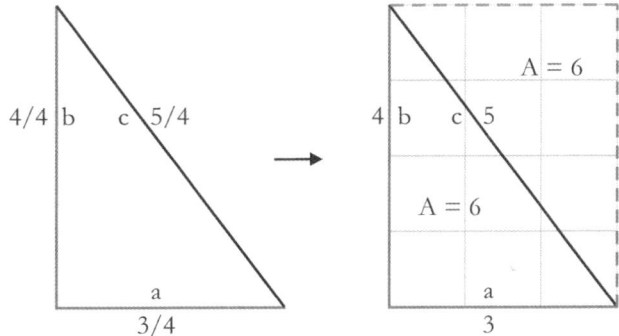

Abschließend kann zusammengefaßt werden: Mit der gezeigten geometrisch-mathematischen Konstruktion, angefangen bei drei gleichgroßen Kreisen (der dreifachen Hieroglyphe des Ra/Re), können immer die Brüche 3/4, 4/4, 5/4 hergeleitet werden, die die Seiten des pythagoreischen Dreiecks a, b, c bezeichnen. Und aus dem Verhältnis der Brüche 4/4 und 3/4 (also dem Steigungsverhältnis der Seiten b = 4 und a = 3 dieses Dreiecks) wiederum läßt sich das Zahlentripel-Dreieck 3, 4, 5 in ganzen Zahlen/Längeneinheiten bilden – und zwar mit der Formel $a^2 + b^2 = c^2$. Somit ist in der Gesamtkonstruktion der Satz des Pythagoras verborgen beziehungsweise kann dieser mit ihr hergeleitet werden (siehe ab Seite 153). Wie groß die drei Kreise am Anfang sind, spielt keine Rolle, sie müssen nur gleichgroß sein, ein Dreieck mit den Längeneinheiten 3, 4 und 5 sowie der Fläche von 6 Quadrateinheiten läßt sich in diese immer konstruieren – ebenso wie sich mit der Zwölfknotenschnur ein solches bilden läßt, denn egal wie lang die Schnur ist, durch die 12 Knoten in gleichen Abständen entsteht immer ein Dreieck mit den Längen-Einheiten 3, 4 und 5 und mit der Fläche von 6 Quadrateinheiten.

Es wurde gezeigt, daß die Zahlen/Einheiten/Maße 3, 4, 5 den Brüchen 3/4, 4/4, 5/4 entsprechen, daß sich diese Brüche am konstruierten rechtwinkligen Dreieck in ganze Zahlen (Längeneinheiten) 3, 4 und 5 wandeln lassen (vergleiche Abbildung oben und auch Seite 161). Und somit entsteht ein Paradoxon, denn in der herkömmlichen Schulmathematik sind die Zahlen 3, 4 und 5 nicht gleich den Brüchen 3/4, 4/4 beziehungsweise 5/4, mathematisch formuliert sieht dies so aus: 3 ≠ 3/4, 4 ≠ 4/4 und 5 ≠ 5/4.

10.4. Die Swastika – das urzeitliche Sonnenrad

Äußerst interessant und aufschlußreich bezüglich der Berechnung der Urkreiszahl π (PI) auf der Basis des Innenkreises (Urkreises) des Pyramidenseitendreiecks ist die Steigung der beiden Dreiecke, die dieses bilden. Werden diese Dreiecke bemaßt, so errechnet sich der Wert der Steigung folgendermaßen: b ÷ a = 4 ÷ 3 = 1,3333333.

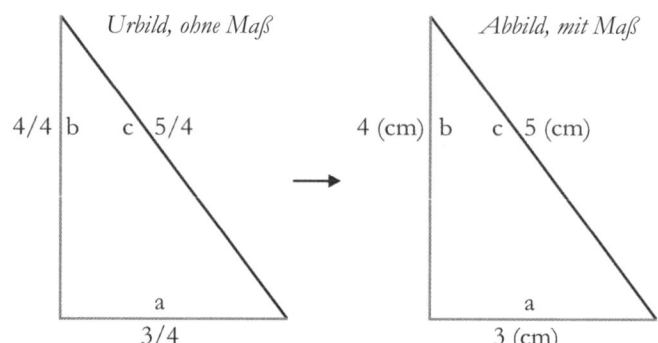

Die Abbildung verdeutlicht nochmals den Sprung (Ursprung der Mathematik) von Brüchen/geteilten Zahlen (links) zu ganzen Zahlen/Längeneinheiten/Maßen (rechts).

Sind sie unbemaßt (und so nicht mit ganzen Zahlen bezeichnet) ergibt sich der Wert so: b ÷ a = 4/4 ÷ 3/4 = 4/4 × 4/3 = 16/12 = 4/3 = 4 ÷ 3 = 1,3333333.

Demnach haben die gespiegelten Dreiecke, bemaßt oder unbemaßt, zusammen eine Steigung von 2,6666666: (b ÷ a) × 2 = 4/3 × 2 = 1,3333333 × 2 = 2,6666666 = 8/3. Der Innenkreis des Pyramidenseitendreiecks, der, wie nachfolgend ersichtlich wird, den Radius r = 1,5 Längeneinheiten (cm) hat, und die Herleitung und Berechnung der Urkreiszahl π (Pi) sind untrennbar mit den Zahlenwerten 1,3333333 und 2,6666666 des Pyramidenseitendreiecks verwoben. Der Radius des Innenkreises läßt sich ohne jede Messung geometrisch herleiten, bestimmen und berechnen (zu den bis hier geometrisch-arithmetisch gebildeten Brüchen/Zahlen/Ziffern 3/2 sowie 8/3 = 2,6666666 und 4/3 = 1,3333333 und 1,5 vergleiche die gematrisch berechneten Brüche/Zahlen des Wortes Apokalypse, Seite 80 f). Der Wert 1,5 ist für die nachfolgende Herleitung und Berechnung der Urkreiszahl π (PI) und der Urkreisformeln sowie der Tonhöhen und Tonfrequenzen der c-Dur-Ganztonleiter sehr wich-

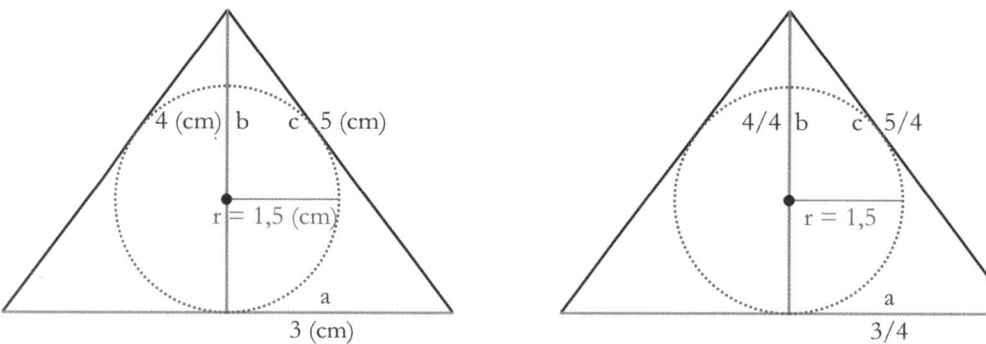

Pyramidenseitendreieck (links bemaßt und rechts unbemaßt), in welches der Innenkreis/Urkreis mit dem Radius r = 1,5 Längeneinheiten (cm) eingezeichnet ist.

tig. Denn dieser Wert (gematrisch betrachtet ist es auch der Quotient der dividierten Zahlenwerte der Buchstaben X und P des Christusmonogramms: X ÷ P = 24 ÷ 16 = 1,5) weist auf einen ganz bestimmten Punkt P (Koordinate) in dem Dreieck a, b, c (ABC), welches gespiegelt und zusammengefügt das Pyramidenseitendreieck bildet, hin, der nun geometrisch ohne Messung mit einem Zirkel, Stift und einem Lineal (ohne Skala) bestimmt wird. Zur Verdeutlichung wird dieser Punkt P (x, y) auch innerhalb eines zweidimensionalen kartesischen Koordinatensystems graphisch dargestellt (nächste Seite), dabei entspricht die x-Achse der in drei gleiche Längeneinheiten zu je 1 (cm) aufgeteilten Seite a und die y-Achse der in vier gleiche Längeneinheiten zu je 1 (cm) aufgeteilten Seite b des Pyramidenseitendreiecks.

Um nun den gesuchten Punkt (x = 1,5 und y = 1,5) geometrisch exakt bestimmen und somit auch den maßgeblichen allerersten Urkreis konstruieren sowie die sich aus diesem ergebenden Urkreisformeln und auch die Urkreiszahl π aus dem Papyrus Rhind (3,1604938…) wie die ersten Urmathematiker und Astronomen (Flegetanis) berechnen zu können, muß diese geometrische Urkonstruktion noch erweitert werden:

Zuerst wird die Strecke CB ins Zirkelmaß genommen und mit diesem um den Punkt A ein Kreis gezeichnet. Dessen Schnittpunkt mit der Seite b teilt diese in eine Strecke von 3 Längeneinheiten (cm) und in eine von 1 Längeneinheit (cm). Letztere wird nun ins Zirkelmaß genommen und vom Punkt C aus nach rechts auf die Seite a übertragen (siehe Abbildung nächste Seite). Anschließend wird das Zirkelmaß zum einen von diesem soeben gebildeten Punkt aus senkrecht nach oben und zum anderen vom Schnittpunkt des Kreises mit der Seite b nach rechts abgetragen. Werden von dem Schnittpunkt der Zirkelmaßabtragungen aus zwei Geraden, eine senkrechte nach unten auf die Seite a und eine waagerechte nach links bis zur Seite b, eingezeichnet, entsteht ein Quadrat mit 1 × 1 Längeneinheiten (cm). In dieses Quadrat werden von Ecke zu Ecke zwei diagonale Geraden eingezeichnet. Durch deren Schnittpunkt wird danach parallel zur Seite a eine waagerechte Gerade gezogen. Der Punkt, an dem sich diese Gerade mit der Strecke b schneidet, wird mit D bezeichnet. Anschließend wird die Strecke CD, die genau 0,5 (= 1/2) Längeneinheiten (cm) ist, ins Zirkelmaß genommen und vom Schnittpunkt des Kreises mit der Seite b nach

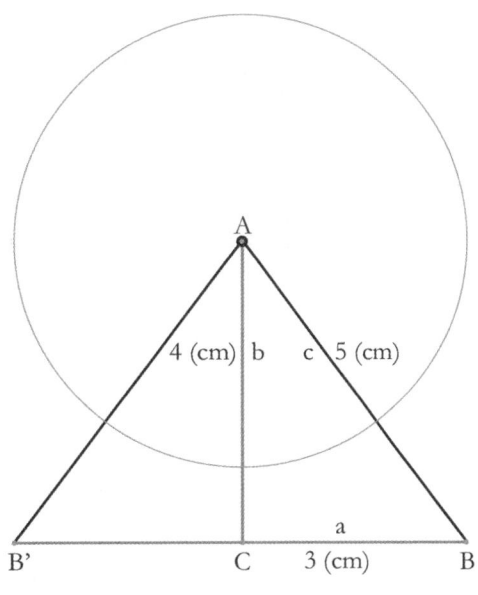

oben abgetragen, womit der Punkt G entsteht. Dieser teilt die Strecke b (= 4 Längeneinheiten [cm] in eine Strecke GC mit 1,5 Längeneinheiten (cm) und in eine Strecke AG mit 2,5 Längeneinheiten (cm). Nun wird die Strecke GC ins Zirkelmaß genommen und vom Punkt C nach rechts auf die Seite a abgetragen, womit der Punkt F gebildet wird. Von

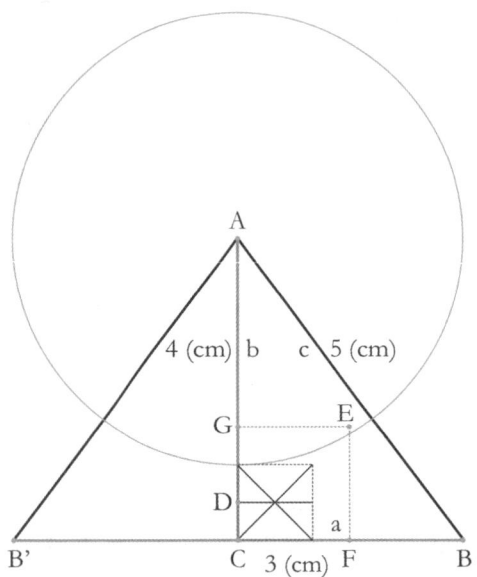
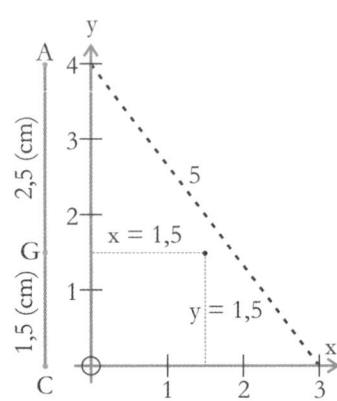

diesem wird das Zirkelmaß nach oben und vom Punkt G aus nach rechts abgetragen. Der so entstandene Schnittpunkt wird mit E bezeichnet, es ist auch der Punkt P (x = 1,5 und y = 1,5) im Koordinatensystem. Werden die Punkte E und F beziehungsweise E und G verbunden, bildet sich ein Quadrat mit den Seiten von je 1,5 Längeneinheiten (cm). Die Strecke EF teilt die Seite a genau in der Mitte.

Nun wird eine der beiden Strecken ins Zirkelmaß genommen und mit diesem um den Punkt G ein Kreis, der Urkreis mit dem Radius r = 1,5 Längeneinheiten (cm), der durch die Strecke EG dargestellt wird, in die zwei Dreiecke beziehungsweise das Pyramidenseitendreieck eingezeichnet (Abbildung unten links). Als Urkreis wird dieser Kreis bezeichnet,

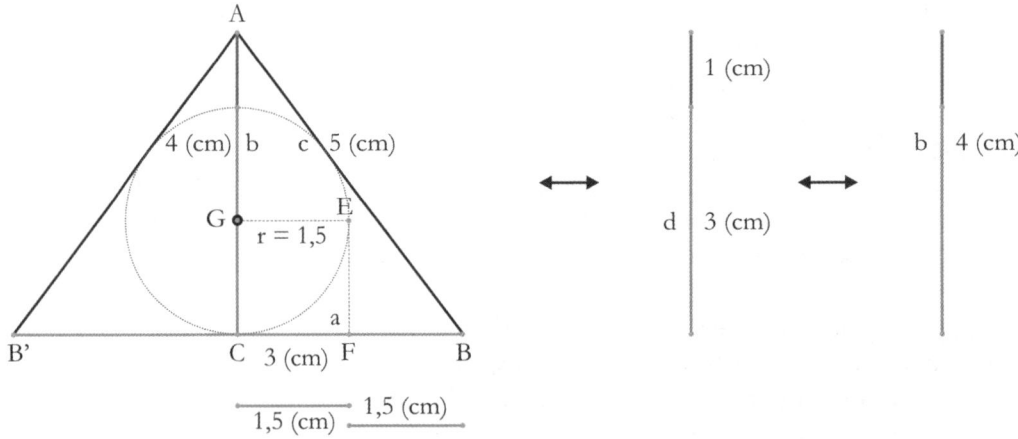

166

weil er der allererste Kreis war, der sich ohne jede Messung herleiten und berechnen ließ (Durchmesser d, Radius r, Quadratradius r², Fläche A, Umfang U, Urkreiszahl π). Der Innenkreis teilt die Seite b = 4 (Strecke AC) der beiden Dreiecke in zwei Teile: der eine ist mit drei gleichen Längeneinheiten zu je 1 so lang wie der Durchmesser d des Innenkreises (d = a = 3), der andere entspricht von dem oberen Schnittpunkt des Urkreises bis zum Punkt A einer Längeneinheit (4 [cm] – 3 [cm] = 1 [cm]). Mit diesem Kreis können in Kombination mit den Dreiecken 3, 4, 5 (Pyramidenseitendreieck) die Urkreiszahl des Papyrus Rhind und auch die Urkreisformeln, die identisch sind mit den heutigen Kreisformeln, hergeleitet beziehungsweise gebildet werden.

Um auf dieser Konstruktion aufbauend die Swastika, das älteste Sonnensymbol der Menschheit, bilden zu können, wird wie folgt verfahren (Abbildungen dazu unten): Mit dem Lineal wird die Strecke EG nach links verlängert bis sie den Kreis schneidet, der Punkt

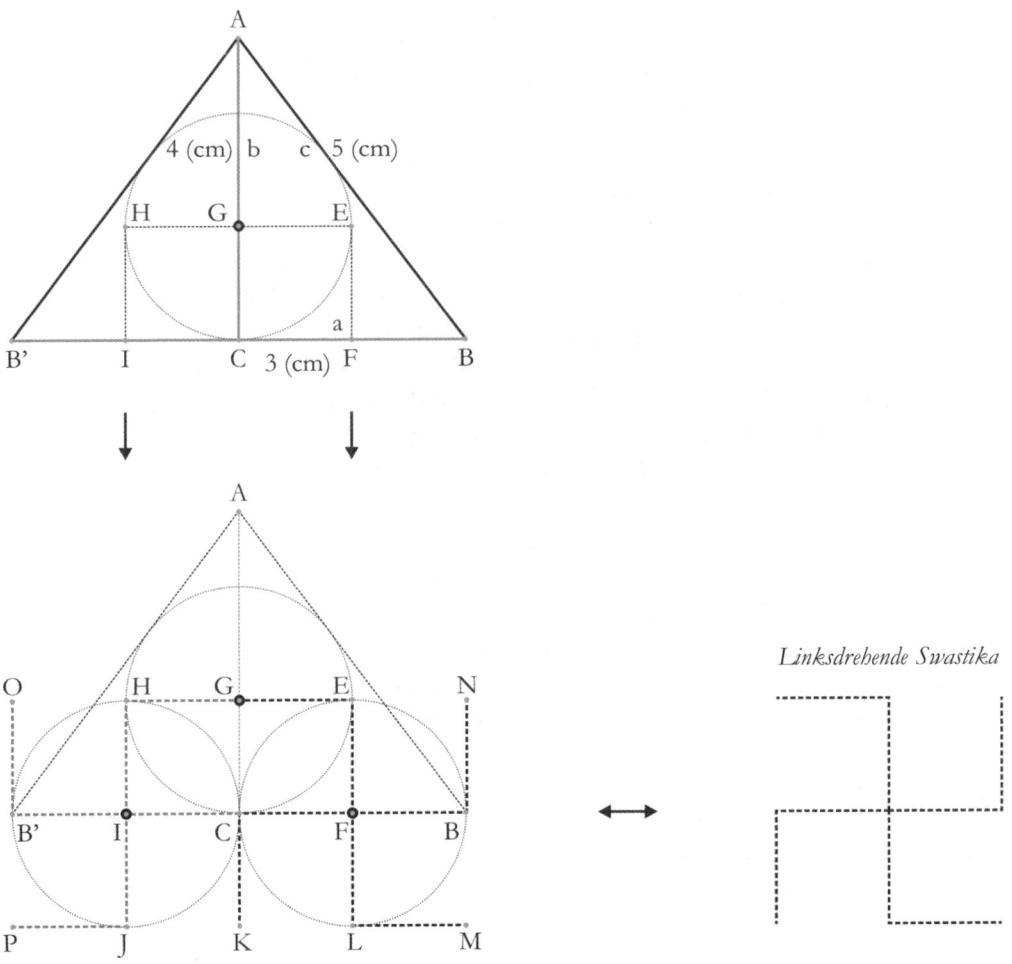

Linksdrehende Swastika

H entsteht. Von diesem Punkt aus wird eine Senkrechte bis zur Strecke B'C gezeichnet. Der so entstehende Schnittpunkt wird mit I bezeichnet und befindet sich genau in der Mitte der Strecke B'C. Die beiden so gebildeten Teilstrecken (B'I und IC) sind genau 1,5 Längen-Einheiten (cm). Nun wird die Strecke EG ins Zirkelmaß genommen und um die Punkte F und I jeweils ein Kreis, der den Radius r = 1,5 Längeneinheiten (cm) des Urkreises hat, eingezeichnet. Mit dem Lineal werden von den Punkten F und I aus nach unten die Strecken EF und HI verlängert bis jeweils der Kreis geschnitten wird, dort werden die Punkte J beziehungsweise L eingezeichnet. Die Strecke GC wird ins Zirkelmaß genommen und vom Punkt C aus nach unten abgetragen, es bildet sich der Punkt K, der nun mit C verbunden wird, die Strecke CK entsteht. Von den Punkten L und J aus wird das gleiche nach rechts beziehungsweise links gemacht, es bilden sich die Punkte M und P und somit die Strecken LM und JP. Von den Punkten B und B' aus wird nach oben ebenfalls diese Strecke abgetragen, so entstehen die Punkte N und O und somit die Strecken BN und B'O. Letztlich werden noch die Strecken GE und GH eingezeichnet, der Punkt G ist bereits vorhanden, es ist der Mittelpunkt des Innenkreises/Urkreises. Auf diese Weise entsteht das uralte Sonnenrad, die Swastika, in zweifacher Form: einmal linksdrehend und einmal rechtsdrehend.

Das urzeitliche Sonnenrad, die Swastika, ist ein zentrales Symbol der Wiedergeburt, des Lichtes, der Erleuchtung, der Sonne. Die Swastika war gebräuchlich im Urjudentum (Synagogen), im Urchristentum (Kirchen), sie war zu finden in den muslimischen Moscheen und ziert noch heute die Tempel der Buddhisten und Hinduisten und gar den Thron des tibetischen Dalai Lama (des Erleuchteten). Darüber hinaus war die Swastika nicht nur den Kelten, Byzantinern, Griechen, Chinesen, Japanern, Mesopotamiern (also auch den Ägyptern), Phöniziern und Israeliten bekannt, sondern bereits vor cirka 5.000 Jahren auch den nordamerikanischen Indianern, den Azteken, Mayas sowie den Olmeken, Tolteken und Inkas. Die griechischen Priester brannten sich die Swastika auf ihre Arme ein, ebenso tätowierten sich die tibetischen Mönche dieses Symbol auf die Haut. Die japanischen Samurais trugen sie auf ihren Rüstungen. Auch wurde sie in den Domitilla-Katakomben Roms, die während der Christenverfolgung Zufluchtsort waren, gefunden. In Skandinavien beziehungsweise bei den Germanen symbolisierte sie unter anderem den Hammer des Gottes Thor (Blitz und Donner) auf vierfache Weise.

Bis heute ist die Herkunft dieses wahrscheinlich ältesten und außer in Australien überall in der Welt verbreiteten Symbols ungeklärt (geometrisch-symbolisch betrachtet wurde sie vom Sonnengott Ra/Re übermittelt, da sie aus dessen dreifacher Hieroglyphe hergeleitet werden kann). Eine der ältesten Swastika-Darstellungen wurde im Industal (Mohenjo-Daro) im heutigen Pakistan gefunden, sie ist schätzungsweise 12.000 Jahre alt. Das Wort »Swastika« stammt aus dem altindischen Sanskrit (Veda), dort »svastika«, und bedeutet Glücksbringer. Es setzt sich zusammen aus den Silben »su« (gut) und »asti« (Substantiv »as - ti« - zum Verb »as - sein«) – wörtlich bedeutet Swastika demnach: »das (zum) Gutsein (gehörige), das Heilbringende«. So ist die Swastika das multireligiöse und multikulturelle Sinnbild des Heilbringenden – und so auch des Heiligen Grals. In der uralten chinesischen Schrift fungiert die Swastika auch als Schriftzeichen, als »Wan« bedeutet es die Myriade (10.000) aber auch »großes Glück«, oder »langes Leben«. Auch im Dschainismus ist die Swastika ein Glückssymbol und Zeichen des obersten Schöpfers.

So wie oben konstruiert, wurde und wird die Swastika zum einen rechtsdrehend und zum anderen linksdrehend dargestellt und so die Symbolwirkung gebraucht. Bei den Hindus heißt die linksdrehende Swastika »Sathio« oder auch »Sauvastika«. Sie verkörpert die Nacht, Magie, Reinheit und die zerstörerische Kraft der Göttin Kali. Ansonsten ist es heute umstritten, welche Wirkung und Bedeutung die Drehrichtung der Swastika hat beziehungsweise wird immer wieder von einer »guten« und einer »bösen« Drehung gesprochen, was aber nicht zweifelsfrei zugeordnet werden kann.

Bezüglich des Grals beziehungsweise der Gralswissensschaft Astronomie ist folgendes sehr interessant: Hält man jeweils zu den vier Jahreszeiten den Stand des Sternbildes Großer Bären zum Polarstern fest und fügt diese vier Bilder zu einem einzigen zusammen, so entsteht die große Himmelsmühle in Form einer Swastika. Die Swastika ist also sowohl am Himmel zu sehen und wie oben geschehen geometrisch herleitbar. Die Astronomie und auch die Geometrie zählen zu den Gralswissenschaften und letztere liefert die Grundlagen für de erstere – und die Swastika tritt hier als ein verbindendes Element auf. Zudem ist sie das Symbol der Wiedergeburt und des obersten Schöpfers, ebenso wie das Pyramidion, der Gralsstein. Es stellt sich die Frage, ob Flegetanis und auch Parzival von diesem kosmischen und religiösen Urbild wußten. Parzival mußte Macht über den Lauf der Gestirne haben, um in die Gralsgemeinschaft aufgenommen zu werden, was auch das Wissen über diesen voraussetzt, und so muß er Kenntnis von dieser himmlischen Swastika und auch von dem uralten Symbol der Wiedergeburt und der Erleuchtung selbst gehabt haben. Demnach war ihm und auch Flegetanis auch die astronomische Bedeutung des Polarsternes geläufig, der bei der Betrachtung der himmlischen Swastika der Fixpunkt ist und auch sonst in der Astronomie ein wesentlicher Punkt am Firmament ist, beispielsweise für die Feststellung der geographischen Nordrichtung. In diesem Zusammenhang ist es auch interessant, daß die ägyptischen Pyramiden, die den Pharaonen als kosmologische Grabstätte dienten, die ihnen ihre Wiedergeburt sichern sollten, exakt nach Nord-Süd ausgerichtet sind.

Buddha-Statue mit der Swastika auf der Brust.

Antike chinesische Wu-Shu-Münze mit linksdrehender Swastika.

Mosaikboden mit Swastika in einer Synagoge in Maoz-Haim.

Swastika-Abbildungen auf einer griechischen Vase (ca. 680 v. Chr.).

Aufschlußreich ist die Mühle (kosmische Swastika/Himmelsmühle), die als Gralssymbol angesehen werden kann. Die unaufhörlich sich drehende Mühle sorgt wegen des Mahlens des Getreides im übertragenen Sinne für Nahrung und Wohlstand. Von ihr ist auch das Schicksal des Menschen abhängig – mahlt die Mühle nicht, ist er arm an Speisen und hat er wenig Reichtum. Im Märchen gibt es die immer mahlende Mühle, die alle Wünsche erfüllt. Nach einem nordischen Volksmärchen ist das Meer deswegen salzig, weil eine Wunschmühle auf dem Meeresgrund unablässig Salz spendiert. Somit fungiert die Mühle ebenso wie der Gral, der auch ein Füllhorn von Speis und Trank ist und der auf das Schicksal des Menschen Einfluß hat. Auch kann die Wunschmühle ebenso wie der Gral mißbraucht werden. Doch auch hinsichtlich der Wiedergeburt sind Mühle und Gral symbolisch betrachtet verwandt, denn die Mühle versinnbildlicht durch die sich drehenden Räder zum einen das Rad (Sonnenrad/Swastika) des Lebens und zum anderen das Rad der Wiedergeburt. Die Seele(n) und der Geist des Menschen befinden sich in einem Kreislauf (Rad) von Leben und Tod, sie werden wiedergboren, um schließlich irgendwann davon erlöst zu werden. Ähnlich ist es wie schon dargestellt beim Gral, er verheißt auch Wiedergeburt.

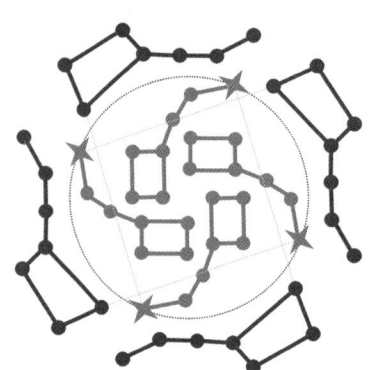

Diese Konstellation der Sternbilder Großer Bär und Kleiner Bär vor 4.000 Jahren zeigt die vier Stationen innerhalb der täglichen Umdrehung (Zeitabstand 6 Stunden, also 4 × 6 h = 24 h).

Diese Konstellation der Sternbilder Großer Bär und Kleiner Bär heute zeigt die gleichen vier Stationen innerhalb der täglichen Umdrehung (Zeitabstand 6 Stunden, also 4 × 6 h = 24 h). Der Fixpunkt Polarstern ist hier in der Mitte; dieser kann mit Hilfe des Großen Bären am Firmament sehr leicht gefunden werden, indem man sich die Linie der hinteren beiden Sterne verlängert vorstellt. Zwischen diesen Sternen und dem Polarstern liegen keine weiteren hellen Sterne, so daß das Finden einfach ist.

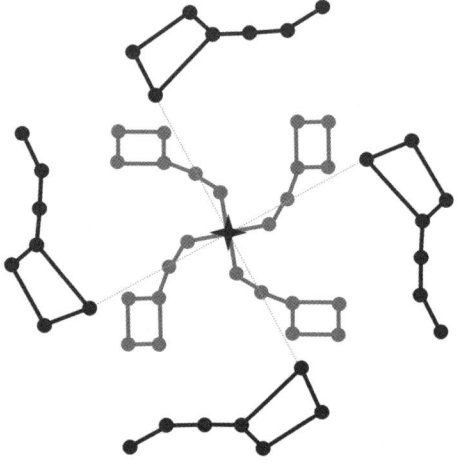

Bezüglich des Sternbildes des Großen Bären und das durch dessen Tages- und Jahreslauf entstehende Bild der Swastika, der Himmelsmühle, deren Fixpunkt der Polarstern ist, sowie des astronomisch-religiösen Gralswissens ist die Bedeutung des Namens des Gralshüters »Artus« oder »Artur«, dessen Nachfolger laut Wolfram Parzival ist, interessant. Heute geht man davon aus, daß »Artus« aus einer Kombination des Keltischen und Lateinischen stammt. Im Keltischen bedeutet ART – ebenso wie im Lateinischen URSUS – »Bär«. Nicht nur die Geschichte überliefert, daß im Mittelalter die Menschen daran glaubten, daß König Artus zurückkehren, also wiedergeboren wird, noch heute ist dies der Fall. – Gesamt betrachtet schließt sich so ein Kreis bestehend aus dem Sternbild des Großen Bären, dem Polarstern, der Swastika, der Mühle, Parzival, der Pyramide und dem Pyramidenseitendreieck sowie dem Gral.

10.5. DIE HERLEITUNG DER URKREISZAHL π DES PAPYRUS RHIND UND DER URKREISFORMELN

Die nun folgenden Ausführungen zur Urkreiszahl π, die einhergehen mit der Herleitung des Ursatzes des Pythagoras, gehören zum uralten Gralswissens, zur Heiligen Geometrie. Dieses Wissen, das die Urgrundlagen der Geometrie und Astronomie einschließt, mußten die alten Astronomen haben, um den Lauf der Planeten und Sterne berechnen zu können. Auch Flegetanis muß dieses Wissen gehabt haben – ob dies auch in seiner Schrift stand, die Wolfram für seinen Parzival verwendete, kann nicht geklärt werden, es kann aber davon ausgegangen werden.

Um den elliptischen Planetenlauf, also den ungefähren Umfang U_E einer Ellipse mit der Formel $2 \times a \times \pi \times \gamma \sim U_E$, und auch die Dauer einer Umlaufphase berechnen zu können, sind die Kreiszahl π sowie Längeneinheiten, Quadrateinheiten, Winkeleinheiten und Zeiteinheiten grundlegend und unerläßlich. Wie sich die Längen- und Quadrateinheiten herleiten lassen, wurde im Buch bereits gezeigt, wie dies mit Winkel- und Zeiteinheiten geschieht, erfolgt im Schlußteil.

Die Erde auf ihrer elliptischen Umlaufbahn (Umfang der Ellipse).

In der genannten Formel zur Berechnung des Umfangs einer Ellipse ist die Kreiszahl π ein Bestandteil. Und wenn Flegetanis und auch andere Astronomen (um 1200 v. Chr.) mit dieser Formel den elliptischen Lauf eines Planeten (zum Beispiel den der Erde) und die Zeitdauer dieses Planetenumlaufs berechnet haben, mußten sie die Urkreiszahl π beziehungsweise deren Wert gekannt haben. Und dies ist nicht unwahrscheinlich beziehungsweise war es sicher der Fall, denn das göttliche geometrisch-astronomische Gralswissen rund um die Urkreiszahl π, das der Sonnengott Ra/Re (Luzifer) im Auftrag Gottes (Abba) den Ägyptern brachte, stammt bereits aus der Zeit, als das Denken und Handeln der Menschen von Mythen bestimmt war. Doch nicht nur die Urkreiszahl π (= 3,1604938...) des Papyrus Rhind und deren Herleitung, sondern auch die der nach Archimedes (287-212 v. Chr.) benannte genauere Kreiszahl π (= 3,142857...) und die der heute gebräuchlichen, ganz genauen Kreiszahl π

(= 3,1415926…) gehörten zu diesem Wissen, zu diesem geistigen Schatz. Es kann gezeigt werden, daß diese drei Kreiszahlen geometrisch aufeinander aufbauen und daß diese (und auch der Satz des Pythagoras) schon lange vor dem Verfassen des Papyrus Rhind um 1580 v. Chr. bekannt waren, und zwar bereits beim Bau der Cheopspyramide (um 2600 v. Chr.), also rund 2.300 Jahre vor Archimedes. Demnach muß das Gralswissen, wozu die Astronomie und Heilige Geometrie zählen und welches Flegetanis und Parzival besessen haben müssen, sehr viel älter sein als der Papyrus Rhind und die Cheopspyramide.

Die Herleitung der Urkreiszahl π und der Urkreisformeln erfolgt auf der Grundlage des gebildeten Pyramidenseitendreiecks, welches aus zwei rechtwinkligen Dreicken 3, 4, 5 zusammengesetzt ist, und des Urkreises (Innenkreises des Pyramidenseitendreiecks). Die Seite a = 3 Längeneinheiten (cm) des Dreiecks ABC entspricht genau dem Durchmesser d des Urkreises (d = a = 3 [cm]), der exakt in beide Dreiecke paßt. Die sich rechts an dem Kreis befindende Tangente (EF) teilt die Seite a des einen rechtwinkligen Dreiecks in zwei gleiche Hälften (geteilt durch 2) zu je 1,5 Längeneinheiten (cm), sie sind genauso lang wie der Radius r (=Strecke GE) des Innenkreises. Die Strecken GE, EF, FC und CG bilden ein Quadrat und den Quadratradius dieses Kreises r² = 1,5 Längeneinheiten (cm) × 1,5 Längeneinheiten (cm) = 2,25 Quadrateinheiten (cm²), der allen Einzelstrecken der zuvor gebildeten Swastika entspricht.

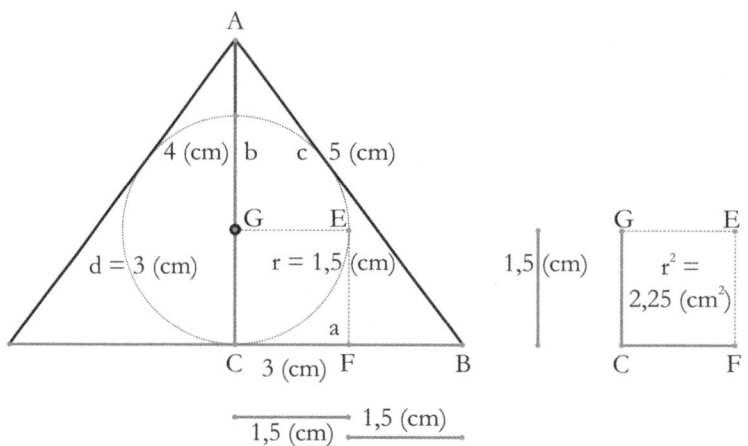

Es kann herausgestellt werden, daß die uralte ägyptische Herleitung der Urkreiszahl π (= 3,1604938…) sowie die der Urkreisformeln, die identisch sind mit den heutigen, über das Steigungsverhältnis der Seite b (= 4) zur Seite a (= 3) beider Dreiecke 3, 4, 5 (a, b, c) erfolgt sein muß: 4/3 = 1,3333333 beziehungsweise (da ja zwei Dreiecke das Pyramidenseitendreieck bilden) 4/3 × 2 = 8/3 = 2,6666666. Die Urkreiszahl π beruht also auf dem Pyramidenseitendreieck und dem Urkreis, der der erste Kreis war, der in all seinen Größen mit Hilfe der Urkreiszahl π berechnet werden konnte. So kann also über die Steigungsverhältnisse beider Dreiecke 3, 4, 5, die das Pyramidenseitendreieck bilden, zunächst die Fläche A des Urkreises und somit die Urkreiszahl π ohne jede Kreisformel berechnet werden.

Die Fläche A des Urkreises (und auch jedes anderen Kreises) entspricht immer einer Quadratzahl/Quadrateinheit/Quadratmaß (also dem Quadrieren, hoch 2). Durch das Quadrieren der Steigungsverhältnisse beider Dreiecke läßt sich ohne jede Kreisformel die genaue Fläche A des Urkreises berechnen (und aus dieser wiederum lassen sich die Urkreiszahl π und die Urkreisformeln herleiten und formulieren): $4/3 \times 2 = 8/3 = 2,6666666$, also aus $(8/3)^2 = 64/9 = 7,1111111$. Die Fläche dieses Kreises ist als reine Zahl betrachtet genau 7,1111111, ins Maß umgesetzt ist sie genau 7,1111111 cm² groß. Dies kann in Verbindung

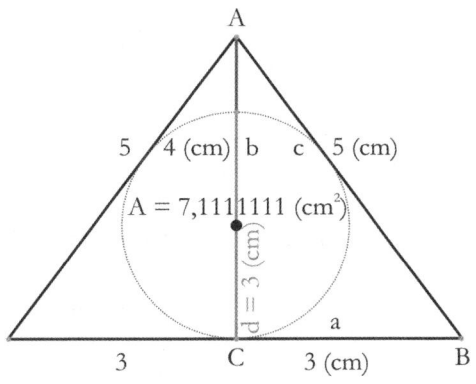

mit der Herleitung der Urkreiszahl π bewiesen werden: Der Radius r des Urkreises beträgt wie gezeigt genau 1,5 Längeneinheiten (cm), sein Quadratradius $r^2 = 2,25$ Quadrateinheiten (cm²). Wird nun seine Fläche A = 7,1111111 (cm²) durch seinen Quadratradius $r^2 = 2,25$ (cm²) geteilt, ergibt sich die Urkreiszahl π (die gleich der rekonstruierten Kreiszahl des Papyrus Rhind ist): $A \div r^2 = 7,1111111$ (cm²) $\div 2,25$ (cm²) $= 3,1604938\ldots$ Also wurzelt in dieser Herleitung, wie noch geschichtlich-mathematisch bewiesen wird, die Urkreiszahl $\pi = 3,1604938\ldots$ So kann nun die erste Urkreisformel gebildet werden, da die hierzu benötigte Größe der Kreisfläche und die Urkreiszahl π bekannt sind, sie lautet: $A = r^2 \times \pi$. Werden obige Zahlen/Einheiten in diese Formel eingesetzt, sieht dies so aus: A = 2,25 (cm²) $\times 3,1604938\ldots = 7,1111111$ (cm²). Umgedreht ist $r^2 \times \pi = A$. Es wird also umgekehrt mit dem bereits ermittelten Quadratradius r^2 (= 2,25 [cm²]) wiederum die Kreisfläche A (= 7,1111111 [cm²]) berechnet. Dies beweist, daß sowohl die Fläche A als auch die Urkreiszahl π korrekt hergeleitet und errechnet wurden. Die Urkreiszahl π läßt sich auch aus dem potenzierten Steigungsverhältnis der Seite b (= 4) zur Seite a (= 3) nur eines Dreiecks 3, 4, 5 (a, b, c) herleiten: $4 \div 3 = 4/3 = 1,3333333$, daraus folgt: $(4/3)^2 = 16/9 \rightarrow (16/9)^2 = 256/81 = \pi = 3,1604938\ldots$

Mit der gezeigten geometrischen Konstruktion läßt sich also zweifelsfrei Urkreiszahl π, die identisch ist mit der mindestens 3.850 Jahre alten Kreiszahl π (= 3,1604938…) des Papyrus Rhind, herleiten und berechnen. Die Methode zur Kreisflächenberechnung, wie sie im Papyrus Rhind erfolgt, wird nachfolgend kurz dargestellt und mit dem, was bis hier aufgezeigt wurde, verbunden und verglichen.

Zu erwähnen ist noch, daß auch mit der Anwendung der Gematrie die Urkreiszahl errechenbar ist, und zwar mit den Zahlenwerten der Buchstaben P und I (= PI, die Bezeichnung der Kreiszahl selbst): P = 16 und I = 9 $\rightarrow$ $(P/I)^2 = (16/9)^2 = 256/81 = \pi = 3,1604938\ldots$ (vergleiche bezüglich dieser Zahlen die Seiten 80 und 81 zur Gematrie des Wortes APOKALYPSE sowie die Seite 84 zum Würfel des Metatron).

Nun können mit dem Pyramidenseitendreieck (Dreiecke 3, 4, 5) und dessen Innenkreis (Urkreis) sowie der Urkreiszahl π als Grundlage die Urkreisformeln gebildet und der noch fehlende Durchmesser d und der Umfang U des Urkreises in Längeneinheiten (cm) berechnet werden: Der Quadratradius r^2 des Urkreises beträgt wie ermittelt 2,25 Quadrateinheiten (cm^2). Wird aus dem Quotienten von A ÷ π, also aus 7,1111111 (cm^2) ÷ 3,1604938..., der gleich 2,25 (cm^2) ist, die Quadratwurzel gezogen, ergibt sich der Radius r = 1,5 Längeneinheiten (cm) des Urkreises.

$$\sqrt{2{,}25\ (cm^2)} = 1{,}5\ (cm) = r$$

Daraus folgt: d = 2 × r = 2 × 1,5 (cm) = 3 (cm). Der Durchmesser d des Urkreises beträgt also 3 Längeneinheiten (cm) und entspricht der Seite a (= 3) des Dreiecks 3, 4, 5 (Abbildung vorige Seite). Zudem können die Urformeln für die Berechnung des Umfangs U des Urkreises gebildet werden. Mit dem Durchmesser rechnend lautet die Formel:

d × π = U → 3 (cm) × 3,1604938... = 9,4814814... Längeneinheiten (cm)
U = 9,4814814... Längeneinheiten (cm).

Und mit dem Radius rechnend lautet die Formel:

2 × r × π = U → 2 × 1,5 (cm) × 3,1604938... = 9,4814814... Längeneinheiten (cm)
U = 9,4814814... Längeneinheiten (cm).

Der Umfang U dieses Urkreises beträgt also 9,4814814... Längeneinheiten (cm). Da dieser Wert nun bekannt ist, kann wiederum die Urkreiszahl π errechnet werden, indem der Umfang U des Kreises durch dessen Durchmesser d geteilt wird. Auch dieses Ergebnis, die Urkreiszahl π, beweist, daß korrekt hergeleitet und gerechnet wurde. Die nachfolgenden Darstellungen veranschaulichen dies nochmals:

U ÷ d = π
→ 9,4814814... Längeneinheiten (cm) ÷ 3 Längeneinheiten (cm) = 3,1604938...
π = 3,1604938...

Der Quotient, der sich ergibt, wenn der Umfang U des Urkreises durch dessen Fläche A geteilt wird, also U ÷ A = 9,4814814... Längeneinheiten (cm) ÷ 7,1111111 Quadrateinheiten (cm^2), ist gleich dem Quotienten des Steigungsverhältnisses der Seiten b und a (b ÷ a = 4 ÷ 3) des Dreiecks 3, 4, 5. Das Ergebnis ist: 1,3333333...

U	÷	A		= 1,3333333	⟷	Steigung b ÷ a
9,4814814...	÷	7,1111111		= 1,3333333	=	4/3

Von der Fläche ausgehend ist:

A	÷	π			
7,1111111...	÷	3,1604938...	= 2,25	→	Dies wiederum ist der Quadratradius r^2 des Urkreises.

Vom Umfang ausgehend:

$$U \qquad \div \qquad \pi$$

$$9{,}4814814\ldots \ \div \ 3{,}1604938\ldots \ = 3 \qquad \rightarrow$$

Dies wiederum ist der Durchmesser d des Urkreises. Wird dieses Ergebnis durch 2 geteilt, ergibt sich der Radius r = 1,5 des Urkreises.

Somit sind alle Größen des Urkreises (A, d, U, r, r^2 und auch π) hergeleitet und berechnet worden – und dies mit der geometrischen Konstruktion, deren Anfang eine senkrechte Gerade und zwei Kreise (Augen des Horus, Vesica Piscis) waren. Diese wurden mit einem dritten erweitert (dreifache Hieroglyphe des Ra/Re) und schließlich wurde das Dreieck 3, 4, 5 (ABC), das Pyramidenseitendreieck und der Urkreis (Innenkreis des Pyramidenseitendreiecks) gebildet. In diesem Zusammenhang wurden die Urbrüche, Zahlen/Längeneinheiten/Quadrateinheiten, der Satz des Pythagoras ($a^2 + b^2 = c^2$) und schließlich die Urkreiszahl π und die Urkreisformeln ermittelt. Es kann also gesagt werden, daß in zwei Kreisen (Vesica Piscis) beziehungsweise in drei Kreisen (dreifache Hieroglyphe des Ra/Re) all dies auf göttliche Weise magisch-geometrisch verschlüsselt (codiert) ist. Besonders die Urkreiszahl π, die sich offenbart, sei speziell hervorgehoben, da diese im metaphysischen Sinne mit Jesus (Christusmonogramm, X ÷ P = 24 ÷ 16 = 1,5 = r, was der Längeneinheit des Radius des Urkreises entspricht), der Pyramide und dem Gral verbunden ist (vergleiche Seiten 81, 85, 98).

Im Papyrus Rhind (Aufgabe 50), der als die älteste bisher bekannte Mathematiklehrschrift der Welt gilt, wird eine Methode dargestellt, um die Fläche A eines Kreises berechnen zu können. Hierfür wird ein Kreis mit dem Durchmesser d = 9/9 zugrundegelegt. Ahmose, der Verfasser des Papyrus Rhind, gibt an, daß zunächst 1/9 des Kreisdurchmessers d subtrahiert (also 9/9 – 1/9 = 8/9) und das Ergebnis davon quadriert wird. Das heißt, aus 8/9 des Kreisdurchmessers d (= 9/9) wird ein Quadrat mit der Fläche A gebildet. Er behauptet weiter, daß dieses Quadrat die gleiche Fläche A hat wie die des zugrundegelegten Kreises mit 9/9 Durchmesser. Umgesetzt in die heutige Mathematik und auf der Grundlage der Berechnung des Einheitskreises mit dem Radius r = 1, dessen Fläche A = π ist und der genau in das Dreieck 3, 4, 5 paßt, sieht Ahmoses Behauptung in eine der Kreisformeln ($r^2 \times \pi = A$) umgesetzt folgendermaßen aus:

$$r^2 \times \pi \ = \ \left(\frac{8}{9} \times 2r \right)^2 = A$$

Daraus folgt aufgelöst:

$$\pi \ = \ \left(\frac{16}{9} \right)^2 = \frac{256}{81} \ = 3{,}1604938 = A$$

Die zuvor hergeleiteten und gebildeten Urkreisformeln besagen, daß $r^2 \times \pi = A$ ist. Mit dieser Formel und den Angaben des Ahmose läßt sich die Urkreiszahl π des Papyrus Rhind rekonstruieren, was in in ägyptologisch-mathematischen Fachkreisen geschehen ist: 3,1604938... Es kann also errechnet werden, daß die Größe der Fläche A des Einheitskreises der Wert π (= 3,1604938... = 256/81) ist, also die rekonstruierte ägyptische Urkreiszahl π des Papyrus Rhind. Das Ergebnis entspricht exakt der von der Vesica Piscis (Augen des Horus) ausgehend hergeleiteten und berechneten Urkreiszahl π = 3,1604938...

Auch in der obigen Formel tauchen, wie in der Urherleitung des Ursatzes des Pythagoras (siehe Seiten 157), die Zahlen 16 und 9 beziehungsweise hier der Bruch 16/9 auf, der potenziert (quadriert) die Urkreiszahl π des Papyrus Rhind offenbart. Auch wegen dieser Zahlen und dieses Bruches lassen sich Rückschlüsse auf die gezeigte ursprüngliche Herleitung der Urkreiszahl π des Papyrus Rhind auf der Basis dreier gleichgroßer Kreise ziehen, wofür die quadrierten Seiten 4 ($4 \times 4 = 16$) und 3 ($3 \times 3 = 9$) des Pyramidenseitendreiecks beziehungsweise des Dreiecks 3, 4, 5 (a, b, c) sowie das Steigungsverhältnis dessen Seiten b und a (b ÷ a = 4/3) im Kontext zum Urkreis (Innenkreis des Pyramidenseitendreiecks) grundlegend sind. Zudem ist die Quadratwurzel aus 16/9 = 4/3 und entspricht so dem Steigungsverhältnis der Seiten b und a des Dreiecks 3, 4, 5, weshalb nicht von der Hand zu weisen ist, daß der Bruch 16/9 einen Bezug zum Pyramidenseitendreieck (Dreieck 3, 4, 5) sowie zum Ursatz des Pythagoras hat.

Die dargestellte ursprüngliche Herleitung der Urkreiszahl π ist gewiß, wie auch anhand der uralten Blume des Lebens (Vesica Piscis) in Abydos, die *das* Symbol der Heiligen Geometrie ist, da sie in sich eine vollkommene (geometrische) Ordnung vereint, und die aus zusammengefügten Kreisen entsteht, die paarweise genommen die Vesica Piscis (Augen des Horus, Ra/Re) bilden, erkennbar wird, sehr viel älter als die rekonstruierte Urkreiszahl π des Papyrus Rhind. Der Einheitskreis basiert, wie ab den Seiten 182 f und 222 f gezeigt wird, unzweifelhaft auf dem Pyramidenseitendreieck beziehungsweise dem dieses in zweifacher Form bildenden Dreieck 3, 4, 5, welches den Ägyptern schon lange vor dem Papyrus Rhind bekannt war und das praktische Anwendung beim Einsatz der Zwölfknotenschnur (siehe dazu, vor allem zur Bestimmung der 12 Knoten in gleichen Abständen [Längeneinheiten], die Seiten 86 und 158 f) fand. Die bisher unbewiesene Behauptung ägyptologischer und mathematischer Fachkreise, daß die Urkreiszahl π des Papyrus Rhind den Ägyptern erst seit dessen Verfassen bekannt gewesen sein soll und daß sich diese einzig auf den Einheitskreis mit dem Radius r = 1 begründet, ist also eindeutig falsch.

Vielmehr ist es so, daß die Kreisflächenberechnung des Papyrus Rhind, gründend auf dem Einheitskreis mit dem Radius r = 1, und die gezeigte Urherleitung und Urberechnung (Approximation) der Urkreiszahl π, basierend auf dem Pyramidenseitendreieck und dem Urkreis (Innenkreis) mit dem Radius r = 1,5, zusammengehören, denn der Einheitskreis mit dem Radius r = 1 paßt genau in ein Einzeldreieck 3, 4, 5 des Pyramidenseitendreiecks (dazu mehr ab Seite 182). Das eine ergibt sich aus dem anderen – die Urkreiszahl π (des Papyrus Rhind), sowie das hergeleitete Dreieck 3, 4, 5 und somit das Pyramidenseitendreieck basieren unzweifelhaft auf drei Kreisen (dreifache Hieroglyphe des Ra/Re). Man kann sagen, daß dies die uralten theoretisch-geometrischen Grundlagen des Pyramidenbaus sind, denn aus dem Pyramidenseitendreieck kann eine Pyramide hergeleitet und konstruiert werden. So läßt sich insgesamt betrachtet schlußfolgern, daß die Kenntnis vom Satz des Pythagoras und von der Urkreiszahl π des Papyrus Rhind sehr viel älter sein muß als der Papyrus Rhind selbst, denn die ersten Pyramiden des Zoser oder Cheops wurden in Ägypten bereits um 2600 v. Chr. gebaut, also bereits cirka 1.000 Jahre vor dem Verfassen des Papyrus Rhind. Auch wurde die Zwölfknotenschnur nachweislich schon lange vor dem Papyrus Rhind nicht nur zur Landvermessung, sondern auch beim Bau dieser Pyramiden verwendet. Die Ägypter müssen also bereits beim Pyramidenbau den Ursatz des Pythagoras und die Urkreiszahl π (des Papyrus Rhind) gekannt haben – und auch die ganz genaue sowie die archimedische Kreiszahl π, denn beide sind, das wird noch herausgestellt, in den Maßen der Cheopspyramide verborgen.

So ist das geheime geometrisch-astronomische Gralswissen sehr viel älter, und es stammt, wie im Buch gezeigt, von Ra/Re (Luzifer), der dieses Wissen im Auftrag Gottes (Abba) den Ägyptern brachte. Zudem kannten die Ägypter, wie weiter unten noch gezeigt wird, die Formel zur Berechnung der Fläche A eines Kreises und somit auch alle anderen Kreisformeln, was wiederum zumindest die Kenntnis von der Urkreiszahl π voraussetzt. Denn ohne diese Urkreiszahl ließen sich keine Kreisformeln bilden und herleiten. Die frühen Astronomen, von denen Flegetanis einer war, und auch Parzival, der sich die Macht über den Lauf der Gestirne – im übertragenen Sinne das Wissen über diesen – erwerben mußte, um den Gral empfangen zu können, mußten, wenn sie die elliptischen Laufbahnen der Planeten und Sterne und die Zeitdauer dieser Umläufe berechneten, die Herleitung, Festlegung und Bestimmung von Längeneinheiten gekannt haben und auch die Basiszeiteinheit 60, die 360 Winkelgrade des Urkreises, den Ursatz des Pythagoras sowie die Urkreiszahl π. Die Urkreiszahl π, die gleich der des Papyrus Rhind ist, ist dafür jedoch nicht gut genug, da sie zu ungenau ist. Um astronomisch genauer berechnen zu können, mußte neben der Urkreiszahl π zumindest die nach Archimedes benannte und genauere Kreiszahl π (3,142857...) bekannt gewesen sein. Diese Kreiszahl war, das wird noch anhand der Maße der Cheopspyramide, des Pyramidenseitendreiecks, der ägyptischen Königselle (Pyramidenmeter) und der Urgrundlagen der Musik dargestellt, bereits cirka 2.400 Jahre vor Archimedes im alten Ägypten bekannt, ebenso wie die heute gebräuchliche und ganz genaue Kreiszahl (π 3,1415926...). Dieses geometrisch-astronomische Gralswissen, welches Flegetanis und Parzival gehabt haben müssen, ist sehr viel älter als der Papyrus Rhind, es stammt aus mythologischer Zeit und ist verwoben mit den Augen des Horus (Ra/Re).

In »Ein historischer Überblick zur Berechnung der Kreiszahl«[55] schreibt Peter Mäder bezüglich der Kreiszahl π: »Es könnte aber auch schon vor der Abfassung des Papyrus Rhind bessere Approximationen gegeben haben: Posamentier ... führt das Buch ›La Science Mystérieuse des Pharaons‹ von Abbé Moreux (Paris 1923) an, wo auf den Seiten 28-29 eine vermutete Näherung von 3,14159294 angegeben wird.«[56] Mäder gibt auch an, daß neben der Formel für die Kreisflächenberechnung den Ägyptern auch eine sehr genaue Näherung (Approximation) an die heutige ganz präzise

---

[55] ZDM 1982/2, Seiten 50 f und 55.

[56] Vergleiche hierzu Posamentier/Gordan, Alfred S./Noam: »An Astounding Revelation on the History of Pi«, Mathematics Teacher, v. 77(1); S. 52, 47, Coden, Jan.1984.

Kreiszahl π (3,1415926…) geläufig gewesen ist. Diese Formel zur Berechnung der Fläche A eines Kreises, von der Mäder schreibt, entspricht der Formel/Aussage $A = r^2 \times \pi$, die wie gezeigt aus dem Pyramidenseitendreieck beziehungsweise aus dem Steigungsverhältnis der beiden Dreiecke 3, 4, 5, aus denen dieses zusammengesetzt ist, hergeleitet werden kann.

Es kann nicht nur wegen der Ausführungen von Peter Mäder und Alfred S. Posamentier als sicher gelten, daß bereits im alten Ägypten nicht nur die Urkreiszahl π (= 3,1604938…) beziehungsweise die gleichwertige des Papyrus Rhind, sondern auch die heute gebräuchliche exakte Kreiszahl π (3,1415926…) bekannt gewesen ist, ab Seite 182 wird ein Weg aufgezeigt, um diese Kreiszahl π ermitteln zu können – dieser muß damals schon zum Mathematikwissen gezählt haben. Auch müssen die Ägypter rund 1.000 Jahre vor Ahmose (Papyrus Rhind), also zur Zeit des Baus der Cheopspyramide 2.600 Jahre v. Chr., Kenntnisse von den Frequenzen von Tönen (Tonleitern, die Grundlagen der Musik) gehabt haben. Nicht ohne Grund berichtet die ägyptische Mythologie davon, daß der Gott Thot der erste war, der die Gesetze der Musik kannte – und in diesen sind die Töne, Tonfrequenzen, Tonleitern und Akkorde verankert. Thot ist außerdem zum einen in die Legende von den Augen des Horus (Ra/Re) verstrickt, zum anderen labte sein Becher den Geist der Ägypter, der Vogel Banu (Phoenix) schöpfte daraus seine Kraft (vergleiche Seite 68). Das ursprüngliche und uralte Gralswissen, welches neben den Gesetzen der Musik, auch die Urkreiszahl π (3,1604938…), die archimedische Kreiszahl π (3,142857…) und die ganz genaue Kreiszahl π (3,1415926…) einschloß, muß im Laufe der Zeit verlorengegangen sein. Diese Zahl beziehungsweise der genaue Wert wurde dann über Jahrtausende hinweg von elitären Mathematikern und Astronomen in Indien, China, Griechenland und anderen Hochkulturen erfolglos gesucht. Erst der niederländische Mathematiker Ludolph von Ceulen (1540-1619) berechnete die heute gebräuchliche und ganz genaue Kreiszahl π (3,1415926…) als erster Mathematiker der Neuzeit auf 35 Stellen genau, also erst cirka 4.150 Jahre nach dem Bau der Cheopspyramide, als diese bereits bekannt war. Die bis zu von Ceulen gebräuchlichste Annäherung an die Kreiszahl π (= 22/7 = 3,142857…) stammt vom griechischen Mathematiker und Physiker Archimedes.

10.6. Die Cheopspyramide, die Kreiszahl π und die Königselle

Im Laufe der Jahrtausende ist die einstige glatte Außenverkleidung der Cheopspyramide aus Tura-Kalkstein nahezu verschwunden, auch fehlen viele der äußeren Quader, so daß ihre quadratische Grundfläche heute schmaler ist und die Pyramide stufenförmig erscheint. Auch wurde ihre Höhe durch Abtragen des Pyramidions und der oberen Quader um einige Meter reduziert. Mit Winkelmessungen, die an den Neigungen ihrer Seitendreiecke durchgeführt wurden, ließen sich aber annähernd sowohl ihre ursprüngliche Höhe h als auch die Seitenlänge a ihrer quadratischen Grundfläche rekonstruieren. Demnach hatte die Pyramide laut Rainer Stadelmann[57] eine ursprüngliche Seitenlänge a von cirka 230,384 m, was übertragen ins ägyptische Maß 440 Ellen sind (eine ägyptische Königselle entspricht 0,5236 m). Ihre Höhe h (ohne die genaue Berücksichtigung der Maße ihres herabgefallenen und verschollenen Pyramidions) betrug cirka 146,608 m beziehungsweise 280 Ellen.

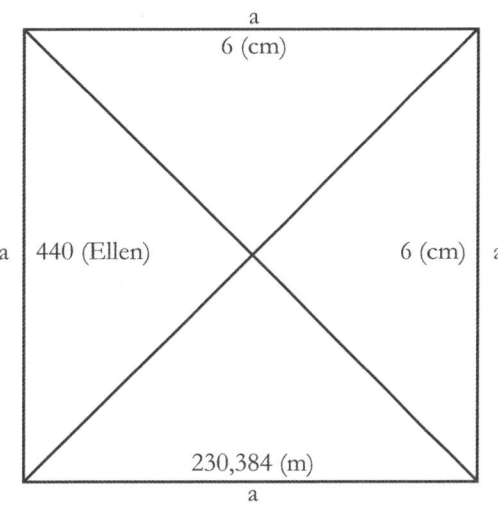

Modellhafte Draufsicht auf die Cheopspyramide, jede Seite der quadratischen Grundfläche beträgt 6 Längeneinheiten (cm). Die rekonstruierte Länge einer Seite der Pyramide beträgt 440 Ellen, das sind 230,384 m.

Aus dem Verhältnis von der Seitenlänge a der Grundfläche der Cheopspyramide zu deren Höhe h lassen sich Rückschlüsse auf den Ursprung, die Herleitung und die Festlegung der Länge der Königselle ziehen. Um die Länge dieser Elle ermitteln zu können, war die Kenntnis der ganz genauen Kreiszahl π sowie die Herleitung und Konstruktion der 6 Längeneinheiten der quadratischen Grundfläche des Cheopspyramiden-Modells unerläßlich. Dies wird nachfolgend gezeigt; zunächst aber zur archimedischen Kreiszahl π.

Wird die Länge einer Seite a des Grundquadrates der Cheopspyramide ins Verhältnis gesetzt mit deren Höhe beziehungsweise ersteres durch zweiteres dividiert, bildet sich der Bruch 440/280 (= a ÷ h = 440 ÷ 280 = 440/280). Dieser läßt sich durch den größten gemeinsamen Teiler (40) auf 11/7 kürzen: 440/280 = 11/7 = 1,5714285… – das Ergebnis entspricht exakt der halben archimedischen Kreiszahl π ($\pi/2$). Der Logik der aufsteigenden Horus-Reihe folgend (mal 2) ist somit die ganze archimedische Kreiszahl 3,142857… ($\pi = 2 \times 11/7 = 22/7 = 3,142857…$). Auch wenn Archimedes (287-212 v. Chr.) die nach ihm benannte archimedische Kreiszahl π wohl mit dem Einheitskreis mit dem Radius r = 1

[57] Rainer Stadelmann: *»Die großen Pyramiden von Giza«*, 1990.

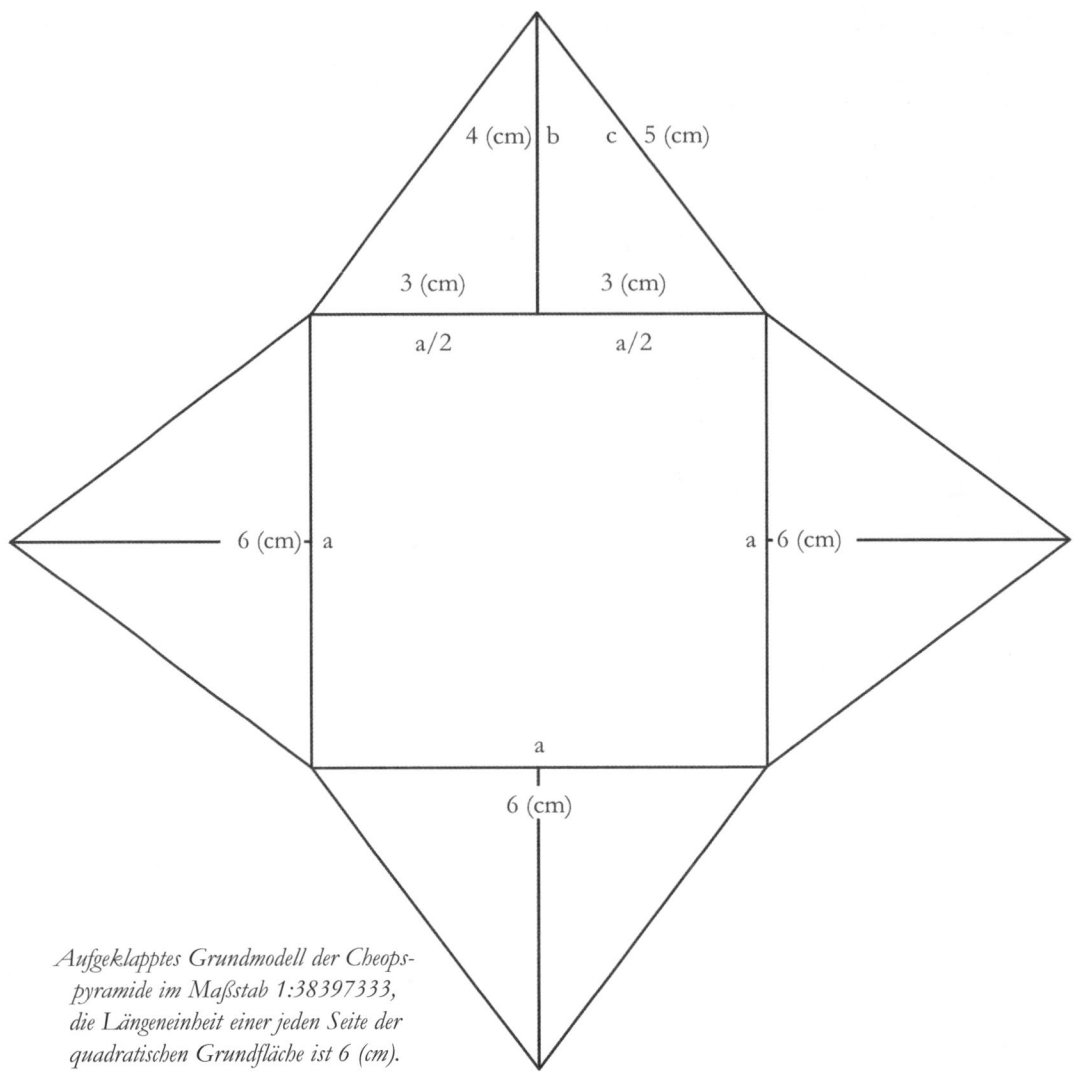

4 (cm) b   c 5 (cm)

3 (cm)   3 (cm)

a/2   a/2

6 (cm) a   a 6 (cm)

a

6 (cm)

Aufgeklapptes Grundmodell der Cheops-
pyramide im Maßstab 1:38397333,
die Längeneinheit einer jeden Seite der
quadratischen Grundfläche ist 6 (cm).

berechnete, verbirgt sich diese hinter den Maßen der Cheopspyramide. Da die archimedische Kreiszahl π nicht so genau ist wie die heute gebräuchliche und damals in Ägypten
bekannte Kreiszahl π (3,1415926…), läßt sich mit dieser und den 4 × 6 Längeneinheiten
(cm) der quadratischen Grundfläche des Grundmodells der Cheopspyramide nicht die
genaue Länge der Königselle herleiten und berechnen – mit der genauen Kreiszahl π ist
dies aber möglich. Das archimedische π, die Urkreiszahl und die genaue Kreiszahl π waren
den Ägyptern also bereits cirka 1.000 Jahre vor dem Papyrus Rhind bekannt, also cirka
2.400 Jahre vor Archimedes. Die archimedische Kreiszahl ist verborgen in der um 2600 v.
Chr. erbauten Cheopspyramide beziehungsweise in deren Urmaßen (Quotient aus
440 ÷ 280 × 2, entsprechend der aufsteigenden Horus-Reihe mal 2) – sicher ist dies kein
Zufall, denn bei deren Bau war alles genau durchdacht und geplant war. Die archimedische

Kreiszahl wurde wohl deshalb in die Cheopspyramide »eingebaut«, damit die uralten ägyptischen Mathematikkenntnisse, die Teil des Gralswissens sind, der Nachwelt erhalten werden, wenn auch verborgen. Zudem vereinen sich so in der Cheopspyramide zwei wesentliche gralsspezifische Elemente: das Pyramidion als der Gralsstein, der Stein der Weisen, das Symbol der Wiedergeburt, und die Mathematik mit ihren wichtigen Formeln und Kreiszahlen, die wiederum Grundlagen für die Astronomie sind.

Wird die heute gebräuchliche Kreiszahl π (3,1415926…) durch 6 geteilt, also durch den Wert der ganzen Seite a (= 2 × 3 = 6 Längeneinheiten [cm], vergleiche Abbildung Seite 180) des Grundquadrates im Modell der Cheopspyramide, ergibt sich der Quotient 0,52359 (3,1415926… ÷ 6 = 0,52359…). Auf die vierte Stelle nach dem Komma gerundet entspricht dieses Ergebnis fast exakt dem umgerechneten Meterwert einer Königselle. Also sind 0,5236 m gleich eine Königselle[58], das sogenannte Engelsmaß, welches der gefallene Engel Luzifer (Ra/Re) zusammen mit den gezeigten geometrischen Grundlagen des Pyramidenbaus (Pyramidenseitendreieck, Pyramidion, Quader, Würfel) die alle auf drei Kreisen (dreifache Hieroglyphe des Ra/Re) basieren, den Ägyptern im Auftrag Gottes brachte. Das Ergebnis dieser Berechnung weist eine Abweichung zur tatsächlichen Länge der Königselle von nur 1/10.000stel Meter auf, das sind 0,01 Millimeter = 1/100stel Millimeter. Es ist sicher kein Zufall, daß man so mit dieser Berechnung bis auf den hundertstel Millimeter genau auf den Meterwert der Königselle kommt. Führt man diese Rechnung mit der archimedischen Kreiszahl π durch, also 3,142857… ÷ 6, so ist das Ergebnis 0,5238095. Gerundet auf die vierte Stelle nach dem Komma, ergibt sich bei diesem Ergebnis nicht der genaue Meterwert der Königselle (0,5236 m), sondern 0,5238 m.

Multipliziert man den wie oben berechneten und gerundeten Meterwert aus der genauen Kreiszahl π, also 3,1415926… ÷ 6 = 0,5236…, mit 100, so ist das Ergebnis 52,36 – das ist exakt der Zentimeterwert der Königselle: 52,36 cm. Verzehnfacht man dieses Ergebnis beziehungsweise multipliziert man 0,5236 mit 1.000 so ist das Ergebnis 523,6 mm. Die Länge der Königselle entspricht also 523,6 mm, 52,36 cm und 0,5236 m. Interessant ist dies deshalb, weil bereits die Ägypter mit einem Dezimalsystem (Zahlenhieroglyphen für 1, 10, 100, 1.000, 10.000) rechneten und weil dies eben die Annahme stärkt, daß der Meter bereits im alten Ägypten bekannt war. Daß dort mit einem der Null entsprechenden Lückenzeichen gerechnet wurde, wurde bereits dargestellt (Seiten 99 f). Zusammenfassend läßt sich sagen, daß den Ägyptern neben der Urkreiszahl π, der archimedischen Kreiszahl π und der heute gebräuchlichen ganz genauen Kreiszahl π sowie der Königselle auch das Metermaß bereits zur Zeit des Pyramidenbaus bekannt gewesen ist.

[58] Dr. Rolf C. A. Rottländer schreibt zur Königselle: »*In der ersten Dynastie Ägyptens, als sich der Gesamtstaat aus Ober- und Unterägypten bildete, ca. 3200 v. Chr, war auch dort die Nippur-Elle zu 518,3 mm Länge bekannt, wie übrigens im gesamten Orient. In Ägypten wurde aber die erste Umformung einer Längeneinheit vorgenommen, wodurch der Zustand ein Ende fand, daß weltweit bei allen neolithisierten Völkern nur eine einzige Längeneinheit verwendet wurde…Die neue Elle war etwa 1 % länger als die alte Elle, nämlich 523,6 mm +/- 0,18 %, und wurde Königselle genannt. Sie ist spätestens ab Beginn der 4. Dynastie (2680 v. Chr.) nachweisbar, vermutlich aber noch älter.*« (entnommen: http://www.geodaten.bayern.de/bvv_web/blva/ORDO/ausstellungen/ rottlaender.html, Stand vom 09. 10. 2008

10.7. Die Herleitung der ganz genauen Kreiszahl π

Wie bereits dargestellt wurde, ist die heute gebräuchliche, ganz genaue Kreiszahl π (3,1415926…) nicht nur für astronomische Berechnungen bedeutend, sondern sie gehört zum Gralswissen, zu den Gralswissenschaften, weshalb es wichtig und interessant ist, deren Herleitung und Berechnung aufzuzeigen. Grundlegend dafür ist der Einheitskreis mit dem Radius r = 1 Längeneinheit (cm), der in das Dreieck 3, 4, 5 (ABC) konstruiert wird. Dieser ist gleich der Länge der Strecke vom Punkt C des Dreiecks bis zur rechten Schnittstelle (Punkt D) des linken unteren Kreises mit der Seite a = 3 (wird diese Länge mit dem Zirkel auf dem Umfang des Dreiecks 3, 4, 5 der Reihe nach abgetragen, ergeben sich 12 gleiche Längeneinheiten, siehe nächste Abbildung und vergleiche Seite 86). Diese Einheit 1 ergibt sich auch vom Punkt A ausgehend bis zu dem Punkt, an welchem sich der Innenkreis/ Urkreis mit der Seite b oben schneidet (siehe Abbildung unten links und auf Seite 183, dort ist dieser Schnittpunkt der Punkt H).

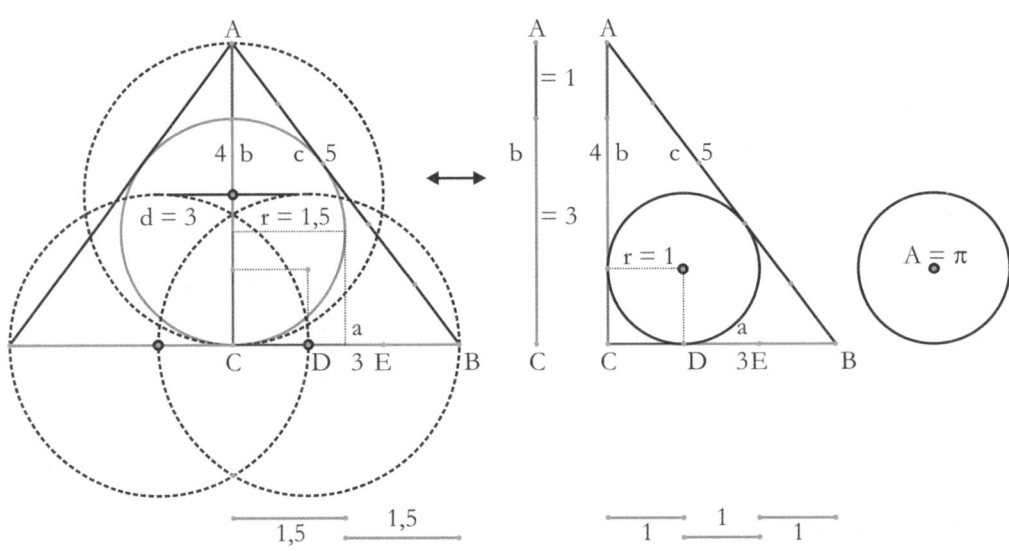

Um den Einheitskreis einzeichnen zu können, wird die Strecke AH (= 1 Längeneinheit) ins Zirkelmaß genommen, mit diesem wird um den Punkt C von rechts unten nach links oben ein Halbkreis gezogen (siehe Abbildung nächste Seite). Danach werden mit dem Lineal von den Schnittstellen des Halbkreises mit den Seiten a und b parallel zu diesen jeweils eine kurze waagerechte beziehungsweise senkrechte Gerade soweit gezeichnet, bis diese sich schneiden. Dieser Schnittpunkt bildet den Mittelpunkt des Einheitskreises (Einheitskreises mit dem Radius r = 1), der nun mit dem Zirkelmaß, das der Länge der Strecke AH entspricht, um diesen eingezeichnet, er paßt exakt in das Dreieck 3, 4, 5.

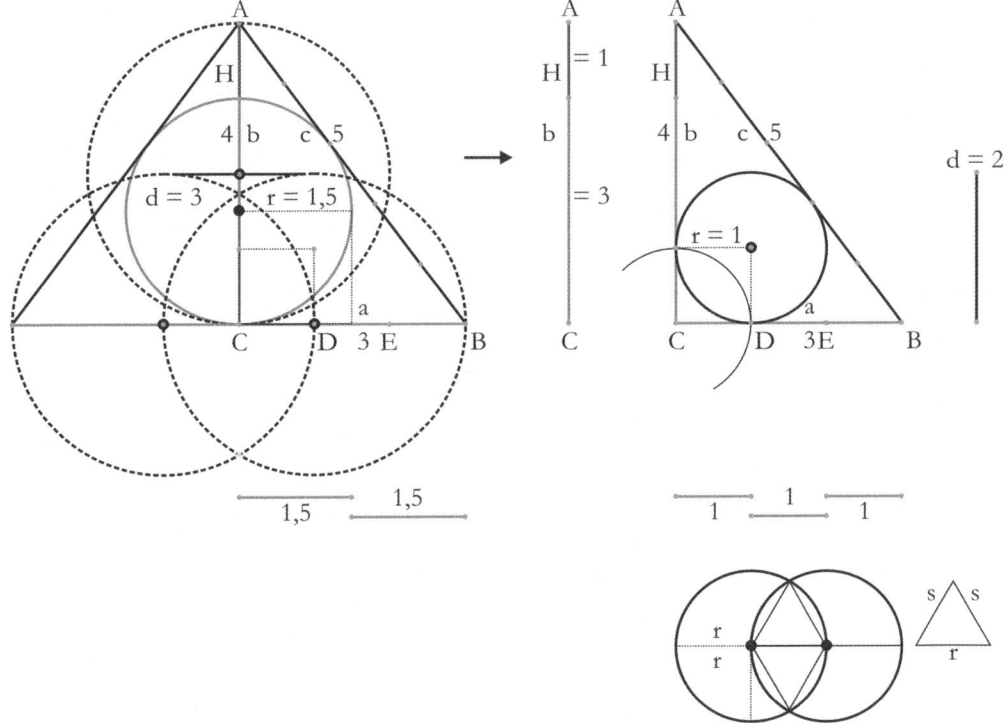

Wenn die ganz genaue Kreiszahl π berechnet werden soll, muß zu diesem Einheitskreis zunächst ein zweiter gezeichnet werden, so daß sich die Vesica Piscis bildet. In diese wiederum wird ein gleichseitiges Dreieck (Symbol der Dreieinigkeit, Seitenansicht des Gralssteins, Pyramidion) konstruiert. Die drei Seiten s dieses Dreiecks entsprechen dem Radius r = 1 Längeneinheit (cm) des Einheitskreises (s = r = 1), und es läßt sich zu einem regelmäßigen Sechseck spiegeln, welches genau in diesen Kreis paßt. Die Seiten dieses Sechsecks sind jeweils genau 1 Längeneinheit (cm) lang (s = 1), und dessen Umfang U entspricht somit 6 (als reine Zahl betrachtet), ins Maß übertragen sind es 6 Längeneinheiten (U = 6 × s = 6 × 1 = 6).

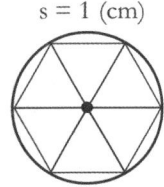

s = 1 (cm)

Um nun auf die genaue Kreiszahl π, die den Ägyptern bekannt gewesen und die heute gebräuchlich ist, zu kommen, werden in die bereits ermittelte Urkreisformel U ÷ d = π die Zahlen 6 für den Umfang des Sechsecks und 2 für den Durchmesser des Einheitskreises (2 mal dessen Radius r = 1) eingesetzt: 6 ÷ 2 = π = 3. In diesem ersten Rechenschritt ergibt sich also eine Annäherung an die genaue Kreiszahl: π = 3. In den Einheitskreis hinein kann die Eckenzahl des Sechsecks verdoppelt werden (entsprechend der aufsteigenden Horus-Reihe mal 2), das heißt es kann in diesen ein regelmäßiges 12-Eck eingezeichnet (gedacht) werden und danach ein regelmäßiges 24-Eck und so weiter bis zum n-Eck. Durch die stetige Verdoppelung der Eckenzahlen dieser regelmäßigen Vielecke nähert sich deren Umfang (Form) immer mehr der runden Form des Einheitskreises, in welchen diese eingezeichnet (gedacht) werden können, an und somit auch der ganz genauen Kreiszahl π (3,1415926…). Denn der Umfang U und die Fläche A des Einheitskreises mit dem Radius r = 1 sind gleich dem Wert der genauen Kreiszahl π. Mit der Formel des Satzes des Pythagoras und dem Ziehen der Quadratwurzeln lassen sich die Seitenlängen des 12-Ecks, 24-Ecks, 48-Ecks, 96-Ecks usw. beziehungsweise des n-Ecks berechnen und somit auch die Umfänge dieser Vielecke.

Für die Darstellung dieser Rechenmethode wird hier nur das 12-Eck mit seinen 12 Seiten verwendet, denn was die anderen Vielecke betrifft, so muß in die folgende Formel nur die Eckenzahl des entsprechenden Vielecks anstelle der 12 eingesetzt werden, um die jeweiligen Seitenlängen des 24-Ecks usw. berechnen zu können. Indem die Umfänge U der n-Ecke durch 2 geteilt (U ÷ d = π) werden, da der Durchmesser d des Einheitskreises zweimal dessen Radius ist (2 × r), nähert man sich immer mehr dem Wert der Kreiszahl π an. Diese Vorgehensweise des Teilens der Umfänge durch 2 entspricht der absteigenden Horus-Reihe. Für das 12-Eck lautet diese Formel (und ihre Auflösung), die auf dem Satz des Pythagoras ($a^2 + b^2 = c^2$) und hieraus folgend auf dem Höhensatz des Euklid sowie dem Ziehen der Quadratwurzeln basiert:

$$s\,12^2 \;=\; \left(\frac{s\,6}{2}\right)^2 \;+\; (r - h\,6)^2$$

$$r^2 \;=\; \left(\frac{s\,6}{2}\right)^2 \;+\; h\,6^2$$

$$h\,6 \;=\; \sqrt{r^2 - \left(\frac{s\,6}{2}\right)^2}$$

$$s\,12 \;=\; \sqrt{\left(\frac{s\,6}{2}\right)^2 \;+\; \left(r - \sqrt{r^2 - \left(\frac{s\,6}{2}\right)^2}\right)^2}$$

Demnach beträgt ein Seite des 12-Ecks genau 0,5176380 Längeneinheiten (cm). Nimmt man diesen Wert mal 12, so ist der Umfang U dieses Zwölfecks 6,2116560 Längeneinheiten (cm). Wird dieser durch 2 geteilt, so ergibt sich eine Annäherung von 3,105828 an die ganz genaue Kreiszahl π. Überträgt man diese Rechnerei auf das 24-Eck, 48-Eck und so weiter, ergeben sich folgende Werte, die Umfänge nähern sich mehr und mehr der genauen Kreiszahl π (3,1415926…) an:

184

Eckenzahlen der n-Ecke im Einheitskreis	Seitenlängen s im Einheitskreis	Umfänge U im Einheitskreis	Annäherungen an π im Einheitskreis
6	1,0000000	6,0000000	3
12	0,5176380…	6,2116560…	3,105828…
24	0,2610523…	6,2652552…	3,1326276…
48	0,1308062…	6,2786976…	3,1393488…
96	0,0654381…	6,2820576…	3,1410288…
192	0,0327234…	6,2828928…	3,1414464…
384	0,0163622…	6,2830848…	3,1415424…
768	0,0081812…	6,2831616…	3,1415808…
…	…	…	…
…	…	…	3,1415926…

Dieser mathematisch-geometrische Weg zur Herleitung der auch heute bekannten Kreiszahl π war sicher auch bereits cirka 2.600 Jahre v. Chr. beim Bau der Cheopspyramide bekannt.

10.8. DIE ZAHLEN/LÄNGENEINHEITEN DER CHEOPSPYRAMIDE UND DIE c-DUR-GANZTONLEITER

Zunächst zur nun möglichen Herleitung der c-Dur-Ganztonleiter, die aufgrund der ganz genauen Kreiszahl π, der Zahlen/Längeneinheiten des geometrischen Modells der Cheopspyramide 3, 4, 5, 6 und der 440 Königsellen einer Seite a ihrer quadratischen Grundfläche erfolgt. Die nebenstehende Abbildung zeigt das Grundmodell der Cheopspyramide in der Draufsicht, angegeben sind die rekonstruierten Zahlen/Längeneinheiten der Seiten a (= 440 Königsellen) und die geometrisch-mathematisch gebildeten Zahlen/Längeneinheiten der Seiten a (= 6 [cm]). Wenn die Zahlen/Längeneinheiten der rekonstruierten Maße der Cheopspyramide

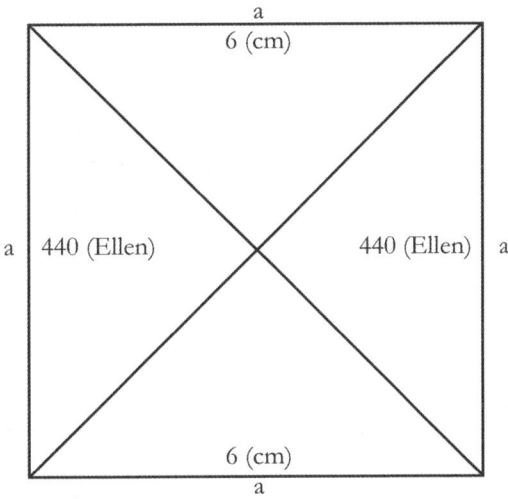

durch die ihres einfachen Grundmodells geteilt werden, ergibt sich der Quotient 73,3333333…: 440 (Königsellen) ÷ 6 (cm) = 73,3333333… Wird dieser der aufsteigenden Horus-Reihe folgend mit 2 multipliziert, ist das Ergebnis 146,6666666…, dies ist bis auf 6 cm nahezu die rekonstruierte Höhe h (= 146,608 m) der Cheopspyramide in Metern (m).

Werden die 146,6666666... (m) durch den Meterwert der Königselle geteilt, ergibt sich abgerundet die ursprüngliche Höhe h (= 280 Ellen) der Cheopspyramide: 146,6666666... (m) ÷ 0,5236 (m) = 280,11204... (Ellen). Auch wegen dieser Rechnung ist es fast nicht auszuschließen, daß die Ägypter bereits zur Zeit des Baus der Cheopspyramide um 2600 v. Chr. den Meter (m = 100 cm) beziehungsweise das metrische System kannten.

Es stellt sich die Frage, warum die Ägypter gerade 440 und 280 Königsellen als Urmaße für die Cheopspyramide wählten. Daß diese willkürlich festgelegt wurden oder zufällig entstanden, wie es immer wieder behauptet wird, davon kann nicht ausgegangen werden, denn dafür ist alles zu logisch und die Geometrie und Mathematik sind beim Pyramidenbau zu offensichtlich angewendet worden. In der Cheopspyramide sind allerdings auch Gesetzmäßigkeiten der Musik verborgen beziehungsweise codiert. Zu diesen gehört auch die c-Dur-Ganztonleiter – und diese, also deren Töne beziehungsweise Tonfrequenzen, kann folgendermaßen hergeleitet werden (gebraucht werden dafür die ganz genaue Kreiszahl π [3,1415926...], die zur Zeit des Pyramidenbaus bekannt gewesen sein muß, das Pyramidenseitendreieck, welches aus zwei Dreiecken 3, 4, 5 zusammengesetzt ist und dessen Seite a somit 6 Längeneinheiten [cm] hat, und die Urmaße der Cheopspyramide [Seitenlänge a = 440 Königsellen und Höhe h = 280 Königsellen]):

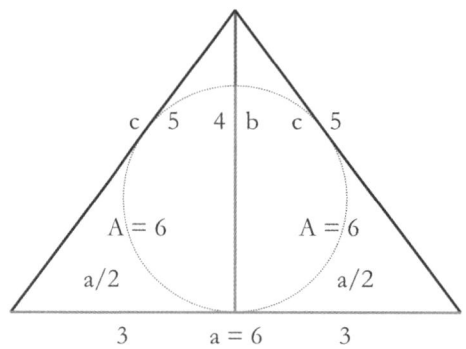

Modell eines Seitendreiecks
der Cheopspyramide

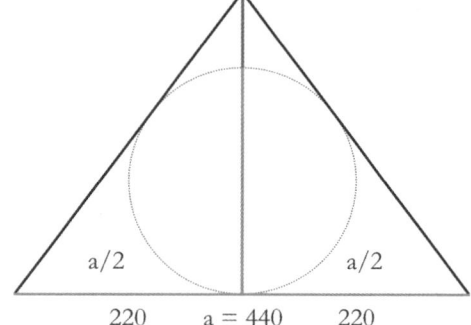

Rekonstruierte Gesamtseitenlänge a
der Cheopspyramide: 440 Königsellen.
220 + 220 Königsellen entsprechen
3 + 3 Längeneinheiten des Modells

Werden die Zahlen 3, 4, 5 und 6 des Pyramidenmodells zusammengezogen und durch den Wert der ganz genauen Kreiszahl π geteilt, ergibt sich folgende Gleichung: 3456 ÷ 3,1415926... = 1100,0789... Wird dieses Ergebnis durch 5 geteilt, also durch die Anzahl der Längeneinheiten der Seite c (Hypotenuse = 5) eines Seitendreiecks des Pyramidenmodells, erhält man abgerundet genau den hälftigen Wert einer Seite a der quadratischen Grundfläche der Cheopspyramide (a/2 = 220 Königsellen): 1100,0789... ÷ 5 = 220,01578... Da aber ein Pyramidenseitendreieck (zwei Einzeldreiecke) zwei Seiten c aufweist, muß dieser Wert auch mit 2 multipliziert werden: 1100,0789... ÷ 5 × 2 = 440,03156...

Auf diese Weise kommt man, wird das Ergebnis abgerundet, genau auf den rekonstruierten Wert einer Seitenlänge a der quadratischen Grundfläche der Cheopspyramide: 440 Königsellen. Wird das errechnete Ergebnis (440,03156) durch die halbierte genaue Kreiszahl π (π/2 = 3,1415926... ÷ 2 = 1,5707963...) geteilt, so erhält man, ebenfalls abgerundet, genau die rekonstruierte Höhe h der Cheopspyramide in Königsellen: 440,03156... ÷ 1,5707963... = 280,13279... Wird die gleiche Rechnung mit der halben archimedischen Kreiszahl π aufgestellt (3,142857... ÷ 2 = 1,5714285...), so ist das ungerundete Ergebnis noch näher an der rekonstruierten Höhe h dieser Pyramide: 440,03156... ÷ 1,5714285... = 280,02009...

Durch diese Rechnungen mit den zusammengezogenen Dreieckszahlen des Pyramidengrundmodells 3, 4, 5 und 6 (3456) sowie mit der ganz genauen und der archimedischen Kreiszahl π können nahezu haargenau die rekonstruierte ursprüngliche Höhe h der Cheopspyramide und die Länge a ihrer quadratischen Grundfläche in Königsellen ermittelt werden. Demnach liegt die Vermutung sehr nahe, daß die Bestimmung und Festlegung der Urmaße der Cheopspyramide auf diesen beiden Zahlen, der archimedischen und der ganz genauen Kreiszahl π, sowie den Dreieckszahlen 3456 des Grundmodells basieren, was im Umkehrschluß bedeutet, daß die alten Ägypter diese beiden Kreiszahlen kannten.

Wird die Seitenlänge a der Cheopspyramide (= 440,03156... Königsellen) durch den Quotienten des Steigungsverhältnisses der Seite b (= 4) und a (= 3) eines Einzeldreiecks 3, 4, 5 geteilt, dieser ist 1,3333333 (4 ÷ 3 = 1,3333333), ergibt sich der Wert 330,02367...: 440,03156... ÷ 1,3333333 = 330,02367... Wird dieser Steigungsquotient verdoppelt (4 ÷ 3 × 2 = 8/3 = 2,6666666), also der von den beiden ein Pyramidenseitendreieck bildenden Dreiecke des Grundmodells zusammengenommen, sieht die Gleichung beziehungsweise das Ergebnis folgendermaßen aus: 440,03156... ÷ 2,6666666 = 165,01183...

Die soeben ermittelten Ergebnisse entsprechen, werden sie gerundet auf 440, 330 und 165, den Frequenzwerten, deren physikalische Maßeinheit ist Hertz (Hz), den Tönen a (= 440 Hz) und e (= 330 Hz) der c-Dur-Ganztonleiter sowie der Frequenz des eine Oktave tieferen Tones e (330 Hz ÷ 2 = 165 Hz). Nachfolgend werden nun die sechs anderen Töne beziehungsweise deren Frequenzwerte ermittelt und so die vollständige Tonleiter hergeleitet. Dafür werden verschiedene Längeneinheiten des Pyramidenseitendreiecks und des Urkreises mit einbezogen. Somit stehen diese und vor allem die 440 Königsellen in einem eindeutigen Zusammenhang zu den Gesetzen der Musik, die den Ägyptern bekannt gewesen sein sein müssen. Dies besagt auch der altägyptische Mythos des Thot, des Gottes des Maßes, der Sprache und der Schrift, der Ordnung der Welt – er kannte und lehrte auch die Gesetze der Musik, zu denen unter anderem die Bestimmung der Tonhöhen (Oktaven) und Tonstufen einer Tonleiter und besonders der Kammerton a (= 440 Hertz [Hz]), welcher der 6. Ton der c-Dur-Ganztonleiter c, d, e, f, g, a, h, c' ist, gehören. Die Herleitung der musikalischen Gesetze begründen sich nicht, wie bis dato gelehrt wird, auf Pythagoras, sondern sie wurden lediglich von ihm wiederentdeckt (genau wie der Satz des Pythagoras), sie stammen eindeutig aus uralter Zeit.

Die Tonfrequenzen der acht Grundtöne der c-Dur-Ganztonleiter, die den Kammerton a = 440 Hz einschließen, sind der Reihenfolge nach in Hz: c = 264, d = 297, e = 330, f = 352, g = 396, a = 440, h = 495, c' = 528. Von der Zahl her sind dieser sechste Ton a und die Längeneinheiten (cm) einer Seite a der quadratischen Grundfläche des Pyramidenmodells gleich, es ist jeweils 6. Die Tonfrequenz des Kammertones a entspricht genau der (An-)Zahl der Königsellen der rekonstruierten Seitenlänge a der Cheopspyramide, es ist jeweils

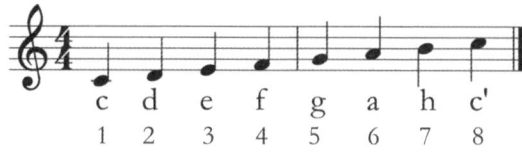

c-Dur-Ganztonleiter in Viertelnoten

die 440. Somit kann festgestellt werden, daß beides in einem gewissen Zusammenhang steht beziehungsweise nichts zufällig ist.

Doch nun zur Herleitung der anderen sechs Töne sowie Tonhöhen und Tonstufen der c-Dur-Ganztonleiter: Wird die Zahl 440 des Kammertones a, die dieselbe ist wie die der Seitenlänge a der Cheopspyramide (440 Ellen), geteilt durch die Seite b = 4 Längeneinheiten (cm) des Dreiecks 3, 4, 5, ergibt sich, bezogen auf die Seite b dieses Dreiecks, folgendes: a ÷ b = 440 Hz ÷ 4 = 110 Hz. Eine Längeneinheit 1 (cm) der Seite b des Grundmodelldreiecks entspricht somit umgerechnet dargestellt 110 Hz, denn 4 × 110 Hz = 440 Hz. Nun wird der Wert 110 Hz multipliziert mit 3, dies sind die 3 Längeneinheiten (cm) einer Seite a eines Dreiecks 3, 4, 5: a ÷ b × a/2 = 110 Hz × 3 = 330 Hz. Dieser Wert 330 entspricht dem dritten Ton e der c-Dur-Ganztonleiter in Hz. Demnach entspricht die Seite b (= 4 Längeneinheiten [cm]) des Dreiecks 3, 4, 5 440 Hz und dessen Seite a = 3 (Längeneinheiten [cm]) 330 Hz.

Werden nun die Zahlen/Längeneinheiten der Seiten 3, 4, 5 des Grundmodelldreiecks je mit dem zuvor berechneten Wert 110 (Hz) multipliziert, ergeben sich die Werte 330, 440, 550 (Hz). Diese werden nun auf das Pyramidenseitendreieck beziehungsweise das Grundmodelldreieck 3, 4, 5 übertragen (siehe Abbildung unten). Multipliziert mit 110 (Hz) werden auch die hergeleiteten Zahlen/Längeneinheiten 1,5 (cm) und 2,5 (cm) (vergleiche Seiten 165 ff). Der Multiplikation entsprechend werden den 1,5 Längeneinheiten (cm) die Tonfrequenz von 165 (Hz) und den 2,5 Längeneinheiten (cm) die Tonfrequenz von 165 (Hz) an der Seite b des Dreiecks zugeordnet. Werden die beiden Frequenzwerte addiert, ist das Ergebnis 440 (Hz), was im Frequenzmaßstab 1 Längeneinheit cm = 110 Hz der Seite

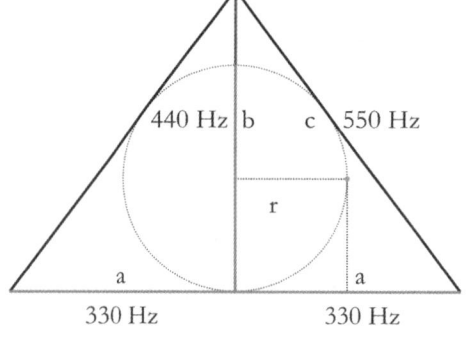

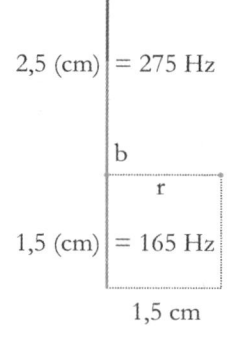

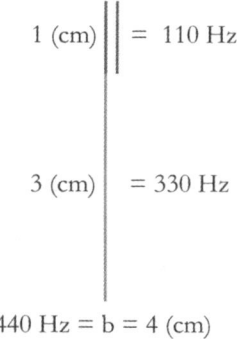

b = 4 Längeneinheiten (cm) des Grundmodelldreiecks der Cheopspyramide entspricht. Auf diese Weise erscheint dieses Dreieck als ein »klingendes«, denn zwei seiner Seiten können jeweils einem Ton der c-Dur-Ganztonleiter zugeordnet werden: der Seite b der Kammerton a = 440 (Hz) und der Seite a der Ton e = 330 (Hz). Und die Seite c (= 550 Hz = 2 × 275 Hz = 2 × 2,5 = 5 Längeneinheiten [cm]) entspricht einem Mischton, einem Zweiklang aus dem dritten Ton e = 330 (Hz) und dem Kammerton a beziehungsweise einer Oktave tiefer (440 Hz ÷ 2 = 220 Hz), also 220 (Hz) + 330 (Hz) = 550 (Hz). Dieser Zweiton erklingt aber, da sich die beiden unterschiedlichen Tonfrequenzen (a und e) mischen und dabei einen Mittelwert bilden, als ein Ton von 275 Hz (= 550 Hz ÷ 2), der in der c-Dur-Ganztonleiter nicht vorkommt. Er entspricht aber der Tonfrequenz, die der Längeneinheit 2,5 (cm) zugeordnet wurde.

Der auf den Seiten 165 und 166 gebildete und berechnete Punkt x = 1,5 beziehungsweise y = 1,5, durch den sich die Längeneinheit 1,5 (cm) des Radius r des Urkreises sowie dessen Quadratradius herleiten lassen, ebenso wie auch die Längeneinheit 2,5 (cm), ist in der Abbildung auf Seite 188 ins Dreieck eingezeichnet und wurde zudem weiter nach links bis auf die Seite b verschoben. Wie gezeigt wurden der Längeneinheit 1,5 (cm) 165 Hz zugeordnet, das ist genau der Ton e (= 330 Hz) der c-Dur-Ganztonleiter, nur eine Oktave tiefer, also 330 Hz ÷ 2 = 165 Hz. Der auf die Seite b (= 4 Längeneinheiten [cm]) verschobene Punkt x = 1,5 beziehungsweise y = 1,5 teilt diese in eine Strecke von 1,5 Längeneinheiten (cm), der 165 Hz zugeordnet werden, und in eine Strecke von 2,5 Längeneinheiten (cm), der 275 Hz gleichgestellt sind. Die Längeneinheiten dieser beiden Strecken (1,5 und 2,5) sind zusammen mit der Horus-Reihenlogik (geteilt durch 2 beziehungsweise mal 2) grundlegend für die nachfolgende Herleitung aller anderen Töne der c-Dur-Ganztonleiter, deren Bestimmung in ihren Hertzfrequenzen und der Konstruktion dieser Tonleiter. Dafür gilt auch, daß eine Längeneinheit (cm) gleich 110 Hz sind.

Vom Kammerton a (= 440 Hz/Königsellen) ausgehend kann der eine Oktave tiefere Ton f (176 Hz) berechnet werden: a ÷ 2,5 = 440 ÷ 2,5 = 176 Hz. Um vom Kammerton a aus den Hertz-Wert der nächst höheren Oktave, also den des Grundtones f = 352 Hz zu ermitteln, wird entsprechend der aufsteigenden Horus-Reihe (mal 2) gerechnet: a ÷ 2,5 × 2 = 440 ÷ 2,5 × 2 = 352 Hz. Dasselbe Prinzip kann beim Ton e (= 330 Hz) angewendet werden: e ÷ 2,5 = 330 ÷ 2,5 = 132 Hz, dieser Wert entspricht dem eine Oktave tieferen Ton c. Die nächst höhere Oktave des Tones c, die den ersten Ton der c-Dur-Ganztonleiter bildet, wird ermittelt, indem das Ergebnis mit 2 multipliziert wird: e ÷ 2,5 × 2 = 330 ÷ 2,5 × 2 = 264 Hz. Wird dieses Ergebnis weiter mit 2 multipliziert, bildet sich der nochmals eine Oktave höhere Ton c' (= 528 Hz), welcher der oktavierte erste Grundton der c-Dur-Ganztonleiter ist und der den achten und höchsten Ton c' (Oktave) bildet: 264 Hz × 2 = 528 Hz.

550 ÷ 2,5 = 220 Hz → dieser Wert entspricht dem eine Oktave tieferen Kammerton a der c-Dur-Ganztonleiter. Multipliziert man diesen Wert mit 2, erhält man wieder die Frequenz des Kammertones a: 550 ÷ 2,5 × 2 = 220 × 2 = 440 Hz.

Auf diese Weise können bis hier fünf zur c-Dur-Ganztonleiter gehörende Grundtöne c, e, f, a, c' und ihre kompletten Oktaven ohne jede Messung hergeleitet, bestimmt und deren Tonfrequenzen a = 440 (220), e = 330 (165), f = 352 (176), c = 264 (132 und c' = 528) in Hz genau errechnet werden. Die in Klammern stehenden Frequenzen sind die jeweiligen Oktaven der Töne. Diese ergeben sich durch das Multiplizieren beziehungsweise Dividieren der hergeleiteten Tonfrequenzen mit 2.

Um noch die anderen Töne d, g, h der c-Dur-Ganztonleiter zu ermitteln, wird zunächst der Ton e mit 1,5 (was der Längeneinheit 1,5 und dem Radius des Urkreises entspricht) multipliziert: e × 1,5 = 330 × 1,5 = 495 Hz → dieser Wert entspricht dem siebten Grundton h. Die nächst tiefere Oktave dieses Tones h wird entsprechend der Logik der absteigenden Horus-Reihe (geteilt durch 2) ermittelt: e × 1,5 ÷ 2 = 330 × 1,5 ÷ 2 = 247,5 Hz. Der eine Oktave tiefere Ton g (= 198 Hz) kann vom Ton c (= 132 Hz) ausgehend errechnet werden: c × 1,5 = 132 × 1,5 = 198 Hz.

Daraus folgt weiter vom Ton c (= 132 Hz) ausgehend eine Oktave höher transponiert (mal 2) die Frequenz des fünften Grundtones g: c × 1,5 × 2 = 132 × 1,5 × 2 = 396 Hz.

Daraus folgt weiter vom eine Oktave tieferen Ton g (= 198 Hz) ausgehend: g × 1,5 = 198 × 1,5 = 297 Hz. 297 Hz entsprechen der Tonfrequenz des zweiten Tones d der c-Dur-Ganztonleiter.

Daraus folgt weiter vom Ton g (= 198 Hz) ausgehend eine Oktave höher transponiert: g × 1,5 × 2 = 198 × 1,5 × 2 = 594 Hz. 594 Hz entsprechen der Tonfrequenz des eine Oktave höheren Tones d' des Grundtones d.

Somit sind, beim Kammerton a angefangen, alle zur c-Dur-Ganztonleiter gehörenden Töne mit ihren genauen Frequenzen a = 440 (220), e = 330 (165), f = 352 (176), c = 264 (132 und c' = 528), h = 495 (247,5), g = 396 (198), d = 297 (594) in zwei vollen Oktaven in Hz ohne jede Messung hergeleitet und ermittelt worden. Der erste Ton c = 132 Hz (beziehungsweise 264 Hz und 528 Hz) kann so sogar in 3 Oktaven bestimmt werden. Für die Konstruktion der c-Dur-Ganztonleiter c, d, e, f, g, a, h, c' (in zwei Oktaven) brauchen diese Töne, beginnend mit der niedrigsten Frequenz des Tones c = 264 Hz (also abgesehen von dessen einer Oktave tieferen Frequenz 128 Hz) und endend mit der höchsten von 528 Hz, was der Oktave dieses Tones c = 264 Hz, also dem Ton c' = 528 Hz, entspricht, nur der Reihe nach geordnet und mit den jeweiligen Buchstaben der Tonleiter bezeichnet werden. So läßt sich die wichtigste Grundlage der Musik, die c- Dur Ganztonleiter, herleiten und deren Töne exakt mit ihren physikalischen Hertzfrequenzen bestimmen. Es wird also eindeutig ersichtlich, daß die Cheopspyramide, ihr theoretisch-geometrisches Grundmodell, die archimedische und die ganz genaue Kreiszahl π sowie die Töne und Frequenzen der c-Dur-Ganztonleiter miteinander verwoben sind. Es könnte sogar behauptet werden, daß diese Tonleiter in der Cheopspyramide »versteckt« ist.

Der Frequenzumfang (FU) eines Dreiecks a, b, c wird mit der Gleichung zur Berechnung des Umfangs U eines Dreiecks errechnet: a + b + c = U → 330 Hz + 440 Hz + 550 Hz = 1.320 Hz (= FU). Dies entspricht dem Umfang U dieses Dreiecks von 12 Längeneinheiten (cm): 3 (cm) + 4 (cm) + 5 (cm). Das Dreieck a, b, c hat also einen Frequenzumfang von 1.320 Hz und einen geometrischen Umfang von 12 Längeneinheiten (cm). Wird der Frequenzumfang 1.320 Hz als eine einzige Seite dargestellt, das heißt,

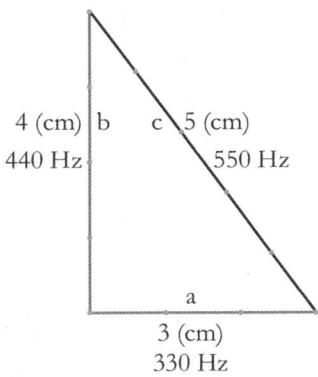

daß das Dreieck auseinandergeklappt wird und es als eine Linie erscheint, so läßt sich diese in unterschiedliche Abschnitte aufteilen, denen die Töne a, e oder c zugeordnet werden können (dabei ist 1 Längeneinheit [1 cm] gleich 110 Hz). Dies ist der Aufteilung und Anordnung der Töne, die sich auf der Saite eines Saiteninstrumentes befinden, sehr ähnlich.

Drei gleichlange Abschnitte hat die Seite/Saite, wenn diesen je 440 Hz (= Kammerton a) zugeordnet werden, denn 440 × 3 = 1.320 Hz:

440 Hz	440 Hz	440 Hz
a	a	a
4 (cm)	4 (cm)	4 (cm)

Sie kann auch in vier gleichlange Abschnitte aufgeteilt werden, ein jeder entspricht dem Ton e = 330 Hz, denn 330 × 4 = 1.320 Hz.

330 Hz	330 Hz	330 Hz	330 Hz
e	e	e	e
3 (cm)	3 (cm)	3 (cm)	3 (cm)

Mit dem Ton e beziehungsweise dessen Frequenzwert von 264 Hz lassen sich fünf gleichlange Abschnitte auf der Seite/Saite bilden, denn 264 × 5 = 1.320 Hz.

264 Hz	264 Hz	264 Hz	264 Hz	264 Hz
c	c	c	c	c
2,4 (cm)	2,4 (cm)	2,4 (cm)	2,4 (cm)	2,4 (cm)

So ist der Ton e der c-Dur-Ganztonleiter die Quarte (vierter Ton) bezogen auf den Kammerton a. Ebenso ist der Ton e die Terz (dritter Ton) bezogen auf den Ton c. In einem Musikstück in c-Dur bilden diese drei Töne c, e und a einen a-Moll-Dreiklang (Akkord) in der ersten Umkehrung. Das heißt, daß die hergeleiteten Tönen c, e und a zusammenhängen mit a-Moll, woraus geschlußfolgert werden kann, daß die Ägypter auch Kenntnis von der a-Moll-Tonleiter und somit auch des Quintenzirkels hatten.

Die physikalische Einheit Hz, benannt nach dem Physiker Heinrich Hertz (22.2.1857 bis 1.1.1894), bezeichnet die Anzahl der periodischen Schwingungen (Wellen, Frequenz) von Tönen, des Lichts und elektromagnetischer Wellen (Atome, Radio, Fernsehen, Handy usw.) pro Sekunde. 1 Hz entspricht also einer Schwingung pro Sekunde. Demnach bringt beispielsweise der Kammerton a 440 Schwingungen in einer Sekunde hervor beziehungsweise schwingt er 440 mal in einer Sekunde.

Offensichtlich war es den Ägyptern möglich, ohne hochtechnische Meßinstrumente, Schwingungen bestimmen und berechnen zu können. Denn wie gezeigt wurde, lassen sich sämtliche Töne der c-Dur-Ganztonleiter herleiten, wenn das Maß der Seite a der quadratischen Grundfläche der Cheopspyramide, 440 Königsellen (= der Kammerton a mit 440 Hz), sowie die Längeneinheiten deren theoretisch-geometrischen Grundmodells wie dargestellt berechnet werden. Und daß dies gemacht werden kann, ist sicher kein Zufall.

Um die Frequenzwerte, die heute mit der Maßeinheit Hz angegeben werden, bestimmen zu können, mußte natürlich auch die Sonnenzeit (Sonnentag = 24 Stunden) und ihre kleinste Einheit, heute mit Sekunde bezeichnet, bekannt gewesen sein: Sekunde (s), 60 s = 1 Minute, 3.600 s = 1 Stunde, 86.400 s = 24 Stunden = 1 Tag. Die Sonnenzeit und ihre Basiseinheit 60 kann im Zusammenhang mit der Gradeinteilung des Kreises in 360 Winkelgrade hergeleitet werden – und dies geschah nicht willkürlich, wie von vielen neuzeitlichen Mathematikern behauptet wird, sondern durch logische Überlegungen und Schlußfolgerungen. Ausführliches dazu im nächsten Kapitel.

Die geschichtlich nachweisbaren Anfänge der Musik liegen in der Zeit um 3000 v. Chr. im sumerisch-babylonisch-ägyptischen Kulturraum, und sie sind verbunden mit dem Bruch 8/9, welcher im Papyrus Rhind im Zusammenhang mit der Kreisflächenberechnung steht. Dieser Bruch und auch die Urkreiszahl π ergeben sich, wenn 6 der 7 Grundtöne der c-Dur-Ganztonleiter (ohne den Ton e und die Oktave c') und ihre Frequenzen als Brüche dargestellt, also ins Verhältnis gesetzt, dann addiert und gekürzt und anschließend quadriert werden.

$$\frac{c}{d} + \frac{f}{g} = \frac{f}{g} + \frac{a}{h} = \frac{264}{297} + \frac{352}{396} = \frac{352}{396} + \frac{440}{495} =$$

$$\frac{8}{9} + \frac{8}{9} = \frac{8}{9} + \frac{8}{9} =$$

$$\frac{16}{9} = \frac{16}{9}$$

$$(16/9)^2 = (16/9)^2 =$$

$$256/81 = 256/81$$

$$3{,}1604938... = 3{,}1604938... =$$

$$\pi = Pi$$

Auch in der gotischen Kathedrale von Chartres sind geometrisch-mathematische Grundlagen musikalisch-harmonischer Verhältnisse »versteckt«. Dargestellt werden kann dies mit der Einzeichnung von sieben Kreisen (die auch die sieben Geister Gottes oder auch die sieben Planeten, von denen im »*Parzival*« die Rede ist, symbolisieren): Ausgangspunkt hierfür ist das Heilige Zentrum der Kathedrale, der diagonale Kreuzpunkt der Vierung. Um diesen Punkt wird ein Kreis so in den Grundriß eingezeichnet, daß er rechts und links unten die Ecken des Längs- und Querschiffes berührt. Mit derselben Größe, demselben Zirkelmaß des Radius r wird oberhalb dieses Kreises ein zweiter Kreis eingezeichnet, so daß sich die Vesica Piscis bildet. Oberhalb dieses Kreises wird ein dritter eingezeichnet. Vom ersten Kreis ausgehend werden nach unten zwei weitere Kreise eingezeichnet. Weiter wird vom ersten Kreis ausgehend

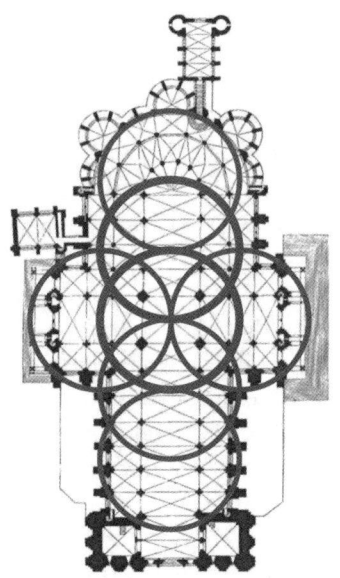

nach rechts und nach links jeweils ein weiterer Kreis eingezeichnet. So passen in das Längsschiff der Kathedrale genau fünf Kreise, von denen sich drei, der obere, untere und mittlere, an ihren Umfängen berühren. Dies sind also drei ganze Kreise beziehungsweise sechs halbe. In das Querschiff passen genau zwei sich berührende volle Kreise beziehungsweise vier halbe. Ausgenommen bleiben hierbei die halbrunden oben befindlichen Chorkapellen sowie die Portale, die sich rechts und links unten befinden. Es tauchen hier die Zahlen 2, 3, 4 und 6 auf. Im Zahlenverhältnis der zwei Kreise des Querschiffes zu den drei Kreisen des Längsschiffes (2:3) verbirgt sich harmonikal die Quinte. Auf die c-Dur-Ganztonleiter bezogen ist das, vom Grundton c ausgehend, deren fünfter Ton g. Das Längsschiff wird durch das heilige Zentrum und dessen Kreis im Zahlenverhältnis von 2:4 Halbkreisen beziehungsweise 1:2 ganzen Kreisen gegliedert. In den Zahlenverhältnissen 2:4 sowie 1:2 verbirgt sich die Oktave. Auf die c-Dur-Ganztonleiter bezogen ist dies, ausgehend vom Ton c, deren achter Ton c'.

Hier offenbart sich also das aus Ägypten stammende geometrisch-harmonikale Gralswissen, das die Templer von ihren Kreuzzügen mit nach Europa brachten. Vermutlich wurde aber auch das (gleiche) Wissen in den Bau der Kathedrale mit eingebracht, das in den »*Episteln der Lauteren Brüder*« niedergeschrieben war. Diese wurden vom Schüler des Kabbalisten Raschi von Troyes, dem Templer Stephan von Harding, in das Kloster von Cîteaux gebracht. Von dort gelangten die »*Episteln*« in die Abtei von Clairvaux, deren Leiter Bernhard von Fontaine war, der später auch Bernhard von Clairvaux genannt wurde. Dieser war Lehrer an der Schule von Chartres, und er hatte maßgeblichen Einfluß auf den Bau einiger Notre-Dame-Kathedralen, so im besonderen auf den der Kathedrale von Chartres (siehe Seite 56).

Somit wird deutlich, daß der Bruch 8/9 auch einen konkreten Bezug den Tönen und Tonfrequenzen der c-Dur-Ganztonleiter hat. Die Herleitung der ganz genauen Kreiszahl π über den Einheitskreis, die geometrisch mit der des Urkreises, der Urkreiszahl π und des Pyramidenseitendreiecks einhergeht, sowie die der Länge der Königselle (mit der genauen Kreiszahl π und den sechs Längeneinheiten des Grundquadrates a des Pyramidenmodells, siehe Seiten 179 ff) und die Urberechnung und Festlegung der logischen Urmaße der Cheopspyramide sind wiederum die Grundlage der c-Dur-Ganztonleiter. Die Urgrundlagen der Geometrie, Mathematik, Musik (Physik, Hz), Astronomie und Architektur (Pyramidenbau) entstammen der ägyptischen Mythologie (= Götterlehre – Dichtung – Forschung) und erheben den ganz klaren und berechtigten Anspruch des reinen Logos (= Geist, Sinn, Weltseele, Rede, Wort, Gesetz, Gottes Kraft). Dies sei für jene Verstandesmenschen und »Wissenschaftler« (Rationalisten) erwähnt, die vorgeschichtliche Mythologien und Legenden – auch die Grallegende – ins Reich der Märchen verbannen wollen und die reine geistig-göttliche Wahrheit kategorisch ablehnen.

10.9. Der Papyrus Moskau und die Urgrundlagen der Kugelberechnung

Aus Aufgabe 10 des mathematischen Papyrus Moskau, der um 1800 v. Chr., also nahezu zur gleichen Zeit wie der Papyrus Rhind, angefertigt worden ist, geht hervor, daß die Ägypter auch die Größen einer Kugel berechneten. Sie wußten, daß die Manteloberfläche einer Halbkugel (O/2) doppelt so groß ist wie deren kreisrunde Fläche A, die entsteht, wenn man eine Kugel in der Mitte teilt, dies entspricht der Formel O/2 = 2 × A. Wird also eine Halbkugel genommen (links), deren Kreisfläche A die Größen des Urkreises aufweist, also wie hergeleitet und errechnet mit dem Radius r = 1,5 Längeneinheiten (cm) und der Fläche von 7,1111111 Quadrateinheiten (cm²), so ist deren Manteloberfläche O/2 genau 14,2222222 Quadrateinheiten (cm²) groß, was den Flächen (2 × A) zweier Urkreise entspricht. (Nachfolgend wird deshalb mit dem Urkreis und der Urkreiszahl π gerechnet, weil diese zur Zeit des Verfassens des Papyrus Moskau und des Papyrus Rhind bekannt waren.)

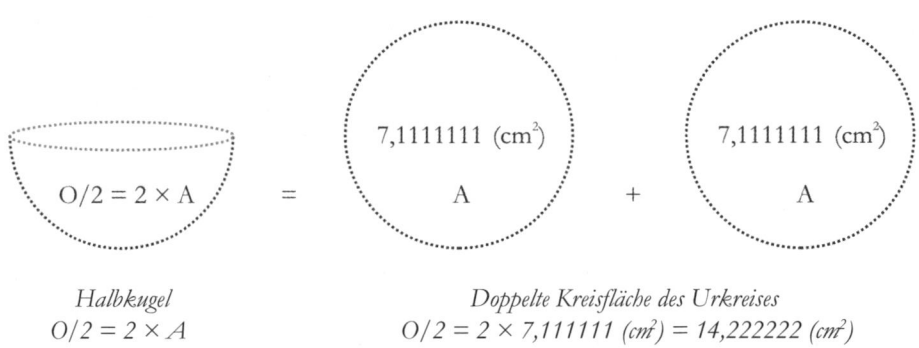

Halbkugel
O/2 = 2 × A

Doppelte Kreisfläche des Urkreises
O/2 = 2 × 7,111111 (cm²) = 14,222222 (cm²)

Folglich hat eine auf diesen Längen- und Quadrateinheiten (Maßen) basierende Kugel eine Manteloberfläche von 28,4444444 Quadrateinheiten (cm²), denn die Fläche des Urkreises muß vervierfacht beziehungsweise die Manteloberfläche der Halbkugel verdoppelt werden:

$O = 4 \times A$

$O = 4 \times 7{,}1111111$ Quadrateinheiten (cm²) $= 28{,}4444444$ Quadrateinheiten (cm²)

oder:

$O = 2 \times O/2$

$O = 2 \times 14{,}2222222$ Quadrateinheiten (cm²) $= 28{,}4444444$ Quadrateinheiten (cm²)

So lassen sich sehr einfach auch die allgemeinen mathematischen Formeln für die Berechnung der Oberfläche O und des Volumens V einer Kugel mit den bereits entwickelten ägyptischen Urkreisformeln und mit der Urkreiszahl π (3,1604938…) beziehungsweise mit der Fläche A (7,1111111 Quadrateinheiten [cm²]) und dem Radius r = 1,5 Längeneinheiten (cm) des Urkreises durch einen Vergleich mit dem aufgeklappten Pyramidenmodell, in dessen vier Seitendreiecke je ein Urkreis eingezeichnet werden kann, herleiten. Grundlegend ist auch hier wieder die Formel für die Kreisflächenberechnung: $A = r^2 \times \pi$. Der Quadratradius r^2 beträgt 2,25 Quadrateinheiten (cm²), errechnet aus dem Radius r des Urkreises (1,5 Längeneinheiten [cm] × 1,5 Längeneinheiten [cm] = 2,25 Quadrateinheiten [cm²]) – und dieser wird für die Oberflächenberechnung der Kugel vierfach gebraucht, da die Oberfläche einer Kugel viermal so groß ist wie die Kreisfläche A, die entsteht, wenn man eine Kugel in zwei gleiche Hälften teilt.

$O = 4 \times r^2 \times \pi \rightarrow O = 4 \times 2{,}25$ (cm²) $\times 3{,}1604938… = 28{,}4444444$ (cm²)

Das Formelergebnis stimmt mit dem oben errechneten ($O = 4 \times A = 4 \times r^2 \times \pi$) überein.

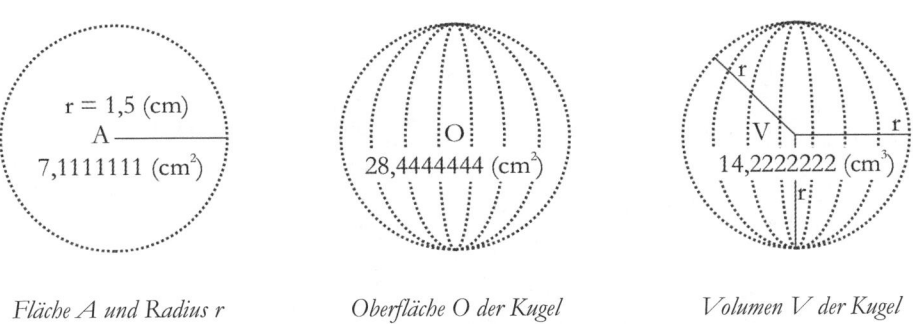

Fläche A und Radius r   Oberfläche O der Kugel   Volumen V der Kugel
des Urkreises

Da eine Kugel gewissermaßen ein dreidimensionaler Kreis ist, der hier den Radius von r = 1,5 Längeneinheiten (cm) hat, muß, um das Volumen V der Kugel berechnen zu können, in obige Formel anstatt r^2 nur r^3 (also der Kubikradius) und anstelle von 4 nur 4/3 (also die Steigung des Dreiecks 3, 4, 5) eingesetzt werden. Demnach sieht die Formel für die Volumenberechnung folgendermaßen aus:

$$V = 4/3 \times r^3 \times \pi$$
$$V = 4/3 \times (1{,}5 \text{ cm} \times 1{,}5 \text{ cm} \times 1{,}5 \text{ cm}) \times 3{,}1604938\ldots$$
$$V = 4/3 \times 3{,}375 \text{ (cm}^3) \times 3{,}1604938\ldots = 14{,}2222222 \text{ (cm}^3)$$

Das Volumen V dieser Kugel beträgt also 14,2222222 Kubikeinheiten (cm³). Zudem ist sowohl die Kubikzahl des Volumens V der Kugel und die Quadratzahl (Quadrateinheiten) der Oberfläche O/2 der Halbkugel als auch die Quadratzahl (Quadrateinheiten) der Flächen A zweier Urkreise gleich, sie haben alle denselben Wert: 14,2222222.

Auch diese gezeigten Formeln zur Kugelberechnung können aus den Dreiecken 3, 4, 5, die das Pyramidenseitendreieck bilden, und aus dem Urkreis hergeleitet werden. Möglich ist das durch den Vergleich des großen Kreises, der in die quadratische Grundfläche A der Pyramide mit jeweils den Seitenlängen a = 6 Längeneinheiten (cm) eingezeichnet wird und der den Durchmesser d = 6 Längeneinheiten (cm) sowie dementsprechend den Radius r = 3 Längeneinheiten (cm) sowie die Fläche A von 28,4444444 Quadrateinheiten (cm²) hat, mit den Flächen der Urkreise der vier Pyramidenseitendreiecke (siehe gegenüberliegende Seite). Die Fläche A des großen Kreises wird mit folgender Formel berechnet: A = r² × π = 3² × π = 9 × 3,1604938… = 28,4444444 Quadrateinheiten (cm²). Vergleicht man diese Fläche A mit den addierten Flächen A der Innenkreise der vier Pyramidenseitendreiecke, wird ersichtlich, daß diese gleich sind – und auch die Manteloberfläche der Kugel, welcher der Urkreis mit seinen Größen zugrunde liegt, ist gleich der Fläche des großen Kreises und denen der vier Innenkreise zusammengenommen. Insofern verbergen sich in der Pyramide die Formeln zur Berechnung einer Kugel. Zudem ist es offensichtlich, daß der Papyrus Rhind und der Papyrus Moskau einer gemeinsamen Wissensquelle entstammen, daß diese beiden Bestandteile und Zeugnisse der Heiligen Geometrie sind.

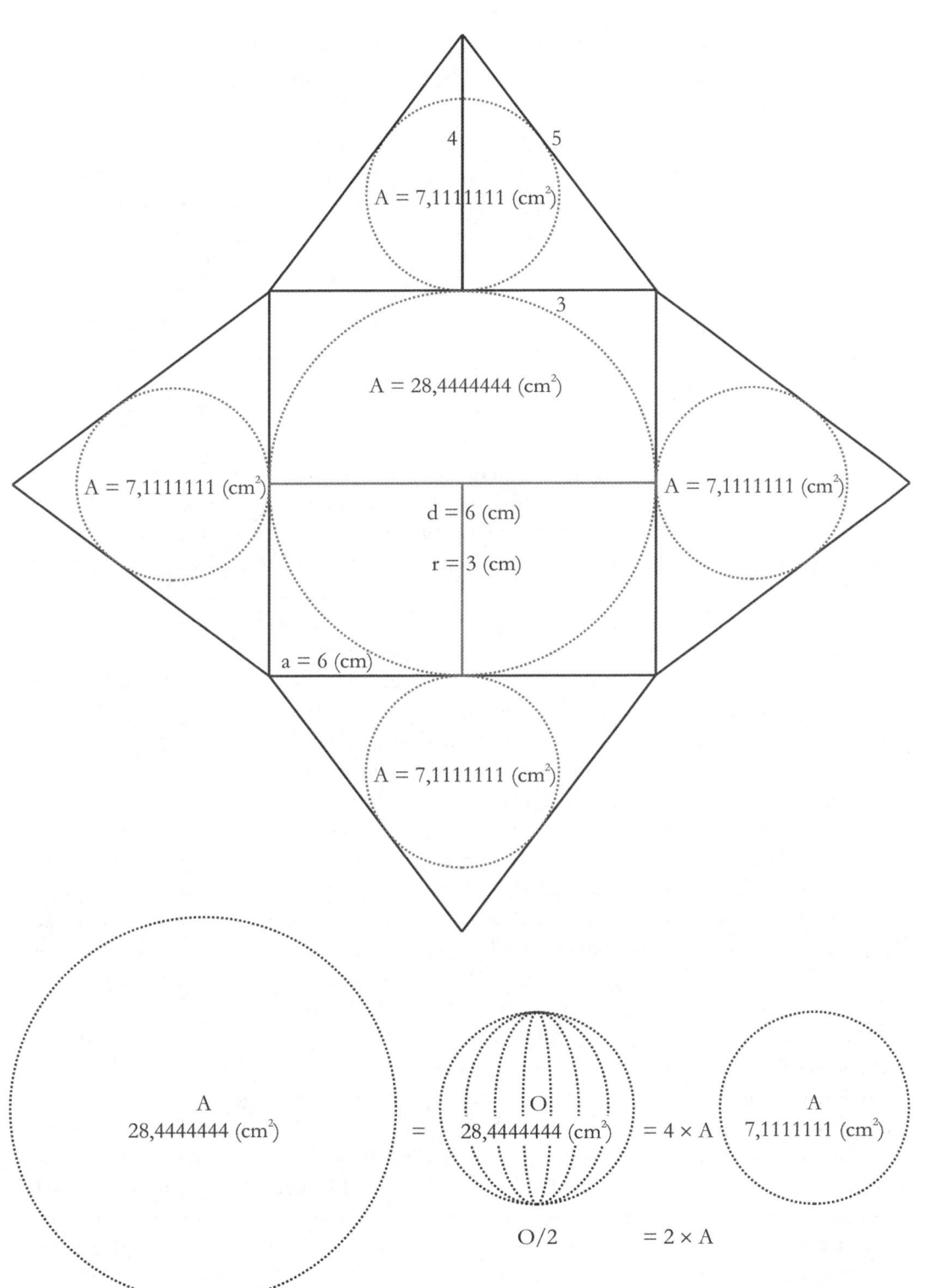

4 5

A = 7,1111111 (cm²)

3

A = 28,4444444 (cm²)

A = 7,1111111 (cm²)

A = 7,1111111 (cm²)

d = 6 (cm)

r = 3 (cm)

a = 6 (cm)

A = 7,1111111 (cm²)

A
28,4444444 (cm²)

=

O
28,4444444 (cm²)

= 4 × A

A
7,1111111 (cm²)

O/2   = 2 × A

197

10.10. Die Urherleitung der Sonnenzeit, die Gradeinteilung des Urkreises und die Urwinkelberechnungen

Flegetanis, dessen wohl verschollene Schrift in den *»Parzival«* einfloß, muß – wie andere Urastronomen auch – für astronomische Berechnungen nicht nur den Satz des Pythagoras und die Urkreiszahl π gekannt und angewendet haben, sondern auch die Urgrundmaßeinheit der Sonnenzeit (60), die die Basis der Zeitmessung (Sekunde, Minute, Stunde) ist, sowie die weiteren hierauf basierenden Zeitbegriffe: 1 Sonnentag mit knapp 24 Stunden (86.400 Sekunden) und 1 Sonnenjahr mit 365 (31.536.000 Sekunden), eigentlich 365,25 Sonnentagen. Eingeschlossen in dieses Wissen waren natürlich auch die astronomischen Festpunkte im Sonnenjahr: Frühlings-Tagundnachtgleiche, Sommersonnenwende, Herbst-Tagundnachtgleiche und Wintersonnenwende. Maßgebend war auch, daß an den Tagundnachtgleichen der Tag je 12 Tag- und 12 Nachtstunden hatte, weshalb die Ägypter grundsätzlich jeden Tag so einteilten.

Nachfolgend wird verdeutlicht, daß die theoretische Einteilung der Sonnenzeit mit ihrer Basiseinheit 60, die praktische Anwendung bei der Zeitmessung mit Sonnen- oder Wasseruhren fand, anhand der Dreiecke 3, 4, 5 beziehungsweise des Pyramidenseitendreiecks erfolgt sein kann. Über diese kann auch die Gradeinteilung des Urkreises, der sich innerhalb des Pyramidenseitendreiecks befindet, in 360 Winkelgrade sowie die Herleitung und Festlegung der 24 Tagesstunden und die der abgerundeten 365 Tage des Sonnenjahres vorgenommen werden. Dafür muß zunächst aus den beiden Dreiecken 3, 4, 5 (a, b, c), aus denen das Pyramidenseitendreieck zusammengesetzt ist, ein Rechteck gebildet werden. Dies geschieht, indem das linke Dreiecke gedreht und an die Seite c = 5 des rechten Dreiecks angelegt und so zu einem Rechteck zusammengefügt wird (siehe Abbildung nächste Seite). Ein jedes dieser Dreiecke hat den Umfang U von 12 Längeneinheiten (cm), errechnet mit der Formel a + b + c = 3 Längeneinheiten (cm) + 4 Längeneinheiten (cm) + 5 Längeneinheiten (cm) = 12 Längeneinheiten (cm), und die Fläche A beträgt wie schon ermittelt 6 Quadrateinheiten (cm²). Zusammengenommen haben die beiden Dreiecke 3, 4, 5 eine Fläche A von 12 Quadrateinheiten (cm²) und einen Umfang von 24 Längeneinheiten (cm), es ergeben sich also die reinen Zahlen 12 und 24 (ohne Maß). Sie entsprechen der Stundenanzahl eines ganzen Sonnentages (24 Stunden) und der Tages- und Nachtzeit von je 12 Stunden, die sich am astronomischen Frühlings- sowie Herbstpunkt feststellen und messen lassen.

Aus dem gebildeten Rechteck kann ein räumlich dargestellter Quader konstruiert werden, dessen vordere und hintere Flächen je 2 × A = 2 × 6 = 12 Quadrateinheiten (cm²) groß sind. Die vier langen Kanten dieses Quaders entsprechen je der Länge der Seite (Hypotenusen) c = 5 Längeneinheiten (cm) eines Dreiecks 3, 4, 5. Die Formel zur Berechnung des Rauminhaltes V (Volumen) eines Quaders ist: V = a × b × c. Eingesetzt werden in diese die Zahlen/Längeneinheiten/Maße des Dreiecks 3, 4, 5: V = 3 Längeneinheiten (cm) × 4 Längeneinheiten (cm) × 5 Längeneinheiten (cm) = 60 Kubikeinheiten (cm³). Die so errechnete Zahl 60 ist die Urgrundeinheit/Basiseinheit der Sonnenzeit (Sekunden, Minuten, Stunde). Der Urkreis, der sich im Pyramidenseitendreieck und im Rechteck (Quader) – beide zusammengesetzt aus zwei Dreiecken 3, 4, 5 – befindet beziehungsweise die aus diesem Urkreis bildbare Kugel hat einen Bezug zur Erdkugel, das heißt, daß der Urkreis bei der Herleitung der Urgrundlagen der Zeitmessung mit der Erdkugel und der Dauer einer kompletten 360 Graddrehung der Erde um ihre eigene Achse (= 24 Stunden, ein Sonnentag) verknüpft ist. Dies wird weiter unten gezeigt.

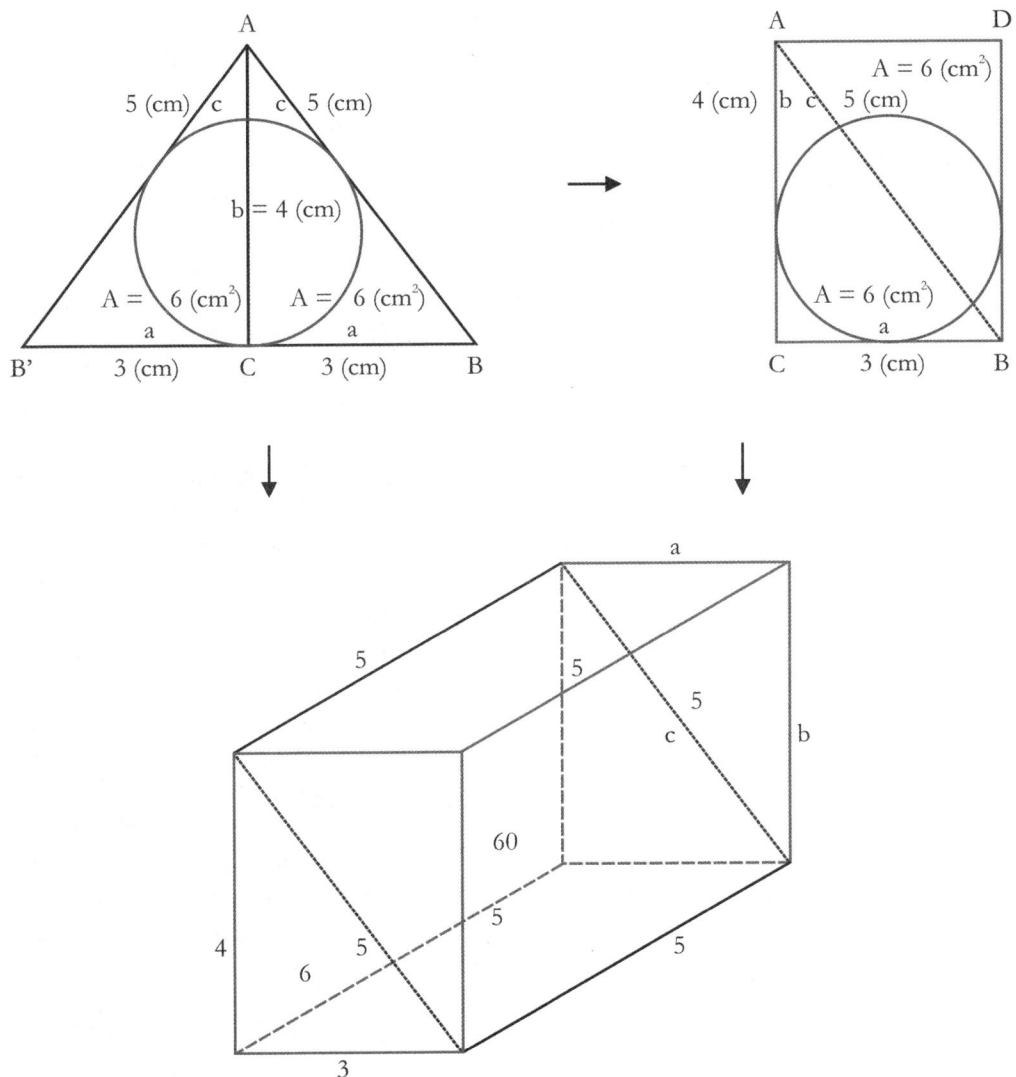

Oben: Die beiden zum Pyramidenseitendreieck zusammengesetzten Dreiecke 3, 4, 5 mit Urkreis (links) und das aus diesen gebildete Rechteck mit Urkreis (rechts). Unten: Der konstruierte Quader, dessen vordere und hintere Fläche die Zahlen/Längen- und Quadrateinheiten der beiden Dreiecke 3, 4, 5 haben.

Bei längerem Hinsehen wirkt der konstruierte Quader wie eine springende Form: die drei gestrichelten (nicht sichtbaren) hinteren Linien (Kanten) werden plötzlich zu vorderen, so erscheint der Quader wie zwei in einem. Es wird der Eindruck erweckt, daß der dreidimensionale Quader (Höhe = Seite b = 4, Breite = Seite a = 3, Tiefe = Kante c = 5, sie bilden den Raum dieses Quaders) aus jeweils zwei gleichen Gebilden besteht – eine vierte geometrisch-optische Dimension (4-D-Raum) entsteht. Die vierte Dimension ist aber die Zeit, die wiederum mit dem dreidimensionalen Raum, hier mit dem Quader, verbunden ist. Dieser Quader bildet, wie gezeigt werden kann, die Grundlage der logischen Herleitung der Gradeinteilung des Urkreises in 360 Winkelgrade. Auch ist er die geometrische Grundlage für die Herleitung der Sonnenzeit und ihrer Basiseinheit 60, die wiederum mit den 360 Winkelgraden verwoben ist. Nach der gängigen Lehrmeinung heutiger Mathematiker geschah die Einteilung des Kreises in 360 Winkelgrade angeblich willkürlich, doch diese Ansicht ist falsch.

Wird der Quader wie in der Abbildung unten durch einen schrägen Längsschnitt geteilt (geteilt durch 2, entsprechend der absteigenden Horus-Reihe), entsteht jeweils ein Prisma, das bei längerem Hinsehen wie zwei in einem erscheint. Dieser »halbe Quader« (das dreidimensionale Prisma 3, 4, 5) hat ein Volumen V von 30 Kubikeinheiten (cm³), dieses wird errechnet mit folgender Formel: V = a × b × c ÷ 2 = 3 Längeneinheiten (cm) × 4 Längeneinheiten (cm) × 5 Längeneinheiten (cm) ÷ 2 = 60 Kubikeinheiten (cm³) ÷ 2 = 30 Kubikeinheiten (cm³). Multipliziert man

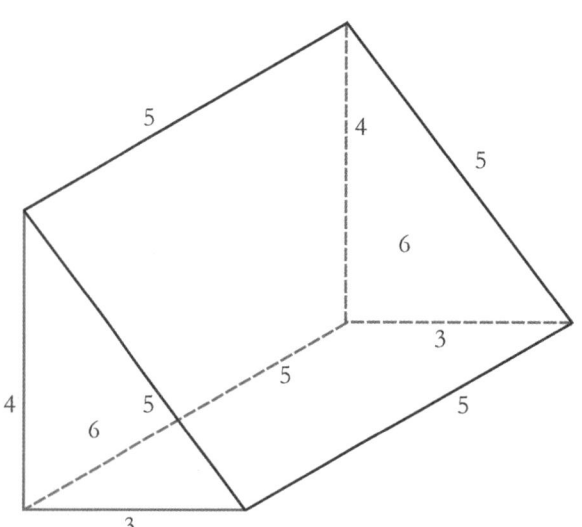

dieses Volumen V (30 Kubikeinheiten [cm³]) mit der Fläche A (6 Quadrateinheiten [cm²]) des Dreiecks 3, 4, 5, ist das Ergebnis 180, denn als reine Zahl betrachtet sind 30 × 6 = 180. Die 180 ist der erste und eindeutige Hinweis auf die tatsächliche Winkelsumme eines Dreiecks: 180°. Da der halbe Quader zwei gleiche Dreiecksflächen A = 6 (Quadrateinheiten [cm²]) hat, vorn und hinten je ein Dreieck 3, 4, 5, ergibt sich die Zahl 360, also die Winkelsumme zweier Dreiecke (360°): 30 × 6 × 2 = 360 oder 30 × 12 = 360 oder 3 × 4 × 5 × 6 = 360.

Die geometrische Urgrundlage dieses Quaders, der aus den Dreiecken 3, 4, 5 gebildet wurde, sind drei gleichgroße Kreise (dreifache Hieroglyphe des Ra/Re), deren Anordnung dreimal die Vesica Piscis entstehen läßt. Die Vesica Piscis beziehungsweise die sie bildenden Kreise, die Augen des Horus, symbolisieren in der ägyptischen Mythologie Sonne und Mond. Das verbindende Element ist hier der Kreis, nicht nur weil er Sonne und Mond versinnbildlicht (Augen des Horus), sondern weil sich diese und die anderen Himmelskörper kreisför-

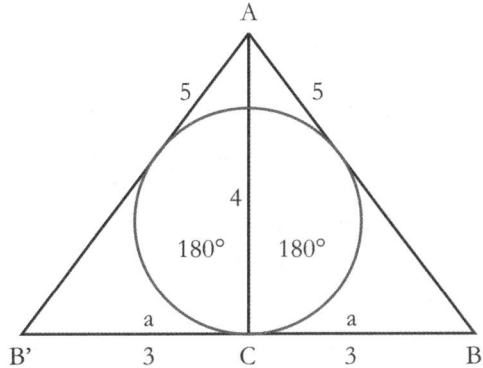

Pyramidenseitendreieck beziehungsweise zwei Dreiecke 3, 4, 5 mit Urkreis (links). Jedes der beiden Dreiecke hat 180 Winkelgrade (180°) so wie jede Hälfte des Urkreises, der durch die Seite 4 (b) in zwei Hälften geteilt wird, 180 Winkelgrade hat.

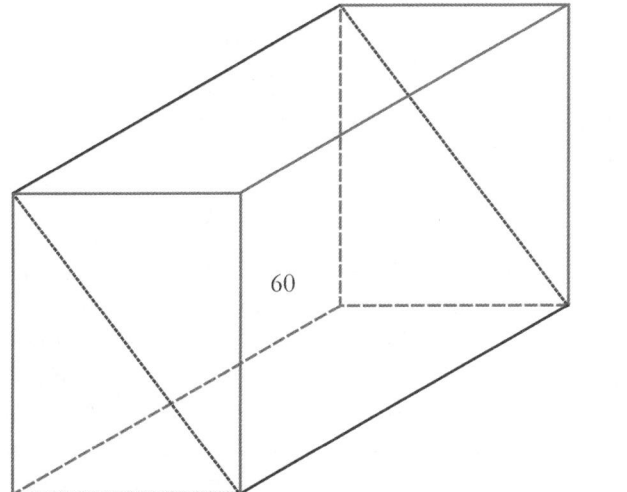

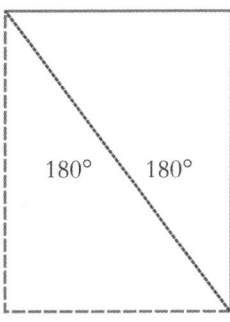

Quader mit der hergeleiteten Basiszeiteinheit 60 (links). Die Winkelsumme der Dreiecke von je 180°, daraus ergibt sich im Rechteck die Summe von 360° (rechts).

mig/ellipsenförmig in Raum und Zeit bewegen. Zudem ist er eben auch die Urgrundlage der konstruierten geometrischen Figuren (Dreieck 3, 4, 5, Pyramidenseitendreieck, aufgeklappte/s Pyramide/Pyramidion [Gralsstein], gleichseitiges Dreieck, Urkreis, Quadrat, Quader, Prisma) und besonders auch des Satzes des Pythagoras und der drei Kreiszahlen π. Nun ist es naheliegend, die errechnete Zahl 360, die ja eindeutig nicht nur mit den beiden rechtwinkligen Dreiecken 3, 4, 5 (Pyramidenseitendreieck), sondern besonders auch mit dem in ihnen eingezeichneten Urkreis und somit mit der Kreiszahl π sowie mit der Kugel verbunden ist, eben auf diesen Urkreis selbst zu beziehen und zu übertragen. So läßt sich aufzeigen, wie die Winkelsumme 180° eines Dreiecks 3, 4, 5 und eines halben Urkreises sowie die 360° (2 × 180° = 360°) des Urkreises sowie die 360 Winkelgrade des Rechtecks ohne jede Messung hergeleitet werden können, so wie die Ägypter es höchstwahrscheinlich taten. Somit hat auch jeder beliebige Kreis 360 Winkelgrade und jedes andere (rechtwinklige) Dreieck 180 Winkelgrade. Die Ureinteilung des Kreises in 360 Winkelgrade erfolgte also höchstwahrscheinlich nicht willkürlich, sondern logisch und ohne jede Messung. – Für astronomische Grundberechnungen fehlen nun noch neben dem Frühlings- und Herbstpunkt, den Wendekreisen, dem Azimut und den Sonnenkulminationen zunächst die Berechnung der Stundenanzahl des Tages, die der rund 365 Tage des Sonnenjahres und besonders die Urwinkelberechnungen ohne jede Messung.

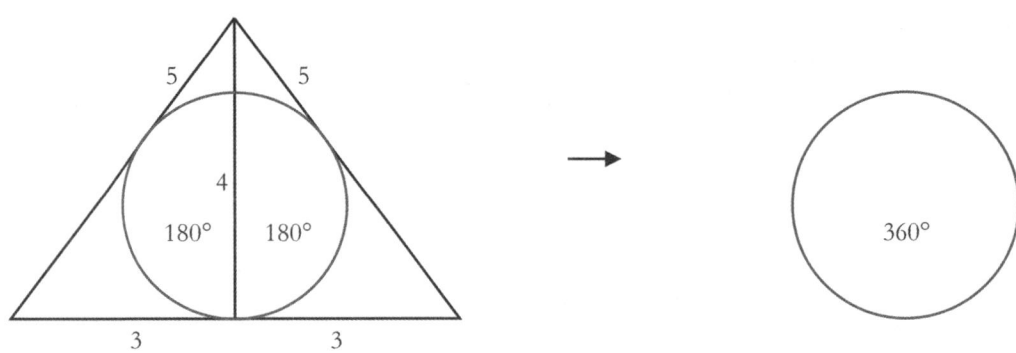

Der Umfang U eines Dreiecks 3, 4, 5 beträgt wie schon gezeigt 12 Längeneinheiten (cm): U = 3 + 4 + 5 = 12. Wird der Umfang beider Dreiecke genommen, sind das 24 Längeneinheiten (cm). So kann mit diesen beiden Dreiecken die Ureinteilung der Tageszeit vorgenommen werden: der Umfang U 2 ist 24 (Längeneinheiten), dies entspricht 24 (Stunden); der Umfang U eines Dreiecks ist 12 (Längeneinheiten), dies sind die 12 (Stunden), die sowohl der Tag als auch die Nacht bei den Tagundnachtgleichen (Frühjahr und Herbst) zählt. Ebenso kann die Urherleitung des Kalenders in 12 Monate an diesem Dreieck festgemacht werden: Die 12 Monate des Jahres teilten sich im alten Ägypten in 3 Jahreszeiten mit je 4 Monaten ein. Sie richteten sich darüber hinaus nach den 3 Ernten, die jedes Jahr wegen der Überschwemmungen des Nils und der damit einhergehenden Fruchtbarkeit des Landes erzielt werden konnten. Die rund 365 Tage eines Sonnenjahres können ebenfalls mit den Zahlen des Quaders beziehungsweise der Dreiecke gebildet werden: a × b × c × A + c → 3 × 4 × 5 × 6 + 5 = 365. Die Kalender sämtlicher alter Hochkulturen umfaßten ursprünglich 360 Tage (entsprechend 3 × 4 × 5 × 6). Der ägyptische Kalender mit 365 Tagen (12 × 30 Tage = 360) wurde mit 5 den Göttern geweihten Epagomenen (Zusatztagen) erweitert – eingeführt wurde er bereits im Jahr 2773 v. Chr., also lange vor dem Bau der Cheopspyramide. Daraus läßt sich schlußfolgern, daß die gesamten gezeigten geometrischen Konstruktionen und Herleitungen in diesem Buch bereits mindestens zu dieser Zeit bekannt gewesen sein müssen. So lassen sich also die Ureinteilung des Kreises in 360 Winkelgrade und die Basiseinheit der Sonnenzeit (= 60) sowie die 24 Stunden des Tages, die

Für Winkelmessungen wurden bereits im uralten Ägypten geeignete Meßinstrumente gebaut. Dazu gehörten Meßgeräte wie das »Instrument des Wissens« (Abbildung links) mit »Baj« (= Lot) und »Merchet« (= Spalt), die ägyptische Setzwaage (Abbildung rechts) und auch der Gnomon (= Schattenzeiger), ein Stab aus Holz, der senkrecht in den Boden gesteckt wurde. Dieser verlief nach oben spitz, damit der Schatten, den er warf, präzise auf dem Boden abgelesen und eingezeichnet werden konnte. Diese Instrumente wurden in der Astronomie zur Bestimmung des Höhen-, Tiefen- und Zenitwinkels gebraucht und auch beim Pyramiden- bau verwendet. Der Gnomon wurde zur Bestimmung der Nordrichtung, der geographischen Breite eines Ortes, der Sonnenwenden (Solstitien), der Tagundnachtgleichen im Frühlings- punkt (Äquinoktien) und der Ekliptik genutzt. Auch die Nord-Süd-Ausrichtung der ägypti- schen Pyramiden geschah nachweislich bereits vor cirka 5.000 Jahren mit Hilfe des Gnomons.

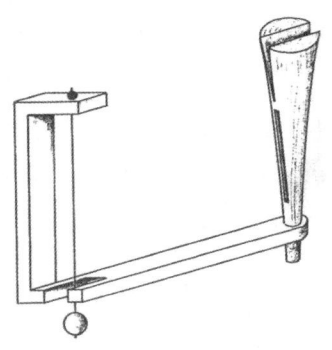 

12 Monate des Jahres und die rund 365 Tage des Sonnenjahres zahlenmagisch berechnen und aufzeigen.

Ebenso läßt sich sehr einfach die Winkelsumme eines jeden beliebigen Dreiecks berech- nen, somit auch die des gleichseitigen Dreiecks (Symbol des Gralssteines) und der zwei Dreiecke 3, 4, 5, letztere haben zusammen 360 Winkelgrade, ebenso der Urkreis, von dem sich eine Hälfte im linken und eine im rechten Dreieck des Pyramidenseitendreiecks befin- det. Gemäß der absteigenden Horus-Reihe (geteilt durch 2) hat jedes der zwei Dreiecke die Hälfte der 360°, ebenso ein halber Urkreis, nämlich 180°.

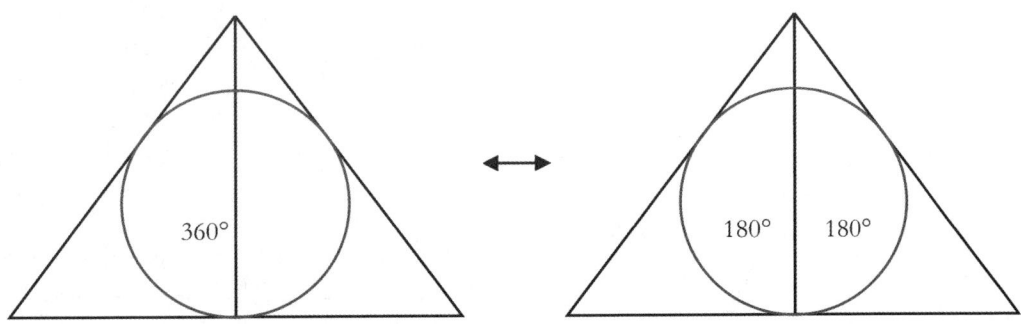

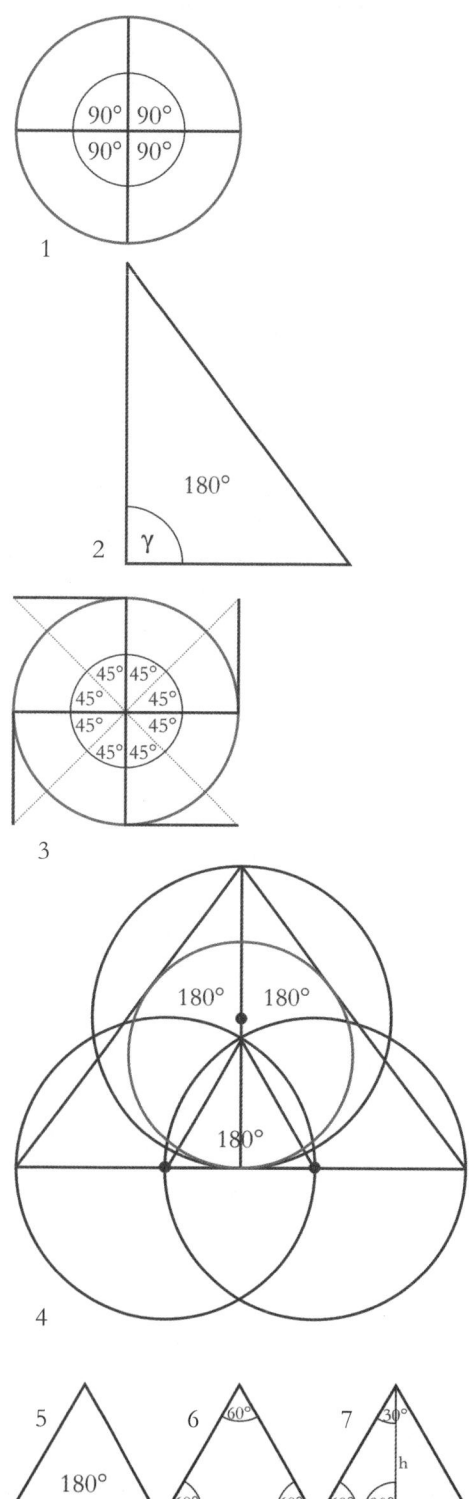

1

2

3

4

5   180°

6

7

Daraus folgt, daß ein viertel Urkreis 90 Winkelgrade hat: 360 ÷ 4 = 90 (Abbildung 1). Dies ist der rechte Winkel γ von 90 Grad (der auch im rechtwinkligen Dreieck 3, 4, 5 vorhanden ist, Abbildung 2, und der bereits ganz am Anfang der Konstruktion gebildet wurde, siehe Seite 148). Durch die Konstruktion des Sonnenrades und der sich aus diesem ergebenden diagonalen Teilung der 90°-Winkel durch 2 entsteht der 45°-Winkel (Abbildung 3).

Das gleichseitige Dreieck (Seitenansicht des Gralssteines, Abbildung 4), das auch 180 Winkelgrade aufweist und von dem wie beim Urkreis eine Hälfte im linken Dreieck 3, 4, 5 liegt und die andere im rechten, hat drei gleiche Winkel, da auch alle Seiten gleichlang sind: 180° ÷ 3 = 60°. Durch die Teilung dieses Dreieckes durch die Höhe h (entsprechend der Seite 4 des Dreiecks 3, 4, 5), entstehen die Winkel 90°, 60° und 30°. Werden diese Winkel addiert, ergibt sich wieder die Winkelsumme 180 (Abbildungen 5 bis 7).

Bis hier konnten also exakt der Vollwinkel des Urkreises (360°), der der beiden rechtwinkligen Dreiecke 3, 4, 5 (je 180°), der beiden halben Urkreise (je 180°), der Winkel des viertel Urkreises (je 90°), der rechte Winkel γ (= 90°) des Dreiecks 3, 4, 5, die 45°-Winkel (durch die Konstruktion des Sonnenrades), der Vollwinkel des gleichseitigen Dreiecks (180°) und durch dessen Teilung (Höhe h) sämtliche Einzelwinkel (90°, 60°, 30°, die dessen Winkelsumme von 180 Grad bilden) ohne jede Winkelmessung hergeleitet und exakt bestimmt werden. Vom Dreieck 3, 4, 5, ist aber bis hier nur der rechte Winkel γ (= 90°) bekannt. Die beiden unbekannten, fehlenden Winkel α und β können ebenfalls ohne jede Messung annähernd berechnet werden, dafür muß die Winkel-

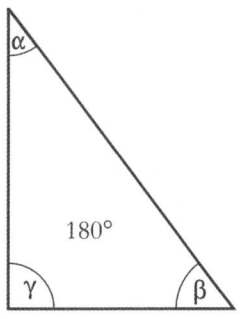

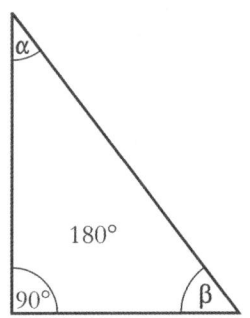

summe ($\alpha + \beta + \gamma = 180°$) des Dreiecks a, b, c (entsprechend 3, 4, 5) durch die Hypotenuse (Seite c = 5) geteilt werden: $180° \div c \sim \alpha \rightarrow 180° \div 5 = 36$. Der bisher unbekannte Winkel α beträgt also rund 36°. Nun kann sehr einfach der dritte noch unbekannte Winkel β annähernd berechnet werden, indem von der Winkelsumme (180°) des Dreiecks die soeben errechneten Winkel

$\gamma = 90°$ und $\alpha = 36°$ subtrahiert werden: $180° - \gamma - \alpha \sim \beta \rightarrow 180° - 90° - 36° = 54°$. Der Winkel β beträgt also annähernd 54°. Damit sind nun alle Winkel des Dreiecks ohne jede Messung berechnet. Die Winkel α und β können mit einem Geodreieck einfach und schnell nachgemessen und so ganz genau bestimmt werden: $\alpha = 36,9°$ und $\beta = 53,1°$. Daraus folgt, daß sämtliche Winkelberechnungen und Gradeinteilungen korrekt sind und auch die unbekannten Winkel α und β des Dreiecks 3, 4, 5, ohne jede Messung in sehr genauer Annäherung berechnet werden konnten. Hier ist aber auch der Punkt erreicht, an dem das Messen mit Winkelmeßinstrumenten unerläßlich ist, um die Winkel α und β ganz genau und auch alle anderen im Buch nicht hergeleiteten Winkel exakt ermitteln zu können.

Es wurde deutlich, daß die Urgradeinteilung des Urkreises (und daraus folgend aller Kreise) in 360 Winkelgrade sowie jegliche Urwinkelberechnungen keinesfalls über einen beliebigen Kreis selbst erfolgt sein können und schon gar nicht willkürlich geschahen, sondern daß diese logisch und über den Quader beziehungsweise über zwei Dreiecke 3, 4, 5, die das Pyramidenseitendreieck, das Rechteck und somit die vordere und hintere Fläche des Quaders bilden, erfolgt sein können. Somit wären dann auch, abgesehen vom Frühlings- und Herbstpunkt, den Wendekreisen der Erde, dem Azimut, den Kulminationen der Sonne, die sich mit den bis hier entwickelten geometrisch-theoretischen Grundlagen in Kombination mit den gezeigten ägyptischen Meßinstrumenten ermitteln lassen, die groben Grundvoraussetzungen für astronomische Winkelmessungen und -berechnungen erfüllt. Auf die weiteren mathematischen Konstruktionen hierzu (zum Beispiel Höhen- und Kathetensatz des Euklid, beide basieren auf dem Satz des Pythagoras, sowie die Bestimmung des Sinus [sin], Kosinus [cos], Tangens [tan]…, Mittelpunkt sowie Brennwinkel der Ellipse) wird hier verzichtet, da ihre Darstellungen und ursprünglichen Herleitungen den Rahmen dieses Buches sprengen würden.

Da nun die groben Grundlagen der Winkelberechnungen geschaffen sind, kann erst hier nochmals auf die Sonnenzeit und ihre Basiseinheit 60 zurückgekommen werden. Bekannt ist heute, wie wohl auch schon im alten Ägypten, daß die Erde ungefähr 24 Stunden für eine volle Umdrehung (360°) um ihre eigene Achse benötigt, daß 1 Stunde 60 Minuten und 1 Minute 60 Sekunden hat. Darüber hinaus benötigt die Erde rund 365 Tage für einen kompletten Umlauf um die Sonne. Somit hat die Sonnenzeit vier Grundfaktoren (Dimensionen): Sekunden (s), Minuten (min), Stunden (h) und Tage (d). Da bis hier zwei Grundfaktoren der Sonnenzeit, die 24 Stunden eines Tages und die 365 Tage des Jahres, und auch die Basiseinheit der Zeit (= 60) mit den Zahlen/Einheiten des Dreiecks/Quaders errechnet werden konnten, ist es doch naheliegend, diese Einheit (= 60) auf die noch fehlenden zwei Grundfaktoren (Dimensionen), auf die Sekunden und die Minuten, zu übertragen beziehungsweise als Einheiten festzulegen. So folgt hieraus: 60 Sekunden = 1 Minute beziehungsweise 1 ÷ 60 = 0,0166666 = 1 Sekunde, sowie 60 Minuten = 1 Stunde. Demnach haben eine Stunde 3.600 Sekunden (= 60 min × 60 s), ein Tag 86.400 Sekunden (= 60 min × 60 s × 24 h) beziehungsweise ein Sonnenjahr rund 31.536.000 Sekunden (= 60 min × 60 s × 24 h × 365 d).

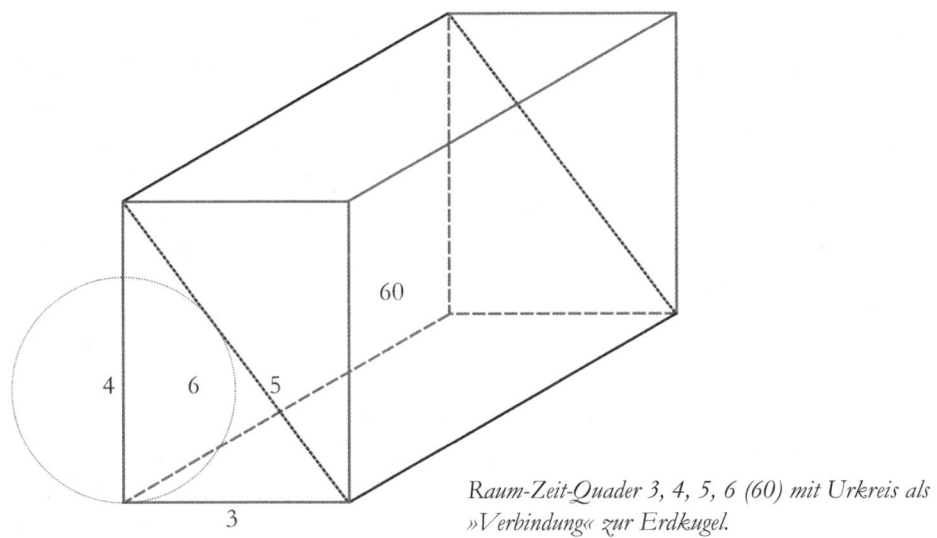

Raum-Zeit-Quader 3, 4, 5, 6 (60) mit Urkreis als »Verbindung« zur Erdkugel.

Da die Erdkugel (Kreis) innerhalb 24 Stunden (= 86.400 Sekunden) beziehungsweise eines Tages eine 360°-Drehung um ihre eigene Achse vollzieht, bedeutet dies auf 1 Winkelgrad bezogen: 86.400 s ÷ 360° = 240 s = 1°. Das heißt, daß die Erde für 1 Winkelgrad Drehung um die eigene Achse 240 Sekunden beziehungsweise 4 Minuten benötigt. Auf 1 Stunde beziehungsweise 60 Minuten (= 3.600 Sekunden) gerechnet folgt hieraus: 60 min ÷ 4 min = 15° oder 3.600 s ÷ 240 s = 15°. Die Erde braucht demnach für eine Drehung von 15 Winkelgraden 60 Minuten beziehungsweise 3.600 Sekunden oder 1 Stunde. Für einen Sonnentag beziehungsweise 24 Stunden bedeutet das: 24 h × 15° = 360°. Demnach dauert eine volle Drehung der Erde um sich selbst 24 Stunden oder eben einen Tag.

Den Schlußpunkt aller geometrisch-mathematischen Konstruktionen in diesem Buch, deren Anfang eine senkrechte Gerade und die Augen des Horus (zwei Kreise) waren, bildet der Quader, und so kann gesagt werden, daß in einem solchen göttliches Gralswissen verborgen ist. Und aus Quadern (Quadersteinen) wurden die Pyramiden gebaut, weshalb – symbolisch gesprochen – in diese dieses Wissen »eingemauert« wurde. Die erste erbaute Pyramide der Welt, die ägyptische Pyramide in Sakkara, die von Imhotep für den Pharao Djoser um 2650 v. Chr. geplant wurde, hatte 6 Stufen und war 60 Meter hoch, sie gilt als Vorbild der Cheopspyramide. Auch hier tauchen die Zahl 6 der Flächen A der Dreiecke 3, 4, 5 beziehungsweise des Pyramdienseitendreiecks sowie die 60, die Urbasiseinheit der Zeit, die mit dem Quader hergeleitet wurde, auf. Die Pyramiden dienten nicht nur als reine Grabstätten der Pharaonen, sondern sie waren auch Stätten, in denen sich göttlich-magische mathematische Formeln und Zahlen verbargen beziehungsweise die für deren Bau grundlegend waren. Man kann sogar davon ausgehen, daß Formeln, die für den Pyramidenbau nicht zwangsläufig waren, in diesen Bauwerken »codiert« wurden, um sie der Nachwelt zu erhalten. Wohl aus diesem Grunde existieren auch nur sehr wenige auf Papyrus festgehaltene mathematische Aufzeichnungen wie zum Beispiel der Papyrus Rhind oder der Papyrus Moskau – denn Papyrus ist im Vergleich zum Stein vergänglich und gefährdet durch Wasser und Feuer. Auch beinhalten diese Papyri nur einen Hauch des einst hochentwickelten Mathematikwissens in Ägypten, das viel älter ist als diese und die Pyramiden und das wohl auch nur eingeweihten Hohepriestern und den Pharaonen vorbehalten und zugänglich war.

11. Der wahre »Da-Vinci-Code«

Nach den erfolgten geometrischen Konstruktionen und den damit einhergegangenen Herleitungen von Längeneinheiten, Maßen und Formeln, kann nun der »Da-Vinci-Code« gezeigt und entschlüsselt werden. Der Code an sich ist verborgen in Leonardo da Vincis Gemälde *»Das Abendmahl«*, allerdings ist dieser ohne die Zeichnung des *»Vitruvmannes«* nicht zu verstehen, denn in diesem stecken die Kernpunkte, das, was hier im Buch ausführlich erarbeitet wurde: das mythologisch-geometrische, kabbalistische und zahlenmystische Wissen.

Um das richtige Größenverhältnis (Proportionen) und die entsprechende Anordnung des Urkreises und des Quadrates in den Proportionsstudien für den *»Vitruvmann«* zu erhalten, mußte Leonardo da Vinci ein Pyramidenseitendreieck, konstruiert in drei gleichgroße Kreise beziehungsweise geometrisch sich aus diesen ergebend, als Grundlage nehmen. Zunächst bestimmte und leitete er die Seitenlängen/Längeneinheiten des Pyramidenseitendreiecks beziehungsweise des Dreiecks 3, 4, 5, das gespiegelt dieses bildet, ohne jede Messung her (vergleiche Seite 85 und Abbildung nächste Seite). In diesem Pyramidenseitendreieck mußte er den Punkt genau berechnen und bestimmen, um den Innenkreis mit dem Radius r = 1,5 Längeneinheiten genau in dieses einzeichnen zu können (wie dies geschehen mußte vergleiche Seiten 165, 166). Danach konstruierte er ein Quadrat, dessen Fläche genauso groß war wie die eines Dreiecks 3, 4, 5, in das Pyramidenseitendreieck und dessen Innenkreis (Urkreis) – er »wandelte« das Dreieck gewissermaßen um in ein Quadrat. Diese Umformung konnte beziehungsweise kann auf zweierlei Weise geschehen: Zum einen ist das durch Berechnung möglich, wenn die Seitenlängen/Längeneinheiten 3 und 4 dieses rechtwinkligen Dreiecks bekannt sind, denn mit diesen läßt sich dessen Fläche A (= 6 Quadrateinheiten) ohne jede Messung errechnen: $3 \times 4 \div 2 = 6$. Durch das Ziehen der Quadratwurzel aus der errechneten Fläche A erhält man die Seitenlängen a des Quadrates in der Zeichnung des *»Vitruvmannes«*: 2,4494897… Längeneinheiten. Dessen Fläche A wird errechnet, indem zwei Seitenlängen a des Quadrates miteinander multipliziert werden: 2,4494897… Längeneinheiten × 2,4494897… Längeneinheiten = 6 Quadrateinheiten. Ins Maß übertragen sieht dies so aus (hier im Buch ist der Einfachheit halber eine Längeneinheit 1 cm beziehungsweise eine Quadrateinheit 1 cm², also sind a = 3 cm, b = 4 cm und c = 5 cm sowie A = 6 cm²):

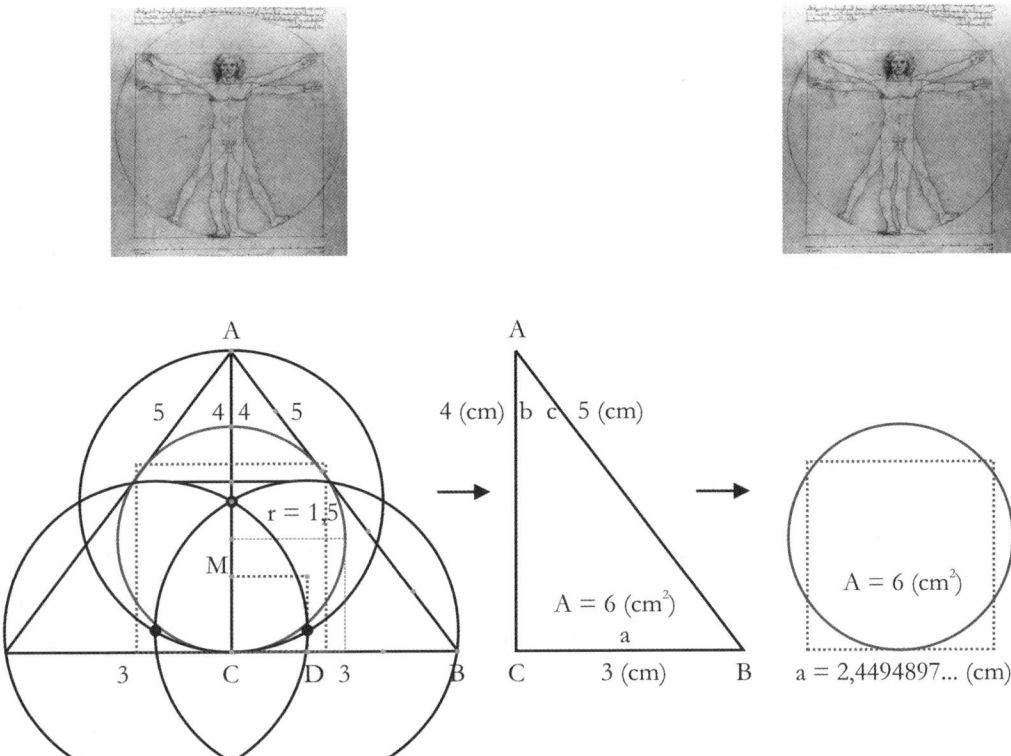

Die Fläche A = 6 des Dreiecks (Mitte) mit den Seitenlängen/Längeneinheiten 3, 4, 5 ist genauso groß wie die des Quadrates mit den Seitenlängen/Längeneinheiten 2,4494897…

Diese Herleitung und Berechnung der Längen- und Quadrateinheiten ist unabhängig von der Größe der drei Kreise und daraus folgend der des Pyramidenseitendreiecks, dessen Innenkreises, des Dreiecks 3, 4, 5 und der des Quadrates. In jeder beliebigen Größe der drei gleichgroßen Kreise, also unabhängig vom Maß, hat das so gebildete Dreieck immer die Seitenlängen/Längeneinheiten von 3, 4, 5 und eine Fläche von je A = 6 Quadrateinheiten, ebenso wie das aus diesem Dreieck umgeformte flächengleiche Quadrat mit den Seitenlängen/Längeneinheiten von je 2,4494897… immer eine Fläche von je A = 6 Quadrateinheiten hat. Auch der Innenkreis des Pyramidenseitendreiecks hat so immer einen Radius r = 1,5 Längeneinheiten. Dies gilt also auch für das Quadrat und den Kreis des »*Vitruvmannes*«, obwohl beide in Leonardos Zeichnung weitaus größer sind als hier im Buch. Bei drei größeren Kreisen als Konstruktionsgrundlage sind das Zentimetermaß der Seitenlängen/Längeneinheiten 3, 4, 5 und das Quadratzentimetermaß der Quadrateinheiten A = 6 zwar größer, jedoch entsprechen diese in einem größeren Maßstab ebenso den Zahlen/Seitenlängen/

Längeneinheiten/Quadrateinheiten von 3, 4, 5 sowie 6. Dasselbe gilt natürlich auch, wenn die drei Kreise kleiner sind als hier im Buch. Die Proportionen (Zahlen/Seitenlängen/Längeneinheiten/Quadrateinheiten) bleiben immer 3, 4, 5 und 6 (vergleiche hierzu die Herleitung des Dreiecks 3, 4, 5 und die der Zwölfknotenschnur auf den Seiten 77 bis 81, 145 bis 159 sowie die Abbildung auf Seite 209).

Die andere Möglichkeit, das Dreieck 3, 4, 5 in ein flächengleiches Quadrat umzuwandeln, ist der geometrische Weg:

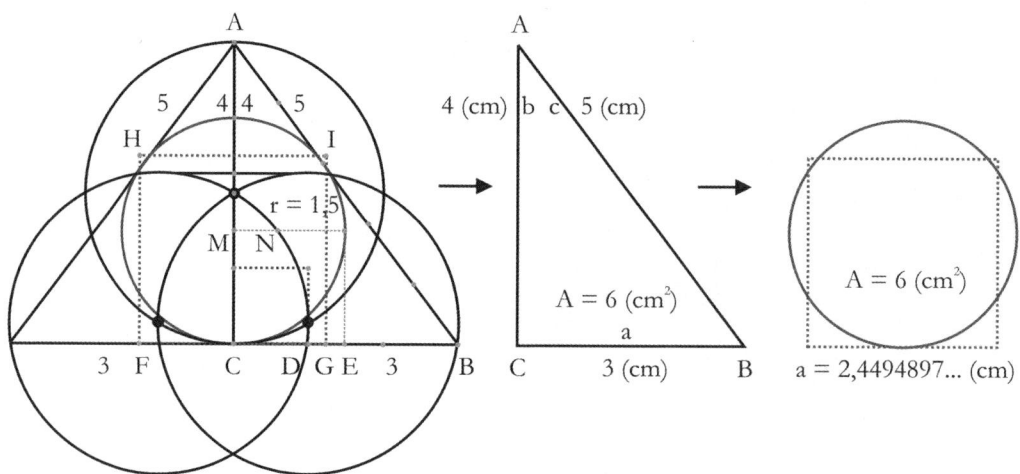

Die Strecke MN, die sich durch den Schnittpunkt des linken unteren Kreises mit der Strecke, die dem Radius $r = 1,5$ des Innenkreises entspricht, ergibt, ist gleich der Strecke DE. Vom Punkt D aus wird diese Strecke mit dem Zirkel auf der Seite $a = 3$ des Dreiecks nach rechts abgetragen, es bildet sich der Punkt E. Nun wird von den Punkten D und E die Strecke MN mit dem Zirkel nach oben abgetragen. Von dem so entstandenen Schnittpunkt wird eine Gerade nach unten auf die Seite a gezogen, der Punkt G bildet sich. Nun wird die Strecke CG ins Zirkelmaß genommen und auf der Seite $a = 3$ nach links abgetragen, der Punkt F wird gebildet. Die Punkte F und G werden nun mit dem Lineal verbunden. Die so entstandene Strecke FG entspricht annähernd der Seitenlänge/Längeneinheiten $a = 2,4494897$ (cm) des Quadrates. Diese Strecke FG wird anschließend mit dem Zirkel von den Punkten F und G aus nach oben abgetragen, so daß sich die Punkte H und I bilden. Diese werden mit dem Punkt F beziehungsweise G verbunden, also es werden die senkrechten Strecken FH und GI gezeichnet. Um das Quadrat des »*Vitruvmannes*« zu vollenden, müssen noch die Punkte H und I verbunden werden.

Die Tatsache, daß Leonardo das Quadrat exakt mittig in den Urkreis hineinsetzte, läßt zudem eindeutig erkennen, daß er die gesamte gezeigte Konstruktion und alle Figuren berechnet haben muß. Denn nimmt man den Durchmesser des Innenkreises (d = 3 Längeneinheiten) und teilt diesen durch das Ergebnis, das aus dem Ziehen der Quadratwurzel aus der Fläche A = 6 Quadrateinheiten entsteht, also 3 ÷ 2,4494897..., so kommt man auf 1,2247448... Längeneinheiten. Das ist die gleiche Zahl/Längeneinheiten, die sich bildet, wenn die Quadratwurzel aus dem Radius r = 1,5 des Innenkreises gezogen wird. Diese Längeneinheiten haben auch die Strecken CG und FC, die jeweils die Hälfte der Seitenlänge/Längeneinheiten des Quadrates sind. Da Leonardo dies wußte, konnte er auch das Quadrat mittig in den Kreis zeichnen, so daß sich im rechten Dreieck 3, 4, 5 die Strecke CG und im linken die Strecke FC befindet.

Leonardo berechnete und zeichnete also wie gezeigt das Dreieck 3, 4, 5 sowie das diesem flächengleiche Quadrat und außerdem den Durchmesser d = 3 und den Radius r = 1,5 des Innenkreises (Urkreis). Um alles komplett berechnet zu haben, fehlt noch die Herleitung der Urkreiszahl π und die Flächenberechnung des Urkreises. Daß er auch dies gemacht haben muß, wird mit der im Anschluß folgenden geometrisch-symbolischen und zahlensymbolischen Analyse seines Gemäldes »Das Abendmahl« erkennbar. Denn dort finden sich genau die Urbrüche und Zahlen 12/8 (= 6/4 = 3/2 = 1,5), 8/6 (= 4/3 = 1,3333333...) sowie 6/8 (= 3/4) und 8/3 (= 2,6666666...), die sich auch aus den Zahlenwerten des Wortes APOKALYPSE, aus der Ecken-, Flächen- und Kantenanzahl des Würfels (des kabbalistischen Metatron) und auch aufgrund der Anordnung dreier Kreise bilden lassen, die so die Grundlage des Pyramidenseitendreiecks, des Dreiecks 3, 4, 5, des Quadrates, des Urkreises, des Ursatz des Pythagoras und der Urkreiszahl π, die identisch ist mit der rekonstruierten des Papyrus Rhind, sind. Den Papyrus Rhind und somit die mit den darin enthaltenen Angaben rekonstruierte Urkreiszahl π kannte Leonardo nicht, denn dieser wurde erst 1885 von Alexander Henry Rhind in der ägyptischen Stadt Luxor entdeckt. Die Urkreiszahl π dieses Papyrus konnte somit erst nach dessen Entdeckung rekonstruiert werden. Dennoch konnte Leonardo diese Zahl herleiten, und zwar genauso wie es im Buch gezeigt wurde: Die Urkreiszahl π errechnete er – ungewollt – über das zweifach quadrierte Steigungsverhältnis der Seiten b = 4 (cm) und a = 3 (cm) eines Dreiecks a, b, c (3, 4, 5): $(4/3)^2 = 16/9$ → $(16/9)^2 = 256/81 = 3,1604938...$ Natürlich wußte Leonardo da Vinci nicht, daß dies die Urkreiszahl π war, er konnte nur feststellen, daß der errechnete Wert ähnlich der damals bekannten archimedischen Kreiszahl war.

Leonardo erkannte auch, daß über das Steigungsverhältnis 4/3 der beiden Dreiecke a, b, c (3, 4, 5), also über das Pyramidenseitendreieck, auch die Flächengröße des Innenkreises ermittelt werden konnte: $4/3 \times 2 = 8/3 = 2,6666666...$ Wird dieses Ergebnis quadriert, ergibt sich die Fläche A des Innenkreises/Urkreises: 2,6666666... Längeneinheiten (cm)^2 = 2,6666666... × 2,6666666... = A = 7,1111111... Quadrateinheiten (cm^2). Zuvor hatte er die Fläche des Kreises sicher mit der herkömmlichen Formel für die Kreisflächenberechnung ($r^2 \times \pi = A$) errechnet. Den dafür nötigen Radius mit 1,5 Längeneinheiten kannte er, als Kreiszahl π verwendete er zunächst die damals bekannte archimedische Kreiszahl, er rechnete also: $1,5^2 \times 3,1428571... = 7,0714285...$ Da er aber die Urkreiszahl π wie gerade erläutert ermittelt hatte beziehungsweise feststellte, daß dieser Wert der archimedischen Kreiszahl ähnlich ist, setzte er diese in die Formel: $1,5^2 \times 3,16049381... = 7,1111111...$ Somit erkannte er, daß sich die Fläche des Innenkreises auf zweifache Weise nahezu identisch ermitteln beziehungsweise errechnen ließ: über die Steigung des Pyramidenseitendreiecks und die herkömmliche Formel für die Kreisflächenberechnung.

Leonardo da Vinci muß diesen Weg, diese Urkonstruktion, wie sie auch hier im Buch ausführlich dargestellt wurde (ab Seite 146), nicht nur gekannt, sondern für die Studie der Zeichnung *»Vitruvmann«* (Proportionsstudien nach Vitruv, gefertigt um 1490) angewendet haben. Auch diese Urkonstruktion ist ein Teil des »Da-Vinci-Codes«, der mit dieser Studie und dem Gemälde *»Das Abendmahl«* entschlüsselt werden kann.

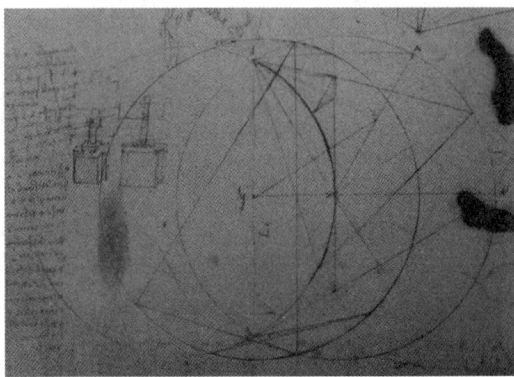

Die Abbildungen zeigen Ausschnitte eines Studienblattes Leonardos (LR 12283 r), auf welchem neben drei Kreisen und der Vesica Piscis (rechts) auch das gespiegelte Dreieck 3, 4, 5 (Pyramidenseitendreieck), das Quadrat und der Urkreis als ungenaue Handskizzen nebeneinander und nicht in einer Konstruktion zu sehen sind (links). Die geometrische Grundlage dieser drei Figuren für die Zeichnung »Vitruvmann« sind höchstwahrscheinlich drei gleichgroße Kreise.

Der Kunsthistoriker und Leonardo-da-Vinci-Experte Frank Zöllner schreibt zu den geometrischen Figuren des *»Vitruvmannes«* folgendes: *»Leonardo hingegen orientierte sich nicht am geometrischen Verhältnis zwischen Kreis und Quadrat, denn die beiden geometrischen Figuren stehen in seiner Zeichnung nicht mehr in einem gewollten Verhältnis zueinander.«*[59] Hier irrt Herr Zöllner, denn beide Figuren stehen sehr wohl in einem engen, von Leonardo da Vinci sicher gewollten Verhältnis zueinander. Denn das Größenverhältnis von Kreis und Quadrat im *»Vitruvmann«* gründet auf dem Dreieck 3, 4, 5 beziehungsweise dem pythagoreischen Zahlentripeldreieck. Wird dieses gespiegelt und zusammengefügt, entsteht ein Pyramidenseitendreieck, in welches der Urkreis paßt. Das geometrische Verhältnis dieses Kreises zum Pyramidenseitendreieck ist somit klar, die Größe des einen ist abhängig von der Größe des anderen. Ebenso ist es mit dem Quadrat, denn dessen Größe ist die Quadratur der Fläche des Dreiecks 3, 4, 5. Das bedeutet also: Ist die Basis, also das Dreieck 3, 4, 5 beziehungsweise das durch

---

[59] Zöllner, Frank: *»Leonardo da Vinci, Sämtliche Gemälde und Zeichnungen«*, Taschen-Verlag, S. 106.

dessen Spiegelung entstandene Pyramidenseitendreieck, größer oder kleiner, so sind
auch der Urkreis und das Quadrat größer
oder kleiner, die Proportionen der beiden
Figuren zueinander bleiben aber gleich. Die
Konstruktionsgrundlage des Dreiecks
3, 4, 5 und des Pyramidenseitendreieck sind
wiederum drei gleichgroße Kreise, von deren Größe wiederum hängen dann die Ab-
maße der in sie eingezeichneten Figuren
(Dreieck, Kreis, Quadrat) ab – und Leonardo
da Vinci hat seine Konstruktion offensichtlich auf drei gleichgroßen Kreisen aufgebaut.
Ein Indiz dafür ist das auf Seite 212 gezeigte Studienblatt LR 12283 r, auf dem eben
drei gleichgroße Kreise (in etwas anderer Anordnung als die in diesem Buch) und ebenso
das Pyramidenseitendreieck, der Kreis und

*Die geometrischen Figuren Quadrat und Kreis in
Leonardo da Vincis »Vitruvmann« weichen, was die
Proportionen und die Anordnung betrifft, erheblich von
denen ab, die Marcus Vitruvius Pollio, kurz Vitruv,
ein 84. v. Chr. geborener römischer Architekt, in seinen
Aufzeichnungen beschrieb und die der Italiener Cesare
Cesarianos (1475-1543) bildhaft darstellte. Links:
Cesare Cesarianos »Vitruvmann« (1521) Rechts:
Leonardos »Vitruvmann« (1490) gezeichnet nach den
antiken Angaben Vitruvs.*

das Quadrat zu sehen sind. Das Studienblatt LR 12283 r und die Zeichnung »Vitruvmann«
sind laut Frank Zöllners Angaben um 1490 entstanden, weshalb es wahrscheinlich ist, daß
beides im Zusammenhang gefertigt wurde.

Nun zur Analyse von Leonardo da Vincis Gemälde »Das Abendmahl« unter geometrisch,
symbolischen und zahlensymbolischen Gesichtspunkten, womit der »Da-Vinci-Code« offenbart beziehungsweise entschlüsselt wird: Den Mittelpunkt des Gemäldes bildet der Heiland Jesus Christus, der so gemalt ist, daß um ihn ein gleichseitiges Dreieck (Seitenansicht
des Gralssteines, des Pyramidions) gezogen werden kann, das ein Teil des Davidsterns, des
Siegel Salomos, ist und Jesu Zugehörigkeit zur Dreieinigkeit symbolisiert. Zur Verdeutlichung sind dieses Dreieck und das hieraus konstruierbare aufgeklappte Pyramidion mit
seiner quadratischen Grundfläche und der Urkreis ins Gemälde »Das Abendmahl« eingefügt
(nächste Seite). Rechts und links von Jesus befinden sich je 6 Jünger, zusammen also 12.
Dies entspricht den Zahlen des Pyramidenseitendreiecks, das aus zwei Dreiecken 3, 4, 5 mit
je der Fläche A = 6 ($2 \times 6 = 12$ Quadrateinheiten) konstruiert beziehungsweise zusammengesetzt wurde. Beide Jüngergruppen (rechts und links) teilen sich in zwei Gruppen mit je
3 Personen, also $2 \times 3 = 6$. Somit bilden sich insgesamt 4 Grüppchen mit je 3 Personen,
also 4×3 – das sind die Zahlen, mit denen die Steigung ($4 \div 3 = 1,3333333$) des Dreiecks
3, 4, 5 und dessen Fläche A (= 6 Quadrateinheiten = 4×3 Quadrateinheiten $\div 2$) berechnet
werden.

Sowohl an der rechten als auch an der linken Wand befinden sich 4 Wandteppiche in
rechteckiger Form, zusammen sind es in dem Raum also deren 8. Im Hintergrund sind
3 Fenster- und/oder Türausbuchtungen erkennbar, ebenfalls in rechteckiger Form. Aus der
Anzahl der Jünger, der Teppiche und Fenster/Türen lassen sich folgende Brüche/Zahlen
bilden: $12/8 = 6/4 = 3/2 = 1,5$ sowie $6/12 = 1/2$ als auch $6/8 = 3/4$ beziehungsweise

8/6 = 4/3 = 1,3333333 und 8/3 = 2,6666666. Diese Brüche/Zahlen sind allesamt dieselben wie die, die im Zusammenhang mit der Herleitung des Pyramidenseitendreiecks beziehungsweise des Dreiecks 3, 4, 5 auf der Grundlage dreier gleichgroßer Kreise gebildet wurden (vergleiche Seiten 155 f). Es sind auch dieselben Brüche/Zahlen, die sich aus dem Steigungsverhältnis des Pyramidenseitendreiecks sowie aus dem Würfel des kabbalistischen Engels Metatron und gematrisch aus dem Wort APOKALYPSE bilden lassen (vergleiche Seiten 80 bis 84). Auch diese Brüche und deren geometrische Herleitung gehören neben den zusammengezogenen drei Zahlen 6 der beiden Flächen des Pyramidenseitendreiecks und des aus einem dieser Dreiecke gebildeten flächengleichen Quadrates (666) zum »Da-Vinci-Code«.

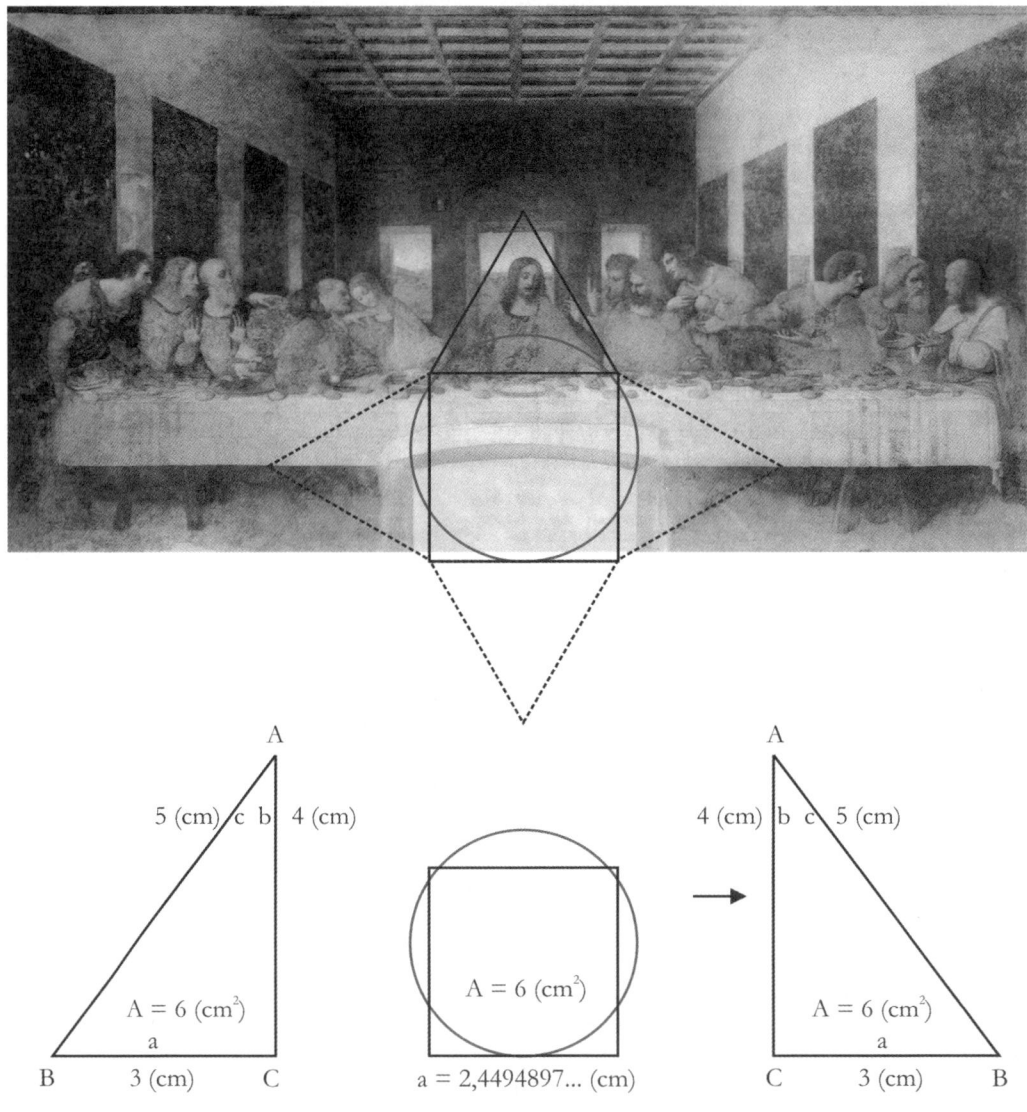

214

Die vier Jüngergruppen mit je drei Personen weisen, das sei noch einmal wiederholt, auf das Dreieck 3, 4, 5 beziehungsweise dessen Steigung 4/3 = 1,3333333 hin. Betrachtet man die sechs Jünger rechts und links von Jesus, also zwei Gruppen a sechs Personen, so stehen sie für die Flächen A (= 6 Quadrateinheiten) der beiden rechtwinkligen Dreiecke, die das Pyramidenseitendreieck bilden, also 2 × 6 Quadrateinheiten (cm²). Daß im Gemälde »Das Abendmahl« mit den Flächen der beiden rechtwinkligen Dreiecke und des Innenkreises die lichtbringende Zahl der Weisheit, die 666, verborgen ist, verwundert nicht, denn Jesus ist ja – symbolisch gesprochen – der helle Morgenstern, der wahre Lichtträger/Lichtbringer Gottes, die lichttragende Venus. Warum der Universalmensch Leonardo da Vinci (15.4.1453 bis 2.5.1519), der zu den zehn größten Genies zählt, die je auf dieser Erde lebten, die Zahl 666 und die mit ihr verbundenen geometrisch-mathematischen Urgrundlagen und die mit deren Herleitungen zusammenhängenden zahlenmagisch anmutenden Brüche/Zahlen in seinem Gemälde »Das Abendmahl« codierte, wird klar, wenn man die Zeit, in welcher er lebte, berücksichtigt: die Inquisition war in vollem Gange. Von der katholischen Kirche wurde er ohnehin verdächtigt, magische Künste betrieben zu haben, weshalb er bei konkreter Darstellung und Erklärung der im Buch gezeigten Gralsgeometrie (Heilige Geometrie), die ohnehin geheim war und aus dem alten Ägypten stammte, wegen Zauberei, Ketzerei und dem angeblichen Pakt mit dem Teufel (Luzifer, 666) auf dem Scheiterhaufen gelandet wäre.

Jesus ist im Zentrum des Bildes in der Form eines gleichseitigen Dreiecks dargestellt beziehungsweise kann um diesen ein solches gezeichnet werden. Da die Jünger beziehungsweise deren Anordnung in Gruppen zu 4 mal 3 Personen und gleichsam zu 2 mal 6 Personen die Zahlen/Längeneinheiten/Quadrateinheiten verkörpern (das ist der Zahlenschlüssel, der Code!), auf welchen die Konstruktion des Pyramidenseitendreiecks und darauf aufbauend des Quadrates und des Urkreises im »Vitruvmann« beruht, hat jede Seite dieses gleichseitigen Dreiecks die Zahl/Längeneinheit 2,4494897... (cm), denn aus diesem läßt sich das Quadrat bilden, das von den Proportionen her (in Kombination mit dem Urkreis) dem des »Vitruvmannes« entspricht. An die Unterseite des Dreiecks können mit Zirkel und Lineal drei Strecken mit gleicher/n Länge/Längeneinheiten konstruiert werden, so daß dieses Quadrat entsteht. An die drei »freien« Seiten kann anschließend je das gleichseitige Dreieck gezeichnet werden, so daß sich ein aufgeklapptes Pyramidion, der Gralsstein bildet. In dessen Grundfläche, das Quadrat, kann wiederum der Urkreis gezeichnet werden, der die gleichen Längeneinheiten hat, wie der des »Vitruvmannes«. Da die Längeneinheiten bei beiden geometrischen Objekten gleich denen des »Vitruvmannes« sind, ist auch die Anordnung, sind die Proportionen beider gleich.

In dem Gemälde ist der Gralsstein (dargestellt als aufgeklapptes Pyramidion), der sich aus dem Quadrat und den gleichseitigen Dreiecken bilden läßt, so zudem direkt mit Jesus verbunden. Die Seitenlänge a des Quadrates kann aus der Quadratur der Fläche A (= 6 Quadrateinheiten) eines der beiden Dreiecke 3, 4, 5 des Pyramidenseitendreiecks ermittelt werden. Es hat immer die Seitenlänge a von 2,4494897... Längeneinheiten, genau wie die gleichseitigen Dreiecke. Ebenso läßt sich umgekehrt (mit Zirkel und Lineal) aus diesem Quadrat wiederum das gleichseitige Dreieck mit den gleichen Seitenlängen a konstruieren. Dazu muß nur diese Seitenlänge a des Quadrates ins Zirkelmaß genommen und dieses von allen Eckpunkten des Quadrates nach oben, unten, links und rechts abgetragen werden. So kann dieses gleichseitige Dreieck viermal gebildet und ein aufgeklapptes Pyramidion dargestellt werden. Dieses ins Gemälde »*Das Abendmahl*« eingefügte gleichseitige Dreieck und das daraus konstruierte Quadrat (als Grundfläche des aufgeklappten Pyramidions) sowie der aus dem Pyramidenseitendreieck gebildete und ebenfalls dort eingefügte Urkreis haben also exakt die gleichen Größenverhältnisse wie das Quadrat und der Urkreis in Leonardos »*Vitruvmann*«.

An Jesu rechter Seite ist ein weiblich anmutender Jünger dargestellt. Zur Untermauerung der Spekulationen mancher Gralsforscher, daß dies Jesu Frau Maria von Magdala (gemalt mit weiblichen Gesichtszügen und mit einer Kette um den Hals) sei, zwei Zitate[60], die sich eindeutig auf Jesus und Maria von Magdala, die demnach Glaubensschwester, also Jüngerin Jesu war, beziehen.

Das Evangelium nach Maria:

> »*Petrus sprach zu Maria: ›Schwester, wir alle wissen, daß der Retter dich lieber hatte als die anderen Frauen. Sage du uns Worte des Retters, derer du dich erinnerst und die du kennst, wir aber nicht, weil wir sie auch nicht gehört haben.‹ ... Da redete Petrus dawider und fragte seine Brüder über den Retter: ›Sollte er tatsächlich mit einer Frau allein gesprochen und uns ausgeschlossen haben? Sollten wir ihr etwa zunicken und alle auf sie hören? Hat er sie uns vorgezogen?‹ ... Da nahm Levi das Wort und sprach zu Petrus: ›Petrus, du bist von jeher aufbrausend. Und jetzt sehe ich, wie du dich gegen diese Frau groß machst, als wärest du ein Rechtsgegner. Wenn aber der Retter sie für Wert genug hielt — wer bist dann du, daß du sie verwürfest? Sicherlich kennt der Retter sie ganz genau. Und deshalb hat er sie auch mehr als uns geliebt.‹*«

Das Evangelium nach Philippus, Spruch 55:

> »*Der Retter aber liebte Maria Magdalena mehr als alle Schüler, und er küßte sie oftmals auf den Mund. Da waren die übrigen Schüler auf sie eifersüchtig. Sie fragten ihn deshalb: Weshalb liebst Du sie mehr als uns alle?*«

Nicht nur die Auszüge dieser beiden apokryphen Evangelien, sondern auch biblische Schilderungen, beispielsweise daß Jesus nach seinem Tode zuerst Maria von Magdala erschien (Markus 16, 9), legen nahe, daß Maria von Magdala (= Maria Magdalena) nicht nur Jüngerin Jesu, sondern auch dessen Vertraute, seine Frau war und daß er sie deshalb oftmals auf den Mund küßte und mehr liebte als seine anderen Jünger. Es ist sehr wahrscheinlich, daß Leonardo da Vinci neben der Bibel auch die apokryphen Evangelien kannte, daß er Gnostiker war und somit eine andere religiöse Auffassung hatte, als es der katholischen Kirche lieb gewesen wäre – denn sonst hätte er den Jünger zu Jesu Rechten, dem Platz, der einer angetrauten Frau gebührt, sicher nicht mit weiblichen Gesichtszügen gemalt.

Auffallend ist auch, daß in Leonardo da Vincis Gemälde »*Das Abendmahl*« kein Kelch zu sehen ist – entgegen den biblischen Abendmahlschilderungen. Wußte er, daß der Gral selbst

---

[60] Entnommen aus Werner Hörmann: »*Gnosis – Das Buch der verborgenen Evangelien*«, Pattloch, 1989, S. 277 ff und S. 291.

kein materieller, kein stofflicher Kelch ist? Andere Fragen, die sich stellen sind: Hatte Leonardo da Vinci – wie vielfach vermutet wird – Kontakt zu Geheimlogen, die mit den Tempelrittern oder Rosenkreuzern oder den Freimaurern in Verbindung standen beziehungsweise deren Traditionen weiterpflegten? Bekam er auf diesem Weg Kenntnisse von der geheimen Gralsgeometrie (Heilige Geometrie), die er wie gezeigt in der Zeichnung »Vitruvmann« sowie im Gemälde »Das Abendmahl« verborgen hat? Ist also die geometrisch-zahlensymbolische Essenz, die er dort eingearbeitet beziehungsweise verarbeitet, also codiert hat (»Da-Vinci-Code«), auf das uralte Wissen, das diese Orden als »geistigen Gralsschatz« verwahrten, den die Templer aus Ägypten/Palästina mitbrachten, zurückzuführen? Leonardo da Vinci war zweifelsohne in die Geheimnisse der Heiligen Geometrie eingeweiht. So schuf er für das Buch »De divina proportione« des berühmten Mathematikers und Franziskanermönchs Luca Pacioli aus Borgo San Sepolcro, den er 1496 kennenlernte, 60 Illustrationen, unter denen sich auch der »Vitruvmann« befand. In diesem Buch geht es hauptsächlich um den Goldenen Schnitt und auch um Polyeder, zu denen auch der Würfel und die anderen platonischen Körper gehören, deren ursprüngliche Konstruktionsgrundlage ja wie schon gezeigt zwei Kreise, die die Vesica Piscis bilden (Augen des Horus, vergleiche Seite 142), sind, welche in dieser Weise als die Grundform der Heiligen Geometrie angesehen werden müssen. Daß Leonardo da Vinci in die Heilige Geometrie eingeweiht war – und wohl deswegen von Luca Pacioli ausgewählt wurde, um sein Buch zu illustrieren –, verdeutlicht nebenstehend abgebildetes Studienblatt, das Leonardo fertigte, auf dem das innere Kernstück der Blume des Lebens zu sehen ist, welche das Symbol der Heiligen Geometrie ist.

Teilausschnitt aus »Das Abendmahl«. Gut zu erkennen sind hier die weiblichen Gesichtszüge dieser Jüngerfigur und auch eine Kette mit Anhänger, die sie um ihren Hals trägt.

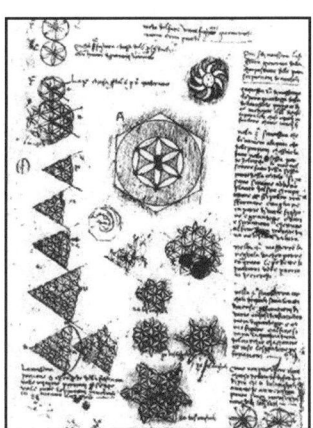

12. GRALSSTEIN – DER STEIN DER WEISEN

Es wurde bereits mehrfach verdeutlicht, daß das Symbol des Gralssteines, des Pyramidions, ein gleichseitiges Dreieck ist. Als geometrische Konstruktionsgrundlage des aufgeklappten Pyramidions dienen drei Kreise (dreifache Hieroglyphe des Ra/Re), die so angeordnet sind wie in der Blume des Lebens, wo sie die Augen/Geister Gottes versinnbildlichen. Das gleichseitige Dreieck, das Symbol sowohl des Gralssteines als auch der Dreieinigkeit Gottes, ist *auch* der Ursprung der in diesem Buch gezeigten geometrischen Konstruktionen und Herleitungen – so ist all das göttlichen Ursprungs, es stammt von Gott, von Abba. Auch die Gematrie bestätigt, daß Gott und das gleichseitige Dreieck zusammengehören: ABBA und auch das göttliche ABC (dessen erste drei Buchstaben die Punktbezeichnungen des Dreiecks sind) haben den gemeinsamen Zahlenwert 6. Werden die Punktbezeichnungen A, B und C oder auch die entsprechenden Zahlenwerte 1, 2 und 3 an das Dreieck geschrieben und addiert, ergibt sich die Zahl 6.

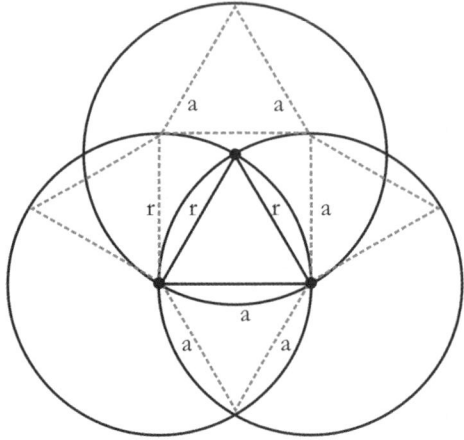

Drei Kreise (Augen/Geister Gottes) der Blume des Lebens mit Mittelpunkten (dreifache Hieroglyphe des Ra/Re) und das in diese konstruierte aufgeklappte Pyramidion. Die Radien r der drei Kreise haben die gleichen Längen/Längeneinheiten wie die Seiten a des Quadrates, das die Grundfläche des Pyramidions bildet.

Um Schritt für Schritt aufzuzeigen, daß der Gralsstein tatsächlich der Stein der Weisen ist, weil sich in ihm das geometrisch-mathematische Gralswissen verbirgt, und daß all dies von Gott stammt, muß eben beim gleichseitigen Dreieck begonnen werden. So kann gezeigt werden, daß sich der Satz des Pythagoras und die archimedische Kreiszahl π zum einen gematrisch-mathematisch aus den Punktbezeichnungen A, B und C (Seitenbezeichnungen a, b, c) herleiten lassen und zum anderen in Zusammenhang stehen mit der Herleitung und Berechnung der Flächen A der zwei Dreiecke mit je den Seitenlängen/Längeneinheiten 3, 4, 5 (cm), die das Pyramidenseitendreieck bilden, sowie mit der der Urkreiszahl π und der Urkreisfläche A = 7,1111111 Quadrateinheiten (cm²).

Zuerst wird das Dreieck mit 1, 2 und 3 bezeichnet, was den Buchstaben A, B und C, den Punktbezeichnungen, entspricht. Dann wird das Dreieck gespiegelt und oben in dieses 1 + 2 + 3 eingeschrieben. Anschließend wird die Zahl 6 zweimal über das Dreieck geschrieben, denn 6 ergibt sich aus den drei Zahlen rechnerisch auf zwei Wegen: $1 + 2 + 3 = 6$ und $1 \times 2 \times 3 = 6$.

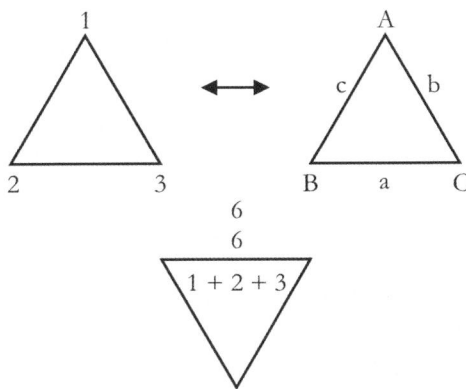

So entsteht die erste vollkommene Zahl der Mathematik, eben die 6, welche auch die Zahl der biblischen Schöpfung ist und die – gematrisch betrachtet – dem Namen des Gottes, ABBA (= 6), sowie dem ABC (= 6) entspricht. Diese Zahl, die sich aus dem Zahlentripel 1, 2, 3 bilden läßt, ist wahrlich vollkommenen Geistes, also göttlich. Auch in den beiden rechtwinkligen Dreiecken (Pyramidenseitendreieck) ist die Zahl 6 verborgen, ihre Flächen betragen je 6 Quadrateinheiten (cm²).

Aus dem Zahlentripel 1, 2, 3 (= A, B, C) läßt sich nicht nur die Zahl 6 bilden, sondern auch das rechtwinklige Dreieck 3, 4, 5, das auch als heiliges Dreieck bezeichnet wird: Dafür werden zunächst die 1 und die 2, die in das oben abgebildete, nach unten gerichtete Dreieck eingeschrieben sind, addiert. Das Ergebnis, die 3, wird links und die 5, das Ergebnis von $2 + 3$, rechts unter $1 + 2 + 3$ gesetzt. Nun wird die 3 mit der 5 addiert und das Ergebnis, die 8, unter diese Zahlen geschrieben. Als weiterer Schritt wird zunächst $3 + 5 + 8$ (= 16) und dann $3 \times 5 \times 8$ (= 120) gerechnet. Die Ergebnisse dieser rechten Zahlendiagonale, 16 und 120, werden rechts neben das Dreieck geschrieben. Gleiches wird mit den Zahlen 1, 3 und 8 (linke Zahlendiagonale) gemacht: $1 + 3 + 8$ (= 12) sowie $1 \times 3 \times 8$ (= 24). Die Ergebnisse 12 und 24 werden links neben das Dreieck geschrieben.

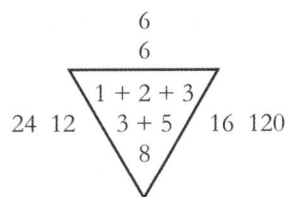

Die vier Ergebnisse/Zahlen werden nun in zwei Brüche gesetzt, die rechten Zahlen sind dabei die Zähler, die linken die Nenner: 16/12 und 120/24. Anschließend werden diese Brüche gekürzt (Zähler und Nenner werden halbiert).

$$\frac{16}{12} = \frac{8}{6} = \frac{4}{3} \longrightarrow$$

Steigung des Dreiecks 3, 4, 5, also das Steigungsverhältnis der Seiten (Katheten) b = 4 und a = 3: 4/3 = 1,3333333

$$\frac{120}{24} = \frac{60}{12} = \frac{30}{6} = \frac{15}{3} = 5 \rightarrow$$

Dies ist die Seite (Hypotenuse) c = 5 des Dreiecks 3, 4, 5.

Weiter wird 24 geteilt durch 6 (oberhalb des Dreiecks stehend) als Bruch dargestellt und dieser gekürzt:

$$\frac{24}{6} = \frac{4}{1} = 4 \longrightarrow$$

Dies ist die Seite b = 4 des Dreiecks 3, 4, 5.

Die Steigung der beiden Dreiecke 3, 4, 5 (2 × 1,3333333 = 2,6666666), aus denen sich das Pyramidenseitendreieck zusammensetzt, und auch der Radius r (= 1,5) und der Quadratradius r^2 des Urkreises (Innenkreis des Pyramidenseitendreiecks) lassen sich ebenfalls aus den gebildeten Zahlen/Brüchen des gleichseitigen Dreiecks (A, B, C = 1, 2, 3) ermitteln:

- Quadratradius r^2: Es werden die beiden Sechsen, die über das Dreieck geschrieben wurden, miteinander multipliziert und mit dem Ergebnis 16 im Bruch dargestellt (und gekürzt) beziehungsweise geteilt : 6 × 6 = 36 → 36/16 = 9/6 = 2,25 (= r^2) = 1,5 × 1,5.

- Radius r: Auch hier werden die beiden Sechsen miteinander multipliziert, anschließend wird das Ergebnis mit der 24 im Bruch dargestellt (und gekürzt) beziehungsweise geteilt: 6 × 6 = 36 → 36/24 = 18/12 = 9/6 = 3/2 = 1,5 (= r).

- Durchmesser d: Die 36, ermittelt wieder aus 6 × 6, wird mit dem Ergebnis 12 in einen Bruch gesetzt beziehungsweise geteilt: 36/12 = 3 (= d).

- Steigung beider Dreiecke 3, 4, 5: Diese wird errechnet, indem das Ergebnis 16 mit der 6 im Bruch dargestellt (und gekürzt) beziehungsweise geteilt wird: 16/6 = 8/3 = 2,6666666.

Weiterhin folgt aus 6 × 6 (= 36) mit dem Ergebnis 12 in einen Bruch gesetzt (und gekürzt) beziehungsweise geteilt:

$$\frac{36}{12} = \frac{3}{1} = 3 \longrightarrow$$

Dies ist die Seite a = 3 des Dreiecks 3, 4, 5 sowie der Durchmesser d = 3 des Urkreises.

Bis hier lassen sich genau die Brüche/Zahlen bilden, die grundlegend für die Konstruktion des Dreiecks 3, 4, 5 beziehungsweise des Pyramidenseitendreiecks sind – und somit auch für die Herleitung und Berechnung der Flächen A und der Steigungen dieser Dreiecke, der Fläche A des Urkreises und der Urkreiszahl π. Es sind auch die Brüche/Zahlen, die sich hinter dem Urkreis und dem Quadrat in Leonardo da Vincis Zeichnung »*Vitruvmann*« und in dessen Gemälde »*Das Abendmahl*« als der wahre »Da-Vinci-Code« verbergen (vergleiche Seite 216).

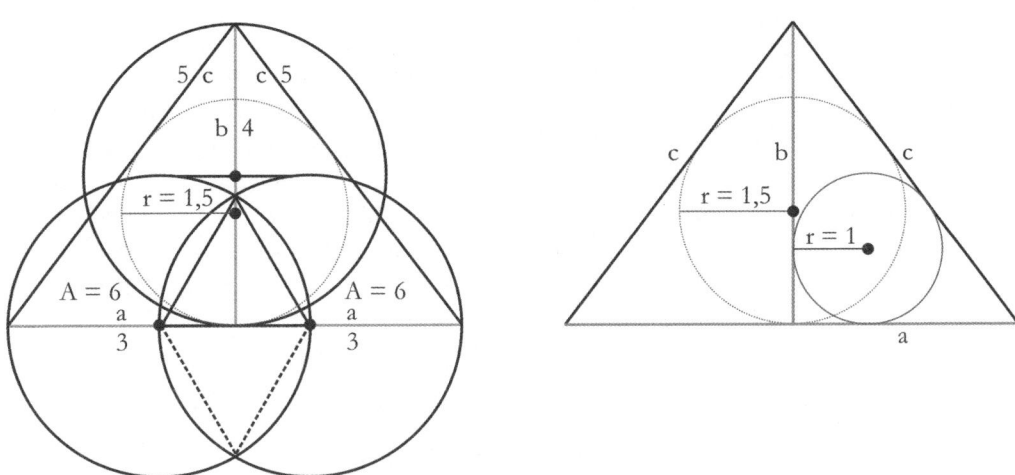

Links: Dreifache Hieroglyphe des Ra/Re und das in diese eingezeichnete Pyramidenseitendreieck – welches wiederum aus zwei rechtwinkligen Dreiecken 3, 4, 5 mit je der Fläche A von 6 Quadrateinheiten zusammengesetzt ist, die gematrisch der Zahl 6 des Namens ABBA und der des ABC entsprechen – sowie der in dieses passende Urkreis mit dem Radius r = 1,5 Längeneinheiten (cm) und dem Durchmesser d = 3 Längeneinheiten (cm) und der Gralsstein in der Seitenansicht (gleichseitiges Dreieck) im Jesus-Fisch. Rechts: Pyramidenseitendreieck mit Urkreis und Einheitskreis mit dem Radius r = 1 Längeneinheit (cm).

Wenn die Zähler und Nenner der zuvor ermittelten Brüche 120/24 und 60/12 (entgegen jeder mathematischen Regel zur Addition von Brüchen!) über Kreuz addiert werden, kann ausgehend von dieser Rechnung die archimedische Kreiszahl π ermittelt werden. Demnach werden 120 und 12 sowie 60 und 24 addiert und das Ergebnis als Bruch dargestellt: 132/84. Dieser wird gekürzt bis auf 11/7, und 11 geteilt durch 7 ergibt 1,5714285... – und das ist die halbe archimedische Kreiszahl π.

$$\frac{120}{24} \times \frac{60}{12} \longrightarrow \frac{132}{84} = \frac{66}{42} = \frac{33}{21} = \frac{11}{7} = 1{,}5714285...$$

Nimmt man diesen Bruch 11/7 entsprechend der aufsteigenden Horus-Reihe mal zwei, dann ergibt sich der Bruch 22/7:

$$\frac{11}{7} \times \frac{2}{1} = \frac{22}{7} = 3{,}1428571\ldots$$

Das Ergebnis, wenn 22 durch 7 dividiert wird, ist 3,1428571…, und das ist die archimedische Kreiszahl π, die Archimedes anhand des Einheitskreises (des Dreiecks 3, 4, 5) mit dem Radius r = 1 errechnete. Über diesen Einheitskreis und die immer wiederholte Verdoppelung der Eckenanzahlen von regelmäßigen Polygonen (6-Eck, 12-Eck 24-Eck, 48-Eck, 96-Eck…), die innerhalb und außerhalb des Kreises (ein-)gezeichnet werden, hat Archimedes bei der Suche nach der ganz genauen Kreiszahl π die später nach ihm benannte hergeleitet und berechnet – diese war aber bereits mindestens 2.400 Jahre vor ihm im alten Ägypten bekannt. Er hat sozusagen versucht, sich so von innen und von außen der runden Form des Kreises und somit der genauen Kreiszahl π zu nähern. Dies taten höchstwahrscheinlich auch ägyptische Mathematiker, bevor sie die ganz genaue Kreiszahl π kannten beziehungsweise ermittelten – beide wurden dann verborgen in der Cheopspyramide beziehungsweise ihren Maßen.

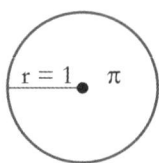

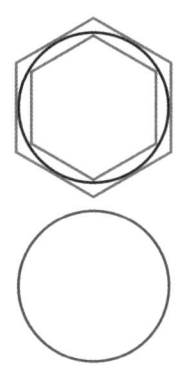

Über diese aus den Polygonen und dem Einheitskreis gebildeten Zahlen (3,1408450… sowie 3,1428571…) kam Archimedes bei der Suche nach der ganz genauen Kreiszahl π auf »seine« Kreiszahl π. So wußte er, daß die genaue Kreiszahl π größer ist als 3,1408450… (= 3 + 10/71) und kleiner ist als 3,1428571… (= 3 + 10/70), daß sie irgendwo zwischen diesen beiden Zahlen liegt, ermitteln konnte er sie jedoch nicht genau. Dieses Wissen hat er dann mit folgender Formel dargestellt:

$$3{,}1408450\ldots = 3 + \frac{10}{71} < \pi < 3 + \frac{10}{70} = 3{,}1428571\ldots$$

Bei seiner weiteren Suche kam er über den Bruch 211875/67441 (= 3,141635…) noch näher an die ganz genaue Kreiszahl π (3,1415926…) heran.

Das Geheimnis (»tougen«) des Grals und wie man dieses verinnerlicht (»siner inne ward«), so wie Wolfram es im »Parzival« 453 (vergleiche Seite 117) schreibt, kann also auch mit der Gematrie als Anfang der Konstruktionen (ABC sowie die entsprechenden Punkt- und Seitenbezeichnungen des gleichseitigen Dreiecks, des Symbols der Dreieinigkeit, des Gralssteines, das verwoben ist mit dem Jesus-Fisch, dem Kelch, dem Siegel Salomos und dem Davidstern) gelüftet beziehungsweise aufgezeigt werden – ohne die heidnische Klugheit (»heidensch list«, das heißt ohne drei Kreise, also die Hieroglyphen des heidnischen Gottes Ra/Re!) Also läßt sich auch ohne die Anwendung der Schwarzen Magie (»*nigromanzie*«) des Ra/Re die gezeigte geometrische Gesamtkonstruktion und mit ihr der Satz des weisen Pythagoras und die Kreiszahl π des weisen Archimedes anhand des Gralssteines beziehungsweise dessen Symbol, des gleichseitigen Dreiecks, und der gematrisch ermittelten Brüche/Ziffern/Zahlen aufzeigen. Das Gralsgeheimnis (Heilige Geometrie, Gematrie, Kabbala) stammt also vom himmlischen Vater ABBA (= 6) und nicht von Ra/Re oder Horus. Der ägyptische Sonnengott brachte dies im Auftrag Gottes auf die Erde, er war nur der Vermittler, der Übermittler, der (Über-)Bringer dieser lichten Wissenschaften (Luzifer = Lichtbringer, Lichtträger).

13. GRALSSPEKULATIONEN UND GRALSWAHRHEITEN

Selbst wenn, wie Henry Lincoln, Michael Baigent und Richard Leigh in ihrem Buch *»Der Heilige Gral und seine Erben«* spekulieren, Jesus und Maria gemeinsame Kinder hatten und deren Blutlinie sich im Adelsgeschlecht der Merowinger fortsetzte, ist es nicht so, daß diese den Heiligen Gral verkörpert. Ebenso ist die von Dan Brown in seinem Roman *»Sakrileg«* (Da Vinci Code) aufgebauschte Vermutung nicht richtig, daß Maria von Magdala beziehungsweise ihr Mutterschoß der Heilige Gral sei. Sicher ist es so, daß *jede* Frau als Gralsträgerin angesehen werden kann, weil sie neues Leben gebiert und somit Helferin bei der Wiedergeburt der Seele beziehungsweise der Seelenglieder und des Geistes ist – ihr Mutterschoß ist, symbolisch gesprochen, die Gralsschale, die empfängt und spendet, in dem Falle das neue Leben eines Menschen. Dieses Bewußtsein um das weibliche Gralsmysterium ist den Frauen in den letzten Jahrhunderten allerdings verlorengegangen. So haben Frauen, wenn sie sich dieser Tatsache bewußt werden, die Macht in ihrem Schoße, den Werdegang und das Schicksal aller Menschen und Nationen auf der Erde positiv oder negativ zu beeinflussen. Sie können sozusagen Segen oder Fluch in ihrem Schoße tragen. Denn sind sie geistig rein, gut und edel, dann werden mit ihren Kindern gleichartige Menschengeister – aus dem Jenseits kommend – wiedergeboren. Sind sie geistig unrein, schlecht und unedel, so werden auch solche Menschengeister in ihren Leibesfrüchten reinkarnieren. Wenn also Maria von Magdala je Kinder gehabt haben soll, ob von Jesus oder nicht, war sie in gewissem Sinne Gralsträgerin, aber sie war nicht der Gral, weil sie vielleicht Jesu Kinder gebar.

In diesem weiblichen Gralsmysterium des Empfangens und Spendens spielt Maria, die Mutter Jesu, eine herausragende Rolle: sie kann, wenn man es so will, als *die* Gralsträgerin oder – um mit Dan Brown zu sprechen – als der Gral bezeichnet werden. Sie ist im übertragenen Sinne der Gralskelch: sie zeugte als eine geistig reine, gute, edle und vom Bösen unbefleckte Frau Jesus körperlich mit einem Mann, der wie sie aus dem Geschlecht Davids stammte, und zum noch ungeborenen Kind wurde der Heilige Geist Gottes gesandt. Somit empfing sie den Erlöser im irdischen und im geistigen Sinne und gebar ihn. So ist sie das, was der symbolische Gralskelch und das in ihm befindliche gleichseitige Dreieck (Teil des Davidsterns und christliches Symbol der Dreieinigkeit, siehe Seiten 88 f) darstellt: Jesus Abstammung von David, also seine irdische Blutlinie, *und* dessen geistige Abkunft von der Dreieinigkeit Gottes.

Der Gralsstein ist das Pyramidion (in der Seitenansicht ist er/es ein gleichseitiges Dreieck, das genannte Symbol der Dreieinigkeit), welches den Phoenix versinnbildlicht. Der Gralsstein zeigt den Menschen den Weg zu Abba, den Weg des Geistes zurück ins sündenlose Paradies. Er symbolisiert zum einen die wahre, die *geistige* Auferstehung Jesu von den Toten (Geisteswanderungen und Wiedergeburten, in deren Kreislauf jede Menschenseele, jeder Menschengeist sich befindet) und zum anderen die Wiederkunft der Seele des Luzifers (als Sonnengott Ra/Re), der in Gestalt des Drachen (Satan, Schlange) von Gott und Jesus sowie deren Engel für 1.000 Jahre gefesselt wird, damit er die Menschen auf der Erde in dieser Zeit nicht mehr zum Bösen verführen kann.

Als Stein der Weisen verkörpert der Gralsstein die Gralswissenschaften und die göttlichen Gesetze des Universums, mit denen sich die Menschen seit Tausenden von Jahren beschäftigen. Dazu zählen die Heilige Geometrie und somit die Mathematik sowie die Astronomie und die Musik. Sein geometrisches Sinnbild ist das gleichseitige Dreieck, aus dessen Seitenbezeichnungen a, b, c lassen sich gematrisch-mathematisch der Satz des Pythagoras und die archimedische Kreiszahl π herleiten. Der Satz des Pythagoras und die Kreiszahl π sind die beiden wichtigsten Urgrundlagen der Geometrie und Astronomie, und sie sind wiederum verbunden mit der Blume, dem Baum und dem Buch des Lebens (A + O, vergleiche ab Seite 66), in welchem die Namen der sündenlosen Menschen eingeschrieben sind, die sich ewig-geistiges und paradiesisches Leben verdient haben.

Und der Gralsstein ist auch der Stein aus der Krone Luzifers, des ersten und schönsten Engels Gottes, der als Lichtträger (Sonnengott Ra/Re und Luzifer) im Auftrag Abbas den Menschen das Gralswissen brachte, dazu gehören die Heilige Geometrie (und somit unter anderem die drei Kreise, das Pyramidenseitendreieck, die Pyramide, das Pyramidion, der Würfel, der Quader, die Kugel), die Gematrie und somit auch der Umgang mit Brüchen/Ziffern/Zahlen – das Rechnen.

Der Gral an sich ist also kein »irdisches Ding«, er ist ein Vermächtnis des göttlichen Lichts, der göttlich-geistigen Erleuchtung des Menschen und der göttlichen Liebe des Vaters Abba. Er ist nicht greifbar, er manifestiert sich verschiedentlich, mal hier mal dort. Deswegen ist er beispielsweise auch in Wolframs »Parzival« ein Stein und in anderen Gralslegenden, so bei Chrétien de Troyes und Robert de Boron, ein Kelch.

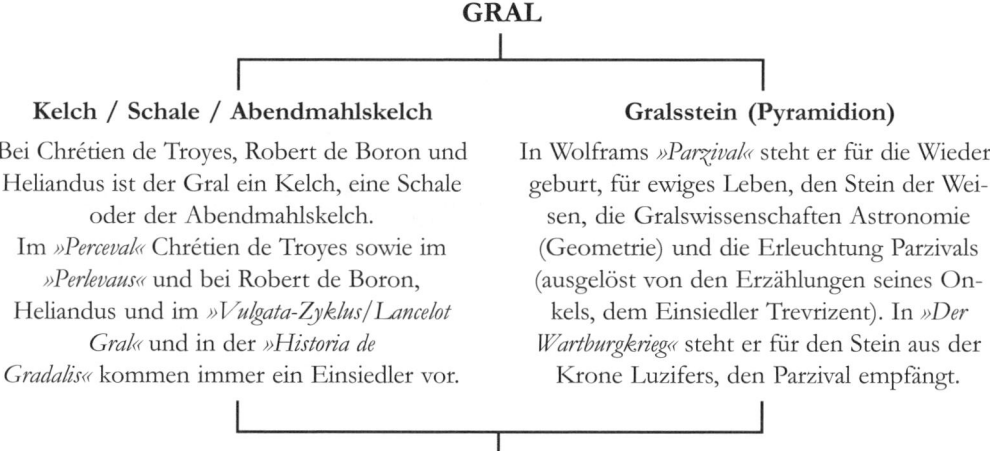

GRAL

Kelch / Schale / Abendmahlskelch

Bei Chrétien de Troyes, Robert de Boron und Heliandus ist der Gral ein Kelch, eine Schale oder der Abendmahlskelch.
Im »Perceval« Chrétien de Troyes sowie im »Perlevaus« und bei Robert de Boron, Heliandus und im »Vulgata-Zyklus/Lancelot Gral« und in der »Historia de Gradalis« kommen immer ein Einsiedler vor.

Gralsstein (Pyramidion)

In Wolframs »Parzival« steht er für die Wiedergeburt, für ewiges Leben, den Stein der Weisen, die Gralswissenschaften Astronomie (Geometrie) und die Erleuchtung Parzivals (ausgelöst von den Erzählungen seines Onkels, dem Einsiedler Trevrizent). In »Der Wartburgkrieg« steht er für den Stein aus der Krone Luzifers, den Parzival empfängt.

Verwoben ist all dies mit der Kabbala, dem kabbalistischen Baum des Lebens, der Blume des Lebens, dem Würfel (des kabbalistischen Erzengels Metatron), der Initiation in der Sephira Tifereth und der Pyramide (siehe Seiten 135 f) und im weiteren Sinne mit Ra/Re beziehungsweise Luzifer, Abba und Jesus.

DANKSAGUNG

Dieses Buch schrieb ich unter größten Anstrengungen, die einhergingen mit existentiellen Schwierigkeiten zu Ehren Gottes und seines geistigen Sohnes Jesu. Dafür, daß ich es dennoch schreiben konnte, dafür danke ich zuallererst Abba und Jesus aus tiefsten Herzen.

Die Zeit des Schreibens war verbunden mit vielen Rückschlägen, nach denen ich mich immer wieder aufrappeln mußte, um weitermachen zu können. Besonders behilflich waren mir dabei meine Eltern, die immer alles Menschenmögliche für mich taten und mir immer wieder Mut zusprachen und Kraft gaben – ohne sie hätte ich das Buch niemals vollenden können. Euch gilt mein größter und herzlichster Dank, möge Gott Euch schützen und ein langes, gesundes, von Freude erfülltes Leben ohne Sorgen im wohlverdienten Ruhestand bescheren. Möge Gott Euch dafür belohnen, daß Ihr mir geholfen habt, da die Gralswahrheit nun endlich offenkundig ist.

Mein herzlicher Dank gilt zudem meinen lieben Nachbarn und Freunden Bettina und Klaus, die mich niemals im Stich ließen und mir immer selbstlos halfen, wie und wo sie konnten. Zu Dank verpflichtet bin ich auch meiner lieben Freundin Kara Sunyiraya Breddermann (www.spirituelles-wachstum.de), die mir in größter Not selbstlos geholfen hat. Für intensive Gespräche und nützliche Literaturempfehlungen danke ich meinem Onkel und Freund, dem Historiker Dr. Holger Germann. Möge Gott Euch schützen.

Zu großem Dank bin ich meinem Verleger Sven Henkler verpflichtet, der mir stets mit Rat und Tat zur Seite stand. Seine unermüdliche Bearbeitung sowie seine inhaltlichen Ergänzungen machten das Buch zu dem, was es jetzt ist.

Zum Schluß danke ich all jenen, die mir die Genehmigung zur Verwendung bestimmter Fotos in diesem Buch gegeben haben.

Andreas Wenath

Literaturverzeichnis

Albrecht, Stephan: *»Die Inszenierung der Vergangenheit im Mittelalter«*, Deutscher Kunstverlag, 2003

Andrews, Richard /Schellenberger, Paul: *»Das letzte Grab Christi – Die Geometrie des Heiligen Gral«*, Verlag Lübbe, 1996

Baltzer, Eduard: *»Pythagoras der Weise von Samos, Ein Lebensbild«*, Verlag Heilbronn, 1991

Bauer, Max: *»Die Zahl δ«*, Maturahausarbeit 1927/28

Beltran, Antonio: *»Estudio sobre el Santo Grial de la Catedral de Valencia«*, 1960

Bond, Frederick Bligh / Lea, Thomas Simcox: *»Gate of Remembrance«*, Kessinger Publishing, 1942

Bond, Frederick Bligh / Lea, Thomas Simcox: *»The Apostolic Gnosis and the Gematria of the Greek Scriptures«*, Kessinger Publishing, 2005

Bond, Frederick Bligh / Lea, Thomas Simcox: *»Gematria«*, Kessinger Publishing, 2005

Bogdanov, F.: *»The Mystical Theology of Bernhard de Clairvaux and the Meaning of Chrétien de Troye´s, Conte del Graal«*, in *»Chrétien and the Troubadours«*, Essays in Memory of the late L.T. Topsfield, Cambridge, 1984

Brown, Dan: *»Sakrileg (Da Vinci Code)«*, Verlag Lübbe, 2005, 1. Auflage

Bryant, Nigel: *»Perceval«*, The Story of the Grail. Translated by Nigel Bryant, Cambridge 1982

Bumke, Joachim: *»Ministerialität und Ritterdichtung, Umrisse der Forschung«*, Verlag Beck, München, 1976

Bumke, Joachim: *»Wolfram von Eschenbach«*, Verlag Metzler, Stuttgart/Weimar, 1997, 7. Auflage

Cambrensis, Giraldus: *»Speculum Ecclesiæ«*, in *»Giraldus Cambrensis, Speculum Ecclesiæ«*, ed. Brewer, in Rolls Series, London, 1873

Carpiceci, Alberto Karlo: *»Kunst und Geschichte in Ägypten«*, Verlag Bonechi, 1994

de Boron, Robert: *»Joseph d' Arimathie«*, in Pontifical Inst. Of Medieval Studies, 1995, *»Joseph d' Arimathie«*, (Studies and Text, 120), Richard O'Gorman (Editor), French.

Deutsche Bibelgesellschaft: *»Revidierte Bibelübersetzung von 1984 nach Martin Luther«*.

de Troyes, Chrétien: *»Lanzelot-Roman«* (*»Le Chevalier de la charrette«*) in Brogsitter, Karl Otto: *»Artusepik, Sammlung Metzler«*, Stuttgart, 1965

de Troyes, Chrétien: *»Le Conte du Graal«*, übersetzt und eingeleitet von Monica Schöler-Beinhauer, Wilhelm Fink Verlag, München, 1991

de Troyes, Chrétien: *»Le Roman de Perceval ou Le Conte du Graal / Der Percevalroman oder die Erzählung vom Gral«*, übersetzt und herausgegeben von Felicitas Olef-Krafft, Reclam, Ditzingen, 1990

Eckhardt, J.D.A.: *»Geheime Figuren der Rosenkreutzer«*, Altona, 1785-1788

Flavius Josephus *»Jüdische Altertümer«*

Gebelein, Helmut: »*Alchemie*«, Diederichs Gelbe Reihe

Gesenius, Wilhelm: »*Handwörterbuch Hebräisch zum Alten Testament*«

Gericke, H.:»*Geschichte des Zahlbegriffs*«, Hochschultaschenbuch, Mannheim, 1970

Goldschmidt, Lazarus: »*Sefer Jesirah. Das Buch der Schöpfung*«, Aurinia Verlag, Hamburg, 2004

Graf, Eckhard: »*Die Magier des Tarot*«, Königsfurt Verlag

Haage, Bernhard D.: »*Prolegomena zum Einfluß der Schule von Chartres auf Wolfram von Eschen-bach*« in: »*Ûf der mâze pfat. Festschrift für W. Hoggmann zum 60. Geburtstag*«, hrsg. v. Waltraud Fritsch- Rössler, Göppingen, 1991

Hesemann, Michael: »*Die Entdeckung des Heiligen Grals*«, Pattloch Verlag, München, 2003

Hesemann, Michael: »*Die Dunkelmänner*«, Sankt Ulrich Verlag, Augsburg, 2007

Hörmann, Werner: »*Gnosis, Das Buch der verborgenen Evangelien*«, Pattloch, 1989

Hieronymus: »*Epistulae 16*«, Documenta Catholica Omnia

Hieronymus: »*Biblia Vulgata*«, Bibliotheca Augustana

Ifrah, Alain: »*L'etoile de David Histoired'un symbole*«, Edition du Cosmogone, Lyon, 2000

Ifrah, Georges: »*Universalgeschichte der Zahlen*«, Campus Verlag, Frankfurt 1991

Jarman, A.O.H: »*Y Gododdin. Britain's Oldest Heroic Poem*«, The Welsh Classics vol. 3. (ed) 1988, Gomer

Kaplan, Robert/Ellen: »*Die Geschichte der Null*«, Piper Verlag, 2003, 6. Auflage

Klug, Sonja Ulrike:»*Die Kathedrale des Kosmos: Die heilige Geometrie von Chartres*«, Kluges Verlag, 2008, 3. überarbeitete Auflage

Leene, Mia: »*Die Heilkunst der Götter*«, Verlag Zeitenwende, Radeberg, 2008

Leene, Mia und Henk: »*Der Atem der Gnosis*«, Verlag Zeitenwende, Radeberg, 2008

Leland, John: »*Assertio Arthuri*« (43, 50, 51), London, 1544, tr. Robinson (London, 1582)

Lincoln, Henry /Baigent, Michael /Leigh, Richard: »*Der Heilige Gral und seine Erben*«, Gondrom Verlag, 1995

Luther, Martin:»*Letzte Hand*«-Übersetzung der Bibel, von 1545 n.Chr. (unrevidiert)

Markus, Manfred: (Hrsg.) »*Sir Gawain und der grüne Ritter; Sir Gawain and the Green Knight*«, Deutsch-Englisch 1974, Reclam, Ditzingen

Mäder, P: »*Ein historischer Überblick zur Berechnung der Kreiszahl*«, ZDM 1989/2

Meyer, Rudolf: »*Zum Raum wird hier die Zeit*«, Urachhaus Verlag, Stuttgart, 1980

Migne, Jacques Paul: »*Patrologiae cursus completus*«, (1844 bis 1845), series Graeca (MPG) 29,

Migne, Jacques Paul (Hg.): »*Patrologia Latina*«, (1849 bis 1855), Bd. 212

Michell, John: »*New Light on the Ancient Mysterie of Glastonbury*«, Gothic Image Publications, 1997

Moreux (Abbé): »*La Science Mysterieuse des Pharaons*«, Edition Doin, Paris 1923

Müller, Ernst: »*Der Sohar, das heilige Buch der Kabbala*», Diederichs, München, 1997

Nennius: »*Historia Brittonum*«, From a Manuscript lately discovered in the Library of Vatican Palace at Rome; edited in the tenth Century, by Mark the Hermit with an English Version, Fac Simile. By the Rev. W. Gunn, B. D. Rector of Irstead, Norfolk, London 1819. Printed for John and Arthur Arch, Cornhill, (New York Public Library).

Oegema, Gerbern S.: »*The history of the shield of David*«, Lang, Frankfurt/M. 1996

Ojeda, Juan Angel Oñate: »*El Santo Grial. El Santo Cáliz de la Cena, Su historia, su culto, sus destinos*«, Valencia 1952, 3. Aufl. 1990

Pacioli, Luca / da Vinci, Leonardo: »*De divina proportione*«, Reprints des Mailänder Exemplars, ed. G. Masotti Biggiogera, Verona 1956, New York 1982

Peitgen, Heinz-Otto: »*Fractals For The Classroom, Part One: Introduction to fractals and chaos*«, Springer, New York, 1992

Picard, Jean-Michel: »*Adomnán's Vita Columbae' and the cult of Colum Cille in Continental Europe*«, 1989

Platon: »*Der Staat*«, Alfred Kröner Verlag, Leipzig

Platon: »*Timaios*«, Reclam, Ditzingen, 2003

Posamentier, Alfred S. / Gordan, Noam: »*An Astounding Revelation on the History of Pi*«, Coden, 1984.

Rahn, Otto: »*Kreuzzug gegen den Gral*«, Verlag Zeitenwende, Dresden, 2002

Rahn, Otto: »*Luzifers Hofgesind*«, Verlag Zeitenwende, Dresden, 2004

Rath, Wilhelm: »*Das Buch vom Gral. Eine Einweihung aus der Zeit des 8. Jahrhunderts n. Chr.*«, Verlag Freies Geistesleben, Stuttgart, 1980

Ritter, A. M.: »*Kirchen- und Theologiegeschichte in Quellen*«, Bd. 1

Sandkühler, Konrad: »*Die Geschichte des Heiligen Gral*«, Freies Geistleben, Stuttgart, 1958

Schäfer, Hans Wilhelm: »*Kelch und Stein, Untersuchungen zum Werk Wolfram von Eschenbachs*«, Frankfurt/M., Bern, 1983

Scholem, Gershom: »*Ursprünge und Anfänge der Kabbala*«, De Gryter & Co, Berlin, 1962

Scholem, Gershom: »*Zur Kabbala und ihrer Symbolik*«, Suhrkamp Verlag, Frankfurt, 1973

Scholem, Gershom: »*Sefer ha-Bahir*«, Aurinia Verlag, Hamburg, 2008

Stadelmann, Rainer: »*Die goßen Pyramiden von Giza*«, Verlagsanstalt Graz, 1990

Stein, Walter Johannes: »*Weltgeschichte im Lichte des Heiligen Gral. Das neunte Jahrhundert*«, Stuttgart, J.Ch. Mellinger, 1977, 3. Auflage

Strauch, Philipp: Jensen Enikels Werke in: »*Monumenta Germaniae Historica, Deutsche Chroniken Bd. III*«,Hannover 1891/München 1980

von Eschenbach, Wolfram: »*Parzival*«, in der Münchener Haupthandschrift G, Bibliotheca Augustana

von Malmesbury, William: »*Ecclesiæ De Antiquitate Glastoniensis*« (Cap. De Glastoniæ sepultis), an Edition, Translation, and Study of William of Malmesbury's »*De Antiquitate Glastonie Ecclesie*«, ed. John Scott. Bury St. Edmunds/Suffolk 1981.

von Malmesbury, William: »*annales cambriae*«, Translation by James Ingram, in: »*The Anglo-Saxon Chronicle*«, London 1912

von Monmouth, Geoffrey: »*Historia regum britanniae*«, Übersetzung von JSP Tatlock: »*Die legendäre Geschichte von Großbritannien: Geoffrey von Monmouth's Historia Regum Britanniae und seine frühen Versionen, Mundart*«, University of California Press, Berkeley, 1950

Weidinger, Erich : »*Die Apokryphen. Verborgene Bücher der Bibel*«, Pattloch, 1990

Wohlmuth, Josef/Jedin Hubert: Herausgeber »*Dekrete der ökumenischen Konzilien. Konzilien des ersten Jahrtausends*«, Ferdinand Schöningh, 3. Auflage, 1973

Zöllner, Frank: »*Leonardo da Vinci, Sämtliche Gemälde und Zeichnungen*«, Taschen Verlag

Zürrer, Ronald: »*Reinkarnation*«, Govinda/Mare-Versand, 2000

Der Verlag bittet um Beachtung der nachfolgenden Seiten mit Hinweisen auf weiterführende Literatur.

Christa Siegert

Rose und Gral

Der Neue Mensch im Spiegel der Märchen

Viele Menschen erkennen heute, daß in ihrem Innersten geistige Gesetze auf Bewußtwerdung und Verwirklichung warten. Das Herz des Menschen will mit dem Herzen des Alls in Resonanz gelangen: Die Seele verlangt nach dem Geist. Und die Verwirklichung dieses Verlangens spiegelt sich zeitlos in den Märchen der Völker. Christa M. Siegert zeigt dies in ihrem Buch anhand zahlreicher Märchen aus verschiedenen Ländern. Sie zeigt im Spiegel der Märchen deutlich und klar den Weg der Seele aus der Gefangenschaft der Welt durch das Loslassen weltlicher Mechanismen und Einflüsse in die Freiheit.

Die Symbole Rose und Gral repräsentieren dabei universelle Prinzipien bzw. Kräfte, die in den Märchen unter verschiedenen Gewändern auftauchen. Sie weisen auf die aktuelle Möglichkeit eines neuen Erwachens, einer neuen Bewußtwerdung im Menschen: die Rose steht für das latente Urprinzip der unsterblichen Seele im Herzen und der Gral – befreit von aller Mystik – für die Wirklichkeit des geistigen Lichtes selbst.

192 Seiten, zahlr. s/w-Abb., ISBN 978-3-934291-27-0

Preis: 15,50 Euro (D)

www.verlag-zeitenwende.de

Verlag
Zeitenwende

Reiner Klein
Die Mysterien der Katharer

Wie alte Fresken - zugedeckt von der Fülle der Literatur über die Hüter
des Grals in Occitanien - legt Reiner Klein die Schicksalslinien der
katharischen Parfaits, der Reinen, und ihrer Schützlinge frei. Lebendige
Betroffenheit, Auflehnung gegen die Mächte der Welt, eigene
Verwandlung schließlich - das sind die Begleiter auf dem Weg
jahrelanger Recherchen des Autors.

Wie war es denn wirklich, und welche Saiten in uns selbst kommen ins
Mitklingen angesichts dieser unglaublichen Schlacht zwischen Licht und
Finsternis? So wie der Autor erhält auch der Leser unmittelbaren Anteil
am Geschehen, unauflöslich verwoben mit den Schicksalskräften und
Grundfragen allen Seins.

Die Ereignisse verlagern sich insgeheim nach innen, aus dem
geschichtlichen Gemälde außen wird innere Wirklichkeit. Der Leser
erkennt die ewige Inquisition, wie sie tief im Menschen selbst wütet, all
sein Denken und Handeln durchzieht und ihn an etwas hindern will, das
schließlich seine Bestimmung sein könnte.

280 Seiten, zahlreiche s/w-Abb., ISBN 978-3-934291-51-5,
Preis: 19,80 Euro (D)

www.verlag-zeitenwende.de

Verlag
Zeitenwende

Otto Rahn

Luzifers Hofgesind
Eine Reise zu den guten Geistern Europas

Der Gralssucher Otto Rahn hat seine Tagebuchaufzeichnungen von Reisen quer durch Europa auf den Spuren der Katharer und des Grals in *Luzifers Hofgesind* zusammengefaßt. Begonnen hat seine Reise in Bingen am Rhein seiner *»Urahnen und Ahnen wegen, die Heiden und Ketzer gewesen sind«*. Ihm war bewußt, *»daß uns die Zukunft maßgebender zu sein hat als die Vergangenheit«*. *»Aber: die Zeiten, denen nachzuspüren ich mir vorgenommen habe, sind zwar vergangen, doch nicht überwunden. Man spricht heute viel von Heiden und Ketzern.«*
Rahn hinterläßt mit den Aufzeichnungen seiner Reise durch Frankreich, Italien, Deutschland und Island einen poetisch geschriebenen Eindruck von den Stätten der Heiden und Ketzer - und von den guten Geistern Europas.
Luzifers Hofgesind ist ebenso ein Klassiker wie Rahns Buch *Kreuzzug gegen den Gral.*

246 Seiten, 1 s/w-Abb., ISBN 978-3-934291-19-5
Preis: 15,50 Euro (D)

www.verlag-zeitenwende.de

Verlag
Zeitenwende